新编法学导论

AN INTRODUCTION TO LAW NEW EDITION

（第二版）

主　编　费艳颖

副主编　郭玉坤　杨　异　张万彬

参编者　包建华　陈　光　陈国栋　刘琳琳
　　　　罗海山　邵慧峰　王　越　赵大千

（按姓氏拼音排序）

大连理工大学出版社

图书在版编目(CIP)数据

新编法学导论 / 费艳颖主编. — 2版. — 大连 :
大连理工大学出版社，2017.4
ISBN 978-7-5685-0754-7

Ⅰ.①新… Ⅱ.①费… Ⅲ.①法学 Ⅳ.①D90

中国版本图书馆 CIP 数据核字(2017)第 067821 号

大连理工大学出版社出版
地址:大连市软件园路 80 号 邮政编码:116023
发行:0411-84708842 邮购:0411-84708943 传真:0411-84701466
E-mail:dutp@dutp.cn URL:http://dutp.dlut.edu.cn
大连金华光彩色印刷有限公司印刷 大连理工大学出版社发行

幅面尺寸:170mm×240mm 印张:19.5 字数:463 千字
2011 年 3 月第 1 版 2017 年 4 月第 2 版
2017 年 4 月第 1 次印刷

责任编辑:邵 婉 王 洋 责任校对:王 元
封面设计:波 朗

ISBN 978-7-5685-0754-7 定 价:40.00 元

目录

第一章

法的一般原理

要点提示

- 法的一般原理，是指蕴含在法律现象之中的一般性、根本性、普遍性的原理，而不是特殊的、具体的原理。它包括法的本体、法的运行、法治等内容。
- 法的本体，就是法的存在及其本质、关系、规律和内在联系。法的效力、法的形式、法律体系、法律责任等都属于法的本体范畴。
- 法的运行，就是法从制定到实施的一系列过程，包括立法、执法、司法、守法等环节。
- 法的价值，是指法律对人类有意义的、能够满足人类需要的功能和属性。秩序、自由、正义、效率是现代社会重视的基本价值，也是重要的法的价值。

第一节　法的本体

引例

1995 年年底，某医科大学因考虑到吸烟是世界公认的三大不良公害之一，而医学院又是培养健康卫士的地方，因而做出决定，从 1996 年起该校不招收吸烟的学生。1996 年年初在北京召开的第十届世界烟草和健康大会组委会上，也发出了《在全国医学院校开展禁烟活动的倡议》，倡议从 1996 年起医学院校不再招收吸烟的学生。此举动受到部分媒体的关注和肯定,也引起了吸烟学生和家长的反对。

问:上述决定和倡议是否合适?

一、法的概念与特征

(一)法的概念

法是法学领域出现频率最多、使用范围最广的概念,也是语义极为含混模糊的概念,关于它的解释历来众说纷纭,莫衷一是。马克思主义经典作家为法做了这样的定义:法是由国家制定、认可并由国家保证实施的,反映由特定物质生活所决定的统治阶级(或人民)意志,以权利和义务为内容,以确认、保护和发展统治阶级(或人民)所期望的社会关系、社会秩序为目的的行为规范体系。

(二)法的特征

与其他社会现象相比,法具有自己的特殊性,这也是法之所以称作法的原因。一般说来,法具有如下四个方面的特征。

1. 法调整人们的行为,具有社会规范性

首先,作为法调整对象的行为,是指人的外在行为。这是法与道德、社会舆论等社会现象的重要区别。这就是说,法仅仅调整和约束人的外在行为,而不调整和约束人的内心思想世界。例如,法律禁止分裂、背叛国家的行为,但却不能强制每个人热爱自己的祖国。其次,作为社会规范的一种,法适用的对象不是特定的人,而是一般人,不是一次适用,而是在生效期间反复适用。

2. 法出自国家,由国家制定或认可

社会规范种类繁多,有道德规范、宗教规范、风俗习惯、党规党章等,产生的方式不同使得法与这些社会规范区别开来——法是由国家创立的社会规范。具体方式有两种,一是制定,二是认可。制定,就是国家立法机关通过立法活动制定新的法律的行为,制定出来的新的法律被称作成文法。认可,是指国家立法机关赋予社会上已经存在的某些行为规范以法律效力,它产生的是习惯法。

3. 法规定权利、义务

权利、义务是法的主要内容。权利,意味着主体可以做某事或不做某事,也可以要求他人做或者不做某事,就是说行为主体具有一定的选择性、自由性。例如,每个公民都具有选举权,但是这种权利却可以放弃。而义务则意味着主体必须做或者不得做某事,主体没有选择的余地。例如纳税,公民没有选择的可能,只能按照法律规定去做。法律正是通过规定人们形形色色的权利和义务来影响人们的行为,进而达到调整社会关系的目的。

其他社会规范则不具有这种特性,道德、宗教、习惯实质上都是通过对人或对神的义务性规定来调整社会关系的,对于行为人而言,并没有选择的可能,因而就不能够像法律规范一样为人们提供广泛的自由和机会。

4. 法由国家强制力保证实施

任何一种社会规范都具有强制性,但是,与其他社会规范不同的是,法具有国家强制性,即法由国家强制力保障实施,国家强制力保障了法律在社会中的功能和作用。没有国家强制力,法律在许多方面就变得没有任何意义。违法行为得不到惩罚,法律所体现的意志就得不到实现。是否具有强制性,是衡量一项规则是否是法律的决定性标准。

必须指出,法律的强制力具有潜在性和间接性,这种强制性只有在人们违反法律的时候才会降临到自身。另外,国家强制力不是保证法律实施的唯一力量,法律的实施还依靠道德、经济、文化等方面的因素。现代社会中,还出现了国家强制力日益弱化的趋势。

其他社会规范不具备国家强制性。道德规范的实施主要靠社会舆论的强制,习惯规范的运行主要靠传统势力的强制,宗教戒律的贯彻主要靠精神力量的约束,强度较弱,在实施方式上也没有专门机关作保证。

二、法的作用

法的作用,即法对人的行为和社会关系所产生的影响。依据作用的形式和内容的区别,可分为规范作用和社会作用。从法本身而言,法具有规范作用;从法的本质和目的而言,法具有社会作用。二者是手段和目的的关系,即法通过规范作用实现其社会作用。

(一)法的规范作用

法的规范作用是指法作为行为规范,对人们的行为或社会关系所产生的影响。

1. 指引作用

法通过规定权利、义务以及责任来达到指引人们行为的目的。指引包括两种情况:确定性的指引和不确定性的指引。确定性的指引,即通过规定法律义务,要求人们必须做出或者抑制一定的行为,不能选择,也叫不可选择的指引。如我国《义务教育法》第 11 条第 1 款关于"凡年满六周岁的儿童,其父母或者其他法定监护人应当送其入学接受并完成义务教育"的规定,就属于确定性的指引。

不确定性的指引,即通过规定法律权利,允许人们做出一定的选择,法律并不做强制要求,也叫可以选择的指引。如我国《民法通则》第 63 条第 1 款关于"公民、法人可以通过代理人实施民事法律行为"的规定就属于不确定性的指引。

2. 评价作用

法作为一种社会规范,对人们的行为具有判断、衡量其合法或非法的作用。法通过评价他人的行为,可以影响人们的是非观念和道德标准,进而促进社会的进步。与其他社会规范相比,法的评价具有突出的客观性、明确性、普遍有效性。行为的正当与否,可以选择还是必须做,在法律规范中都有明确的规定。另外,在法律的有效范围内，评价标准是普遍一致的，不会因人而异。

3. 预测作用

根据法的规定，人们可以预先知晓、估计人们相互间将如何行为以及行为的后果怎样，从而为自己的行为做出合理的规划，这就是法的预测作用。例如我国《刑法》第232条规定：故意杀人的，处死刑、无期徒刑或者十年以上有期徒刑；情节较轻的，处三年以上十年以下有期徒刑。根据这一规定，如果有人犯故意杀人罪，我们就可以预测其可能的刑事责任。

4. 教育作用

通过法的制定和实施对一般人以后的行为产生影响，这就是法的教育作用。如对违法行为的制裁可以对本人或其他人起到警示作用，避免触犯法律；对合法行为的肯定和保护也可以对一般人起到示范作用，鼓励他们遵守法律。

5. 强制作用

强制作用是法最重要的作用，是其他作用的保障，通过对违法行为进行制裁，达到维护人们正当权益和社会秩序的目的。

(二)法的社会作用

法的社会作用，是指法在调节社会关系上所发挥的作用。这种作用与法的本质和目的相联系。相对于法的规范作用，法的社会作用更重要，也更复杂。归纳起来，法的社会作用有两方面，即维护阶级统治和执行社会公共事务。具体说来，在维护阶级统治方面，法的社会作用包括：①镇压被统治阶级的反抗，维护自己的统治地位；②调整统治阶级内部关系，维护自己的整体利益；③调整统治阶级与同盟者的关系，促进有利于统治者的力量对比关系的形成和巩固。在执行社会公共事务方面，法律担负着发展经济、文化教育、科学技术以及规范和管理其他社会公共事务的职能。如各国制定的有关自然资源、环境保护、交通通信以及维护基本社会秩序的法律；有关发展生产力和科学技术的法律；有关使用机器设备、制作工艺等技术要求的法律；有关对产品质量与规格、劳动组织与保护、服务质量与要求的法律；有关文化事务管理的法律等。随着社会的发展和进步，执行社会公共事务职能的法律必然会日益增多。

三、法的效力

法的效力，是指法所具有的强制力或拘束力。可分为对人效力、时间效力和空间效力三个方面。

(一)法的对人效力

法的对人效力，是指法对哪些人和组织有效。世界各国法律实践中主要采用以下四种原则：①属人原则，即以人的国籍为标准，法律只适用于本国公民，无论该公民在国内还是在国外；②属地原则，即以地域为标准，法律只对它管辖范围内的人适用，无论该人是本国公民还是外国公民;③保护原则,即以保护本国利益为标准,不论行为人的国籍及所在地域,只要侵犯了本国利益,就适用本国法律;④综合或折中原则,即以上三种原则相结合而以属地原则为主的原则。现代世界大多数国家都采用此原则,我国也是如此。

根据我国法律,对人效力包括两个方面:

(1)对中国公民的效力。中国公民在中国领域内一律适用中国法律,在中国境外也应遵守中国法律并受中国法律保护,但所在国法律与中国法律规定不一致时,则按照国际条约和惯例处理。

(2)对外国人和无国籍人的效力。这分为两种情况:①在我国境内的外国人和无国籍人,除法律另有规定外,一律适用我国法律。②在我国境外的外国人和无国籍人,一般不适用我国法律,只有对中国国家及中国公民犯罪,按照我国刑法应判处三年以上有期徒刑的,可以适用我国刑法,但是按犯罪地法不受处罚的除外。

(二)法的时间效力

法的时间效力,即法何时生效,何时失效及对生效前的行为和事件有无溯及力。

法的生效,是指法从何时开始具有拘束力,通常有三种情况:自公布之日起生效;公布之后经过一段时间或满足一定条件生效;规定具体的生效时间。

法的失效,是指法何时不再有效,又称法的废止,通常有明示和默示两种情形。明示的废止,是在新法和其他法规中明文规定废止旧法。默示的废止,是指不明文规定终止旧法的效力,而是在司法实践中新法与旧法冲突时采用新法,从而使旧法在事实上被废止。

法的溯及力,即法溯及既往的效力,是指法对其生效前所发生的事件和行为可以适用的效力。一般而言,法只对其生效后而不是生效前所发生的行为和事件具有溯及力,这就是法不溯及既往原则。但这一原则也不绝对,特殊情况下法也可以溯及既往,即对生效前所发生的行为和事件具有溯及力。

关于溯及力的规定,各国大致有这样几种情况:①从旧原则,即新法没有溯及力;②从新原则,即新法有溯及力;③从轻原则,即比较新法和旧法,按照处理较轻的法处理;④从新兼从轻原则,即新法原则上溯及既往,但旧法对人的行为处理较轻时,适用旧法;⑤从旧兼从轻原则,即新法原则上不溯及既往,但新法对行为人的处罚较轻时,则从新法。世界上多数国家采用从旧兼从轻原则,原则上法不溯及既往,特殊情形下可以溯及既往,中国目前也采用这一原则。

(三)法的空间效力

法的空间效力,是指法在哪些地域有效。在我国,法的空间效力有三种情况:

(1)全国范围内有效。这种法一般是最高立法机关及最高行政机关制定的法律、法规。除有特别规定外,在全国范围内有效。

(2)局部范围内有效。地方立法机关及地方行政机关制定的法律、法规一般在本行政区域内生效。最高立法机关及最高行政机关为特定地方制定的法律、法规,也只能在该地方生效。如《香港特别行政区基本法》《澳门特别行政区基本法》只能适用于该特别行政区。

(3)法的域外效力。根据主权原则和保护原则,有的法律在本国领域外也具有效力。如我国《刑法》第7条规定:"中华人民共和国公民在中华人民共和国领域外犯本法规定之罪的,适用本法,但是按本法规定的最高刑为三年以下有期徒刑的,可以不予追究。中华人民共和国国家工作人员和军人在中华人民共和国领域外犯本法规定之罪的,适用本法。"

四、法的形式

法的形式,是指法的外部表现形态,主要是指法由何种国家机关制定或认可,具有何种表现形式。我国法的形式有如下几种:

(一)宪法

宪法是国家的根本大法,规定国家的性质、国家制度的根本原则、公民的基本权利和义务、国家机构的组织和活动原则等根本性问题,具有最高法律地位和法律效力,是制定其他法律、法规的依据。它由全国人民代表大会制定和修改,程序十分严格。

(二)法律

法律由国家最高权力机关——全国人民代表大会及其常务委员会——制定和修改。其地位和效力仅次于宪法,是国家的二级大法。其中,全国人民代表大会制定和修改的法律被称为基本法律,如民法、刑法、诉讼法等。全国人民代表大会常务委员会制定和修改的是除基本法律以外的其他法律,如商标法、文物保护法、环境保护法、食品卫生法等。与基本法律相比,其他法律调整面较窄,内容较具体。两种法律具有同等效力。

(三)行政法规

行政法规由国家最高行政机关——国务院——制定和修改,一般采用条例、办法、规则、规定、细则等名称。其地位和效力低于宪法、法律,而高于地方性法规。行政法规数量巨大,调整的社会关系和规定的事项远比法律广泛、具体,在社会生活中发挥着重要而不可替代的作用。

(四)地方性法规

地方性法规由地方权力机关即地方立法机关制定和修改,其法律地位和效力低于宪法、法律和行政法规,仅在本区域内有效。

现阶段,省、自治区、直辖市、较大的市的人民代表大会及其常务委员会,根据本地的具体情况和实际需要,在不与宪法、法律、行政法规相抵触的前提下,可制定地方性法规。

(五)自治法规

自治法规是民族自治地方的人民代表大会依照当地民族的政治、经济、文化特点所制定，适用于民族自治地方自治机关管辖的范围内，同地方性法规具有同等的法律地位和效力。包括自治条例和单行条例。自治条例是民族自治地方制定的综合性的规范性法律文件，单行条例是调整某一方面事项的规范性法律文件。自治条例和单行条例可作为民族自治地方的司法依据。

（六）行政规章

行政规章由有关行政机关制定，分为部门规章和政府规章两种。部门规章由国务院所属部委和具有行政职能的直属机构在本部门的权限内发布。其地位低于宪法、法律、行政法规。政府规章由有权制定地方性法规的地方的人民政府制定，也称为地方政府规章。政府规章的地位低于宪法、法律、行政法规、上级和同级的地方性法规。

此外，军事法规、军事规章、特别行政区的法律、经济特区法规、国际条约等都是我国法的形式。

五、法的分类

（一）国内法与国际法

根据法的制定主体以及适用范围不同，可将法分为国内法与国际法。国内法是由主权国家制定或认可、在本国管辖范围内使用的法律。国际法是由参与国际关系的两个或多个国家通过订立协议而制定或认可的调整国家间相互关系的法律，通常表现为国际条约或国际惯例。

（二）根本法与普通法

根据法的地位、效力和内容的不同，将法分为根本法和普通法。根本法是指在法的体系中居于最高地位，具有最高效力，规定国家根本问题的法律，宪法即根本法。宪法以外的法统称为普通法，其内容是规定社会关系的某一方面、某一领域，其地位和效力低于宪法，制定和修改的程序也不如宪法严格。

（三）一般法和特别法

根据适用范围的不同，法可分为一般法和特别法。一般法是指对一般主体、一般事项，在一般时间、一般空间范围有效的法。特别法是指对特定主体、特定事项，在特定时间、特定区域有效的法。

（四）实体法和程序法

根据法所规定的内容性质不同，可将法分为实体法和程序法。实体法主要规定法律主体的实体权利和义务，如民法、刑法等；程序法主要规定实体权利和义务得以实现所需的程序、步骤，或者说规定法律主体的程序权利和义务，如刑事诉讼法、民事诉讼法、行政诉讼法、选举法等。

（五）成文法与不成文法

根据法的创制和表达的形式不同，可将法分为成文法和不成文法。成文法又称制定法，是指国家立法机关制定或认可的以规范化的成文形式表现出来的法律。不成文法是指由国家立法机关认可的，不具有规范化的成文形式的法，包括习惯法、判例法、不成文宪法等。

(六)公法和私法

公法和私法的划分主要存在于民法法系国家，是这些国家划分法律部门的主要依据。这种说法出自古罗马法学家乌尔比安。乌尔比安认为，保护国家利益的法为公法，保护个人利益的法为私法。这种学说作为传统被继承下来，一直延续到今天。公法一般包括宪法、刑法、行政法、诉讼法，私法一般包括民法、商法两大法律部门。

六、法律体系

法律体系，是指一国现行全部法律规范按照一定的标准和原则划分为不同的法律部门从而形成的内部和谐一致、体系严密的整体。法律部门则是依据一定的标准和原则而划分的同类法律规范总和。一国法律体系是由一定的法律部门组合而成，法律部门是法律体系的基本组成单位。当代中国的法律体系由下列法律部门组成。

(一)宪法

宪法部门是我国法律体系的主导法律部门，也是我国法律体系的核心和基础。宪法规定了我国各种基本制度、原则、公民的基本权利和义务，各主要国家机关的地位、职权等。宪法部门最基本的规范，主要体现在《中华人民共和国宪法》中，这部宪法是国家之根本大法，具有最高法律效力，其他任何法律、法规都不得违反宪法。此外，宪法部门还包括《国家机关组织法》《选举法》《民族区域自治法》等。

(二)民商法

民商法是规范社会民商事活动的法律，包括民法和商法两个部分。民法是调整平等主体的公民之间、法人之间、公民与法人之间财产关系及人身关系的法律规范的总和。民法是体系最为庞杂、内容最为丰富的法律部门。世界上多数国家都是以一部民法典为核心而建立该国法律部门的。我国没有民法典，起草工作正在进行中。目前民法部门的核心法律规范是《中华人民共和国民法通则》，辅之以其他单行的民法法规，如《合同法》《物权法》《侵权责任法》《婚姻法》等。民法的调整方法主要是自愿、平等、合意、等价有偿、公平和诚实信用等。

商法是调整平等主体的公民、法人之间商事关系和商事行为的法律。目前我国的商法部门还没有统一的商法典，主要由各种单行的法律组成，包括《公司法》《海商法》《票据法》《保险法》《破产法》等众多的法律规范。这一法律部门正随着社会发展而不断完善。

(三)行政法

行政法是调整国家行政管理活动的法律规范的总称。与民商法律部门不同，行政法调整的范围十分广泛，各种行政管理活动差别较大，而且行政关系的稳定性低、变动较大，因此行政法在形式上难以制定统一的行政法典，行政法的规范散见于各种单行的法律、法规中，尤其是大量体现在国务院制定的行政法规及所属部委制定的行政规章中。主要包括治安、民政、工商、文教、卫生、税务、财政、交通、边境等各方面的内容，如《行政复议法》《行政处罚法》《国家公务员法》等。

（四）经济法

经济法是调整国家在经济管理过程中产生的经济关系的法律规范的总称。经济法律部门由大量单行的经济法律法规构成，包括国民经济管理、企业管理、财政、金融、税收方面的法律、法规，也包括宏观调控、市场主体、市场秩序方面的法律、法规。目前我国已制定的经济法律、法规有《审计法》《会计法》《税收征收管理法》等。

（五）社会法

社会法是调整有关劳动关系、社会保障和社会福利关系的法律规范的总称，主要是保障劳动者、失业者、丧失劳动能力的人及其他需要扶助的人的权益的法律，或者说它是维护弱势群体利益的法律。主要包括劳动用工、劳动合同、劳动报酬、劳动争议等劳动方面的法律，也包括社会保险、社会救济等社会福利方面的法律。我国已制定的相关法律、法规有《劳动法》《劳动合同法》《安全生产法》等。

（六）刑法

刑法是规定犯罪和刑罚的法律规范的总称。它所采用的调整方法是最严厉的一种法律制裁方法，在个人或组织严重危害社会的情况下适用。我国目前刑法部门的主体法律是 1979 年通过、1997 年修订的《中华人民共和国刑法》，相关法律还有后来通过的 8 个刑法修正案，以及其他一些单行的法律、法规。

（七）诉讼法与非诉讼程序法

诉讼法与非诉讼程序法是调整因诉讼活动和非诉讼活动而产生的社会关系的法律规范的总和，包括民事诉讼、刑事诉讼、行政诉讼和仲裁方面的法律。该法律部门从程序上保障实体法的实施，从而使实体法上的权利、义务得到实现。目前我国已制定的相关法律主要有《民事诉讼法》《刑事诉讼法》《行政诉讼法》《海事诉讼特别程序法》《仲裁法》等。

七、权利与义务

（一）权利

法是以权利义务为机制调整人的行为和社会关系的。权利和义务贯穿于法律现象逻辑的各个环节、法律的一切部门和法律运行的全部过程。

权利是指法律关系主体在法律规定的范围内以相对自由的作为或不作为方式获得利益的一种手段。这一定义包含以下内容：①权利是由国家法律规定的，或者是从法律条文中推定出来的,权利应有相应的法律依据。只有这样,才能获得法律的保障,从而在权利受到侵害时能得到国家强制力的恢复。②权利是为了实现特定利益而设定的手段。权利与利益关系密切。权利人要实现的利益是权利的内容,而权利是这一内容的法律形式。③权利是法律关系主体根据自己的意愿来决定的,包括作为和不作为。在法定权利范围内,国家组织或个人都不能强制主体为或不为一定的行为。

(二)义务

义务是指法律关系主体在法律规定的范围内以相对抑制的作为或不作为方式保障权利主体获得利益的一种约束手段。

相比较而言,权利具有能动性和选择性。权利主体可以在法定范围内自主决定做或不做某事,也可要求他人做或不做某事,拥有选择的自由。义务则具有被动性。在任何情况下,义务人都不可以自行放弃义务,更不能拒绝履行义务。对于法律义务,义务人是没有选择的,只能按照法律规定或权利人的要求去做或者不做某事。

八、法律责任

法律责任,是指行为人由于违法、违约或者基于法律的特别规定而承担的强制性的法律后果。在法律责任系统中,由违法和违约所引起的法律责任占主导地位,基于法律规定所引起的法律责任居于从属地位。这是因为前一种法律责任存在范围更广阔,社会功能也更重要。后一种责任只是对前一种责任的补充。就此而言,可以把违法责任和违约责任视为典型意义的法律责任。

根据引起责任的行为性质,可以将法律责任分为民事法律责任、行政法律责任、刑事法律责任、违宪法律责任。这是最基本的分类方法。

(一)民事法律责任

民事法律责任是指行为人因违反民事法律规范、违约或基于法律特别规定而承担的不利后果。民事法律责任是现代社会常见的法律责任,主要是财产责任。承担者主要是自然人和法人,个别情况下国家也可以成为民事法律责任主体。

(二)行政法律责任

行政法律责任是指行为人因违反行政法律规范而应承担的法定不利后果。行政法律责任既包括行政机关及其工作人员在行政管理中因违法失职、滥用职权或行政不当而产生的行政法律责任,也包括公民、社会组织等行政相对人违反行政法律而产生的行政法律责任。

(三)刑事法律责任

刑事法律责任是指行为人因违反刑事法律规范而应承担的法定不利后果。责任主体不仅包括公民,也包括法人和其他组织。刑事法律责任是严格的个人责任,也是最严厉的一种法律责任,责任主体将受到国家强制力的制裁。

(四)违宪法律责任

违宪法律责任是指因违反宪法而应承担的法定不利后果。违宪通常表现为有关部门制定的法律、法规,以及行为人的某些行为同宪法相抵触。现代国家中,宪法具有最高效力,任何一种违宪的法律、法规及行为都是无效的,制定人或行为人要为此承担违宪责任。

引例分析

某医科大学的决定和大会组委会的倡议是不符合法律规定。中国《宪法》第 46 条规定:“中华人民共和国公民有受教育的权利和义务”。这表明,受教育权是宪法赋予公民的神圣权利,除了法律明文规定外,不能被随意剥夺和取消。上述医学院的决定和大会组委会的倡议,却在没有国家立法的情况下剥夺了吸烟学生的受教育权,明显是与宪法的规定相抵触的,因而其做法是不合适的,应当予以撤销。当然,上述决策者的动机和愿望是好的,但是这种动机和愿望不能与法律相违背。

第二节 法的历史发展

引例

一位美国商人甲,做生意不成功并且破产,欠下大笔债务。这位破产者想拍卖个人财产来偿还债务。被拍卖物品是甲多年珍藏的一幅油画。一名参与拍卖的投标者乙以 100 美元成交。然而,当乙让他人给这幅油画估价的时候,得知自己买的是一幅失窃多年的世界名画,价值数百万美元,由此十分欣喜。过了数日,甲从其他地方得知这一消息,便向法院起诉,要求撤销成交契约。一审法院认为,这一交易过程的确是有问题的,于是判决甲胜诉。

乙不服一审判决,提起上诉。在上诉审中,双方再次充分论述了各自的理由。甲认为,如果在买卖中双方对买卖物存在着“误解”,比如误解其真实价值,那么买卖自然是无效的。在拍卖交易的过程中,双方的确存在着“误解”,因此,应予撤销。甲引证 1887 年美国一个法院的判决作为判例,说明自己的法律理由。1887 年,一位农民卖给另一位农民一头牛,买卖时双方都认为这头牛是不能生育的。但是,后来这头牛居然可以生育,卖者便要求撤销买卖契约,当时的法院做出判决予以准许。甲指出,1887 年的判例和本案是类似的,他和乙当时都认为双方在买卖一幅价值不高的油画,双方对买卖标的的性质都有误解。基于这个误解对于交易来说是具有实质性的,甲认为一审判决是正确的。

乙认为，本案不属于“误解”性质的案件。乙引证了1885年美国一个法院的判决作为判例。在1885年的判例中，一名妇女将一块小石头卖给一位珠宝商，得到1美元。在买卖时，双方无人知道这块石头是什么。时隔不久，双方均得知这是一块天然钻石，价值700美元。这名妇女十分后悔，向法院提起诉讼，以双方都有误解为由要求撤销契约。但是，法院认为契约是有效的。法院着重指出，在买卖过程中，双方其实都知道各自在就一个不知价值多少的石头而讨价还价，因此，这里并不存在误解的问题。乙认为，这个判决才与本案十分类似。因为，甲乙双方都知道交易中的油画是一个价值不明的作品。乙主张一审判决是错误的。

最后，在油画交易纠纷案中，法院判决甲胜诉。法院认为，必须以1887年的法院判决作为先例，即作为“法律规则”意义上的标准判例。

根据此案例分析英美法系的特色。

一、法的起源

(一)原始社会的习惯

法是人类社会发展到一定阶段的产物。人类社会的第一个社会形态是原始社会，该社会没有法，原始人主要通过原始社会习惯来调整社会关系，解决各种纠纷，规范人的行为。

原始习惯是特定区域的人们在长期共同的生产生活中自发形成、代代相袭并依靠传统和权威的力量保证实施的社会规范。其主要内容有，对所获得的生产生活资料平均分配；重大事务由氏族会议讨论决定，氏族首领通过选举产生、更换或罢免；严格禁止族内通婚，对违反者严厉惩罚；对族内的成员相互保护、相互支援，对族外成员实行集体复仇；氏族成员共同继承已故成员的遗产，共同参加宗教祭祀仪式，共同维护某种道德和图腾。

(二)法起源的一般规律

在历史上，由于地理环境、文化传统的不同，尤其是各地区生产力发展水平的差异，不同国家、不同民族，法的起源呈现出错综复杂的状态。但是，大体而言，法的起源遵循着下列规律。

1. 法的起源的根本原因在于生产力的发展

原始社会末期，社会生产力的发展导致原始生产关系以及整个上层建筑发生了变化，产品有了剩余，社会大分工出现，私有制逐渐形成，导致贫富分化的出现，两大对立阶级开始形成，社会矛盾加剧，原始习惯无法维持社会秩序。特权者建立一种新的社会组织——国家，通过国家的强制力将符合自己意愿的习惯变为法。可见，法的产生是历史发展的必然，具有不可避免性。

2. 法的起源经历了由氏族习惯到习惯法再到成文法的过程

原始社会的主要规范是习惯。特权阶级建立国家后，将一些符合自己利益的习惯赋予了法的意义，使之成为习惯法。习惯到习惯法的转变是质的飞跃，标志着法的产生。习惯法是完全意义上的法，具有国家命令的性质，由国家强制力保证实施，与习惯有本质的区别。后来成文法开始出现。早期的成文法是习惯法的汇编和整理，系统性比较差，后来才出现人们根据现实需要而有意识的立法。成文法的出现，意味着对社会关系的调整带有更大的自主性。

3. 法的起源过程受到宗教规范和道德规范的深刻影响

原始社会的习惯与宗教、道德等规范混为一体，并无区分，脱胎于原始习惯的习惯法也是如此。人类早期的法典都是道德规范、宗教规范、法律规范的大杂烩，司法程序也多与神明裁判有关。到了后来，各种规范开始走向分化，道德规范、宗教规范、法律规范开始自成体系、相对独立。但是，时至今日，法律规范仍然在不同程度上受到宗教、道德等因素的影响。

（三）法与原始习惯的区别

法与原始习惯有着众多的相似之处，都是调整社会关系的规范，都具有一定的强制力，但是法并不是原始习惯的简单延续，二者有着本质的不同，区别主要表现在以下方面。

（1）形成的方式不同。原始习惯是人们在长期生产生活过程中自然而然形成的，法是掌握政权的社会集团通过国家制定或认可的。

（2）体现的意志不同。原始习惯反映和维护的是氏族全体成员的意志和根本利益，法反映和维护的是掌握政权的集团的意志和根本利益。

（3）实施方式不同。原始习惯是依靠人们内心的信念、社会舆论力量和氏族首领的威信来保证实现的，法是由国家这种暴力机关保证实施的，具有国家强制性。

（4）适用范围不同。原始习惯适用于有血缘关系的本氏族或部族内的全体成员，法则适用于一国领土范围内的一切居民。

（5）实现的目的不同。原始习惯的目的在于维护氏族内部无差别的、平等互助的社会关系和社会秩序，法所要实现的目的在于维护有利于社会统治集团的社会关系和社会秩序。

二、法的历史类型

法的历史类型，是指按其经济基础和阶级本质对人类社会存在过的法律所做的分类。凡是建立在同一经济基础之上，反映同一阶级意志的法律，就属于同一个法的历史类型。一定的法的历史类型，同一定的国家历史类型和社会形态相联系。迄今为止，人类经历了原始社会、奴隶社会、封建社会、资本主义社会和社会主义社会。除原始社会不存在国家和法律外，与后来的四种国家类型和社会形态相适应的，依次有奴隶制法、封建制法、资本主义法和社会主义法。它们从较低级类型的法律依次发展到较高级类型的法律,体现了社会的本质进步。

(一)奴隶制法

奴隶制法是随着私有制、阶级和国家的产生在氏族制度的废墟上建立起来的,它立足于奴隶制生产关系,体现奴隶制阶级的意志和利益,经奴隶制国家制定或认可,凭借奴隶制国家的强制力保证实施,是确认和维护有利于奴隶主阶级的社会关系和社会秩序的工具。奴隶制法具有以下基本特征:①保护奴隶制生产关系;②公开确认人们身份的不平等;③规定的惩罚方法极其残酷;④带有原始习惯的某些残余。

(二)封建制法

继奴隶制法之后出现的是封建制法。它建立在封建制生产关系之上,维护封建制的社会关系和社会秩序,是地主阶级实现阶级统治的工具。封建制法具有以下基本特征:①严格保护封建土地所有制;②确认和维护农民对地主的人身依附关系;③确认和维护封建等级特权;④刑罚残酷、野蛮专断。

(三)资本主义法

资本主义法建立在资本主义私有制基础上,维护资本主义社会关系和社会秩序,体现资产阶级的意志。它在封建社会后期开始孕育、发展,最终通过革命的形式确立。与前两种法律类型有所不同,它是近现代法律文明的一种形态,是更高层次的法律文明。

资本主义法具有以下基本特征:

1. 确认“私有财产神圣不可侵犯”

这一原则首次出现在1789年法国《人权宣言》中。后来,各国的资本主义立法都确认了这一原则。这一原则为个人财产安全提供了切实可行的保障,促进了资本主义财产交易和自由竞争,对资本主义经济发展具有巨大意义。

2. 保障契约自由

资本主义法首先承认了契约自由原则,这意味着一切人都具有平等的法律地位,具有独立的法律人格,可以自由地缔结或不缔结契约,可以自由地选择缔约对象,可以自由地缔结法律允许的任何一种类型的契约,契约自由强调契约是当事人的合意,政府和其他人不得干预。这为市场经济的发展创造了空间。

3. 坚持法律面前人人平等

在资产阶级革命中,启蒙思想家提出了“人人生而平等”的思想,认为这是一种天赋人权,用以反对封建的独裁、专制、等级。这一思想在美国《独立宣言》、法国《人权宣言》等一系列政治宣言、法律文献中得到了体现。法律面前人人平等原则的确立,是人类社会从古代法律制度进入现代法律制度最主要的标志,是等级社会和专制国家的死亡宣告,因而具有划时代的意义。它为资本主义政治、经济、文化的发展起到了推动作用。

此外,资本主义法中的人民主权、法律至上、有限政府、分权制衡等特征也是古代法所没有的。

(四)社会主义法

社会主义法建立在社会主义公有制基础上,维护社会主义社会关系和社会秩序,是工人阶级及其领导下的广大人民意志的体现。它是人类法律的最高阶段。社会主义法具有以下特征:①阶级性与人民性的统一;②国家意志与客观规律的统一;③权利确认与权利保障的统一;④强制实施与自觉遵守的统一;⑤一国与两制的统一;⑥国情与公理的统一。

三、资本主义国家的两大法系

(一)法系的概念

法系,是西方法学家对法律进行分类时常用的一个概念,也叫作法族。所谓法系,就是根据法的历史传统和外部特征对其进行的一种分类。凡是具有相同或相近的历史传统和外部特征的法就属于同一法系。历史上存在过众多的法系,现在理论界普遍将资本主义法分为大陆法系和英美法系。

(二)大陆法系

大陆法系,又称罗马法系、罗马—日耳曼法系、民法法系、法典法系,是指承袭罗马法传统,以《法国民法典》和《德国民法典》为蓝本发展起来的各资本主义国家法的总称。属于这一法系的国家有欧洲大陆的法国、德国、意大利、西班牙、葡萄牙、奥地利、荷兰等国,曾经是这些国家的殖民地的亚洲、非洲、拉丁美洲等众多的国家或地区,此外,由于历史原因,亚洲的日本、土耳其,英国的苏格兰,美国的路易斯安那州,加拿大的魁北克省也属于大陆法系。

大陆法系的特点是:①法律成文化和法典化,制定法是主要的法律渊源,否认判例具有法律效力;②不承认法官有创制法律的权利;③在法的分类上,有公法和私法之分;④在诉讼中,大陆法系坚持法官的主导地位,奉行职权主义,即审问式或纠问式。

(三)英美法系

英美法系,又称英国法系、普通法系、判例法系,是指以中世纪英格兰的普通法为基础发展而成的各资本主义国家法的总称。英美法系的范围,除了英国外,主要包括曾经是英国的殖民地、附属国的许多国家和地区,如美国、加拿大、澳大利亚、新西兰、印度、巴基斯坦、新加坡、马来西亚等均属于英美法系。

英美法系的特点是:①判例法是最重要的法律渊源,一般反对编纂成文法典;②英美法系是法官的创造物,法官在英美法系的形成和发展中发挥了重要作用;③在法的分类上,有普通法和衡平法之分,无公法、私法之分;④在诉讼中,英美法系采用“对抗式”或“庭辩式”,法官作用消极,律师作用积极。

此外，两大法系在法律结构、法律术语、法学教育、司法人员录用和培训等诸多方面也存在差异。值得注意的是，随着相互交流的不断加强，特别是20世纪以来，两大法系的差别逐渐缩小，出现了相互靠拢的趋势，但是二者的差异还是明显的，而且短期内也不会消失。

四、法的发展

(一)法的继承

历史上，除了奴隶制法律外，其余类型的法律都是建立在先前法律制度的基础之上，这就不可避免地遇到法的继承现象。法的继承，是指旧的法律制度对新的法律制度的影响以及新的法律制度对旧的法律制度有选择地吸收。

法的继承并不是对旧法的照搬，而是批判地、有选择地继承。即对旧法的整体给予否定，吸收、改造其中的合理因素，使之成为新法的有机组成部分。

法的继承内容十分广泛，就现代社会而言，下列内容属于可继承之列。

(1)法的技术、概念。例如，立法程序、法典编纂、法律汇编、法律解释的各种方法等。

(2)反映市场经济一般规律的法律规范。现代社会中，市场经济是一种经济形式，既可以为资本主义所拥有，也可以为社会主义所提倡。反映市场经济的法律规范也具有普遍价值，其中有关市场主体、市场要素、市场行为、市场调控等规范和原则，资本主义国家已经有了完善的规定，经过改造和吸收，完全可以变成本国法律体系的一部分。

(3)有关权力制约和权利保障的法律规范。权力制约和权利保障是现代社会面临的共同问题，西方资本主义国家在这方面积累了大量经验，取得了丰硕的成果，如代议制、选举制、权力制衡、行政程序、国家赔偿等，这些成果反映了民主政治的一般规律，值得借鉴和继承。

(4)有关社会公共事务的管理与组织的法律规定。如有关交通、环境保护、资源利用、水利、城市规划等方面的法规，这些规定属于技术性规范，反映社会整体利益，完全可以吸收和借鉴。

(二)法的移植

法的移植，指对国外法的吸收和同化，使之成为本国法律体系的有机组成部分。法律移植是用来表征同时代的国家相互吸收和引进法律的术语。

法的移植大致有以下几种情形：

第一，发展程度相当的国家相互吸收对方的法律，以致其法律相互融合、趋同。如20世纪以来英美法系借鉴大陆法系的立法技术、法律概念，制定成文法典和法规，大陆法系也越发重视判例法的作用，注意对判例进行整理、编纂、抽象。

第二，落后国家直接吸收、采纳先进国家的法律。如日本在古代曾全盘吸收盛唐的法律，明治时期又大量引进西方国家的法律，第一次世界大战后土耳其对西方法律也有过一定程度的采纳，此外，第二次世界大战后广大发展中国家也曾大量引进和吸收西方的法律。

第三，区域性法律统一运动和世界性法律统一运动。前者如欧盟的法律体系就是在比较、采纳和整合欧盟各国的法律制度、国际法和国际惯例的基础上形成的。后者如在联合国国际法委员会、贸易与发展会议以及世界知识产权组织、国际统一私法协会等国际组织的主持下，经各成员国的共同努力而形成的各种国际公约或协定。

（三）法的改革

法的改革是指在一国的政治制度、社会属性保持稳定，其法律制度的基本性质也没有变化的前提下，对法律体系及其具体内容所进行的调整。

就当代中国而言，法的改革主要包括以下内容。

第一，对政法体制进行改革。首先，要理顺党委和政府机关的关系。在坚持党的政治领导、思想领导的前提下，政府机关能够独立行使立法、执法、司法各项职能。其次，立法、执法、司法各部门以及各部门内部之间要各司其职，明确职责。再次，要真正做到司法独立。司法机构独立于其他部门，各司法机构彼此独立而不存在上下级关系，司法官员彼此独立。

第二，对法律体系进行调整，大力发展私法，使之适应社会主义市场经济体制的需要。

第三，进一步从义务本位向权利本位转变。

引例分析

在美国法院审判中，法院以前的判决，或者说判例，是法院真正关心的法律，这种法律具有大陆法系国家的法典规则所具有的举足轻重的意义。

在前面的案例中，有一个问题是值得注意的：法院何以认定油画买卖纠纷案与1887年法院判决的案件是类似的，而与1885年法院判决的案件不类似？我们可以发现，这里是存在争议的，有人认为类似，有人认为不类似，尤其是在涉及利益纷争的诉讼中，更会出现这样不同的意见。类似，才有遵循先例的问题。不类似，就没有遵循先例的问题。在英美法系国家，解决是否类似的方法，叫作“区别技术”。因为在每一个案件判决的过程中，对立双方总会找出“对立的不同先例”，以支持自己的主张，法官总会因此需要决定哪个先例是类似的，从而决定另外一个是不类似的。所以，这里就存在了区别的问题。

“区别技术”是针对作为法律的先例而使用的。因此，正如在大陆法系国家的法院不免要用“解释的技术”去解释抽象的法律条文一样，英美法系国家的法官，需要运用区别的技术去解释先例，在这里，区别的技术属于司法活动。在油画的买卖纠纷中，法官1887法院年的判决类似，而1885年法院的判决不类似，正是通过区别的技术来决定的。当然，这种区别总要联系当下案件的具体情况来展开。

由于遵循先例,英美法系国家的法官具有十分重要的地位。先例,有时是法院以往在审判中创立的。法院有时可以在没有法律依据的情况下做出判决,并且可以使该判决成为法院后来所要遵循的先例。这意味着法院有时可以立法。所以,以遵循先例为表征的判例法,又称"法官法"。制定法也具有权威,但是,英美法系国家的法官在审判案件的时候通常是通过先例来解释和适用制定法的。换言之,先例具有重要的解释制定法的作用。在这个意义上,立法者的权威不如做出先例判决的法官。

此例中,1887 年法院的判决和 1885 年法院的判决不一定就是"第一个"立法性质的判决。它们有可能是遵循先例的判决。但是,在一系列可以作为先例的链条判决中,总会有一个先例属于"第一个"立法性质的判决。

第三节　法的运行

引例

某工厂职工甲怀疑同为该厂职工的乙(但甲与乙素不相识,从未谋面)与自己的妻子有不正当的关系。一天晚上妻子很晚未归,甲便找到妻子在单位的宿舍,敲了半天门,没人搭理。当他正准备踢开门进入时,里面冲出一男子,正是乙。乙在前面跑,甲在后面追,跑了很长时间后,甲追上乙并开始打乙。不料一会儿,乙便口吐白沫、不省人事。甲慌忙与工厂另一职工将乙送至医院,乙却不治而亡。法医鉴定证明,乙是因为过于激动并因外力打击突发冠心病而死。就此案,检察院以故意杀人罪将甲起诉至法院,法院欲判其无罪,但遭到被害人家属以及政法部门的强烈反对,审判受到很大阻力。迫于无奈,法院请政法委书记、检察院的相关人员,并邀请了几位刑事法专家来论证案件的性质。专家认为,甲与乙事前并不相识,不知道乙有冠心病,且一般的殴打行为通常不可能致人死亡甚至不能达到伤害的程度,因此,乙因冠心病突发死亡纯属甲不能预料的结果,最终,本案应作为意外事件处理。这时,政法委书记激烈地反驳,大意是:如果不判甲有罪的话,被害人家属的情绪就难以平复,整天到政府去闹事,影响非常不好。最后,法院还是顶住压力,根据专家的意见判决甲无罪。

从司法独立的角度对此案例加以评析。

一、立法

(一)立法的定义

立法,也叫法的制定,是指特定国家机关依据法定权限和法定程序,运用一定技术,制定、修改、废止规范性法律文件的活动。立法有如下特征:①立法是由特定主体进行的活动；②立法是依据法定权限进行的活动；③立法是依据法定程序进行的活动；④立法是运用一定技术进行的活动；⑤立法是制定、修改、废止规范性法律文件的活动。立法在国家法律制度建设中占有重要地位，是执法、司法、守法的前提和基础。

（二）立法的原则

1. 法治原则

立法的法治原则要求立法活动要符合宪法及其他法律的要求，立法主体、立法权限、立法程序都要符合法律的精神，立法也要坚持法制统一原则。总之，立法要符合法治的理念与精神。

2. 民主原则

民主原则要求立法主体具有广泛性，广泛吸收人民群众参与立法。人民是国家的主人，也是立法的主人，他们对立法拥有决定权；立法过程和立法程序应具有民主性，切实保障人民参加立法活动的权利；立法内容也应体现人民的意志，保障人民的权利。

3. 科学原则

立法的科学原则有助于制定高质量、高水平的良法，同时能够克服立法过程中的盲目性和随意性，有助于减少失误和错误，从而提高立法效益。坚持科学立法原则，就要在立法中实事求是，从实际出发，反映客观规律的要求，要努力提高立法技术、立法质量，要注意法律体系的协调一致，还要考虑理论与实践相结合，客观条件与主观条件相结合，原则性与灵活性相结合，稳定性和适时变动性相结合，等等。

（三）立法的程序

立法程序，即立法主体在制定、修改、废止法律时所应遵循的法定步骤。通常而言，立法程序包括法律议案的提出、法律议案的审议、法律议案的表决和通过、法律的公布。

1. 法律议案的提出

有提出议案权的人可以依据法律规定向立法机关提出制定、修改、废止法律的建议。这是立法程序的开始。法律议案一经被列入议事日程，就进入正式审议和讨论阶段。

2. 法律议案的审议

立法机关对于列入议事日程的法律议案进行正式审议和讨论，这是立法的中心环节，是保证立法质量、体现立法民主的重要环节，它可以使法律更加完备和成熟。

3. 法律议案的表决和通过

表决法案，就是立法机关对经过讨论的法律议案表示正式同意与否。如果同意，则意味着该法律议案获得通过，成为正式法律。这是立法中具有决定意义的环节。表决的方式一般是少数服从多数，法律议案只有获得多数同意才能通过而成为法律。

4. 法律的公布

法律的公布，是指有权机关在特定时间内，采用特定方式将法公之于众，也称作法律的颁布。这是立法程序的最后阶段。法律在表决通过后,应在一定时间内公布,它是法律生效的前提。现代大多数国家都承认,未经公布的法律不产生任何效力。

二、执法

(一)执法的定义

执法,有广义和狭义两种解释。广义的执法,是指国家行政机关、司法机关和法律授权的组织、受委托的组织及其工作人员,依照法定权限和程序,贯彻实施法律的活动。狭义的执法,仅指国家行政机关、法律授权的组织、受委托的组织及其公职人员,在行使行政管理权的过程中,依照法定权限和程序,贯彻实施法律的活动。这里提到的执法,是狭义的执法,仅指行政执法。

执法具有如下特征:①执法主体具有特定性。执法主体必须是国家行政机关及其工作人员,法律、法规授权的组织及其工作人员,受行政机关委托的组织及其工作人员,除此之外,其他任何人或组织都不能成为执法活动的主体。②执法内容具有广泛性。执法涉及政治、经济、外交、国防、财政、文化、教育、卫生、科学、工业、农业、商业、交通、建设、治安、社会福利等各个领域,范围十分广泛。现代社会中,执法范围还有扩大的趋势。③执法活动具有单向性和主动性。在执法过程中,行政主体代表国家,可以依自己单方意思做出某种行为,而不需要对方同意,对方同意与否不影响执法主体做出相应的行政行为,一旦做出决定,对方当事人必须接受。而且在执法中,行政主体通常采取积极主动方式做出行政行为,而无须行政相对人的意思表示再启动执法系统。

(二)执法的原则

在我国,行政主体执法时应遵循的原则有以下几项。

1. 合法原则

合法原则是现代国家对执法的基本要求,是最重要的执法原则。它要求执法主体在法律范围内活动。具体而言:①执法主体必须符合法律规定。②执法权限必须符合法律规定。任何执法主体不得超出法律规定权限执法。③执法内容要符合法律规定。没有法律规定,不得对行政相对人做出任何处理决定。④执法程序必须合法。执法主体要严格遵循法定程序,依法保障行政相对人的合法权益,不得随意改变执法程序而使行政相对人的权益受到侵害。

2. 合理原则

合理原则是指执法主体在执法过程中,特别是在运用自由裁量权时,要使执法尺度客观、适度,将其控制在合理的范围之内。

合理原则与自由裁量权是紧密联系在一起的。行政管理涉及范围广泛,内容复杂,法律不可能都做出具体规定,在没有规定的地方,自由裁量权的存在就不可避免。

然而,自由裁量权在运用的过程中会导致滥用,因而对其限制就不可避免,合理原则因此而设立。合理原则要求执法主体在执法时要公正、公平,在合法的前提下采取的措施要妥当、适当,使自由裁量符合法律的目的。

3. 效率原则

在依法行政过程中,执法主体要尽可能以较低的执法成本取得较大的执法收益,这是执法的效率原则。这就要求执法主体在执法时要科学规划、尊重客观规律,对行政管理活动做成本—效益分析,使执法行为尽可能为社会带来益处,而减少或避免其负面影响。

三、司法

(一)司法的定义

司法,是指国家司法机关依据法定权限和程序,运用法律处理案件的专门活动。与立法、执法不同,它有如下特点:①专属性。司法权专属于司法机关及司法人员,其他机关、组织及个人都不得行使这种权力。在我国,司法权专属于人民法院和人民检察院。②程序性。这是司法最显著的特点。司法活动必须严格按照法定程序进行。我国目前有三类司法程序,即刑事诉讼程序、民事诉讼程序、行政诉讼程序,这些程序是保证司法公正的重要条件。③权威性。司法是司法机关以国家名义运用法律处理案件的活动,以国家强制力为后盾,因此,它做出的裁决具有很高的权威性,任何组织和个人都必须执行,不能违背。

(二)司法的原则

1. 以事实为依据,以法律为准绳

以事实为依据,就是司法机关审理案件,只能以法庭上被合法证明或被依法推定的事实而不是客观存在的事实作为依据,更不能以主观臆断作为依据。以法律为准绳,是指司法机关在审理案件时要严格依照法律的规定办事,把法律作为处理案件的唯一标准和尺度,切实维护法律的威严,做到有法必依,执法必严,违法必究。

2. 公民在法律面前一律平等

司法机关在处理案件时,对于任何公民,不论其民族、种族、性别、职业、社会出身、宗教信仰、教育程度、财产状况等,在适用法律上一律平等,不允许有任何差别;对违反法律的人要同样追究责任;对权利受到侵犯的人,要给予同样的保护和救济。对待诉讼参与人要平等,切实保障他们依法参加诉讼的权利。任何人都没有超越或凌驾法律之上的特权。

3. 司法机关依法独立行使职权

这一原则要求:国家的司法权只能由司法机关统一行使,其他任何机关、组织和个人均无权行使此项权力;司法机关独立行使司法权,不受其他机关、组织和个人的干涉;司法机关行使司法权必须严格按照法律规定,正确适用法律。

司法机关独立行使司法权也要接受监督和制约。首先,要接受中国共产党的领导和监督;其次,要接受国家权力机关的监督;最后,要接受人民群众和社会舆论的监督。

4. 司法公正

司法公正主要是指司法裁判结果的公正和司法过程的公正,后者是司法公正的重心,是指司法机关在司法过程中客观、中立、公正地对待司法当事人。这是司法的生命和灵魂,是司法的终极目标和最高价值取向。司法公正能够极大地促进社会正义的实现。

四、守法

守法,是指国家机关、社会组织和个人在法律规定的范围内从事各种活动。法律只有被遵守才会发挥作用,否则将会变成一纸空文。守法,是公民的一项基本义务。

在我国,守法的主体包括一切国家机关、武装力量、政党、社会团体、企事业组织、中国公民以及在我国领域内的外国组织、外国人和无国籍人。我国法律规定,一切违反法律的行为,必须予以追究。任何组织和个人都不得有超越法律的特权。这表明,所有人都是守法主体,都有义务守法。

守法的范围包括宪法、法律、行政法规、地方性法规、规章、自治条例、单行条例、特别行政区的法律、经济特区的法律等。

引例分析

司法权独立于其他权力,司法机构独立于其他机构,独立行使司法职能,独立判案,不受任何人或任何机构干预。此例中的事实表明,被告在行为时缺乏主观的故意与过失,只能作为意外事件处理。不能因为被害人家属对判决结果不满,到政府机关闹事,怕影响党和政府的工作形象,就牺牲法律的正义性而判处被告有罪。至于政法委书记的说法,更是不足为据,他不是从事实和法律出发,而是从某个个人以及某个部门的立场出发,企图以政府的形象利益代替法律的正义,这样思考问题不符合法治的要求,是人治思想的体现。

公正与秩序是通过法院正确的判决来实现的,只有正义的判决才会在公民中建立起对法律的确信,才能树立起法律的权威。

第四节　法的价值

引例

海口市公安局2003年2月18日发布的《关于依法处理行人、非机动车违章造成道路交通事故的通告》规定，当行人出现以下五种违章行为之一，导致道路交通事故发生，且车辆驾驶人员无违章行为，并采取了适当避让措施而未能避免交通事故发生的，将由行人负事故的全部责任：（一）在明令禁止行人通行的高速公路、高架道路、车行立交桥等道路行走或逗留，与机动车发生交通事故的；（二）在有交通信号控制的地方违反信号规定，与机动车发生交通事故的；（三）在设有人行横道、人行天桥的地段横穿车行道，不走人行横道或人行天桥，与机动车发生交通事故的；（四）钻越、跨越或倚坐道路栏杆或隔离设施，与机动车发生交通事故的；（五）在机动车道内招停出租车（公交车）、兜售、发送物品，与机动车发生交通事故的。《中华人民共和国道路交通安全法》规定："机动车与非机动车驾驶人、行人之间发生交通事故的，由机动车一方承担责任；但是，有证据证明非机动车驾驶人、行人违反道路交通安全法律、法规，机动车驾驶人已经采取必要处置措施的，减轻机动车一方的责任。交通事故的损失是由非机动车驾驶人、行人故意造成的，机动车一方不承担责任。"

问：上述法律和规定分别体现了哪些法的价值？如何取舍？

一、价值与法的价值

价值，是表偏好的概念，是用以表示事物所具有的对主体有意义的、能够满足主体需要的功能和属性的概念。在人类实践中，凡是对人类有用的、有利的，能够满足人类的某种需要，有助于人类实现某种目标的事物，我们就说它是有价值的，就会受到我们的肯定性评价。反之，那些不能满足人类需要的，无助于人类实现目标，对人类无用、无利的事物，就被认为是无价值或者是负价值的，就会受到我们的否定性评价。像自由、正义、财富、知识、美德、健康、安全、快乐等，就是人们所希望的事物，因而被视为价值的存在形态。

法的价值，是指法律对人类有意义的、能够满足人类需要的功能和属性。作为法律所要达到的目标和最高理想，法的价值是法律的灵魂，离开了法的价值，法律就是无源之水、无本之木，变得毫无意义。法的价值体现了人类对法律乃至对社会的认识程度。一般来说，秩序、自由、效率、正义是现代社会备受重视的基本价值，也是法的重要价值。

二、秩序

秩序是指事物存在的一种有规则、稳定、有序的状态。秩序意味着社会在一个可以预见的轨道上运行。没有秩序，社会的政治、经济等各个方面都会发生混乱和失控，人们也将丧失自信和安全感。秩序是人类生存和发展的基本前提。

秩序是法律的直接追求，法律是实现秩序的必要工具。法律通过将各种主体和社会力量安排在一种被认为是合理、有效的相互关系中，以形成有规律的系统化格局，从而产生政治秩序、经济秩序、社会秩序和文化秩序，成为人类生存和发展的信心之源和力量之源。具体来说，法律对秩序的建构首先是建立和维护阶级统治与权力运行的秩序；其次，是建立和维护社会生活秩序，通过为社会成员规定明确的权利和义务及其边界，并用文明、公正、理性的方式制止冲突，解决矛盾；再次，是建立和维护社会生产和交换秩序，这包括对财产所有权的保护、对经济主体资格加以必要限制、调控经济活动、保障劳动者的生存条件等。

三、自由

自由，指的是从约束中解放出来，或者说是一种不受约束的状态。它广泛存在于社会生活各个领域。法律中的自由是指人们按照自己的意愿进行活动并且受到法律保障的权利。法律的任务就是确认自由，并将其上升为法律权利，为其提供切实可靠的保障，避免其受到任何侵犯。

自由对于人类的意义在于，一方面，自由是人的基本属性，是人的主体性的表现，没有自由，就不能称人为主体。另一方面，自由是人类发展的动力。人对自由的追求，是社会发展的表征，是人类向新的自由迈进、获得新的发展的保证。

法律与自由关系密切。一方面，法律以自由为目的。首先，法律权利和义务是为自由而设，法律权利即自由，法律义务是为保障自由不受侵犯。其次，立法、执法、司法都以自由为出发点和归宿。另一方面，自由离不开法律的保障。首先，自由的范围需要法律确定。法律上不明确的自由是没有实现价值的自由。这种明确不是采用列举式的明确，而是规定大方向、大原则，即从宏观上给予自由明确的地位。其次，自由需要法律排除他人的非法干涉。自由意味着自主，如果受到他人的侵害，自由就不复存在。现代社会中，人们的交往日益增多，在行动中难免互有冲突和侵犯，人们需要法律排除他人的干涉，这样自由才能得以实现。第三，自由的实现条件需要法律确认和保障。自由的实现需要条件，这包括物质条件和社会人际条件。例如，受教育自由的实现不仅仅意味着他人不能妨碍，还意味着要给这些受教育的人提供合适的学校和良好的师资。而这些条件就需要法律做出明确规定，给予一定的保障。

四、效率

效率是近年来颇受重视的法的基本价值之一，其基本意义是指，以较小的成本获得同样的收益，或者以同样的成本获得较多的收益。法律在促进社会效率方面具有明显的优势，可以说，在效率实现上，法律具有十分重要的作用，即通过对权利和义务的规定保障资源的优化配置和使用，以期实现效率的最大化。

法对效率实现的作用，主要表现在以下几个方面：①通过确认和维护人权，调动生产者的积极性，促进生产力的发展；②承认并保障人们的物质利益，从而鼓励人们为着物质利益而奋斗；③确认和保护产权关系，鼓励人们为着效益的目的占有、使用或转让（交换）财产；④确认、保护、创造最有效率的经济运行模式，使之更有效地推动社会生产力的快速发展；⑤承认和保护知识产权，解放和发展科学技术；⑥实施制度创新，减少交易费用。

五、正义

古往今来对正义的解释非常多，一般而言，正义是指公正、公平、公道等。这是个古老而又常新的概念，也是人类社会的崇高价值、理想和目标。正义与法律相互影响、相互作用。

正义对法律的作用主要体现在以下三个方面。

(1)正义对法律具有评价作用。法律作为一种社会规范，“惩恶扬善”“匡扶正义”历来是人们对法律的期待，能够担当这种期待的法律就是正义的法律，即良法，否则就是恶法。

(2)正义对法律具有导向作用。离开了正义，立法就会迷失方向，不可能产生良法，只能制定出恶法；没有正义观念的指导，执法、司法就会充满偏见，势必步入歧途。同样，法的遵守也会受到很大干扰。如果法律吸纳了正义观念，法的制定、实施必然顺利，法的遵守也会普遍实现。

(3)正义对法律进化具有推动作用。社会对法律的推动主要是通过正义得以实现的。其一，正义推动了法律精神的进化，即由前现代的特权、压制走向现代的平等和自由，而平等和自由的精神家园正是正义。其二，正义促进了法律地位的提高，促成了法律在当今世界的统治地位，即法治。其三，正义推动了法律内部结构的完善，如宪法、行政法等限制和约束政府权力的控权立法的产生与完备。

法律是正义的载体和实现手段，其对正义的作用主要表现在三个方面：其一，通过分配权利和义务以确立正义原则、正义模式、正义秩序；其二，通过惩罚违法犯罪以伸张和保障正义；其三，通过法律救济来恢复和平衡正义。

引例分析

法的价值有自由、秩序、正义、效率、利益等，但是法的价值并不是完整地达到统一的，有时法的各种价值之间会发生矛盾，从而导致价值的冲突，此时就要利用价值冲突解决的原则来处理。

此例中，海口市的《关于依法处理行人、非机动车违章造成道路交通事故的通告》中“撞了白撞”体现的是对于交通秩序和效率的优先保护，而《中华人民共和国道路交通安全法》的规定体现的是对于个人生命权、健康权等权益的保护。在这两种价值中，究竟哪种价值更具有优先性，这体现了价值位阶的选择问题。在各种价值中，人的生命权、健康权是最重要的，所以要处于更高的价值位阶；并且现代社会的发展更多地从正义的角度出发来保护社会弱势群体，维护社会的公正。在机动车和行人、非机动车方面，无论机动车的动力设置还是机动车的社会保障程度，都明显优越于行人、非机动车，后者处于弱势地位，所以在体现社会公正方面也要予以倾斜，并给予更多的保护。所以《中华人民共和国道路交通安全法》的保护更为合理。

第五节　法治

引例

2000年5月20日早上8时30分左右，一头野生羚牛闯入陕西省洋县四郎乡田岭村村民文宏明（化名）家，将文宏明顶倒在地，其妻吉某亦被困屋中，当地有关部门闻讯展开营救。《中华人民共和国野生动物保护法》第十六条明文规定，禁止猎捕杀害国家重点保护野生动物。因科学研究、驯养、繁殖、展览或者其他特殊情况，需要捕捉、捕捞国家一级保护野生动物的，必须由国务院野生动物行政主管部门批准。由于野生羚牛是国家一级保护动物，因此当地有关部门不敢擅自捕杀，只能逐级请示。当日下午1时20分才从陕西省林业厅传来指示，可以击毙羚牛。下午4时20分，羚牛终于被击毙，而此时文宏明已经死亡，其妻吉某亦因伤势过重抢救无效死亡。

请对此案例加以评析。

一、法治的基本内涵

法治，也叫法的统治，是一种古老的传统，古希腊圣哲亚里士多德曾说：“法治应包含两重意义：已成立的法律获得普遍的服从，而大家所服从的法律又应该本身是制定得良好的法律。”这种学说一经提出即产生了广泛的影响。现代社会一般认为，法治是一种治国方略，指在管理国家的过程中，居于统治地位的是法律，而不是统治者个人，所有人无一例外地严格依法办事，遵守法律，任何人和组织都不能凌驾于法律之上。

古中国也有法治的表述，这主要体现在先秦法家的著作中，如“不务德而务法”“任法而治”“不别亲疏、不殊贵贱，一断于法”等，法家认为，法令是人们言行的唯一标准。但这里的“法治”含义是以君主专制为前提的，法家之法不过是君主手中的工具而已，君主可以随意废弃法律而不受任何制约。可见这种法治理念与西方大相径庭。

关于法治的具体含义，可以在下面的比较中得到体现。

二、法治与法制

法制，是法律制度的简称，也可以指称法律体系。它与法治有如下的区别：

(1)两者的价值内涵不同。法治具有自由、民主、平等内涵，它否定的是非人道、不合理、暴虐的价值取向。而法律制度则不必然含有以上价值立场，无论是否人道、是否合理，只要是以国家的意志形式出现的，即为法律。一个暴虐的法律制度也是法律制度。

(2)两者产生和存在的时代不同。法治产生于古代，但是直到近代才真正确立起来，实现的时间还不长；法制则从国家产生的那一刻起就存在，在人类发展的各个阶段(奴隶社会、封建社会、资本主义社会、社会主义社会)都存在。

(3)两者中法律的地位不同。法治具有法律至上性，任何人都在法律的束缚之下，任何行为都要符合法律的要求。一旦违反法律，任何人都要接受法律的制裁。法制则没有法律至上的含义。它只是表示一国存在法律制度，并不意味着法律真正具有权威地位，也不意味着它总能被严格遵守。

三、法治与人治

人治，是与法治相对的一种治国方略，同样是一种古老的社会现象。与法治不同，人治是指在治理国家时，是统治者而不是法律居于主导地位，统治者可以制定法律，但所制定的法律对其本身而言并没有必然的约束力，统治者可以随意破坏法律而不受到制裁。法治与人治有如下区别：

(1)领导人或者统治者的地位不同。在法治社会中，法律居于主导地位，领导人或统治者都必须服从法律。即使认为法律不妥，在修改或废止之前，也要遵守法律，而不能随意更改法律的规定，法律具有恒定性。在人治社会中，领导者或统治者居于最高地位，他们可以通过手中的权力否定法律。

(2)法律的地位不同。法治社会中，法律的地位至高无上，法律的作用巨大，它能对领导者或统治者形成有效的约束。人治社会中，法律地位低下，不能对领导者或统治者形成有效的制约。法律只是一种统治工具，而不是目的。

(3)两者的价值观念不同。法治含有民主、平等、自由等现代价值观念，人治则含有专制、等级、依附等价值观念。

四、依法治国

依法治国包括下列含义:①依法治国的主体是广大人民群众。人民群众是历史的创造者,是国家和社会的主人,当然是治理国家的主体。②依法治国的对象是国家政治、经济、文化、社会事务等。③依法治国的标准是宪法和法律。治理国家必须严格按照宪法和法律,而不是领导人的讲话,这不是法,任何人的意志在未上升为法律之前绝不能作为治国的准则。④依法治国的宗旨是保证国家各项工作都依法进行,实现社会主义民主的制度化、法律化,使国家政治生活、经济生活、文化生活和社会生活法治化,杜绝以言废法、以权凌法、因人改制的现象。⑤依法治国的方式是人民群众在党的领导下,依法通过各种途径和方式治理国家,确保依法治国沿着正确的方向进行。

引例分析

此案呈现在人们面前的的确是一个古老的法治难题:在法律权威与社会正义二者发生冲突时,人们应当如何选择?这是法治理想中的一个两难命题:严格遵守法律权威(这是法治社会的基础和原则)就意味着放弃受害人夫妇的生命安全;要实现社会正义(这是法治价值的终极体现)就意味着放弃法律权威。

人类制定法律的目的,就是实现社会正义。然而,事物并不总是遂人所愿地发展,有时候严格实施法律得到的却是非正义的恶果。因此,当信守法律会造成不正义的恶果时,是忍受这种不正义的恶果而维护法律的尊严,还是以牺牲法律尊严为代价而实现社会正义呢?

对社会正义主义者而言,肯定会认为人的生命价值高于维护法律权威这一社会价值,因此在这起野生羚牛伤人案件中,当地有关部门就应撇开野生动物保护法的规定,毫不迟疑地击毙羚牛,以保护受害人夫妇的生命安全。而对于法律权威主义者来说,其做法与先前叙述的当地相关部门的实际做法大同小异:野生动物保护法的规定必须得到严格遵守,以维护法律的权威和尊严,即使会付出受害人夫妇受伤甚至死亡这样惨痛的代价。这仍然是一个见仁见智的两难选择。

法治的现实之所以会出现这样的两难,归根到底在于法治不仅仅是一种理想,而且是一个运行过程。人类制定法律,实现法治,是为了实现社会公平与正义,保障个人权利。只是因为人们在何为公平与正义这一问题上难以达成共识,因此退而求其次,将法律确定的秩序本身当作公平与正义的化身,遵守法律、尊重法律的权威,就是维护社会公平与正义。但是,当现行法律的执行结果与其基本价值发生冲突时,选择往往要求人们遵守现行法律,当然,这种遵守也开始被附上越来越多的条件。

随着法治观念的深入人心,只有人们对法治目的的理解、对社会公平与正义的内涵越来越趋向共识的时候;只有人们都能够认识到保护人的生命的崇高价值、牺牲法律的权威而不被认为是践踏法治的时候，再面临法律权威与个人生命这样的两难时，选择起来或许才并不困难。人们会舍弃形式上法的确定性而追求和维护法治所要达到的目标——毫不犹豫地保护个人的生命。因为人们都理解这种选择正是遵循了法治的真谛。当然要达到这个境界，我们还要跨越法治的漫漫历史长廊，还要时时面临“法律还是正义”这一法治中的两难选择。

本章思考题

1. 法律是如何产生的？它的一般含义是什么？
2. 如何理解法律面前人人平等？
3. 法的基本价值有哪些？
4. 联系实际，谈谈如何理解法律权利与义务的关系？
5. 法治的基本内涵是什么？

第二章

宪法

要点提示

- 宪法是规定一国基本权力构造与运行机制以及社会根本发展愿景与配套制度，并以实现公民基本权利与自由以及社会良性运转为其价值追求和功能定位的基本规范。
- 我国是工人阶级领导的、以工农联盟为基础的人民民主专政的社会主义国家。人民代表大会制度是我国的根本政治制度，是人民民主专政的政权组织制度。我国是统一的多民族国家，实行的是单一制的国家结构形式，同时在单一制国家结构形式内设立民族区域自治地方和特别行政区。
- 公民的基本权利是指由宪法规定的公民享有的必不可少的某些权益，包括平等权、政治权利与自由、人身自由和财产权等。基本权利决定着公民在国家中的法律地位。公民的基本义务是指由宪法规定的公民必须遵守和应尽的根本责任。
- 国家机构从行使权力的属性看，可分为权力机关、国家主席、行政机关、军事机关、审判机关和检察机关。从行使权力的范围看，可分为中央国家机关和地方国家机关。

第一节 宪法概述

引例

光绪三十四年八月初一(1908 年 8 月 27 日),在面临内忧外患的窘迫形势下,晚清政府颁布了在参照 1889 年《日本帝国宪法》基础上制定的中国历史上第一部宪法性文件——《钦定宪法大纲》。该宪法大纲共计 23 条,由“君上大权”和“臣民权利义务”两部分构成。《钦定宪法大纲》确认了君主立宪制的政治改革方向,但由于君权强大,议院立法权和监督权非常有限,臣民的自由权利微不足道并缺乏有效保障。尽管如此,《钦定宪法大纲》在中华民族文明史上仍有着划时代的重大意义。

问:结合上述事例思考,国家为什么需要宪法?

一、宪法的概念与特征

(一)宪法的概念

宪法的西文词来源于拉丁文 constitutio,英语 constitution 有建立、组织和构造等含义。《布莱克法律词典》对宪法的定义包含以下要义:宪法是法律的一种,它不同于其他法律之处在于宪法规定的是建立国家或者州政府机构的基本的组织法,而组织法的内容在于确定政府主权形式的范围,宪法的目的在于保障公民个人的权利自由,保障公民个人的权利和自由的方式是对政府权力进行制约、分化和规制,同时这种宪法一般是指成文宪法,当然也包括宪法修正案。本书认为,宪法是指规定一国基本权力构造与运行机制以及社会根本发展愿景与基本配套制度,并以实现公民基本权利与自由以及社会良性运转为其价值追求和功能定位的基本规范。

(二)宪法的特征

第一,从内容上看,宪法所规定的内容具有根本性。宪法规定了一个国家基本的政治、经济、文化和社会制度等,而其实质内容则是对政府权力进行控制、规范和保障。它规定的是国家基本的政治权力架构。宪法是一个国家法治体系金字塔的塔尖,其他法律都是在宪法内容的规范之下对国家的某些具体制度的规范。

第二,从制定和修改的方式看,程序非常严格和复杂。宪法的制定和修改程序相比较于一般法律更为严格。宪法的制定可以通过全民公决的方式,由国民直接行使制宪权,其程序一般是先由专门的宪法委员会负责起草草案,而后交由全民公决。宪法的修改程序比一般法律要严格,一般法律只需要过半数就可以通过,绝大多数国家则规定宪法的修改要由比一般法律修改更多的人数通过才算是有效的修改。

第三，从效力上看，宪法具有最高法律效力。宪法相对于国内其他法律而言具有最高法律效力，其他任何法律都不能与宪法规定相抵触。

二、宪法的历史与发展

（一）资本主义宪法的产生与发展

宪法是在特定的历史环境中产生的，这些环境包括政治、经济、文化和法律自身的发展等。资本主义宪法的产生是与资本主义经济发展以及自由、平等和民主意识的觉醒等分不开的。资本主义宪法最先产生于英国。英国的宪法属于不成文宪法，虽然它已有三百多年的历史，但从来没有制定过一部统一的、完整的宪法典。英国宪法是由一些陆续颁布的宪法性文件和不同历史时期逐步形成的宪法惯例、判例所构成。具体而言，英国宪法包括一系列宪法性规范，如1215年的《自由大宪章》、1628年的《权利请愿书》、1679年的《人身保护法》、1689年的《权利法案》、1701年的《王位继承法》和宪法性惯例等。

1787年，美国13个州的代表在费城召开制宪会议制定的美国宪法是世界宪法发展史上第一部成文宪法，该宪法于1789年生效。美国宪法在内容上确认了“三权分立与制衡”的政治体制，在形式上表现为统一的法典，成为世界上第一部成文宪法。

法国宪法是欧洲大陆第一部成文宪法，产生于法国大革命时期。法国大革命经历了第一次革命（1789－1791年）、第二次革命（1792年）、非常共和国（1792－1795年）和宪法共和国（1795－1799年），直至1799年拿破仑发动“雾月政变”结束。其间，都有宪法性文件和宪法法典的出台，主要有1789年的《人权和公民宣言》、1791年宪法、1793年宪法、1795年宪法和1799年宪法等多达15部以上的宪法性文件。

作为现代宪法产生标志的1919年魏玛宪法，其意义在于：第一，加强了对私有财产权的限制，使近代宪法中的自由主义精神受到抑制，而社会福利和公共利益得到重视和提倡；第二，议会的权力受到牵制，行政权力的扩大得到宪法认同；第三，宪法授权国家广泛干预经济、文化和社会生活的权力，国家的触角深入社会各个领域。西方宪法发展的另一个重要特点是欧盟宪法的产生。欧盟宪法条约草案试图把欧洲一体化进程推进到宪法领域，通过宪法性文本来规制欧盟，其本质是要制定一部跨越国家界限的欧洲宪法，性质是资本主义自由民主宪法，它是集人权、民主、法制、平等、团结等于一体的综合价值观。

（二）社会主义宪法的产生与发展

社会主义宪法的产生原因基本上与资本主义宪法的产生原因相同，也是一定社会经济、政治、文化发展的必然要求，只是社会主义宪法是无产阶级革命的产物，其理论渊源主要是马克思主义宪法政治学说或理论。马克思主义宪政理论的基本观点是：宪法是一种社会历史现象，有其产生、发展和消亡的过程；宪法有阶级性，它是统治阶级意志的集中体现，反映了一国不同社会政治力量的对比关系；宪法是产生于一定经济基础之上的社会上层建筑，对经济基础有反作用；宪法是民主制度的保障书，是“一张写满人民权利的纸”（列宁语）。

世界上第一部社会主义宪法是1918年的苏俄宪法，它是俄国十月革命的产物，该宪法共6篇17章90条。在俄国十月革命的影响下，蒙古人民共和国在1924年颁布了社会主义宪法，1949年之后，中国、越南、朝鲜、东欧诸国、古巴等亚、欧、美洲国家也相继制定了社会主义宪法。

（三）1949年前中国的宪法

清末以降，各种社会矛盾空前尖锐，中国人民求生存、民族资本主义求发展的呼声不断，向西方学习先进科学技术和引进先进宪政文化逐渐成为中国人的共识。清王朝迫于内外压力，不再顽固坚持“祖宗之法不可变”的教条而下诏变法，于1906年进行为期12年的预备立宪。1908年9月颁布《钦定宪法大纲》，中国宪政运动自上而下拉开了序幕。《钦定宪法大纲》条文内容模仿1889年大日本帝国宪法，赋予君主行政、立法和司法大权于一身，其他9条以附录形式规定了臣民的权利和义务。

1912年中华民国成立。资产阶级革命派制定通过了《中华民国临时约法》。这部约法确立了资产阶级民主共和国的国家制度，宣布中华民国的主权属于全体国民，中华民国为统一的多民族国家，按照三权分立原则配置各类各级国家机关，特别是规定了大总统不单独行使最高行政权（与国务总理和各部总长一起），并受参议院的牵制；赋予了国民广泛的人身自由和政治权利。《中华民国临时约法》是我国第一部反映民族资产阶级意志和利益，体现资产阶级民主共和国方案的宪法性文件。

北洋政府时期先后颁行了几部宪法性文件，主要包括：①《天坛宪草》，1913年10月31日由国会宪法起草委员会三读通过在北京天坛祈年殿起草的《中华民国约法（草案）》，它的起草过程反映了袁世凯与国会的斗争，最后采用的是以国民党为主的国会方案，即责任内阁制政体，因为袁世凯有所不满，该部宪草由于袁世凯1914年1月14日解散国会而未付诸实施；②《中华民国约法》，这是袁世凯就任临时大总统后，为摆脱《临时约法》和《天坛宪草》的制约，扩大其个人权力而炮制的宪法性文件，其突出特点就是实行总统制并赋予总统极大的权力；③“贿选宪法”，袁世凯去世后，直系军阀曹锟以恢复法统为名派军队包围国会，以每票5000元大洋的价钱收买议员，“选举”他为民国大总统并匆匆赶制出《中华民国宪法》；④《中华民国宪法草案》，由皖系军阀段祺瑞政府于1925年12月起草，该草案规定了总统制，实行总统集权，各省有权制定本区宪法，总统实行间接选举，学校教育“党派中立”等。

南京国民政府先后制定了三部宪法性文件：①《中华民国训政时期约法》，于1931年5月12日制定，其效力一直延续到1946年，共8章89条，主要内容是宣布训政时期实行国民党一党专政和蒋介石的个人独裁，也宣布了“中华民国之主权属于国民全体”，并规定了政治、经济、文化等方面的制度；②“五五宪草”，“九一八事变”后，国民政府迫于抗日民主运动压力，于 1932 年年底通过了制宪决议，1934 年通过了宪法草案，并于 1936 年 5 月 5 日公布，共 8 章 148 条，基本上沿用了《中华民国训政时期约法》；③《中华民国宪法》，公布于 1947 年元旦，共 14 章 175 条。它确立了高度专制的总统制体制，并按照孙中山的“五权宪法”思想设计了行政、立法、司法、考试和监察五院制国家机关体系；规定了一些人民权利和国家的政治、经济、文化、国防等方面的国策。

（四）1949 年后中国宪法的历史与发展

1949 年中华人民共和国成立前后，先后颁布了《中国人民政治协商会议共同纲领》（简称《共同纲领》）、“五四宪法”“七五宪法”“七八宪法”和现行的“八二宪法”。

1949 年 9 月 29 日，由第一届中国人民政治协商会议通过的《共同纲领》包括序言及总纲、政权机关、军事制度、经济政策、文化教育政策、民族政策和外交政策共 7 章 60 条。其基本内容包括：确认了国家性质和任务；规定了政权组织和原则；赋予人民广泛的权利和义务等。《共同纲领》并没有提出明确的社会主义目标和任务，具有明显的过渡性和临时性特征，是新中国的一部临时宪法性文件。

1953 年 1 月，成立以毛泽东为首的宪法起草委员会。1954 年 3 月，毛泽东向宪法起草委员会提交了中共中央拟定的宪法草案初稿，并进行讨论。1954 年 9 月 20 日，第一届全国人民代表大会第一次会议一致通过《中华人民共和国宪法》（简称“五四宪法”），由大会主席团予以公布实施。“五四宪法”是我国第一部正式的社会主义宪法，包括序言及总纲、国家机构、公民的基本权利和义务、国旗国徽首都共 4 章 106 条，在内容上体现了社会主义原则和人民民主原则，确认了国家的基本政治制度、过渡时期的经济政策、所有制形式以及公民的基本权利和义务等。

“七五宪法”和“七八宪法”是在我国特殊时期颁行的两部具有浓厚时代痕迹的宪法。这两部宪法虽然都是在“五四宪法”基础上进行的修改，但在内容上都做了较大的删减和修改。“七五宪法”于 1975 年 1 月由第四届全国人民代表大会第一次会议予以通过，只有 30 条。“七八宪法”于 1978 年 3 月 5 日由第五届全国人民代表大会第一次会议通过，共 60 条。

“八二宪法”是我国现行宪法，它是由第五届全国人民代表大会第五次会议于 1982 年 12 月 4 日通过的，保留了前三部宪法的基本格式，有序言、正文 4 章 7 节共 138 条。自 1982 年实施以来，“八二宪法”分别于 1988 年、1993 年、1999 年和 2004 年先后进行了四次修改，共计 31 条修正案。“八二宪法”的颁行标志着我国社会主义民主和法制建设进入一个新的阶段，是新时期我国进行社会主义建设的根本指南和宪法保障。

引例分析

对于一个现代的民主国家而言，国家的公权力应该在有效制约基础上得到科学配置，公民的私权利应该在有效保障基础上得到明确界分。宪法是国家的根本大法，它规定了国家根本制度和根本任务，承载着科学配置公权力和保障公民私权利的基本职能。具体而言，一个国家的公权力如何进行配置，需要有一个确定的制度框架和规则表述，宪法便是承载这一制度框架和规则表述的文本。同样，一个国家公民享有哪些基本权利及应该履行哪些基本义务，也应该有个明确的规范性文件加以宣示，这一功能也只能由宪法来承载。因此，任何现代民主国家都离不开宪法。

第二节　国家基本制度

引例

1946 年 4 月 3 日，内蒙古自治运动联合会和东蒙自治政府在承德举行了统一内蒙古自治运动的会议。这次会议上通过了《内蒙古自治运动统一会议主要决议》，确定内蒙古自治运动的方针是平等自治，不是独立自治，并且只有在中国共产党领导帮助下才能得到解放。以“四三会议”为标志，内蒙古地区的革命斗争和蒙古民族解放运动进入一个新的历史时期，乌兰夫根据内蒙古地区蒙古族群众的普遍愿望，向中共中央提出成立内蒙古自治政府的请求并获批准。1947 年 5 月 1 日内蒙古人民代表会议庄严宣告：内蒙古自治政府成立！会议决定，5 月 1 日为内蒙古自治政府成立纪念日。

问：从内蒙古自治政府的成立思考我国的国家性质以及国家结构。

一、国体与政体

（一）国体与政体概述

国体与政体是关于国家问题的一对紧密联系的概念，两者的关系为内容与形式的问题。国体作为社会各阶级在国家中的地位，实际上是指国家主权的阶级归属，亦即国家主权的阶级属性。政体是指拥有国家主权的统治阶级实现其国家主权的宏观体制。政体必须适应国体的需要，在一定国体下，政体的形式不是可以任意选择的。例如，《宪法》第 1 条对国体规定如下：“中华人民共和国是工人阶级领导的、以工农联盟为基础的人民民主专政的社会主义国家。”第 2 条则规定了我国的政体，即人民代表大会制。在这一政体下，人民行使国家权力的机关是全国人民代表大会和地方各级人民代表大会，国家行政机关、审判机关、检察机关都由人民代表大会产生，对它负责，受它监督。与政体相关的是政权组织制度，二者之间实际上分属两个不同的层次。政体是对政权组织形式的抽象和概括，政权组织形式则是政体的具体化；政体是宏观上的国家政权架构，政权组织制度则是宏观政权结构的微观体现。

(二)人民代表大会制度

人民代表大会制度是我国根本政治制度,是人民民主专政的政权组织制度。它是指我国的一切权力属于人民;人民在民主普选的基础上选派代表,组成全国人民代表大会和地方各级人民代表大会作为行使国家权力的机关;其他国家机关由人民代表大会产生,受人民代表大会监督,对人民代表大会负责;人民代表大会常务委员会向本级人民代表大会负责,人民代表大会向人民负责的制度。

二、国家结构制度

(一)国家结构的概念与类型

国家结构形式所要解决的问题是明确其领土如何划分,以及划分以后如何规范国家整体和组成部分、中央和地方之间的权限和管辖范围。国家结构形式具有很强的历史性,自国家产生后就产生了一定的国家结构形式,以便政权的运转。至于特定国家采取何种结构形式,取决于该国的历史、地理、政治、经济、民族、宗教和文化等多种因素。在国家结构的类型上,近现代国家主要采用单一制和复合制两种形式。其中,复合制又可以分为联邦制和邦联制。在当代国家结构形式中,单一制与联邦制是主要形式,邦联制则较少见。

(二)单一制与联邦制

单一制是指由若干行政区域单位或自治单位组成单一主权国家的结构形式,各组成单位都是国家不可分割的一部分。单一制国家的特征是:①从法律体系看,国家只有一部宪法,由统一的中央立法机关或权力机关根据宪法制定法律;②从国家机构组成看,国家只有一个最高立法机关或权力机关,一个中央政府,一套完整的司法系统;③从中央与地方的权限划分看,地方接受中央的统一领导,地方政府的权力由中央政府授予,地方行政区域单位或自治单位没有脱离中央而独立的权力;④从对外关系看,国家是一个独立的政治实体。目前,世界上的大多数国家是单一制国家。

联邦制是由两个或多个联邦主体(州、邦、共和国等)组成国家。联邦制国家的主要特征是:①从国家的法律体系看,除有联邦宪法外,各联邦主体可以有自己的宪法;②从国家机构组成看,除联邦设有联邦立法机关、行政机关和司法系统外,各联邦主体还设有自己的立法机关、行政机关和司法系统;③从联邦与各联邦主体的权限划分看,由联邦宪法原则或具体地划分各自的权限;④从对外关系看,有些国家还允许其联邦主体享有一定的外交权,可同外国签订某些方面的协定。目前,属于联邦制国家的有美国、德国、俄罗斯、加拿大等 24 个国家。

(三)我国的国家结构

我国现行《宪法》序言明确宣示:“中华人民共和国是全国各族人民共同缔造的统一的多民族国家。”《宪法》第 4 条第 3 款规定:“各少数民族聚居的地方实行区域自治,设立自治机关,行使自治权。各民族自治地方都是中华人民共和国不可分离的部分。"第31条规定:"国家在必要时得设立特别行政区。在特别行政区内实行的制度按照具体情况由全国人民代表大会以法律规定。"《民族区域自治法》第2条第3款规定:"各民族自治地方都是中华人民共和国不可分离的部分,"《香港特别行政区基本法》和《澳门特别行政区基本法》均明确香港特别行政区和澳门特别行政区是中华人民共和国不可分离的部分。

可见,我国实行的是单一制的国家结构形式,但国家结构有自己的特点:我国不同于一般的单一制国家,在国家结构上采取在单一制国家中建立民族区域自治地方和特别行政区的形式;它也不同于联邦制国家,没有联邦制国家中的邦、州、共和国等组成部分。在我国,在中央政府领导下既有一般地方行政区域,又有民族自治地方和特别行政区。这一国家结构形式,使我国中央与地方的权限划分也有自己的特点。

三、民族区域自治制度

根据宪法和法律的规定,国家在少数民族聚居区逐步推行了民族区域自治制度。民族区域自治制度是指在统一的祖国大家庭内,在国家统一领导下,按照宪法规定,以少数民族聚居区为基础,建立相应的自治地方,设立自治机关,行使自治权,民族区域自治的民族实现当家做主,管理本民族内部地方性事务。各民族自治地方都是中华人民共和国不可分离的组成部分。到目前为止,我国已建立起5个自治区、30个自治州和120个自治县(旗)。

民族自治地方的自治机关是自治区、自治州、自治县的人民代表大会和人民政府。自治权是民族区域自治的核心。现行《宪法》和《民族区域自治法》总结了我国实施民族区域自治的经验,详细规定了民族自治地方的自治机关所行使的广泛的自治权。

四、基层群众自治制度

基层群众性自治组织是实现城乡居民自我管理、自我教育、自我服务的基本形式。基层群众性自治组织包括居民委员会和村民委员会。

村民委员会由主任、副主任和委员3至7人组成,由村民直接选举产生。村民委员会根据需要设人民调解、治安保卫、公共卫生等委员会,负责相关工作。村民会议由本村18周岁以上的村民组成。村民委员会对村民会议负责并报告工作。村民委员会与基层政权的关系为:①乡、民族乡、镇的人民政府对村民委员会的工作给予指导,但不得干预依法属于村民自治范围内的事务;②村民委员会协助乡、民族乡、镇人民政府开展工作。

居民委员会根据居民居住状况,按照便于居民自治的原则,一般在100户至700户的范围内设立。居民委员会由主任、副主任和委员共5至9人组成,根据需要设人民调解、治安保卫和公共卫生的委员会。

五、国家基本经济与文化制度

(一)国家基本经济制度

一国经济基础通过宪法和法律的确认与调整而形成该国的经济制度。生产资料所有制形式是经济制度的核心,它决定着经济制度的其他方面,是经济制度的基础。与所有制形式相对应的是分配制度。我国目前处于社会主义初级阶段,根据《宪法》第6条规定,社会主义经济制度的基础是生产资料的社会主义公有制,即全民所有制和劳动群众集体所有制。国家在社会主义初级阶段,坚持公有制为主体、多种所有制经济共同发展的基本经济制度。社会主义公有制消灭人剥削人的制度,实行各尽所能、按劳分配的原则。坚持按劳分配为主体、多种分配方式并存的分配制度。

国有经济,即社会主义全民所有制经济,是国民经济中的主导力量。农村集体经济组织实行家庭承包经营为基础、统分结合的双层经营体制。在法律规定范围内的个体经济、私营经济等非公有制经济,是社会主义市场经济的重要组成部分。国家保护个体经济、私营经济等非公有制经济的合法权利和利益。国家鼓励、支持和引导非公有制经济的发展,并对非公有制经济依法实行监督和管理。

(二)国家基本文化制度

文化制度是我国宪法规定的重要内容之一。文化制度是指一国通过宪法和法律调整以社会意识形态为核心的各种基本文化关系的规则、原则和政策的总和。文化制度主要包括教育事业、科技事业、文学艺术事业、医疗卫生体育事业等。

根据宪法规定,国家发展教育和科学事业。国家举办各种学校,普及初等义务教育,发展中等教育、职业教育和高等教育,并且发展学前教育。国家发展各种教育设施,扫除文盲,对工人、农民、国家工作人员和其他劳动者进行政治、文化、科学、技术、业务的教育,鼓励自学成才。国家发展自然科学和社会科学事业,普及科学和技术知识,奖励科学研究成果和技术发明创造。国家发展医疗卫生和体育事业,等等。

六、特别行政区制度

特别行政区是统一的中华人民共和国境内的一级行政区域,是为了通过和平方式解决历史遗留的港澳台问题而设立的特殊的地方行政区域。《宪法》第31条规定:“国家在必要时得设立特别行政区。在特别行政区内实行的制度按照具体情况由全国人民代表大会以法律规定。”第62条规定,全国人民代表大会有权“决定特别行政区的设立及其制度”。这些规定为在我国设立特别行政区提供了宪法依据和具体程序。

在特别行政区的体制下,特别行政区行政、立法和司法三者的关系是:司法独立;行政机关与立法机关之间既互相制衡,又互相配合。特别行政区的政权机关包括行政长官、特区政府、立法机关和司法机关。根据《香港特别行政区基本法》和《澳门特别行政区基本法》规定，特别行政区行政长官是特别行政区的首长，代表特别行政区。同时他又是行政机关的行政首长，领导特别行政区政府。特别行政区政府是特别行政区行政机关，通过行政长官向中央人民政府负责，也向特别行政区立法会负责。特别行政区立法会是特别行政区的立法机关，立法会依照法定程序制定、修改和废除法律。立法会制定的法律须报全国人大常委会备案，备案并不影响该法律的生效。特别行政区各级法院是特别行政区的司法机关，行使特别行政区的审判权。澳门特别行政区法院独立进行审判，只服从法律，不受任何干涉。香港特别行政区设立终审法院、高等法院、裁判署法庭和其他专门法庭。

引例分析

我国在少数民族聚居区推行民族区域自治制度，内蒙古自治区是我国设立的第一个自治区。我国实行民族区域自治的目的是在维护祖国统一的前提下，使或大或小的聚居区的各少数民族人员，既能管理国家又能自主管理本民族内部地方性事务，实现各民族的平等、团结和共同繁荣。内蒙古自治政府的成立反映了我国人民民主专政的社会主义国家性质，以及在中央统一领导下充分发挥地方主动性和积极性的中央和地方关系。

第三节　公民的基本权利和基本义务

引例

2001 年 12 月 23 日，中国人民银行成都分行在《成都商报》上刊登《中国人民银行成都分行招录行员启事》，规定报名条件之一就是男性身高在 1.68 米，女性身高在 1.58 米以上。四川大学法学院 2002 届学生蒋韬不符合上述规定，以中国人民银行成都分行身高条件侵犯了宪法赋予自己的担任国家公职的平等权为由，起诉到四川省成都市武侯区法院。被告在接到法院送达的起诉状副本后，重新在发布报名考试的《成都商报》上以相同的形式、版面和位置发布的广告中，取消了以前身高限制的规定。蒋韬请求法院依法确认被告的被诉具体行政行为违宪。受案法院认为，蒋韬提起的诉讼不属于行政诉讼法规定的受案范围，不符合法定的起诉条件，依法裁定驳回原告蒋韬的起诉。

问：本案中成都分行将身高作为招聘条件是否构成了身高歧视，进而侵犯了蒋韬的平等就业权？

公民，通常是指具有某个国家国籍的自然人。《宪法》第 33 条第 1 款规定："凡具有中华人民共和国国籍的人都是中华人民共和国公民。"即成为我国公民除要求具有我国国籍外，没有其他资格限制。由此可知，国籍是一个人属于某个国家的一种法律上的身份，它反映了一个人同某一特定国家固定的法律联系。公民的基本权利是指由宪法规定的公民享有的必不可少的某些权益，是公民实施某一行为的可能性。基本权利决定着公民在国家中的法律地位，它能派生出公民的一般权利。公民的基本义务是指由宪法规定的公民必须遵守和应尽的根本责任。公民的基本义务是公民对于国家的具有首要意义的义务，它构成普通法律所规定的义务的基础。公民的基本义务与基本权利一起共同反映并决定着公民在国家中的政治与法律地位，构成普通法律规定的公民权利和义务的基础和原则。

一、公民的基本权利

（一）平等权

平等是法的基本属性，也是法追求与维护的价值目标。平等观念在近代国家具有两方面的内容：一是参政平等的要求，即公民参与国家机关组成与统治过程；二是法适用平等的要求，即国家平等地保护公民，不得差别对待。平等权是我国宪法规定的基本权利体系中的重要组成部分，是权利主体参与社会生活的前提与条件。平等权是通过宪法和法律规定的实体性的权利，同时又是现实中实际运行的权利。所谓平等权是指公民平等的享有权利，不受任何差别对待，要求国家给予同等保护的权利与原则。

（二）政治权利与自由

政治权利与自由是指公民依据宪法和法律的规定，参与国家政治生活的行为可能性。表现为两种形式：一是公民参与国家、社会组织与管理的活动，以选举权和被选举权的行使为基础；二是公民在国家政治生活中自由地发表意见，有表达意愿的自由。通常表现为言论、出版、集会、结社、游行、示威自由，简称政治自由。选举权是指选民依法选举代议机关代表和特定国家机关公职人员的权利。被选举权是指选民依法被选举为代议机关代表和特定国家机关公职人员的权利。

言论自由是指公民通过各种语言形式宣传自己的思想和观点的自由。从广义上讲，新闻、出版、著作等也可包含在言论自由的范畴之内，形成综合性的权利体系。从狭义上说，出版自由不包括在言论自由范畴之内。言论自由是宪法规定的公民的基本权利之一，是公民参与国家管理的有效形式。从某种意义上讲，言论自由的保障程度是衡量一个国家宪政水平的重要标志。出版自由一般包括两个方面内容：一是著作自由，即公民有权自由地在出版物上发表作品；二是出版单位的设立与管理，即报社、期刊社、图书出版社、音像出版社和电子出版社的设立与管理遵循国家宪法与法律的规定。结社自由是指公民为了一定的宗旨或共同目的而依法律规定的程序组织某种社会团体的自由，它是公民的一项基本权利。结社自由一般具有如下特征：结社具有持久性与稳定性；结社应遵循法定程序，具有严格的程序性；结社一般具有固定的组织机构与成员；结社与一定的利益选择有关。集会、游行、示威自由是言论自由的延伸和具体化，是公民表现其意愿的不同表现形式。在我国，集会是指聚集于露天公共场所，发表意见、表达意愿的活动。游行是指在公共道路、露天公共场所列队进行，表达共同愿望的活动。示威是指在露天公共场所或者公共道路上以集会、游行、静坐等方式表达要求、抗议或者支持、声援等共同意愿的活动。

（三）宗教信仰自由

公民宗教信仰自由包括四个方面的含义：一是公民有信仰宗教和不信仰宗教的自由；二是公民有信仰任何宗教的自由；三是公民有遵循其教规而进行礼拜与举行宗教仪式的自由，即参加宗教活动的自由；四是公民有设立宗教团体、加入宗教活动以及不加入特定宗教团体活动的自由，即进行宗教结社的自由。宗教信仰自由作为一项基本权利，也包含了对国家权力的要求：不得强制公民信仰宗教；不得禁止公民信仰宗教；不得采用任何办法鼓励公民信仰宗教。因此，在宗教信仰自由的宪法实践中，往往要求国家既不能将某些宗教信仰确立为正统或“国教”，也不能对任何宗教进行打击或歧视，同时政府对特定的宗教信仰所采取的促进活动往往也是受到质疑的。这似乎在宗教和国家之间形成了一道分割之墙，使政府不能以任何方式插手宗教或妨碍宗教事务。

（四）人身自由

人身自由又称身体自由，是指公民的人身不受非法侵犯和非法拘束的自由。人身自由表达了个人的独立和自由行动的基本价值，每个人应有对其人身的自主权，其行动举止的自由依其意志自由支配，这是每个人不可缺的基本自由。因此，所谓人身自由不受侵犯是指个人享有不受非法搜查、拘禁、逮捕或奴役等限制或剥夺其人身自由的权利。作为一项基本权利，人身自由不受侵犯主要针对的是来自国家权力机关或某些公共权力机关的非法侵犯，同时在规范意义上也内在地隐含着排除其他组织或个人对个人人身自由的侵犯行为。人身自由作为一项个体性的基本权利，其权利主体包括不特定的任何自然人。在一国之内，不论该国公民还是外国人，都享有人身自由。

（五）人格尊严

人格尊严是以人身为载体的，但具有区别于身体感官的特定内涵和独立价值。宪法学中“人格尊严”中的人格并非指日常生活中形容某人的“人格高尚”或“人格低下”的人格，而是指作为人的“身份”，或作为人的“资格”。这一资格是个人作为法律主体得到承认的前提。如果没有这一权利，个人就会被降格为仅仅是一个法律客体，他也就不再是一个法律意义上的人。从宪法规范的角度考虑，人格尊严保护的具体内容包括：任何人不受奴役和非法的强迫劳动；任何人不得被施以酷刑或施以残忍的、不人道的或侮辱性的待遇或刑罚；任何人不得未经其自由同意而施以医药或科学实验等。有学者认为，诸如隐私权、名誉权和肖像权等属于传统人格权范畴的权利也是人格尊严的内在体现。

(六)住宅权

公民的住宅权在宪法上表述为住宅不受侵犯，是指非经本人同意任何人不得侵入个人住宅，即使国家机关非经法律的规定与程序也不能侵入。这一权利还包括禁止在住宅外部通过一定的器具非法监听或窥视住宅内的私生活或家庭生活情境等行为。在这里，住宅不单是一般意义上的私人房屋，还包括寄宿宿舍、旅馆等其他各种私生活在物理空间上所展开的场所。具体而言，公民住宅不受侵犯的基本权利包括以下三个层次的含义：第一，住宅不受非法侵入，即未经主人同意任何人不得进入该住宅之内；第二，住宅不受国家权力的非法搜查；第三，禁止对其内部进行监听或窥视的外部行为。

(七)通信自由和通信秘密的保护

通信自由的含义不仅包括书信自由，泛指利用上述所有通信方式进行自由的通信而不受国家权力非法干涉或侵犯的自由。通信自由作为一项基本权利的存在对于个人生活的根本价值在于，肯定和保障每个人向特定的通信对象进行意思表达、思想交流或情感倾诉的自由。所谓通信秘密，是指反映在通信过程中的个人秘密不受国家和他人的非法侵犯。国家不得以留置、检查、审查或公布等方式对私人通信进行非法干预；只有由法律明确的授权机关，在保全证据或防止犯罪等合宪目的的基础上所进行的适当干预才是被许可的。

《宪法》第 40 条对通信自由和通信秘密的保护做出了规定，即“中华人民共和国公民的通信自由和通信秘密受法律的保护。除因国家安全或者追查刑事犯罪的需要，由公安机关或者检察机关依照法律规定的程序对通信进行检查外，任何组织或者个人不得以任何理由侵犯公民的通信自由和通信秘密。”

(八)财产权

作为基本权利的财产权，其区别于民法中的财产权的概念特征在于，它是一项宪法权利，它强调个人所有的财产不受国家权力的非法侵犯，以此形成公民个人与国家在私有财产保障问题上的不同法律地位。争取财产权是近代宪法诞生的基点。在物质仍然有限的近代社会中，财产的拥有和保障对于个人的生命、生存和发展具有不可或缺的意义。这一意义甚至成就了近代以来各国宪法的核心价值。正是对财产的获得和保障，使得公民个体可以摆脱奴隶以及封建社会时期存在的人身依附关系，从而为人的精神自由、机会平等、自律自主的生存提供了可能的机会，并建立了物质的支持。这就为独立人格的生成提供了契机。我国宪法规定，公民合法的私有财产不受侵犯。国家依照法律规定保护公民的私有财产权和继承权。国家为了公共利益的需要，可以依照法律规定对公民的私有财产实行征收或者征用并给予补偿。

(九)劳动权与休息权

劳动权是指公民有获得劳动机会、保持适当劳动条件并取得相应的劳动报酬等的权利。从劳动权的构成分析,它兼有自由权和社会权的性质。选择劳动机会的自由属于自由权的范畴,而请求获得就业机会的权利则属于社会受益权。这就要求国家要保障公民选择劳动机会的自由,同时应通过积极手段创造劳动机会,提供就业岗位,解决公民劳动就业以谋生存发展的需求。对于不能提供劳动就业机会而无法生活者应给予最低的生活保障。

休息权是指劳动者休息和休养的权利。休息是劳动者在进行一定的劳动之后为消除疲劳、恢复正常的劳动能力所必需的条件,从而也是持续实现劳动者之劳动权的一个必不可少的契机。从这个意义上讲,休息权既是劳动权存在的一个前提条件,也是劳动权的一个派生形态。我国《宪法》第 43 条规定:“中华人民共和国劳动者有休息的权利。国家发展劳动者休息和休养的设施,规定职工的工作时间和休假制度。”这一规定确认了劳动者的休息权。

(十)社会保障权

社会保障权是指处于社会不利状态的公民,为了维持基本的生活条件而向国家要求给付的请求权。社会保障权的宪法价值在于,它一方面体现了对人的尊严的尊重和保护,另一方面体现了正义价值,即由国家为社会成员提供社会成员免于因地位、能力、贡献而导致的分配不公。《宪法》第 14 条第 4 款规定:“国家建立健全同经济发展水平相适应的社会保障制度。”第 44 条规定:“国家依照法律规定实行企业事业组织的职工和国家机关工作人员的退休制度。退休人员的生活受到国家和社会的保障。”第 45 条规定:“中华人民共和国公民在年老、疾病或者丧失劳动能力的情况下,有从国家和社会获得物质帮助的权利。国家发展为公民享受这些权利所需要的社会保险、社会救济和医疗卫生事业。国家和社会保障残废军人的生活,抚恤烈士家属,优待军人家属。国家和社会帮助安排盲、聋、哑和其他有残疾的公民的劳动、生活和教育。”这些规定在确立公民的社会保障权同时,也为国家根据经济水平的发展而不断完善和发展社会保障制度提供了根本法上的依据。

(十一)受教育权

受教育权是公民接受文化知识、科学技能等方面教育培训的权利。受教育权的入宪始见于德国的《魏玛宪法》。确认并保障公民的受教育权是现代宪法的一项重要特征,现今国际公约及许多国家宪法中都确认了受教育权为一项基本权利。我国《宪法》第 46 条规定:“中华人民共和国公民有受教育的权利和义务。国家培养青年、少年、儿童在品德、智力、体质等方面全面发展。”从宪法规定中可以看出,受教育权的内涵主要包括三方面内容:一是受教育的自由;二是受教育的平等;三是国家为保障个人受教育权的实现而承担的国家义务。

(十二)特定主体的权利

对特定主体权利的保护彰显了现代宪法所体现的分配正义与实质平等的价值观念,现代社会对某些社会利益的平衡和倾斜。在完全自由的发展前提下,女性相对于男性、老人相对于青年、儿童相对于成年人而言,属于先天的弱势群体,如果任由完全的个人意志和自由态度对待弱势者的利益,将导致弱者更弱、强者更强的显失正义的社会局面。于是,为了矫正上述先天因素所可能导致的不平等,在现代宪法的基本权利体系中,对女性、老人和儿童的权利给予了特别的关注与保护。同时,家庭作为构建社会的基本单元,保持其稳定与和谐对于健康社会氛围的确立是非常重要的,因此,对婚姻家庭的特别保护也是符合法理与情理的。

我国宪法对特定主体的权利保护体现在《宪法》第 48 条、第 49 条和第 50 条的内容中。我国宪法所保护的特定主体包括妇女、儿童、老年人、残疾人与华侨等。

二、公民的基本义务

根据我国宪法的规定,公民的基本义务包括:第一,维护国家统一和各民族团结。维护国家统一是指维护国家主权独立和领土完整。公民有维护国家统一的义务指的是公民有责任维护国家主权、统一和领土完整,并与破坏国家统一的言行进行斗争。宪法规定公民有维护全国各民族团结的义务,是指每个公民都有责任维护各民族之间的平等、团结和互助关系,要同一切破坏民族团结和制造民族分裂的言行做斗争。第二,遵守宪法和法律,保守国家秘密,爱护公共财产,遵守劳动纪律,遵守公共秩序,尊重社会公德。第三,维护祖国的安全、荣誉和利益。第四,保卫祖国,依法服兵役和参加民兵组织。第五,依法纳税。第六,其他方面的义务。例如,我国《宪法》第 49 条规定,夫妻双方有实行计划生育的义务;父母有抚养教育未成年子女的义务,成年子女有赡养扶助父母的义务等。

引例分析

平等观念与法是同时产生的,是法律的基本属性和价值追求。平等权不仅是宪法规定的一项基本权利,也作为一项基本原则贯彻于具体的法律关系中,并且它要求禁止在制度和实践层面实施不合理的差别对待。本案中,判断中国人民银行成都分行是否构成了身高歧视从而侵犯了蒋韬的平等就业权,关键在于其有关身高条件的设定是否为所招聘岗位工作之必需,如果不是完成岗位职责必须具备的条件,那么该身高条件的设定就属于一种不合理的差别对待,侵犯了蒋韬等人的平等就业权。

第四节 国家机构

引例

2001年2月14日，沈阳市人民代表大会会议对市中级人民法院和市人民检察院的上年度工作报告进行审议表决。在所有508名代表中，出席当天闭幕会议的代表474人，只有218人对法院的报告投了赞成票，投反对票的有162人，弃权票82人，未按表决器的有9人，赞成票没有超过半数所以报告未被通过。沈阳市人民检察院的工作报告也仅仅以270人的微弱多数通过。代表们普遍认为，市中级人民法院2000年工作报告未获通过，是由于法院班子中出现了严重腐败问题，实质上是人民代表大会代表对法院领导班子和法院的工作不满意。

问：本案中反映了哪些国家机构之间怎样的关系？

国家机构是一定社会的统治阶级为实现其统治职能、行使国家权力而建立起来的进行国家、社会事务管理的一整套有机联系的国家机关的总和。根据宪法规定，我国的国家机构从行使权力的属性看，可以分为国家权力机关、国家主席、国家行政机关、国家军事机关、国家审判机关和国家检察机关。从行使权力的范围看，可以分为中央国家机关和地方国家机关。中央国家机关包括全国人民代表大会及其常务委员会、国家主席、国务院、中央军事委员会、最高人民法院和最高人民检察院。地方国家机关包括地方各级人民代表大会、地方各级人民政府、地方各级人民法院和地方各级人民检察院、民族自治地方的自治机关和特别行政区。

一、全国人民代表大会及其常务委员会

全国人民代表大会（以下简称“全国人大”）是最高国家权力机关，全国人民代表大会及其常务委员会（以下简称“全国人大及其常委会”）行使国家立法权。这些规定表明了全国人大及其常会的性质和它在整个国家机构体系中的地位。全国人大由省、自治区、直辖市、特别行政区和军队选出的代表组成。代表人数不超过3000人，代表名额的分配以一定的人口比例为基础，并适当照顾民族之间和某些地区人口比例的差别。全国人大每届任期5年。任期届满2个月以前，由全国人民代表大会常务委员会（以下简称“全国人大常委会”）组织完成下届全国人大代表的选举。如果遇到不能举行选举的非常情况，由全国人大常委会全体组成人员2/3以上多数决定，可以推迟选举，延长本届全国人大的任期。在非常情况结束后1年内，必须完成下届全国人大代表的选举。

全国人大的职权包括：①修改宪法、监督宪法的实施；②制定和修改基本法律；

③最高国家机关领导人的任免权;④国家重大问题的决定权;⑤最高监督权;⑥应当由其行使的其他职权。

全国人大工作的方式主要是举行会议。全国人民代表大会会议(以下简称"全国人大会议")每年举行一次。一般是每年的第一季度举行,会期为15日左右。如果全国人大常委会认为必要或者1/5以上全国人大代表提议,可以临时召开全国人大会议。全国人大每次举行会议均由主席团主持。主席团是一个临时性机构,其成员由每次会议在预备会议上选举产生,主要是解决大会的程序问题。主席团也有权提出议案。主席团设立秘书长,在秘书长领导下处理会务。在全国人大会议期间,国务院和中央军事委员会的组成人员、最高人民法院院长、最高人民检察院检察长列席会议。

专门委员会是全国人大的常设性工作机构,是全国人大的组成部分,其主要职责是帮助全国人大及其常委会审议和拟定议案,完成全国人大或其常委会所交给的任务,其决议只是向全国人大及其常委会提出意见、建议或议案。当前,全国人大有9个专门委员会,即民族委员会、法律委员会、内务司法委员会、财政经济委员会、教育科学文化卫生委员会、外事委员会、华侨委员会、环境与资源保护委员会、农业与农村委员会。全国人大及其常委会如果认为有必要,还可以组织对于特定问题的调查委员会。

全国人大常委会是全国人大的常设机关,是全国人大的组成部分,与全国人大一起行使国家立法权。在全国人大闭会期间,最高国家行政机关、审判机关和检察机关对全国人大常委会负责并报告工作。全国人大常委会由委员长1人、副委员长若干人、秘书长1人和委员若干人组成。全国人大常委会组成人员在每届全国人大举行第一次会议时从代表中选举产生。全国人大常委会组成人员中应当有适当名额的少数民族代表。全国人大常委会组成人员不得担任国家行政机关、审判机关和检察机关的职务。

根据宪法规定,全国人大常委会主要行使以下职权:①解释宪法和法律,监督宪法的实施;②立法权;③人事任免权;④国家某些重大事项的决定权;⑤监督权;⑥全国人大赋予的其他职权。

全国人大常委会除设立秘书处、办公厅、法制工作委员会等办事机构外,还设有代表资格审查委员会、香港特别行政区基本法委员会和澳门特别行政区基本法委员会等专门工作机构。特别行政区基本法委员会的主要职责是为全国人大常委会解释基本法提供必需的咨询意见,以及对修改基本法的议案进行事先研究并提出意见。

二、国家主席

中华人民共和国主席是我国国家机构的重要组成部分,是一个独立的国家机关。国家主席对内、对外代表国家,依法行使国家元首的职权。国家主席是我国国家统一的象征和国家主权的代表。《宪法》第79条规定:"有选举权和被选举权的年满四十五周岁的中华人民共和国公民可以被选为中华人民共和国主席、副主席。"国家主席、副主席的选举程序具体如下:首先由全国人大会议主席团提出国家主席和副主席的候选人名单，然后经各代表团酝酿、协商，再由主席团根据多数代表的意见确定正式候选人名单，最后由大会全体代表过半数选举产生国家主席和副主席。

国家主席的职权包括：①公布法律、发布命令。全国人大及其常委会制定的法律由国家主席以主席令的形式公布，这是法律生效的最后一道必经程序。国家主席还可以根据全国人大及其常委会的决定发布特赦令，宣布进入紧急状态，宣布战争状态和发布动员令；②人事任命权。国家主席根据全国人大及其常委会的决定，任免国务院组成人员；③外交权。国家主席代表中华人民共和国进行国事活动，接受外国使节；根据全国人大常委会的决定，派遣和召回驻外全权代表，批准和废除同外国缔结的条约和重要协定；④荣典权。国家主席根据全国人大及其常委会的决定，授予对国家有功勋人员的部分职权。

三、国务院

我国宪法规定，中华人民共和国国务院，即中央人民政府，是最高国家权力机关的执行机关，是最高国家行政机关。这一规定表明了国务院的性质和它在国家机构中的地位。

国务院的组成人员包括总理、副总理若干人、国务委员若干人、各部部长、各委员会主任、审计长和秘书长。国务院的任期同全国人大任期相同，每届五年。国务院的领导体制经历了一个历史发展过程，从建国初期政务院的委员会制到 1954 年宪法规定的部长会议制，发展到现行宪法规定的总理负责制。总理负责制是指国务院总理对其主管的工作负全部责任，对自己主管的工作有完全决定权。与国务院实行总理负责制一样，国务院各部、各委员会实行部长或主任负责制。

国务院工作中的重大问题，须经国务院常务会议或国务院全体会议讨论决定。全体会议由国务院全体成员组成，常务会议由总理、副总理、国务委员和秘书长组成。除此之外，还有总理办公会议(研究和处理国务院日常工作中的重要问题)、省长会议(部署国务院的工作，就重大问题征询各省人民政府的意见)。

国务院的职权包括：①根据宪法和法律，规定行政措施，制定行政法规，发布决定和命令；②向全国人大及其常委会提出议案；③统一领导各部和各委员工作，统一领导全国地方各级国家行政机关的工作等；④领导和管理各项行政工作；⑤依照宪法和法律任免国家行政机关的领导人员；培训、考核和奖惩行政人员；⑥决定省、自治区、直辖市范围内部分地区进入紧急状态；⑦批准省、自治区、直辖市的区域划分，批准自治州、县、自治县、市的建制和区域划分；⑧全国人大及其常委会授予的其他职权。

各部、各委员会是国务院根据全国行政工作需要而设立的专业性的部门机关，在国务院统一领导下，掌管某一方面的行政工作。国务院设审计署，作为政府的审计机关，在国务院总理的直接领导下，对国务院各部门和地方各级人民政府的财政收支、国家的财政金融和企事业单位的财务收支，进行审计监督。国务院办公厅是协助国务院领导处理国务院日常工作的综合性办公机构，由秘书长领导。直属机构由国务院设立并在国务院统一领导下主管各项专门业务的机关，具有独立的行政管理职能，如国家统计局、国家工商总局、海关总署和民航总局等。国务院设立办事机构协助总理办理各项专门事项，如国务院法制办公室、国务院侨务办公室、国务院港澳办公室等，办事机构不具有独立的行政管理职能。国务院议事协调机构承担跨国务院行政机构的重要业务工作的组织协调任务。例如，科技教育领导小组、绿化委员会、国务院学位委员会等。国务院组成部门的设立、撤销或合并，由国务院提请全国人大或全国人大常委会决定，其他机构的设立、撤销或合并由国务院决定或批准。

四、中央军事委员会

中央军事委员会是全国武装力量的领导机关，是中央国家机关体系中的一个独立机构。同时，它从属于全国人大，对全国人大及其常委会负责，但宪法并没有规定中央军事委员或其主席要向全国人大及其常委会报告工作，这是由军事行动的国家秘密性所致。中央军事委员会由主席、副主席若干人、委员若干人组成。全国人大选举中央军事委员会主席；根据中央军事委员会主席的提名，决定中央军事委员会其他组成人员的人选。中央军事委员会每届任期同全国人大每届任期相同，都是五年。中央军事委员会实行主席负责制。

五、人民法院和人民检察院

人民法院是国家审判机关。人民法院独立行使审判权，任何公民有权拒绝人民法院以外的机关、团体或个人的非法审判。这是为了维护国家法律的统一和尊严，确保正确适用法律，以维护国家和人民的利益。

我国各级人民法院基本上是以国家行政区为基础设置的，包括最高人民法院、地方各级人民法院和专门人民法院。地方各级人民法院包括高级人民法院、中级人民法院和基层人民法院。专门人民法院包括军事法院、海事法院和知识产权法院等。各级人民法院院长由同级人大选举和罢免，其他组成人员由同级人大常委会任免。最高人民法院监督地方各级人民法院和专门人民法院的审判工作，上下级法院之间是一种工作监督关系。

人民检察院是国家的法律监督机关。最高人民检察院检察长由全国人大选举和罢免，地方各级人民检察院检察长由同级人大任免，并报上一级检察院检察长提请该级人大常委会批准。各级人民检察院其他组成人员，由检察长提请本级人大常委会任免。

人民检察院的组织系统为：最高人民检察院、地方各级人民检察院和专门人民检察院。最高人民检察院领导地方各级人民检察院和专门人民检察院的工作，上级人民检察院领导下级人民检察院的工作。

六、地方各级人民代表大会和地方各级人民政府

省、自治区、直辖市、自治州、县、自治县、市、市辖区、乡、民族乡、镇设立人民代表大会。地方各级人民代表大会都是地方国家权力机关。本级的地方国家行政机关、审判机关和检察机关都由人民代表大会产生，在本行政区域内要对它负责，受它监督。省、自治区、直辖市、自治州、设区的市的人民代表大会代表由下一级人大选举；县、自治县、不设区的市、市辖区、乡、民族乡、镇的人民代表大会代表由选民直接选举。地方各级人民代表大会每届任期五年。地方各级人大职权包括：①保证国家统一意志和上级国家权力机关决议的贯彻；②选举和罢免；③决定重大的地方事务；④监督其他地方机关的工作；⑤保护各种权利等。

省、自治区、直辖市、自治州、县、自治县、市、市辖区、乡、民族乡、镇分别设立人民政府。地方各级人民政府是地方各级人民代表大会的执行机关，是地方各级国家行政机关。作为地方各级人大的执行机关，地方各级人民政府对本级人大负责并报告工作；县级以上地方各级人民政府在本级人大闭会期间，对本级人大常委会负责并报告工作。

县级以上地方各级人民政府的职权包括：①执行本级人大及其常委会的决议，以及上级国家行政机关的决定和命令；②规定行政措施，发布决定和命令；③领导所属各工作部门和下级人民政府工作，管理本行政区域内的各项行政事务；④保护国家和公民的财产权利，以及公民依法享有的其他权利；⑤改变或撤销所属工作部门的不适当的命令、指示和下级人民政府的不适当决定、命令；⑥办理上级国家行政机关交办的其他事项。

乡镇人民政府的职权包括：①执行本级人大的决议及上级国家行政机关的决定和命令，执行本行政区域内的经济和社会发展计划、预算；②发布决定和命令；③管理本行政区域内的经济、教育、科学、文化、卫生、体育事业和财政、民政、公安、民族事务、司法行政、计划生育等行政工作；④保护国家和公民的财产权以及公民依法享有的其他权利；⑤办理上级国家行政机关交办的其他事项。

引例分析

人民代表大会制度是我国根本政治制度，其核心在于人民通过选举代表组成全国和地方各级代表大会，行政机关和司法机关由人民代表大会选举产生其工作人员，并向人民代表大会负责和报告工作，接受人民代表大会的监督。在案例中，沈阳市人民代表大会对沈阳市中级人民法院和沈阳市人民检察院工作报告的表决及其表决结果，充分反映了作为地方权力机关的沈阳市人民代表大会对于作为地方司法机关的沈阳市中级人民法院和沈阳市检察院的监督权，也是我国地方政权组织形式实践运转的具体表现。

本章思考题

1. 什么是宪法？宪法有哪些基本特征？
2. 人民代表大会制度有哪些特点？
3. 单一制和联邦制国家各有哪些特征？
4. 公民有哪些基本权利和义务？
5. 根据我国宪法规定，国家主席享有哪些职权？
6. 什么是宪法解释？宪法为什么需要进行解释？

第三章

行政法

要点提示

- 行政法是指调整行政关系的法律规范的总和，包括组织法律关系、外部行为管理关系、行政监督法律关系、行政救济法律关系四个基本方面。
- 行政法的基本原则包括合法性原则、合理性原则、效率原则与正当程序原则。
- 具体行政行为是行政法的核心概念，也是行政机关实施行政管理的主要手段，更是对公民权利义务施以最直接影响的行为，也是我们理解行政法学的核心工具。
- 行政法主要是控制、规范行政权的法。

第一节　行政法的一般原理与体系

引例

王某借用同村村民张某等人的小四轮拖拉机装载31头生猪准备到某市贸易实业公司所设的收猪点销售，路上遇县交通局的工作人员查车。县交通局的工作人员以没有缴纳养路费为由，向张某等送达了《暂扣车辆凭证》，然后将装生猪的3辆两轮拖斗摘下，驾驶3台小四轮主车离去。卸下的两轮拖斗失去车头支撑后，成45度角倾斜。拖斗内的生猪站立不住，往一侧挤压，当场因挤压受热死亡两头。王某寻人帮助才将剩下的29头生猪转移到收猪车上，运抵收猪点前生猪又因天热中暑死亡13头。王某将13头死猪以每头30元的价格卖给了某市个体工商户刘某。王某向县交通局申请赔偿,遭县交通局拒绝,遂提起诉讼,请求法院判县交通法院局赔偿生猪死亡损失10500元。

县交通局辩称:①我局工作人员依照《中华人民共和国公路法》第三十六条、《河南省公路管理条例》第五十三条第二款的规定,查扣了行政相对人王某、王某某、张某驾驶的3台没有养路费缴纳凭证的小四轮拖拉机,同时为三人出具了《交通违法行为通知书》和《暂扣车辆凭证》。我局工作人员是依法行政行为,并无不当。②原告雇用小四轮拖拉机运送生猪,与小四轮车主之间形成合同关系,小四轮车主有义务把原告的生猪安全运抵目的地。小四轮拖拉机未缴纳养路费上公路行驶被查扣,如果因此使原告受到损害,那是车主的违法行为造成的,原告应当向车主要求赔偿。原告起诉的损害结果与被告的依法行政行为没有直接关系,被告不承担赔偿责任,应当驳回原告的诉讼请求。

问:被告的行为是否属依法行政行为?

一、行政的概念

行政的基本含义是经营、管理和执行。行政法中的行政,是指具有行政权的机关行使国家行政权,对社会进行管理,给公民施加义务、维护秩序或是分配公共资源的活动。

首先,行政是公共管理活动。行政具有管理事务上的公共性。大到国家、小到班集体,每个团体、组织内部都要进行行政管理,但行政法中的行政,仅指国家行政机关和经国家授权而拥有行政权的组织从事社会管理的活动,维护公共秩序、公共利益或面向社会分配公共资源的活动。

其次,行政是根据国家统治权进行的管理活动。行政具有权源上的公共性。根据人民与国家之间的规范、根据立法与行政之间的规范,即根据人民主权原则、立法至上原则,行政是行政权拥有者根据国家这一最大公共组织授予的统治权而进行的管理活动。这一点使它和其他团体的管理活动区别开来,因为其他团体没有被授予国家统治权。

再次,行政是为了公共利益或是将公共利益分配给公民的管理活动。行政具有目的上的公共性。国家授予行政机关行政权,是为了让行政机关用行政权力服务于人民、服务于社会,因此,行政管理活动只能为了公共利益而展开,不能为了私人利益而展开,否则公私不分,行政就失去了正当性。

最后,行政是通过执法来实现公共利益的管理活动。行政具有手段上的公共性。行政必须依法进行,否则行政就变成私人牟取利益的工具;而法律是公共意志的产物,所以行政具有手段上的公共性。另一方面,因为法律是公共意志的产物,所以执法也就是实现公共利益的活动。行政执法是为了将公共资源分配给个体，这种分配也具有公共性。

二、行政权

行政权即行政机关所拥有的据以行使公共管理的权力。其内涵包括以下方面：

(1)行政权是国家主权的一种表现形式。它是立法者代表人民授权给行政机关的，是人民这一主权者无法自己行使、不得不分割出来交给立法者行使、再由立法者授权给行政机关的。因此，行政权是一种统治权，是人民自己管理自己的权力；行政权是统治权的一种，受立法权这一统治权的监督与约束。因为行政权是人民自己的权力，所以它是正当权利、合法意志，并不以暴力来获得服从，而是基于自治获得服从；因为行政权是立法者授予的，所以它要服从立法机关，执行立法机关制定的法律，所以行政权是执法权。

(2)行政权是公共利益的代名词。行政权的出现是人们为了追求、实现公共利益的结果。人们之所以把自己的权力让渡出来，由国家行使，就是为了追求公共利益。比如由国家统一使用自然资源，统一使用稀缺社会资源——如市内公路，统一使用市场资源——如手机生产，统一管理社会，就是因为国家比个人更能有效实现诸如安全、经济、平衡等公共利益。在这个意义上，国家行使公权力就是为了实现公共利益，所以行政权其实是公共利益的代名词。

(3)行政权是一个主体资格。有了行政权，就有了行使公共行政管理的资格和权能，就有了行政法上的主体资格，就可以因此发号施令，就像公民因年满十八周岁而可以行使选举权，可以选择谁来当人大代表一样。因此，行政机关拥有了行政权，就据此获得了法律人格，可以以自己名义来做出行为，这种行为是合法的，可以得到法律的认可。

三、行政法概述

(一)行政法是授予行政权的法

行政权是统治权的一种，立法者代表人民行使统治权。可是立法者不能亲自实施社会行政管理，所以立法者必须对主权进行分割，把行政权从主权里面拿出来，再授权给行政机关去行使。这种授权活动是通过法律来进行的。如立法者制定宪法，规定国务院是最高国家行政机关，意味着立法者通过宪法将最高行政权授给了国务院；比如行政处罚法规定，限制人身自由的行政处罚只能由公安机关行使，意味着立法者将这种行政处罚权授给了公安部门。之所以如此，一是这种授权比较稳定，二是这种授权比较明确，三是这种授权比较权威。如果一个组织没有立法的授权，那它就不能获得行政权，就不能实施行政管理。

（二）行政法是规范行政权的法

权力必定导致腐败，绝对的权力导致绝对的腐败，行政权作为权力的一种，也有被腐败的可能，因此，立法者在授予行政机关权力的时候，必须对行政权的行使进行规范和控制。法律必须详细规定行政权的来源、行使主体、行使条件、行使程序以及法律后果。如《行政处罚法》规定，对公民进行较大数额的罚款，必须经过听证程序，那么这一规定就意味着通过程序来规范行政权，没有经过这一程序的行政权力的行使行为是不合法的。

（三）行政法是监督行政权的法

仅仅通过立法者制定的法律来规范行政权并不能完全保证行政机关依法行政，因此还必须通过其他手段来规范行政权。与此同时，行政权的不合法行使也会侵犯公民的合法权益，因此需要对违法行政进行救济。为此，立法者建立了各种各样的监督、救济法律制度，如行政复议制度，通过上级行政机关对下级行政机关的制度化来监督行政机关；行政诉讼法律制度，通过法院对行政机关的监督来救济公民。

四、行政法的一般体系

（一）组织法

行政组织法是规范行政权行使主体的建立、组织、结构以及相互间关系的法。行政组织法的基本功能是规定各个不同行政权行使主体的职权，各主体只能在行政组织法规定的职权范围内实施行政行为，越权无效，而且要承担法律责任。这样，就可以防止行政权总权力和各个具体行政机关、机构的分权力无限膨胀，使之限定在执行国家法律、政策，管理国家内政、外交事务的必要范围内。同时，行政机关根据组织法规范，可以在内部对所属机关进行监督、管理和约束，限制权力的滥用。

（二）行为法

行政行为法是规范行政机关权力行使的条件、依据和结果的法。立法机关将行政权授给行政机关，并不意味着行政机关可以在此权力范围内任意行使，行政机关行使权力还必须符合具体情况，而这些具体情况就是权力行使的条件。

（三）程序法

行政程序法是规范行政机关权力行使过程、步骤和方法、形式的法。行政机关行使行政权管理公民、决定其权利义务，不仅需要权限、行使权力的条件，还需要经过一定的步骤和方式。一个机关，如果其行使职权不在方式上加以规范，那么即使严格规定其条件也不能完全防范行政权的滥用，因为行政机关完全可以通过暗箱操作、弄虚作假、无中生有地捏造事实从而创造出权力行使的“条件”。如果对行政权的行使方式有着严格的规范，使行政机关遵守一整套公开、公正、公平的程序规则，使行政机关的办事过程受到公众和被管理者的监督，那么行政权就能以正确、公正、有效的方式行使。

（四）监督、救济法

行政组织法、行为法和程序法是在行政机关行使职权之前和事中对行政机关进行约束，但这还不能完全确保行政机关依法行政，必须以外部力量对行政机关进行监督。为此，行政法确立了各种各样的监督法。为了挽救非法行政行为给被管理者带来的损失，还必须建立行政救济法。

五、行政法基本原则

行政法的基本原则是指贯穿于全部行政法关系中，作为行政法的精髓，指导行政法的制定、修改、废止、指导行政法实施的基本准则或原理等。它是行政法的核心，指导行政法从创立到实施的各个环节。

（一）合法性原则

行政合法性原则是行政法治原则的核心内容。它是指行政权力的设立、行使、运用必须依据法律，符合法律要求，不能与法律相抵触。行政法律关系主体必须严格遵守行政法律规范，任何人都不得享有行政法规范以外的特权。违法行政行为依法应予以追究，违法行政主体应承担相应的法律责任。

行政合法性原则包括两个方面。一个是客观合法性原则，即行政行为必须符合客观法规范，包括主体合法、程序合法、事实依据充分而确凿以及法律适用合法。它是行政权力行使主体所负担的对授权者的义务。另一个是主观合法性原则，即行政行为不得违背行政机关对公民、法人或其他组织所应尽的不得侵犯他人合法权益的义务，不得不履行对公民的照顾、保护、服务义务，它是行政权行使者所负担的对公民的义务。违背客观合法性原则，原则上会导致行政行为无效，即行政行为所要建立的新的法律关系不能生效；违背后者，结果就是行政机关侵犯公民权利，行政机关需要承担相应的赔偿责任。

（二）合理性原则

行政合理性原则是指行政机关不仅应当按照法律、法规规定的条件、种类和幅度范围做出行政决定，而且要求这种决定应符合法律的意图和精神，符合公平正义等法律理性。

合理性原则包括两个方面，一个是比例原则，另一个是信赖保护原则。

比例原则的基本含义是指行政机关实施行政行为应兼顾行政目标的实现和保护相对人的权益，如果为了实现行政目标可能对相对人权益造成某种不利影响时，应使这种不利影响限制在尽可能小的范围和限度内，使二者处于适度的比例。也就是说，实施行政权的手段和行政目的之间应存在一定的比例，行政机关的行政行为除符合行政目的不得超越必要范围外，尚须与达成的行政目的之间保持一定的比例，否则便属于滥用行政职权的违法行为。

信赖保护原则是指行政机关应当确保管理活动的明确性、稳定性和连贯性，从而树立保护公民、法人或者其他组织对行政机关及其管理活动真诚信赖的原则，又称保护合法信赖原则或者尊重合法信赖原则。

行政合法性原则和行政合理性原则共同构成行政法治原则。合法性原则主要解决行政合法与非法问题，合理性原则解决行政是否适当的问题。

(三)效率原则

效率原则指行政法不应该过度限制行政机关，以免危及行政管理的效率。行政管理一方面要求公正、准确、合法，另一方面也要求效率，没有效率的行政不是好行政，所以法律必须尊重并维护行政的效率要求。对此行政法实行如下几个子原则：

一是行政效力推定原则。即行政主体做出的行政行为，即使存在瑕疵也应当推定行政行为合法有效，所有的组织和个人都必须给予尊重，相关的组织和个人必须履行行政行为所设定的义务。

二是行政自由裁量原则。即行政机关在法律授权的范围内，根据具体情况将一般性原则或者条款适用于个案的一种最适当的选择。

三是司法审查有限原则。即在行政诉讼中司法权在监督行政权时，其介入行政权领域在深度和广度上必须保持一个限度，旨在使行政权的行使有一个足以控制社会秩序的基本效率。

(四)正当程序原则

正当程序原则是指行政机关做出的行政决定有损于公民的权利时，必须遵循正当法律程序，包括在行政决定做出的过程中就告知其利益将受影响的公民，向公民说明行为的根据与理由，听取公民的陈述申辩以及事后为公民提供救济。

正当程序本质上是公民抗辩权或参与分配权的体现，即公民有通过合法途径质疑行政权的权利或是参与到公共资源分配过程的权利。这种权利通过公民陈述、申辩或主张其合法权益的方式体现，为此，行政机关应当通过可行方式告知利益可能受到影响的公民，并向公民说明拟做出的行政决定的理由，以便公民能充分决定是否参与行政过程、是否要质疑行政过程，并有充分时间为质疑与参与做出针对性准备。

因此，正当程序原则还意味着行政公开、公正与公平原则。

引例分析

在此案中，县交通局的行为在什么层面满足了依法行政原则，“行政”是问题的关键。如上所述，依法行政原则包括主观合法与客观合法两个层面，行政机关只有两方面都合法才算是完全满足了依法行政原则。毫无疑问,本案中县交通局依据相关法律扣押车头属于客观合法的行为,满足了对授予他这种权力的立法者的义务,没有滥用或是超越职权。但是,除此之外,他还需要满足不得侵犯公民、法人或其他组织权利的义务,才算得上是完全的合法。而在此案中,因为扣车行为和原告生猪安全构成密不可分的关系,扣车行为必须以不侵害原告财产为前提,所以县交通局负有不侵害原告生猪安全的义务。但被告却没有履行其义务,只是片面地以为只要有法律依据扣押车头就可以了,完全没有意识到其行为也要满足主观合法性。所以,其在该案中的行为不是合法行政行为。

第二节 行政组织法

引例

1995 年 6 月,张某用自行车驮着两筐白菜到农贸市场上出售。到农贸市场之后,张某因为急于出售,便没有到指定的摊位,而是在存放自行车处叫卖。这时,在农贸市场执勤的工商管理员王某以张某未在指定摊位出售为由,将张某的秤杆和秤砣拿走。张某赶到工商管理局市场办公室索要自己的秤杆和秤砣,王某不给。张某便抓起王某脱在地下的鞋子,说:“你不给我秤,我便把你的鞋子拿走。”王某急忙往回抢鞋,双方拉拉扯扯,厮打在一起。很快,其他市场管理人员也赶过来帮王某一起厮打。在厮打过程中,张某全身多处受伤,不得不住院治疗,共花去医药费千余元。张某出院后,要求工商管理局赔偿其医疗费 1500 元,误工补贴 2000 元,精神损失和其他费用 4000 元,总计人民币 7500 元。该县工商管理局审查后认为,本案王某和其他几位肇事者的伤害行为与工商管理局无关,属个人行为,故工商管理局对张某的赔偿请求不予受理。张某不服,遂向县人民法院提起诉讼,请求行政赔偿。

问:案件属于民事赔偿案件还是行政赔偿案件?

一、行政主体

(一)行政主体的概念

行政主体是指能以自己的名义行使国家行政职权或社会公权力,做出影响公民、法人和其他组织权利、义务的行政行为,并能由其本身对外承担法律责任的行政机关和法律、法规授权的组织以及社会公权力组织。

行政主体是使行政活动具有统一性和连续性的一种法律技术。

徒法不足以自行。因此,法律必须由众多的公务员来实施、执行,这样就会产生一个问题，即如何保证这些公务员行为的一致性和统一性，如何避免公务员各自为政、自行其是。所以，必须建立一个行政主体，来统属公务员由于实施行政职务而产生的权利和义务，并承担由于各公务员的行为而产生的权利义务。如果没有行政主体这个概念，前任公务员的行为对后任没有效力，就不可能有一个统一的协调一致的行政。

（二）行政主体的类型

根据行政权力来源的不同，行政主体分为三类。

（1）行政机关。行政机关是以宪法或行政组织法的规定而设置的行使国家行政职能的国家机关。行政机关是行政主体最重要的一种，包括中央行政机关和地方行政机关。行政机关是典型的职权行政主体。此外，派出机关也属于行政职权行政主体。

（2）法律法规授权组织。法律法规授权组织指以具体法律、法规授权而行使特定行政职能的非国家机关组织，包括基层性自治组织、行业组织、工青妇等社会团体以及公共企业事业组织。行政机关的内设机构和派出机构经过法律法规授权也属于行政主体。这里的法律法规授权组织属于授权行政主体，其行政职权不因组织的成立而从宪法和组织法中获得，而是来自于有权机关以法律、法规形式的授予。

（3）社会公权力组织。社会公权力组织是法律、法规未授权情况下的社会公权力组织。社会公权力组织可以因其依法组织章程、行使行政职能而成为行政主体。

二、行政机关

（一）行政机关的概念

行政机关又称国家管理机关，简称政府，是指一个国家的统治阶级依照法律的设置行使国家行政权力，组织管理国家行政事务的机关。行政机关是国家机构的重要组成部分，是行政法最主要的主体。行政机关由权力机关产生，是权力机关的执行机关。它对权力机关负责，接受权力机关的监督。行政机关具有如下特征：①行使国家行政职权，管理国家行政事务；②在组织体系上实行领导—从属制；③在决策体制上一般实行首长负责制；④行使职能通常是主动的、经常的和不间断的；⑤最经常、最直接、最广泛地与个人、组织打交道。

（二）行政机关的范围

能够作为行政主体的行政机关主要有：

1. 国务院

国务院即中央人民政府，是最高行政机关，是最为权威的行政主体，管理全国范围的全部行政事务。

2. 国务院的组成部门

国务院由各部、委和行、署、厅组成。各部、委和行、署、厅作为国务院的工作部门或职能机关，依法对于某一方面的行政事务行使全国范围内的管理权限，是行政主体。

3. 国务院的直属机构

国务院的直属机构是国务院直接领导下主办各项专门业务的机构，地位低于各部、委和行、署、厅。国务院的直属机构具有独立职权和专门职责，可以在主管事项的范围内，对外发布命令和指示。因此，国务院的直属机构可以成为行政主体。

4. 国务院各部、委管理的国家局

国务院各部、委管理的国家局就是管理某些专门事项的行政职能部门，由于其管理的行政事务与一些部、委的职能有联系，因而就由相应的部委对其进行管理。这些国家局就具有独立的法律地位，依法行使某项专门事务的行政职权。因此，国务院各部、委管理的国家局具有行政主体资格。

5. 地方各级人民政府

地方各级人民政府是地方国家行政机关，管理地方各级所辖范围内的行政事务。我国地方国家行政机关分为省（自治区、直辖市）、市（自治州、直辖市的区）、县、乡四级。

6. 地方人民政府的派出机关

地方人民政府的派出机关，是指地方县级以上人民政府经有权机关批准，在一定区域内设立的行政机关。派出机关不是一级人民政府，但依据有关组织法的规定，它却实施着一定区域内对所有行政事务的组织与管理，并能以自己名义做出行政行为和对行为后果承担法律责任，实际上履行了一级人民政府的职能，因而具有行政主体资格。它分为三种类型：①省、自治区人民政府经国务院批准设立的行政公署；②县、自治县人民政府经省、自治区、直辖市人民政府批准设立的区公所；③市辖区、不设区的市人民政府经上一级人民政府批准设立的街道办事处。

7. 地方各级人民政府的职能部门

地方各级人民政府的职能部门是地方县级以上人民政府根据工作需要设立的承担某一方面行政事务的组织与管理职能的工作部门。因此，地方县级以上各级人民政府的职能部门具有行政主体资格。

三、公务员

（一）公务员的含义

所谓公务员，是指国家依法定方式和程序任用，在中央和地方国家行政机关中行使国家行政职权、执行行政职务的工作人员。在我国，权力机关、司法机关以及行政机关的相应人员属于公务员，党的机关的相应人员也被纳入公务员中来，但不包括国家行政机关中的工勤人员。

国家公务员按照任期与任用方式的不同，主要可分为领导职务和非领导职务两类。领导职务类是指各级人民政府的组成人员，由同级权力机关选举或决定产生，有一定的任期，依宪法和有关组织法进行管理，体现权力机关对行政机关的政治领导与监督，具有组织、管理、决策、指挥职能。非领导职务类是各级人民政府组成人员以外的公务员，是国家公务员中的主要部分，依法以委任或聘任形式产生，一般无任期限制，依《公务员暂行条例》等公务员法律规范进行管理，是具体从事行政管理业务的主干，不具有组织、管理、决策、指挥职能。

这一分类有利于明确领导职责，使担负领导职务的公务员能认识到自己在工作中所处的地位和应负的主要责任，也有利于调动公务员的积极性。我国《公务员法》已采用了这一分类。

(二)行政职务关系

1.行政职务关系的含义

行政职务关系是指公务员基于国家公职的特殊身份而与其他主体之间形成的法律上的权利义务关系。广义的行政职务关系包括两方面的法律关系，其一是公务员基于担任的行政职务而与国家之间形成的权利义务关系，又称国家公职关系或内部行政职务关系；其二是公务员作为行政主体的代表与行政相对人之间形成的权利义务关系，即外部职务关系。狭义的行政职务关系即内部职务关系。

行政职务关系具有下列特征：①行政职务关系本质上是一种国家委托关系；②行政职务关系内容是行政职务方面的权利与义务；③行政职务关系属于内部行政法律关系。

2.行政职务关系的内容

行政职务关系的内容是指行政法所规定的行政机关与公务员之间的权利和义务。

根据《国家公务员暂行条例》的规定，国家公务员享有如下权利：①身份保障权；②执行公务权；③工资福利权；④参加培训权；⑤批评建议权；⑥申诉控告权；⑦辞职权；⑧宪法和法律规定的其他权利。这些权力的内容可以分为三个方面：一是职务上的权利，包括④⑤；二是个人的权利，包括①③⑦；三是对这些权利的保障，包括②⑥。

根据《国家公务员暂行条例》的规定，国家公务员承担和履行如下义务：①遵守宪法、法律和法规的义务；②依法执行公务的义务；③忠于职守的义务；④维护国家的安全、荣誉和利益的义务；⑤遵守职业道德的义务；⑥保守国家秘密和工作秘密的义务；⑦为人民群众服务的义务；⑧宪法和法律规定的其他义务。

3.行政职务关系的产生、变更与消灭

行政职务关系的产生是指公民经过法定程序担任一定行政职务从而构成行政职务关系。其产生主要有四种方式，即选任、委任、调任、聘任。

行政职务关系的变更是指公务员在职期间，因某种法律事实的出现而使职务关系的内容(职权、职责等)发生变化。公务员身份仍然存在。引起行政职务关系变更的情形主要有：罢免、撤职、免职、辞去领导职务、降职、转任、调职、升职、轮换、挂职锻炼等。

行政职务关系的消灭是指由于发生某些事实或行为致使行政职务关系不能继续存在。引起行政职务关系消灭的情形主要有：辞退、开除公职、离休退休、被判刑罚、丧失国籍、死亡等。

(三)行政公务行为的确认

行政主体作为一个法律建构的法律主体,是由公务员所组成的观念上的集合体,因此任何行政职权行为都必须由公务员来实施。而公务员个人兼具公务员和自然人双重身份,所以在判断公务员实施的行为是行政职权行为还是个人行为时,一般认为,在具体操作上,首先应以行政职务关系和公务人员资格为前提,然后综合考虑时间要素、名义或公务标志要素、公益要素、职权与职责要素、命令要素等相关因素,才可能正确地认定某一行为的性质,并确定法律后果的归属及其应承担的责任。在某些情况下,即使行为人没有公务员身份,但其所进行的行为,是为了公共利益,且其以公务的名义行事,也可视为职权行为,如混乱危急的场合中缺乏行政机关的指挥管理,而某人挺身而出以行政机关名义指挥行使便利了局面的好转与公共利益的维护,在这一过程中,该人对他人之义务决定,可视为职权行为,其后果由行政机关承担。

引例分析

行政赔偿的关键是侵权行为由公务员在执行公务时做出,如果是公务员个人的非公务行为,国家不承担行政赔偿责任。因此,本案的关键是确定本案公务员行为究竟是公务行为还是个人行为,而其要点在于该公务员和行政主体之间是否存在行政职务关系,该公务员是否在代表该行政主体行使行政职权。凡是国家公务员行使其所任职务上的职权而发生的行为都属于公务行为,而与职权无关的行为则属于个人行为。以此标准观之,在本案中,王某的行为属于公务行为,县人民法院以行政赔偿程序审理此案也是正确的。因为:第一,王某属于市场管理人员,和工商管理局之间存在行政职务委托关系;第二,王某对张某的处罚行为显然是行使行政权力的行为,因为个人的行为显然不具有单方性和强制力;第三,张某是以工商管理局的名义进行的处罚,并且张某的秤杆和秤砣也是被没收到了工商管理局;第四,王某的行为发生在执勤过程当中,伤害和争执也是因为处罚行为而引起,并发生在办公场所。因而,王某的行为属于执行职务的公务行为,工商管理局应对此承担赔偿责任。

第三节　行政行为法

引例

2005 年 4 月 6 日上午,查某驾驶小客车行驶到北京站东街东货场口,在一个禁停标志旁临时停车,被东单队一名交警发现,查某停车时看了那名交警一眼,交警与他对视了一下但没制止。查某认为这是一种默许。但当查某把车停下等车上的人下车后再次启动离开时，那名交警却马上走过来开罚单。交警当场做出两项处罚决定：对查某违法停车罚款 200 元，对他没有携带交通信息卡罚款 100 元。

查某认为交警这种行为是故意设套，将东城交通支队东单队告上法庭，要求撤销处罚决定。对于查某认为民警属默许他停车的情况，法院认为没有依据。2005 年 8 月 9 日，东城法院对该案进行了宣判，驳回了查某的请求。

问：默许是否构成一种具有法律效力的行政行为？

一、行政行为概述

行政行为，顾名思义，是关于行政机关的行为，即行政机关所做的一切行为。主要包括：①行政机关中的最高级部门做出的具有高度政治性的行为，如外交行为；②行政机关在管理社会时对人民百姓所做的行为，如行政处罚行为、收费行为、发放补助金行为；③行政机关在对公务员进行管理时所做的人事管理行为，如惩戒行为；④行政机关面对某一类社会现象制定专门文件进行规范的行为，如为了规范小贩占道经营现象而专门出台文件规定在何时何地何人不能占地经营；⑤行政机关为了改善办公条件而向某企业购买办公设备的行为；⑥行政机关为实现公益目的而与某企业达成如何修建高速公路的协议的行为；⑦行政机关为实现行政管理目的而引导群众做出某行为的行为，如提倡人民百姓种某种经济作物，提倡企业转型进行产业升级；⑧行政机关在客观上侵犯人民百姓合法权益的行为。

尽管行政机关的行为是包罗万象、形态万千的复杂集合体，但是并非上述所有行为都由行政法规范。依照法制对行政机关导控程度的不同，由弱到强可将由行政法规范的行政行为进行如下分类：

1. 行政指导行为

行政指导是行政主体基于国家的法律、政策的规定而做出的，旨在引导行政相对人自愿采取一定的作为或者不作为，以实现行政管理目的的一种非强制性的职权行为。

现代市场经济的发展产生许多在传统行政法下政府难以依法调控的问题，而政府为了国家战略、政策的实现，又不能不主动实施某种措施来有所作为，因此，利用非权力的行为影响市场经济主体的行为进而影响市场经济的发展，就成了行政主体的必然选择。比如，现在农民愿意种什么庄稼是农民的自由，政府不能干涉，但是地方政府可以出台优惠政策予以引导农民种其他经济效益高的作物。

因为行政指导是行政机关自己根据自己需要而从事的行为，而且对公民没有强制力，所以法律不需要对行政指导进行依据、程序、条件等方面的强制性、详尽性规范，行政机关可以自主决定依照何种需要、何种程序实施指导。

2. 行政合同行为

行政合同行为区别于民事合同行为。行政合同行为，也称行政契约行为，是指行政主体以实施社会行政管理为目的，与行政相对人就有关事项协商一致而达成的协议。它是为了行政机关的社会行政管理目的而生的，因此，在客体、程序、履行双方在合同中权利义务关系方面区别于行政机关所为的民事合同。

我国行政机关承担着大量的社会行政管理职能，行政机关不可能也不必要全部通过具体行政行为来实现其行政管理目的。因此，行政合同的适用是必然的，而如何规范行政合同以确保公益和合同另一方的私益的平衡，就成了行政法与行政法学所必然要承担的任务。

3. 抽象行政行为

抽象行政行为是指行政机关针对社会中某一现象制定调整性、规范性法律规则的行为。它具有立法行为的性质，但又是行政机关所为，故称抽象行政行为，与具体行政行为相对。

抽象行政行为也是行政法和行政法学的重点关注对象。一方面，抽象行政行为具有立法行为的性质，在这个意义上，行使着本属于立法机关的职权，但又是行政机关做出的，因而无论是在主体上还是程序上都与具有极强民主性的立法行为有别，因此对抽象行政行为进行研究与规范，力争提高其民主性与规范性，确保其不侵犯立法机关职权，是极为重要的。另一方面，抽象行政行为对群众利益影响更大、更广泛，因为它针对的不是某一时、某一地、某一个公民，而是针对这一行为做出后长时间内、这一行为机关所管辖范围内、该行为所针对的所有公民，所以，对该行为进行研究与规范，确保该行为既能有助于行政管理目标的实现，又能确保公民合法合理的利益不被剥夺、限制，是极为必要的。

4. 行政处分行为与行政确认行为

具体行政行为指行政机关进行社会行政管理时，针对具体事件所采取的直接处分公民权利或自由的行为。它直接产生法律效果，使具体事实规则化。因为其针对具体事件，产生一个明确具体的法律效果，剥夺或是限制了公民的权利或自由，因此又可称为行政处分行为，即将公民权利或自由当作处分对象的行为。这种行为是行政机关行为中比较常见的，是行政机关行使职权、管理社会的一般手段，同时和群众联系非常紧密，与群众利益息息相关，因此是行政法和行政法学最关注的对象。

行政确认行为，是指公民根据相应法律规范，向行政机关提出申请，认为自己具有某种能够享有某种公共资源的资格时，行政机关依法进行确认其是否有此资格的行为。公民能否获得某种公共资源或是能否具有进入某一公共领域的自由，必须以此种行政确认行为为前提。现代国家是一个行政国家，公民从出生到死亡都与国家的给付息息相关，行政确认行为与公民的联系更为紧密，其是否合法紧密关联着公民的福祉，因此行政确认行为也是行政法最为关注的对象。

由上可见，由行政法规范、需要行政法学加以研究的行为，都是与行政机关职权相关、需要行政法规范、能由行政法规范的行为，是行政机关依职权主动实施的行为。当然，除了以上行为外，实践中还有其他需要行政法规范的行为，需要行政法学从广泛的行政管理实践中加以提炼、抽象成学理概念。除此之外的行为，则不需要行政法加以研究和规范，因为这些行为不是行政主体以行政职权做出的，不是国家用法律授权给行政机关的，因此缺乏行政法规范的逻辑，可由其他法加以规范，如行政机关的侵权行为由法律体系中的侵权行为法或国家赔偿法加以规范。

二、具体行政行为

(一)具体行政行为及其要素

具体行政行为是指行政主体依法行使国家行政权，针对具体事项或事实，对外部采取的能产生直接法律效果并使具体事实规则化的行为。行政机关和公民打交道，进行行政管理，主要的手段和方式就是具体行政行为。而立法者对行政机关进行监督、控制，司法机关对行政机关进行监督，也主要是通过对具体行政行为的规范和审查来进行。

具体行政行为主要包括以下要素：

(1)主体要素。行政行为是行政主体的行为，非行政主体无权以行政主体的资格和名义做出行政行为，即使做出，也没有行政行为的效力。需要强调的是，这种主体要素并不要求行政行为必定由行政机关或被授权组织亲自实施，而是要求归属性，即行政主体之所属公务员、被授权组织及其公务员以及被委托组织及其公务员皆可以成为行政行为的实施主体。事实上，行政主体是一个法律拟制的主体，其意志实际上来源于具体的公务员，所以只要是具体做出行政行为的公务员是以行政主体的名义做出的，那么该行为就是行政行为。

(2)职权要素。行政行为必须是依照行政职权做出的行为，如果不是依据职权，那就不能成为行政行为，不可能产生行政行为的效力和效果。行政职权是立法者授予行政机关的权力，根据这一权力，行政机关才能做出代表公益、具有强制性的决定，才能对社会实施规范化管理。行政行为可以说是行政职权的具体运用方式和方法。

(3)对象要素。行政行为是针对具体事项或事实的行为。所谓具体事项或事实，是过去发生的、现实的事项或事实，其主体、过程、时间、空间和结果都已经确定，是具体化的，而不是某一类现象。行政行为就是行政主体通过对这些要素的考察所做出的面向过去的具体决定。

(4)效果要素。行政行为是将已发生的事实或事项纳入法制轨道的行为，通过这一行为，行政相对人的行为被法律调整，行政法所追求的社会秩序得以形成。因此，行政行为是能够直接产生法律效果的行为，这种法律效果在行政行为做出时就已产生，不以相对人意志为转移。这种法律效果是依照行政机关的意志形成行政管理上的权利义务关系，没有这种权利义务关系，就没有行政行为，单纯的工作报告、通知、调查、执行行为等都不是具体行政行为。这种结果是通过具体的形式来体现的，比如行政主体向行政相对人做出一个书面决定，批准其营业执照申请；比如行政主体向行政相对人发出一个口头命令，命令其当场缴纳小额罚款。因此，行政行为一般是行政主体有意识做出的，在客观上表现为行政主体命令相对人做或不做某行为的决定或赋予、不赋予相对人某利益的决定。

(二)具体行政行为的特征

1. 从属法律性

行政行为是一种社会管理行为、统治行为，是使具体事项或事实规则化的行为，是产生行政法上的权利义务关系的行为，因此它和法律息息相关。没有法律的授权，行政机关就无权实施管理与统治，就无权决定权利义务关系，就没有使具体事项或事实规则化，因此，行政行为必须从属法律，必须依照法律进行。

2. 裁量性

行政行为虽然从属于法律，但由于立法技术的局限性和现代行政管理的专业性、技术性及其适应性、多变性等原因，法律不可能也不能对每一个行政行为都做到天衣无缝的事先规制，必然有许多具体行政行为或多或少地具有自由、灵活做出的余地。

行政行为的裁量性和从属法律性并非截然对立。裁量性并不是毫无限制的自由裁量，而是在法律范围内的裁量；从属法律性也不是机械地执行法律、适用法律，而是充分发挥行政主体的主观能动性，行政主体应当根据经验、立法目的和具体情势，积极灵活地执行法律。

3. 单方意志性

行政行为是行政机关根据法律实施权力的行为，是执行法律的行为，是把抽象的法律转化为具体的行政决定的行为，而不是要和相对人达成协议的行为，其意志来源于相对人必须遵守、服从的国家法律，因此不必征得行政相对人的同意，具有鲜明的单方意志性特征。

4. 效力先定性

行政行为一经做出就具有效力，在没有被有权机关经法定程序宣布撤销或变更之前，对行政相对人和其他人都具有约束力，任何个人和团体都必须遵守和服从。之所以如此，是因为具体行政行为是执行法律的行为，是法律的具体化，因此也就具有了和法律一样的效力。

5. 强制性

行政行为是执行法律的行为，因此具有法律效力，必须为相对人所接受、服从并履行。为保证通过具体行政行为所产生的权利义务关系，维系社会秩序，实现国家目标，就必须以强制手段来保证行政行为的实施。行政主体行使其行政管理职能，可以运用法律授予的强制手段或依法借助其他国家机关的强制手段，保障行政行为的实施。

（三）具体行政行为的分类

1. 羁束行政行为与裁量行政行为

行政行为以行政主体对行政法规范的适用有无灵活适用余地为标准，可以分为羁束行政行为和裁量行政行为。

羁束行政行为是指行政法律规范已经规范得非常具体，行政主体在处理行政事项做出裁断时，只能因循规定，而毫无裁量余地的行政行为。裁量行政行为包括法规裁量和自由裁量两种情形。法规裁量行为是指行政法律规范对某项行政行为的内容、方式和程序做了一定范围和幅度的规定，允许行政主体在处理具体行政事项时，在法定的范围和幅度内，凭借自身的判断进行裁量的行政行为。自由裁量行政行为，是指行政法律规范只规定了原则，授权行政主体在符合立法目的和法律原则的前提下，自主采取相应的措施，做出裁断的行为。

2. 要式行政行为与非要式行政行为

具体行政行为以是否必须具备某种法定形式为标准，可以分为要式行政行为和非要式行政行为。

行政行为的形式包括书面文字、特定意义的符号、口头语言和实际动作、步骤。书面文字和特定意义的符号有利于准确地载明行政主体的意思表示，体现行政行为的严肃性，分清责任，促进依法行政，因此行政法一般规定书面文字或特定意义的符号为行政行为的必要形式。要式行政行为是指必须具备某种书面文字或具有特定意义符号的行政行为，非要式行政行为则指行政法没有要求必须具备书面文字或特定意义符号的行政行为。

（四）具体行政行为的效力

具体行政行为的法律效力，是指行政行为所发生的法律上的效果或作用，表现为一种特定的法律约束力和强制力。具体行政行为只有发生预期的法律效果才能达到其应有的目的，并在社会生活中发挥其应有的作用。

1. 公定力

公定力是指行政行为一经做出即具有被推定为合法有效的法律效力。行政行为是行政主体作为公共利益的合法代表者所做的一种意思表示。以公共利益为本位的利益关系决定了在有确凿的证据并按法定程序证实该行政行为违背行政法规范和公共利益以前，应推定为是合法的、符合公共利益的有效行为。否则，公共利益将无法得到有效维护，国家的行政职能就难以得到顺利实施。因此，即使行政行为被认为是违法的，在有权机关经合法程序予以撤销或变更前，行政相对人及其他人或法律主体都不能以任何借口否认其存在，都必须姑且视其为合法有效的行政行为。

2. 确定力

确定力是指已生效的行政行为不受任意改变的法律效力。这里的改变，既包括撤销、重做，也包括变更；既包括对事实的认定和法律适用的改变，也包括对权利、义务的改变。这一效力来源于法律安定性原则和诚信原则，包括实质确定力和形式确定力。

实质确定力是行政行为对实施该行为的行政主体而言的一种不可改变力，即行政主体不得任意改变自己所做的行政行为，又称一事不再理原则。

形式确定力又称“不可争力”，是行政行为对相对人而言的不可改变力，即相对人不得任意请求改变该行政行为。相对人只有在法定时间期限内向有关国家机关做出不服从并请求依法审查、改变意思表示才是有效的，才能就该行政行为是否真正合法有效与行政主体争辩。

3. 拘束力

行政行为的拘束力是指行政行为所具有的约束和限制行政主体和相对人行为的法律效力。它是就行政主体和行政相对人（第三人）而言的，对他人不具有拘束力，是一种限制、约束行政主体和相对人（第三人）遵守行政行为所设定的权利义务关系的效力。这种权利义务本身又是作为其他行为的一种规则，必须得到遵守。拘束力所指向的是行为，是对有关行为的一种强制性规范，如果该行为不符合拘束力要求，将会得到相应的法律后果。比如，相对人在起诉期限后仍不执行行政行为所设定的权利义务关系，将会因此而受到惩戒。

拘束力与确定力不同。确定力所保护的是具体行政行为本身不得任意改变，拘束力所要求的是行为人的行为应当与具体行政行为一致。

具体行政行为的拘束力来源于法的拘束力。具体行政行为是行政主体根据法律授权、依照法律做出行政行为，使相对人的具体事实被纳入法制轨道的行为，像司法机关就何为合法所做出的司法判决一样，行政行为就是行政机关向行政相对人做出的法是什么的宣告。

4. 执行力

执行力是指具体行政行为所具有的要求行政主体和行政相对人对其内容予以实现的法律效力。

这种效力来源于行政行为自身，来源于行政行为的法律性，来源于行政行为的合法性（公定力），而不是来源于外在强力，因此，不能将执行力混同于根据执行力而采取的、表现于具体行政行为外部的执行行为或强制措施。

（五）具体行政行为的合法要件与违法（瑕疵）

1. 具体行政行为的合法要件

如前所述，具体行政行为一经做出就具有法律效力，但这只是因为公定力而被推定为法律是上合法有效的，因此，具体行政行为有可能有效而不真正合法。也就是说，具体行政行为的有效并不意味着具体行政行为的合法，具体行政行为的有效性要件（成立要件）不等于合法性要件。具体行政行为的合法性要件主要包括：

（1）行为主体合法。只有行为主体合法的具体行政行为才是合法的具体行政行为。这里的主体合法是指行为主体能够以自己的名义来实施具体行政行为并能够独立承担相应的法律责任。

(2)权限合法。具体行政行为必须是在行政主体法定权限内所做的行为。换言之,行政主体必须在自己的事务管辖权、地域管辖权和级别管辖权范围内做出具体行政行为,被授权组织必须在被授权范围内、被委托组织必须在被委托范围内做出具体行政行为。同时,运用职权不得滥权,即以公谋私。

(3)内容合法。具体行政行为必须有充足、确凿的事实根据,适用法律正确,意思表示真实、完整且确定;符合立法本意或目的,不能利用法律的字面含义歪曲立法意图。

(4)程序合法。只有符合法定程序的具体行政行为才是合法的具体行政行为。因此,具体行政行为既要符合行政行为做出的步骤(如先调查取证后裁决),又要符合行政行为做出时所必须履行的手段(如听证制度、说明理由制度)。

(5)形式合法。即符合法律所规定的形式,如非当场罚款必须出具收据。

2. 具体行政行为的违法(瑕疵)

具体行政行为不符合应具备的以上法律要件的,在我国行政法学上称为行政"违法",在日本等国及我国台湾地区称为瑕疵。根据违法(瑕疵)的程度,具体行政行为的违法(瑕疵)可以分为明显轻微的违法(瑕疵)、一般违法的违法(瑕疵)和重大而明显的违法(瑕疵)。对具有明显轻微的违法(瑕疵)的具体行政行为可以进行补正,对具有一般违法的违法(瑕疵)的具体行政行为可予以撤销,具有重大而明显的违法(瑕疵)的具体行政行为则属于无效具体行政行为。

3. 具体行政行为的撤销、变更、废止和消灭

(1)具体行政行为的撤销。具体行政行为的撤销是指在行政行为不符合法定要件因而具备可撤销情形下,由有权国家机关做出撤销决定而使之失去法律效力。行政行为的撤销溯及行政行为做出之日,即具体行政行为因撤销而从开始失去效力。

(2)具体行政行为的变更。具体行政行为的变更是指行政主体对已经在实际生活中实施的、有瑕疵的行政行为进行内容上的改变,使其具有新的效力。

(3)具体行政行为的废止。具体行政行为的废止,也称"具体行政行为的撤回",是指行政机关根据事后情况的变化,面向未来解除成立时并无瑕疵的行政行为的效力。废止是因为社会形势或法律、政策的变化,原合法、适当的行政行为已经不符合现行的法律、政策,或者具体行政行为已完成其目标、任务,故行政主体终止其法律效力。废止具体行政行为的效力是从废止之日起,向后发生效力,不同于撤销。

(4)具体行政行为的消灭。即具体行政行为的终止,是指具体行政行为的效力的自然丧失。从广义上讲,也包括由于事后情况变化而导致具体行政行为面向未来失去效力的情形,行政相对人死亡,如客观情势变更导致相对人丧失了履行该具体行政行为所设定之义务的条件等。狭义的消灭,仅指行政行为的内容和目的已得以充分实现,即行政上的义务主体,按照具体行政行为的规定,在适当时间、适当地点以适当方式和方法完成了一定的作为或不作为义务,行政行为即告消灭。

引例分析

本案的关键是，交警的"默许"行为是否具有法律效力。若具有法律效力，则交警不应当再实施处罚；若不具有法律效力，则该默许后再实施处罚是否违背处罚的目的正当性。

一般而言，只有在法律规定的情况下，"默许"行为才具有法律效力，而对交警的"默许"行为无法律明文规定，故其不具有法律效力。那么，对交警的"默许"后再实施处罚行为的考量，实质上是对处罚目的正当性的判断。

交警"默许"后再实施处罚，其实质违背了处罚目的的正当性。根据《行政处罚法》第 4 条、第 5 条的规定，处罚遵循公正、公开原则；实施行政处罚，纠正违法行为，应当坚持处罚与教育相结合，教育公民、法人或者其他组织自觉守法。交警对查某的违法行为发生应当及时制止，而非等着违法行为发生后再处罚。交警的该处罚目的仅仅是"罚"，其处罚的目的是不正当的，违背了处罚的公正原则与处罚的教育功能。

第四节　行政程序法

引例

原告李某居住于某县某镇一个边远村，因为交通极为不便，便于 2005 年一月购买了一辆三轮摩托车自用。同年 8 月李某驾驶该车装运自产的农副产品到某县城销售，该县城交通局工作人员发现后，即对李某车辆交通规费缴纳情况进行盘查。在得知原告车辆没有缴纳交通规费后，交通局当场要求原告缴纳交通规费。原告说要卖了农产品才有钱，被告交通局工作人员就将原告三轮车予以暂扣。原告不服，向该县人民法院提起诉讼。

问：被告交通局行为是否合法？

一、行政程序与行政程序法

(一)行政程序及其特征

行政程序是指行政机关行使行政职权做出行政行为的方式、方法、步骤、顺序和时限。行政程序具有如下法律特征：

1. 法定性

行政程序的法定性是指用于规范行政行为的程序一般应通过相应立法程序法律化，使其具有可控制行政行为按照相应的程序合法、正当运作的强制力量。

有行政就必然有行政的过程,但有行政的过程并不代表就有法律意义上的行政程序。只有当程序性权益与实体性权利一样得到国家强制力保障的时候,真正意义上的行政程序法治才得以出现。行政程序的法定性,决定了行政主体和相对方在进行法律活动时必须严格遵守法定程序,其行为的步骤和方式受法定程序的制约,违反法定程序将会导致不利的法律后果。尤其对行政主体来说,依法行政要求行政主体实施行政行为不仅要遵循实体法,而且要遵循程序法,两者不可偏废。

2. 多样性

行政程序的多样性是指因行政行为性质上的差异导致所遵守的行政程序在客观上呈现出多种行政程序并存,并有各自调整行政行为的格局。

3. 分散性

行政程序的分散性是指因通过多种法律形式规定行政程序,从而使行政程序分散于众多的、具有不同等级效力的法律文件之中。行政处罚法、行政复议条例等专门规定行政程序的法律、法规的规定,属于行政程序法律规范是毫无疑问的。

(二)行政程序的价值

1. 实体价值

行政程序中所追求的实体正义包括案件事实真相的发现和对实体法的正确适用两方面内容。其中,发现真相是正确适用实体法的前提。这同样适用于抽象行政行为,抽象行政行为也要建立在可靠的、充分的事实基础上。在上位法的范围内制定规则,才能发挥其规范作用。在此意义上讲,一切行政程序机制都有助于查明真实情况,因而有助于实体价值的实现。

2. 独立价值

独立价值包括参与价值和正义价值。前者指有些行政程序提供了公民参与行政管理自己决定自己事务的机会,体现了人民当家做主的民主价值,满足了人们称自己为主人的追求,因此,它能够消除人们对行政决定的不满,削弱人们对行政决定的抵触心理。正义价值主要指行政程序的实施要尊重人格尊严,不能为了实现行政管理而侵犯人格尊严,如刑讯逼供、威逼利诱、蔑视人的人格;此外,行政程序要体现出公正性,不能偏私,能够因为行政程序的公正性而增强行政决定的说服力和可接受性。

(三)行政程序法

行政程序法即用以规定行政行为实施程序的法,包括行政程序的基本原则以及各项具体的程序制度。行政程序法主要包括两个基本原则:

(1)程序正义原则。该原则来自英美,本意指凡是当事人面临不利裁决时,必须给予其辩护的机会。包含如下三个方面内容:①自己不做自己案件法官;②听取当事人陈述和申辩;③说明裁决和处分的理由。行政程序法必须以其为指导来制定。

(2)效率原则。指行政程序必须追求、兼顾效率价值,不得影响行政管理的效率。

主要通过时效制度、代理制度和争讼不停止执行制度加以贯彻。

二、基本程序制度

(一)听证制度

听证制度是行政主体在做出影响行政相对方合法权益的决定前,由行政主体告知决定理由和听证权利,行政相对方表达意见、提供证据,以及行政主体听取意见、接纳证据的程序所构成的一种行政程序基本法律制度,分为正式听证与非正式听证。

(二)回避制度

行政程序法中的回避制度是指行政机关的公务员在行使职权过程中,因与其处理的法律事务有利害关系,为保证实体处理结果和程序进展的公平性,依法终止其职务的行使并由他人代理的一种程序法律制度。

该制度来自英国的自然正义原则,即任何人都不得在与自己有关的案件中担任法官。这意味着案件涉及与争议方有利害关系的裁判者应当回避,裁判者不得有明显支持或反对某一方的偏见,以保持不偏不倚的立场,严守中立。这种原理也发展到了行政制度中,确保行政人员客观中立,依法行政。

(三)告知制度

告知制度是指行政主体在行使职权的过程中,将行政行为通过法定程序向相对人展示,以便使行政相对人知悉该行政行为的一种程序性法律行为。它源于辩护原则,即可能会损害他人权利时,应给予他人辩护机会,由此而来,得事先告知他人有这种机会并为他人履行这种程序权利提供方便。

(四)信息公开制度

信息公开制度又称情报公开、情报自由,是指凡是涉及行政相对方权利、义务的行政信息资料,除法律规定应予保密的以外,有关机构均应依法向社会公开,任何公民或组织均可依法查阅、复制。该制度来源于辩护原则,因为听证本身是各种信息、意见交锋汇集的过程,公民为了全面表达自己的意见,更好地为自己进行辩护,对抗其他利益主体或行政机关,必然要获取各种信息,行政机关必须满足这种权利以便于公民更好地表达自己的意志、捍卫自己的权利。

(五)证据制度

证据制度是行政主体用来查明案件的真实性,收集和审查、判断证据的程序制度。主要内容是非法证据排除规则,即非法证据不能作为判案的依据,这是一个普遍的规则。

(六)案卷(排他)制度

案卷(排他)制度是指行政主体应当对做出行政行为的整个过程制作、记录、建立案卷,并且只能以记录在案卷中的证据作为做出行政决定的依据。

（七）审裁分离制度

审裁分离是指行政主体的审查案件职能和对案件裁决的职能，分别应由其内部不同的机构或人员来进行，以保证行政相对人合法权益不受侵犯。

（八）说明理由制度

说明理由制度是指行政主体在做出对行政相对人合法权益产生不利影响的行政行为时，除法律另有规定外，必须向行政相对人说明其做出该行为时的事实因素、法律依据以及进行自由裁量时所考虑的政策、公益等因素。

（九）时效制度

时效制度指行政程序法律关系主体在法定期限内不作为，待法定期限届满后即产生相应不利的法律后果。其法律意义是，稳定行政法律关系，及时排除行政程序中的不利因素，提高行政效率。

引例分析

行政主体在行使行政职权做出对当事人不利或直接涉及当事人权益的行为时，应当告知当事人相关的事实、理由、依据以及当事人的权益。告知制度主要有三层内容：一是向当事人说明行政决定的事实、理由和依据；二是告知当事人在行政行为过程中享有的权利和所承担的义务；三是告知当事人有关行政决定的内容和结果以及救济途径与方式。告知是行政主体的程序义务，不论当事人是否实际知晓行政机关应当告知的内容，行政主体在未履行告知义务的情况下，都将承受特定不利后果。

在本案中，李某的确有依法缴纳交通规费的义务。但是，被告交通局作为交通行政主管部门，虽然有依法征收交通规费的职权，但应该依法行使。按照正当的程序要求，被告应当在查明事实的基础上，先书面通知原告应当缴费的具体时间、地点以及确定的数额。但被告交通局未履行告知义务，也不能准确告知原告应当缴费的具体数额，更没有暂扣原告三轮车的职权，因此该行为是违法行为。

本章思考题

1. 如何理解行政权？
2. 行政法体系的构成是什么？
3. 行政法基本原则是什么？
4. 如何理解具体行政行为的要素与效力？

第四章

民　法

要点提示

- 民法是调整平等主体的自然人、法人和其他经济组织之间的人身关系和财产关系的法律规范的总称。
- 物权是其他财产权的前提与归宿。物权的变动、公示、保护关涉交易安全和市场秩序，是物权法律制度建设的重心。
- 债是当事人之间产生的特定的权利和义务关系。债法作为规范、保护和促进财产流转、维护财产的“动的安全”的法，在近现代法中地位显得更重要。
- 婚姻家庭是以两性结合与血缘联系为其自然条件形成的社会关系。继承法确立了以法定继承为主，遗嘱继承、遗赠、遗赠抚养协议为辅的继承制度。
- 人身权是民事主体依法享有的，与其自身不可分离亦不可转让的没有直接财产内容的法定民事权利。现代民法突出人身权的地位更加彰显法治社会以人为本的理念。

第一节　民法总论

引例

李甲 14 岁，某中学初二学生。一天，在放学回家的路上，李甲看到某商场正在进行有奖销售，奖券为20元一张，最高奖金额为5000元，他便买了一瓶价值20元的洗发水，领到一张奖券。几天后，抽奖结果公布，李甲所持奖券中了最高奖，李甲非常高兴，急忙把中奖的消息告诉了母亲王乙，母子二人马上去商场兑了奖，王乙把这5000元钱放到家中的柜里。李甲一直想要台电脑，妈妈王乙总说没钱，李甲见现在有钱了，就又提出要买台电脑，王乙说："我和你都不懂，等你爸出差回来再买吧。"李甲以为妈妈又在骗他，就说："反正是我的钱，我愿意买什么就买什么。"王乙说："你一个小孩子，怎么能得这么些钱呢，这钱就是爸爸妈妈的，应该由爸爸妈妈来支配。"李甲暗自生气，趁妈妈不注意，悄悄拿了5000元钱到商场买了台电脑。见儿子抱回一台电脑，王乙急了，立刻拉着李甲来到商场，说李甲买电脑没有征得父母同意，要求退货。售货员说只有电脑质量不合格才能退货，现在电脑质量没问题，无法退货。

问：本案奖金究竟应归谁所有？李甲购买电脑的行为有法律效力吗？李甲父母能否要求退货？

一、民法概述

（一）民法的概念

民法有实质意义的民法和形式意义的民法之分。所谓实质意义的民法是指调整平等主体的自然人、法人、其他经济组织之间的财产关系和人身关系的法律规范的总称。形式意义的民法是指民法典，是规定于一部法典内的体系化的民法基本规范。民法作为一个国家法律体系的重要组成部分，其体系主要包括民事主体制度、物权制度、债权制度、婚姻家庭财产继承制度、人格权制度、知识产权制度以及侵权责任制度。

我国是具有法典化传统的国家。因此，制定、编纂一部民法典是我国民事立法的基本走向。目前，我国民法典的起草工作正在进行中。

（二）民法的渊源

法律的渊源原意是指法律规则的来源，在法学中一般指法律的形式渊源，即法律的表现形式，它对法律适用者找法具有重要意义。我国没有明确承认习惯和法理为法的渊源，但在实际中，习惯和法理却对我国民法的适用起着一定的作用。

我国民法的渊源主要包括：

（1）宪法。其中有很多调整民事关系的规定。有些条款可以直接运用，有些可以作为法律解释的依据。

（2）民事基本法。大陆法系国家都有一部比较完善的民法典。我国现在还没有民法典，只有一部《民法通则》。

（3）民事单行法。调整特定民事关系的法律，如《物权法》《合同法》《侵权法》《婚姻法》《继承法》《担保法》《收养法》《著作权法》等。

(4)综合性单行法。指针对特定问题制定的包含各种法律规范的单行法,如《土地管理法》《城市房地产管理法》《消费者权益保护法》等,在这些法律中,既有民事规范,也有行政规范,甚至包括刑事规范。

(5)行政法规。国务院制定的民事行政法规。

(6)地方性法规。

(7)部门规章和地方政府规章。

(8)最高人民法院的规范性文件。包括司法解释、有关民事问题的批复和有关审判工作的意见。

(9)民事政策。在法律没有规定的情况下,可以适用国家政策,即中共中央和国务院的有关文件。

(10)民事习惯。在援用习惯处理民事纠纷时,须注意以下条件:一是法律没有规定;二是习惯确实存在并得到普遍遵守;三是不能和民法的基本原则相违背。民事习惯在农村地区、边远地区和少数民族地区具有不可忽视的重要作用,实际上在影响着法律适用活动。

(11)法理。即法学家的学说和典型判例。在我国,虽然不能直接援用法学学说和判例,但著名法学家的学说和最高人民法院的典型判例对民法适用常产生一些潜在的影响。

(三)民法的基本原则

民法的基本原则,是体现市民社会和商品经济根本要求,贯穿民事立法、司法、守法始终,具有普遍适用效力和衡平作用的指导思想和基本准则,是高度抽象的、最一般的民事行为规范和价值判断准则。民法的基本原则,效力贯穿民法始终,体现了民法的基本价值,集中反映了民事立法的目的和方针,对各项民法制度和民法规范起统率和指导作用,是民事立法、执法、守法及研究民法的总的指导思想。

在我国现行的民事立法上,承认了平等原则、自愿原则、公平原则、诚实信用原则、守法原则以及公序良俗原则。其中,平等原则是民法的基础原则;自愿原则反映了民法的法规特性;公平原则意在谋求当事人之间的利益平衡;诚实信用原则、守法原则和公序良俗原则则对个人利益与个人利益之间的矛盾和冲突,以及个人利益与国家、社会利益之间的矛盾和冲突发挥双重调整功能。

民法基本原则的主要功能是:

(1)民法的基本原则是民事立法的准则。民法的基本原则,蕴含着民法调控社会生活所欲实现的目标,所欲达成的理想,是我国民法调整的社会关系本质特征的集中反映,集中体现了民法区别于其他法律,尤其是行政法和经济法的特征。它贯穿于整个民事立法,确定了民事立法的基本价值取向,是制定具体民法制度和规范的基础。同时,它还是解释民法规范的准则。

(2)民法的基本原则是民事主体进行民事活动的基本准则,同时也是法院审理案件的审判准则。民事主体所进行的各项民事活动，不仅要遵循具体的民法规范，还要遵循民法的基本原则。在现行法对于民事主体的民事活动欠缺相应民法规范进行调整时，民事主体应依据民法基本原则的要求进行民事活动。

(3)民法的基本原则是法院解释法律、补充法律漏洞的基本依据。法院在审理民事案件时，须对所应适用的法律条文进行解释，以阐明法律规范的含义，确定特定法律规范的构成要件和法律效果。法院在对法律条文进行解释时，如有两种相反的含义，应采用其中符合民法基本原则的含义。无论采用何种解释方法，其解释结果均不能违反民法基本原则。如果法院在审理案件时，在现行法中未能获得据以做出裁判的依据，这就表明现行法存在法律漏洞。此时，法院应依据民法的基本原则来进行法律漏洞的补充。

二、民事权利、民事义务和民事责任

(一)民事权利

1. 民事权利及其分类

民事权利是民事主体为了追求某种利益而为法律所保护的行为自由。其中，民事权利的核心是利益，民事权利的内容是行为自由，民事权利的保障是国家强制力。

依据不同的标准，可对民事权利做出不同的分类。其中，常见的分类主要有如下几种：

(1)财产权与人身权。以权利所体现的利益为标准，可以将民事权利分为财产权和人身权。财产权是指以实现财产利益的自由为内容，直接体现某种物质利益的权利，如物权、债权、继承权等；人身权是指以实现人身利益的自由为内容，与权利人的人身不可分离的民事权利，包括人格权(如生命、健康、姓名、肖像、名誉等权利)和身份权(如荣誉权等)。财产权可以在民事主体之间转让，也可以继承，而人身权一般是不能转让和继承的。

(2)支配权、请求权、抗辩权、形成权。以权利的作用为标准，可以将民事权利分为支配权、请求权、抗辩权、形成权。支配权是指可以对标的物直接支配并排斥他人干涉的权利，如物权；请求权是指得请求他人为一定行为或不为一定行为的权利，如债权；抗辩权是指对抗请求权或否认对方权利的权利，如同时履行抗辩权、不安抗辩权等；形成权是指当事人一方可以以自己单方的行为使法律关系发生变动的权利，如追认权、撤销权、抵销权等。

(3)绝对权与相对权。以权利人可对抗的义务人的范围为标准，可以将民事权利分为绝对权和相对权。绝对权是指义务人不确定，权利人无须通过义务人实施一定的积极协助行为即可实现的权利，如所有权、人身权；相对权是指义务人为特定人，权利人必须通过义务人积极地实施或不实施一定行为才能实现的权利，如债权。由于绝对权的权利人可以向一切人主张权利，可以对抗除他以外的任何人，因此又称为对世权；

由于相对权的权利人只能向特定的义务人主张权利，他对抗的是特定的义务人，因此又称对人权。

(4)主权利与从权利。以权利的相互关系为标准，可以将民事权利分为主权利与从权利。主权利是指在相互关联着的两个民事权利中可以独立存在的权利；从权利是以主权利的存在为其存在前提的权利。例如，就债权与担保债权的抵押权而言，前者是主权利，后者是从权利。

(5)既得权与期待权。以其权利构成要件是否全部具备为标准，可以将民事权利分为既得权与期待权。既得权是指构成要件已全部具备从而已现实取得的权利，一般的权利都是既得权；期待权是指构成要件尚未全部具备，将来有可能取得的权利。例如，附延缓条件的民事法律行为，在延缓条件成就前，债权人享有的债权即属于期待权。

(6)原权和救济权。原权是法律规定的基础性权利。救济权是原权受到侵害后请求侵害人恢复权利或赔偿损失的权利。可见，救济权是以原权受到侵害为前提的。

(7)专属权和非专属权。以权利能否转移为标准，可以将民事权利分为专属权和非专属权。专属权是依附于特定主体不能转移的权利，如人格权；非专属权是可以与权利主体分离而转移于其他主体的权利，如财产权。

2. 民事权利的行使

民事权利的行使也就是民事权利内容的实现。权利人通过实施行使权利的行为，可以实现权利所体现的利益，以满足自身的需要。

在行使权利的方式上，权利人可以实施某种事实行为来行使权利，也可以实施某种民事法律行为来行使权利；可以由自己行使权利，也可以依法由他人代理行使权利，或将权利的内容移转给他人享有并行使。

民事主体在行使其民事权利时，应尊重他人、国家和社会的利益，不得滥用民事权利。当滥用权利的行为给他人和社会造成损害时，行为人应承担相应的法律责任。

3. 民事权利的保护

民事权利的保护措施可以分为自我保护和国家保护两种。

(1)民事权利的自我保护

民事权利的自我保护又称自力救济，是指权利人自己采取各种合法手段来保护自己的权利不受侵犯。例如，依法向侵权行为人提出请求等，这种保护措施由于是由当事人自己采取的，因此又称为私力救济或自我救济。具体包括自卫行为和自助行为。

自卫行为包括正当防卫和紧急避险两种方式。所谓正当防卫，是指为了使本人或他人的财产或人身免遭正在进行的不法侵害，对侵权行为人采取的必要防卫行为。所谓紧急避险，是指为了使本人或他人的人身或财产免受正在发生的侵害，不得已而采取的损害他人权益的行为。

自助行为，是指权利人为了保护自己的利益，在紧急情况下对义务人的财产或人身进行适当约束的行为。

(2)民事权利的国家保护

民事权利的国家保护又称公力救济，是指权利受到侵犯时，由国家机关给予保护。这种保护手段是由国家机关采取的，由于民事权利受国家宪法、民法、行政法、刑法等多种法律部门的保护，因此，在权利人的权利受到侵犯时，权利人可以依法请求有关行政机关给予保护，也可以诉请人民法院或仲裁机关予以判决或仲裁。值得注意的是，任何民事主体在其民事权利受到他人非法侵犯时，都有权向人民法院提起诉讼，请求依法保护。由于民事权利的种类不同，受到侵害的方式不同，当事人提起诉讼请求的目的和要求也不同。

一般来说，当事人提起的民事诉讼请求有如下三类：①停止侵害之诉，即请求国家机关责令侵权人停止侵害，消除危险；②确认之诉，即请求人民法院确认某种权利是否存在及归属的诉讼，例如，确认某项财产所有权的归属、确认合同的有效无效、确认某种身份的存在与否等；③给付之诉，即请求人民法院责令对方履行某种行为，以实现自己的权利的诉讼，例如，请求交付财产、支付违约金和赔偿金等；④变更之诉，即请求人民法院通过判决变更现有的某种民事权利义务关系，形成某种新的民事权利义务关系的诉讼，例如，因请求分割共有财产、终止合同关系、解除收养关系、申请死亡宣告等而提起的诉讼。

上述各种诉讼形式通常也称为民事权利的诉讼保护方式。由于民事法律规范中有很大一部分属于任意性规范，因此，在权利人的权利受到侵害以后，是否提起诉讼，可以由权利人依法自行决定。当然，对于一些涉及国家和社会利益的民事争议，国家有关机关应依法进行干预。

(二)民事义务和民事责任

1. 民事义务

民事义务和民事权利是对应的。民事义务主要包括作为义务和不作为义务，又称积极义务和消极义务。前者是义务人为实现权利人的权利而依法积极地为一定行为的义务；后者是义务人为实现权利人的利益而消极地不为某种行为的义务。

2. 民事责任

民事责任是民事主体违反法定义务或约定义务，侵害他人民事权利后，依照民法规定而产生的法律后果，是法律对不依法履行义务人所做出的否定性评价。民事责任与义务不履行和权利人的救济权有密切关系。

三、民事主体

(一)自然人

自然人是基于自然出生而取得民事主体资格的人。自然人是和法人、其他组织相对而言的。一般而言，自然人不完全等同于公民，公民是具有一国国籍，并根据该国的宪法和法律的规定享有权利和承担义务的人。公民是公法概念，自然人是私法概念，自然人的外延大于公民。

1. 自然人的民事权利能力和民事行为能力

自然人的民事权利能力，是指法律赋予自然人享有民事权利、承担民事义务的资格。它是自然人参加民事法律关系，取得民事权利、承担民事义务的法律依据，也是自然人享有民事主体资格的标志。《民法通则》第 9 条规定："公民从出生时起到死亡时止，具有民事权利能力，依法享有民事权利，承担民事义务。"

自然人的民事行为能力，是指自然人能够以自己的行为独立参加民事法律关系，取得民事权利和承担民事义务的资格。《民法通则》根据我国自然人的具体情况，按照年龄和智力健康状况的不同，将自然人的民事行为能力划分为如下三种。

(1)完全民事行为能力

完全民事行为能力，是指能够通过自己的独立行为参加民事法律关系，取得民事权利和承担民事义务的资格。我国《民法通则》第 11 条第 1 款规定："十八周岁以上的公民是成年人，具有完全民事行为能力，可以独立进行民事活动，是完全民事行为能力人。"《民法通则》第 11 条第 2 款规定："十六周岁以上不满十八周岁的公民，以自己的劳动收入为主要生活来源的，视为完全民事行为能力人。"

(2)限制民事行为能力

限制民事行为能力，是指自然人享有民事权利和承担民事义务的资格受到一定的限制。限制民事行为能力人所实施的民事行为，并非无效，其中与其年龄、智力、精神健康状况相适应的民事行为以及其纯获利益的行为为有效行为，其余民事行为则只有在征得其法定代理人同意或经其法定代理人追认时，方为有效。我国《民法通则》第 12 条第 1 款规定："十周岁以上的未成年人是限制民事行为能力人，可以进行与他的年龄、智力相适应的民事活动；其他民事活动由他的法定代理人代理，或者征得他的法定代理人的同意。"《民法通则》第 13 条第 2 款规定："不能完全辨认自己行为的精神病人是限制民事行为能力人，可以进行与他的精神健康状况相适应的民事活动；其他民事活动由他的法定代理人代理，或者征得他的法定代理人的同意。"

(3)无民事行为能力

无民事行为能力，是指自然人不具有以自己的行为参与民事法律关系，取得民事权利和承担民事义务的资格。《民法通则》第 12 条第 2 款规定："不满十周岁的未成年人是无民事行为能力人，由他的法定代理人代理民事活动。"第 13 条第 1 款规定："不能辨认自己行为的精神病人是无民事行为能力人，由他的法定代理人代理民事活动。"但是不满十周岁的未成年人所从事的纯粹获利的行为、简单的日常生活行为、定型化的行为也应具有法律效力。

2. 监护制度

监护制度是对无民事行为能力或限制民事行为能力的自然人的人身、财产及其他合法权益进行保护并对其行为进行监督的民事法律制度。其中,履行监督和保护职责的人,称为监护人;被监督、保护的人,称为被监护人。

《民法通则》第 18 条规定:"监护人应当履行监护职责,保护被监护人的人身、财产及其他合法权益,除为被监护人的利益外,不得处理被监护人的财产。"

在我国,监护依其设定的根据和方式不同,可以分为以下两种。

(1)法定监护

关于未成年人的法定监护,《民法通则》规定,父母是未成年人的法定监护人。未成年人的父母已经死亡或者没有监护能力的,则由下列人员中有监护能力的人承担:①祖父母、外祖父母;②兄、姐;③关系密切的愿意承担监护责任的其他亲属、朋友。此外,无上述法定监护人的,未成年人父母的所在单位或者未成年人住所地的居民委员会、村民委员会或者民政部门也可以成为他们的监护人。

关于精神病人的法定监护,《民法通则》规定,监护人的顺序是:①配偶;②父母;③成年子女;④其他近亲属;⑤没有近亲属或者近亲属不宜作为监护人的,由他所在的单位或基层组织或民政部门担任监护人。

监护人是被监护人的法定代理人,其职责包括:①保护被监护人的合法权益,并对其进行教育、监督;②代理被监护人进行民事活动,以及参与民事诉讼活动;③对被监护人的不法行为承担财产赔偿责任。

(2)指定监护

《民法通则》规定,对担任监护人有争议的,由未成年人父母或精神病人的所在单位或住所地的居民委员会、村民委员会在近亲属中指定。对指定不服提起诉讼的,由人民法院裁定,即由判决指定。

3. 宣告失踪和宣告死亡

(1)宣告失踪

宣告失踪是指自然人下落不明满一定期限,经利害关系人申请,由人民法院依照法定程序判决宣告该自然人为失踪人的法律制度。民法规定这项制度的意义在于结束失踪人财产关系的不稳定状态。

宣告失踪必须具备三个条件:一是必须下落不明满 2 年。即自然人离开最后居住地后没有音讯的状况持续 2 年时间,一般从音讯消失之次日起计算;战争期间下落不明的,则从战争结束之日起计算。二是必须由利害关系人提出申请。即由被申请宣告失踪人的配偶、父母、子女以及其他与被申请人有民事权利义务关系的人向人民法院提出宣告失踪的申请。人民法院不得主动宣告失踪。三是必须由人民法院依法定程序宣告。即由人民法院依照特别程序进行审理,发出寻找下落不明的人的公告,3 个月公告期满后,根据被宣告失踪的事实是否得到确认,做出宣告失踪或驳回申请的判决。

自然人被宣告失踪后,就暂停了其民事主体资格,并指定财产代管人代管其财产。

被宣告失踪的人重新出现或者确知他的下落，经本人申请或者利害关系人申请，人民法院应当撤销对他的失踪宣告。失踪宣告被撤销后，原失踪人的财产代管人当然也随之撤销、失效。

(2)宣告死亡

宣告死亡是指自然人下落不明达到法定期限时，人民法院根据利害关系人的申请依法判决推定自然人死亡，因而结束其民事主体资格的法律制度。该项制度可以有效保护被宣告死亡人的近亲属及其他利害关系人的人身和财产权益，维护正常的经济秩序。

宣告死亡必须具备三个条件：一是必须下落不明满 4 年。如果自然人因意外事故下落不明，如飞机失事、航海遇难等，则从事故发生之日起满 2 年。二是必须有利害关系人的申请。利害关系人主要是指失踪人的配偶、父母、子女、兄弟姐妹、祖父母、外祖父母、孙子女、外孙子女以及其他有民事权利义务关系的人。三是必须经过人民法院的依法宣告。除寻找下落不明人的公告期为 1 年外，其余程序与宣告失踪相同。

自然人被宣告死亡后，其婚姻关系自行消灭，遗产开始继承。然而，宣告死亡毕竟不同于自然死亡。宣告死亡只是对自然人死亡的推定，不是死亡的事实本身。因此，《民法通则》规定："被宣告死亡的人重新出现或者确知他没有死亡，经本人申请或者利害关系人申请，人民法院应当撤销对他的死亡宣告。"由于法律赋予自然人的民事权利能力是以自然人的生存为条件的，因而《民法通则》规定："有民事行为能力人在被宣告死亡期间的民事法律行为有效。"自然人生还，应当返还被继承的财产或给予适当补偿；原配偶尚未再婚的，自行恢复婚姻关系，原配偶已再婚的，原婚姻关系不得自行恢复。

(二)法人

法人是具有民事权利能力和民事行为能力，依法独立享有民事权利和承担民事义务的社会组织。

根据我国法律，社会组织必须具备下述条件才能取得法人资格：①依法成立。即法人的成立不得违反法律，并符合法律规定的程序。②有必要的财产和经费。这是法人作为民事主体独立进行民事活动的基本物质条件。③有自己的名称、组织机构和场所。法人的名称就是法人的字号，是某一法人区别于其他法人的标志。法人的组织机构是管理法人的事务、代表法人参与民事活动的机构总称。法人的场所是法人从事生产经营活动的地方，也可以说，是法人有自己业务活动或办公地点以及独立财产的标志。④能够独立承担民事责任。即法人以自己的名义和财产承担民事责任，国家、其他法人或法人组织内部的成员均不对其债务承担任何清偿责任。

1. 法人的民事权利能力

法人的民事权利能力，是指法人所享有的参与民事活动，取得民事权利，承担民事义务的资格。法人的民事权利能力从法人成立时产生，在法人解散、被撤销、被宣告破产或其他原因而终止时消灭。法人的民事权利能力的内容是由法人成立的宗旨和业务范围决定的，并不是无限的。法人不得进行违背其宗旨和超越其业务范围的活动，在需要超出其原有的业务范围时，应通过法定程序变更。

2. 法人的民事行为能力

法人的民事行为能力，是指法人以自己的行为进行民事活动，取得权利并承担义务的资格。法人的民事行为能力与自然人的民事行为能力有所不同，法人依法定程序成立后，不仅取得民事权利能力，同时也具备了民事行为能力。在法人终止时，二者也同时终止。

法人的民事行为能力是由法人的机关实现的。法人机关是指法人的最高权力机构或它的最高管理机构。在法人机关中，只有法人的主要行政负责人，才是法人的法定代表人。他在其权限范围内所进行的活动，就是法人的行为，不需要任何其他授权，而法人的各个职能部门只能按照代理权进行活动。

3. 法人的种类

根据我国法律习惯，经常把法人划分为以下几类：

(1)企业法人。是从事生产经营活动，以获取利润、增加积累、创造社会财富为目的的经济组织。

(2)机关法人。是指依法享有国家赋予的行政权力，并因行使职权的需要而享有相应的民事权利能力和民事行为能力的国家机关。国家机关依照法律或行政命令成立，不需要进行核准登记程序，即可取得机关法人资格。

(3)事业单位法人。是指为了社会公益事业目的，由国家机关或者其他组织利用国有资产举办的，从事文化、教育、卫生、体育、新闻等公益事业的单位。这些法人组织不以营利为目的，一般不参与商品生产和经营活动，虽然有时也能取得一定收益，但该收益只能用于目的事业，且属于辅助性质。它们的独立经费主要来源于国家财政拨款，也可以通过集资入股或由集体出资等方式取得。

(4)社会团体法人。是指自然人或法人自愿组成，为实现会员共同意愿，按照其章程开展活动的非营利性法人。社会团体法人采取由参加成员出资或由国家资助的办法筹集团体财产和活动基金。

(三)非法人组织

非法人组织是指虽不具有法人资格，但可以以自己的名义从事民事活动的组织体。包括个体工商户、农村承包经营户、私营独资企业、合伙组织、法人分支机构和合伙型联营组织等。

非法人组织的特征主要包括：①有独立支配的财产和经费；②设有管理人和代表人；③可以以自己的名义参与民事活动；④不能独立承担法律责任，其最终责任仍然由组织的举办人或法人承担。

应否赋予非法人组织以民事主体资格，在理论上存有争议。实际上，虽然我国《民法通则》未明确其主体资格，但是从司法实践及从世界范围来看，均承认这种非法人组织具有一定的民事权利能力和民事行为能力。

四、诉讼时效制度

(一)诉讼时效及其种类

诉讼时效是指权利人不行使权利的状态持续一定期限,权利人即丧失请求人民法院依照诉讼程序强制义务人履行义务的权利。诉讼时效期间从权利人知道或者应当知道权利被侵害时起计算,违约和侵权的情况有所不同。这一制度有助于督促权利人及时行使权利,便于人民法院调查处理案件。

根据适用范围和时效期间长短的不同,可将诉讼时效分为两种。

1. 一般诉讼时效

一般诉讼时效又称普通诉讼时效,是指在一般情况下普遍适用的诉讼时效。《民法通则》第135条规定:"向人民法院请求保护民事权利的诉讼时效期间为2年,法律另有规定的除外。"可见,我国民事诉讼的一般诉讼时效为2年。

2. 特别诉讼时效

特别诉讼时效,是指法律规定的仅适用于某些特殊民事法律关系的诉讼时效。对于不同的民事法律关系,只要有特别诉讼时效规定的,就应适用特别诉讼时效;没有特别诉讼时效规定的,适用一般诉讼时效。我国民事立法对特别诉讼时效的规定,有以下三种:

(1)短期诉讼时效。短期诉讼时效是指时效期间不足两年的诉讼时效。我国《民法通则》第136条规定:"下列时效为一年:①身体受到伤害要求赔偿的;②出售质量不合格的商品未声明的;③延付或拒付租金的;④寄存财物被丢失或被损坏的。"此外,其他单行民事法律也有短期诉讼时效的规定。

(2)长期诉讼时效。长期诉讼时效是指时效期间在2年至20年(不包括2年和20年)之间的诉讼时效。长期诉讼时效主要适用于一些调查取证费时耗力的疑难案件或者涉外经济纠纷案件。例如,《环境保护法》规定环境污染损害赔偿诉讼时效为3年,《海商法》规定油污损害赔偿诉讼时效为3年,《合同法》规定国际货物买卖合同和技术进出口合同争议的诉讼时效为4年。

(3)最长诉讼时效。最长诉讼时效是指诉讼时效期间为20年的诉讼时效。我国《民法通则》第137条规定:"从权利被侵害之日起超过二十年,人民法院不予保护。"

(二)诉讼时效的中止、中断和延长

1. 诉讼时效的中止

诉讼时效的中止,是指在诉讼时效的进行中,因发生一定的法定事由使权利人不能行使请求权的,暂时停止计算诉讼时效期间,待阻碍时效进行的法定事由消除后,诉讼时效继续计算。

诉讼时效中止的法定事由主要是不可抗力和其他障碍,例如,无民事行为能力人

或限制民事行为能力人没有法定代理人或法定代理人丧失代理权或民事行为能力的。

诉讼时效可以中止的时间为诉讼时效期满前 6 个月。诉讼时效中止的法律效果是诉讼时效暂停计算。

2. 诉讼时效的中断

诉讼时效的中断，是指在诉讼时效进行期间，因发生一定的法定事由，使已经经过的时效归于无效，待诉讼时效中断事由消除后，诉讼时效期间重新计算。

诉讼时效中断的法定事由包括起诉（或向有关机关提出申请）、权利人主张权利以及义务人承认义务。

3. 诉讼时效的延长

诉讼时效的延长，是指由于正当原因而耽误时效期间的，人民法院可以延长时效。诉讼时效的延长制度，出于法律对民事主体合法权益进行最大化保护的目的，但为了维护法律的统一，其适用应有严格的限制。

引例分析

本案的关键是要弄清自然人的民事权利能力和民事行为能力这两个概念。就本案而言，根据《民法通则》对相关民事权利能力和民事行为能力的规定，李甲用 20 元买洗发水，可以看作与他的年龄、智力相适应，故应肯定这一行为的法律效力。而由此行为引发的奖券中奖是纯粹的获益行为，亦应肯定其法律效力，5000 元奖金应归李甲所有。但是，李甲用中奖所得的 5000 元买一台电脑，是在生气的情况下实施的，并没有征得父母的同意，考虑到购买 5000 元电脑行为的复杂性，可以推知他不可能完全理解他这种行为的后果，此行为显然与李甲的年龄、智力不相适应。所以，李甲购买电脑的行为应确认为无效。至于店员把昂贵的电脑卖给一名 14 岁的学生，在这个买卖关系中不能说没有过错，故此，李甲的父母有权向其要求退掉电脑。

第二节　物权制度

引例

张某与王某是好朋友，王某买了一套商品房，在办理房产证期间因紧急公务出国，于是委托张某全权代为办理房产证。张某利欲熏心，将王某的房屋登记在自己的名下，并以极高的价格将房屋转让给李某。李某因信赖张某所提出的房屋权属证明，而与张某订立了房屋买卖合同。

问：张某与李某的该项房屋交易有效吗？如果有效，王某的利益该怎样维护？

一、物权的概念及特征

物权是民事主体依法对特定物进行管领支配并直接享受物之利益的排他性财产权利。物权是其他财产权的前提与归宿。

物权具有如下特征：

(1)物权是绝对权。即以不特定的任何人为义务主体。

(2)物权以物为客体。物是除人身之外的能为人力所支配、有一定使用价值并具有稀缺性的物质资料。根据不同的标准可以将物分为动产和不动产、原物和孳息物、流通物和限制流通物、可分物和不可分物。

(3)物权是支配权。即通过对物的占有、使用、收益和处分而直接享受物之利益；占有、使用、收益、处分是支配的具体形态，而直接享受物之利益是支配的目的。物之利益包括使用价值和交换价值。

(4)物权具有排他性。一方面，物权具有排除他人非法侵害、干涉的权能；另一方面，同一物上不得存在两个以上内容相同的物权。

二、物权的效力

物权的效力，是指法律赋予物权的作用力和保障力。主要包括：

(1)排他效力。排他效力是指在同一物上不容同一性质或同一内容的两种以上的物权并存。

(2)物上请求权效力。物上请求权效力是指当物权人对物的支配因受到他人妨碍而出现缺陷时，为恢复其对物的圆满支配状态而产生的请求权，包括返还原物请求权、排除妨碍请求权、消除危险请求权和恢复原状请求权。

(3)追及效力。追及效力是指物权的标的物无论辗转落入何人之手，除法律另有规定外，物权人均可追及物之所在行使物权的法律效力。但是，物权的追及效力要受到善意取得制度的限制。

三、物权的分类

1. 自物权和他物权

自物权也称所有权，是财产所有人对自己所有的财产依法进行全面支配的物权。他物权是指非财产所有人根据法律规定或所有人的意思对他人所有的财产享有的进行有限支配的物权。

两者的区别是：①前者是自主物权，后者是他主物权；②前者是原始物权，后者是派生物权；③前者是完全物权，后者是限定物权；④前者是无期物权，后者是有期物权。

2. 用益物权和担保物权

用益物权，是指以物的使用收益为目的而设立的他物权。担保物权，是指以保证债务的履行、债权的实现为目的而设立的他物权。

两者的区别是:①用益物权是就物的使用价值方面对物进行支配,而担保物权是就物的交换价值方面对物进行支配;②用益物权具有独立性,担保物权则具有从属性;③用益物权的行使须以占有标的物为前提,而担保物权的行使既可占有担保物,也可不占有担保物;④担保物权具有物上代位性,而用益物权则没有。

3. 动产物权和不动产物权

动产物权是指以动产为标的的物权。不动产物权是指以不动产为标的的物权。

两者的区别是:①可设立的物权类型不同。不动产可以设立用益物权和抵押权。动产只能作为质权的标的物。②公示的方法不同。动产物权的变动一般以交付和占有作为公示方法,而不动产物权一般以登记为公示方法。③所受限制不同。不动产物权尤其是土地物权的取得和行使受到很大限制。

四、物权变动

1. 物权变动的概念

物权变动是指物权的取得、变更和丧失。引起物权变动法律效果的法律事实包括物权法律行为、事实行为及法律事件。

2. 物权变动的原则

物权变动的两个重要原则是公示和公信原则。公示原则是指物权的变动必须按法定的公示方法进行公示。公信原则是指依法进行的物权公示,具有社会公信力,例如,公示错误时,善意第三人的利益仍受法律保护。该制度的价值是维护占有秩序的稳定和交易安全。

3. 物权的取得

物权的取得是指民事主体依据法律事实或是法律的规定而取得物权,包括原始取得和继受取得。原始取得,是指非基于他人的权利和意志而取得物权,如生产。继受取得,是指基于他人的权利和意志而取得物权,主要包括转移型继受取得和创设型继受取得。

4. 物权的消灭

物权的消灭是指民事主体依据法律事实或是法律的规定而丧失物权,包括绝对消灭和相对消灭。绝对消灭,即非因物权转移而消灭,指标的物的灭失;相对消灭则是因物权的转移而消灭。

五、物权的公示

物权的公示是指物权的享有及变动可取信于社会公众的外部表现形式。不动产物权变动的公示方式为登记;动产物权变动的公示方式为动产的占有和交付。

登记是指不动产的行政管理机关根据申请人的申请或依职权将不动产物权设立、变更、消灭等情况依法记载于其专门设置的登记簿上的行政行为。依民事法律行为而变动不动产物权者，非经登记不发生效力；因法律事件而取得物权者，非经登记不得处分。

交付是指一方将物之占有移转给另一方。交付方式主要有：①现实交付。即直接交付标的物或通过托运、邮寄等方式交付标的物。②简易交付。即当事人根据协议，将他主占有变为自主占有。③占有改定。即当事人根据协议，使转让人的自主占有变为他主占有。④返还财产请求权的让与。例如，出租人转让出租物的所有权。

关于交付的效力，《民法通则》第 72 条规定："按照合同或者其他方式取得财产的，财产所有权从财产交付时转移，法律另有规定或者当事人另有约定的除外。"

六、善意取得制度

善意取得制度是指无处分权人转让标的物给善意第三人时，善意第三人一般可取得标的物的所有权，所有权人不得请求善意第三人返还原物的制度。

善意取得制度的构成要件包括以下几个方面：①转让人并非真正的权利人，即转让人无处分权。②转让人对财产的控制符合物权公示的形式。即转让人占有某项动产或为某项不动产的登记名义人。③第三人必须为善意。即他既不知道也不应知道转让人无处分权。④第三人取得权利必须基于民事法律行为。⑤第三人取得权利须付出相应对价。

善意第三人在符合上述构成要件时即取得不动产或动产的所有权，此时原所有权人无权请求善意第三人返还原物，而只能向无权处分人请求赔偿损失。可见，善意取得制度的价值是保护社会交易的安全和秩序，提高交易效率，降低交易成本。

引例分析

本案中的房屋交易属于不动产交易，不动产的公示方式为登记。张某将王某的房屋登记在自己的名下，并将该房屋转让给李某，李某因信赖张某所提出的房屋权属证明而与张某订立了房屋买卖合同，并办理了房屋过户登记手续，尽管张某不是真正的权利人，但法律上仍然承认该项交易所导致的所有权转移的效果，张某与李某的该项房屋交易是有效的。这就是利用公示、公信原则来保护无过错的第三人的利益并维护交易安全。王某若要维护自己的利益，可以收集自己是房屋真正的权利人的证据，如购房合同、向房屋开发商付款的证明等，并可以起诉张某返还卖房所得及赔偿损失等。如果能够证明登记机构有错误，还可以向登记机关请求承担赔偿责任。

第三节　债权制度

引例

2002年4月3日早晨，原告(杨某，男，某市金属公司经理)在楼顶层的平台上摆放了20盆花，浇完花以后就去上班，下午突然刮起大风，大雨即将来临，被告(汤某，女，某市金属公司职员)上楼顶收拾晾晒的衣服时发现原告养的花将遭雨淋遂动手将花盆搬下楼。在搬运至第三盆时，因不慎摔了一跤，扭伤了自己的脚，同时将原告一盆名贵的花摔坏，原告回家后，发现花已被摔坏，非常恼怒，认为被告擅自搬动其花盆，由此造成损失，应当负责赔偿；被告则认为，自己出于好心帮助原告，不应赔偿。原告遂提起诉讼，要求被告承担侵权责任。被告反诉，请求原告赔偿其因治疗脚扭伤而支付的医疗费。

问：本案应该如何判决，为什么？

一、债的概述

(一)债的概念及特征

债是特定当事人之间可以请求为特定行为的法律关系。在这种民事法律关系中，一方享有请求他方为一定行为或不为一定行为的权利，而他方负有满足该项请求的义务。享有权利的一方称为债权人，负有义务的一方称为债务人。债权人享有的权利称为债权，债务人负担的义务称作债务。债权人有权要求债务人依照法律的规定或者按照合同的约定履行义务，债务人有义务满足债权人的要求，这种关系就称为债或债权关系。

债作为一种民事法律关系具有如下特征：①反映财产流转关系；②是特定主体之间的法律关系；③是以债务人的特定行为为客体的民事法律关系；④是必须通过债务人特定行为才能实现其目的的法律关系；⑤内容具有平等性和相容性；⑥其发生具有任意性和多样性。

(二)债的发生原因

债的发生原因是指引起债的关系产生的法律事实。主要包括：

(1)合同。合同是平等主体的自然人、法人、其他组织之间设立、变更、终止民事权利义务关系的协议，是最常见的、最主要的债的发生根据。

(2)缔约上的过失。缔约上的过失是指当事人一方在缔结合同过程中具有过失，从而致使合同的不成立、无效或被撤销，有过失的一方当事人应当赔偿对方因信赖该合同能够成立或生效所遭受的损失。

(3)单独行为。单独行为又称单务约束,是指表意人向相对人做出的为自己设定某种义务,使相对人取得某种权利的意思表示。单独行为之所以能引起债的关系发生,源于民法对意思自治原则的尊重。单独行为是债发生的重要根据。

(4)侵权行为。侵权行为是指不法侵害他人的合法权益的行为。侵权之债是合同之债之外的另一种较为常见的债。

(5)不当得利。不当得利是指没有合法根据而获得利益并使他人利益遭受损失的事实。

(6)无因管理。无因管理是指没有法定的或约定的义务,为避免他人利益受损而对他人的事务进行管理和服务的行为。

(7)其他原因。除上述六种原因外,债的关系还可因其他法律事实而产生。例如,拾得遗失物,可在拾得人和遗失物所有人之间产生债的关系;实施救助行为,会在救助人和受益人之间产生债的关系。

(三)债的分类

债根据不同的划分标准,可分为不同的种类。

(1)意定之债与法定之债。意定之债是指债的发生及其内容均由当事人依其自由意思而决定的债;法定之债是指债的发生及其内容均由法律加以规定的债。

(2)特定之债和种类之债。特定之债是指以特定物为标的物的债;种类之债是指以种类物为标的的债。

(3)简单之债和选择之债。简单之债是指债的履行标的是唯一的,当事人只能按此种标的来履行;选择之债是指债的标的为两种以上,当事人可以从中选择其一来履行。

(4)单一之债和多数人之债。单一之债是指债的主体双方为一人的债;多数人之债是指债的双方主体至少有一方为两人以上的债。

(5)按份之债与连带之债。按份之债是指债的多数一方当事人各自按确定份额享有权利或履行义务;连带之债是指多数人一方当事人在行使权利或承担义务方面存在连带关系的债。

(6)财物之债与劳务之债。财物之债是指债的给付为财物的债;劳务之债是指债的给付为提供劳务的债。

(7)主债与从债。主债是能独立存在、不以他债的存在为前提的债;从债是指不能独立存在,必须以主债的存在为存在前提的债。

(四)债的保全

债的保全是指法律为防止因债务人的财产不当减少而给债权人的债权带来危害,允许债权人代债务人之位向第三人行使债务人的权利,或者请求法院撤销债务人与第三人的民事行为的法律制度。

(1)债权人的代位权。债权人的代位权是指当债务人怠于行使其对第三人享有的到期债权而对债权人的债权造成损害的,债权人为保全自己的债权,得以向人民法院请求以自己的名义代位行使债务人的债权的权利。债权人的代位权的成立要件为:债务人享有对第三人的权利;债务人怠于行使其到期债权;债务人已陷入履行迟延;须债权人有保全债权的必要。

(2)债权人撤销权。债权人的撤销权是指债务人减少其财产的行为危害债权实现时,债权人为保全债权而请求法院予以撤销该行为的权利。债权人撤销权的成立要件为:客观要件,债务人实施了危害债权的行为;对于撤销权的主观要件,依债务人所为的行为是有偿或无偿而有所不同。若为有偿行为,则须债务人为恶意,债权人的撤销权才成立,受益人为恶意时,债权人才可行使撤销权。而对于无偿行为,则不以债务人和第三人的恶意为要件。

(五)债的担保

债的担保是指法律为保证特定债权人利益的实现而特别规定以第三人的信用或以特定的财产保障债务人履行义务,债权人实现权利的制度。担保的目的是确保债权的实现。根据我国现行法律的规定,担保的方式有以下五种。

(1)保证。指保证人和债权人约定,当债务人不履行债务时,保证人代其履行或者承担责任的行为。保证人与债权人应当以书面形式订立保证合同。保证人必须是有代偿能力的公民、企业法人和其他经济组织。保证人在代为履行债务后,即成为债务人的债权人,有权向债务人追偿。

(2)抵押。指债务人或第三人不转移对自己的财产的占有,将该财产作为履行债务的担保,当债务人不履行债务时,债权人有权以该财产折价或者从拍卖、变卖该财产的价款中优先受偿。抵押应以书面形式订立抵押合同,以某些特定的财产作抵押的,还应向有关部门办理抵押物登记。

(3)质押。指债务人或第三人将其财产移交债权人占有,以该财产作为债权的担保,债务人不履行债务时,债权人有权以该财产折价或者以拍卖、变卖该财产的价款优先受偿。质押应以书面合同形式订立,并在质物移交给质权人占有时生效。

(4)定金。指合同当事人一方,为了保证合同的履行而预先向对方交付一定的金额。定金数额由当事人约定,但不得超过主合同标的额的20%。给付定金的一方履行债务后,定金可收回或抵作价款。如给付定金的一方不履行合同,就无权要求返还定金,接收定金的一方不履行合同的,必须双倍返还定金。定金应当以书面形式约定。当事人应当在定金合同中约定交付定金的期限,定金合同从实际交付定金之日起生效。

(5)留置。指债权人按照合同约定占有债务人的财产,当债务人不按照合同约定的期限履行债务时,债权人有权留置债务人的该项财产,以该财产折价或者以拍卖、变卖该财产的价款优先受偿。留置权是一种法定担保方式,它依照法律规定产生,而非根据当事人之间的协议确定。

(六)债的变更

债的变更是指在债的内容和客体保持不变的情形下,债的主体发生变更。

(1)债权让与。债权让与是指不改变债的关系的内容,债权人将其债权移转给第三人享有的法律事实。债权让与的要件:让与人与受让人须就债权的转让达成协议,并且不得违反法律的相关规定;须有有效债权的存在;须所让与的债权具有可让与性;须通知债务人。

(2)债务承担。债务承担是指在不改变债的内容的前提下,债权人、债务人通过与第三人订立转让债务的协议将债务全部或者部分转让给第三人承担的法律事实。债务承担的要件:须存在有效的债务;须所移转的债务具有可移转性;第三人须与债权人或者债务人就债务的移转达成合意;债务承担须经债权人同意。

(3)债的概括承受。债的概括承受是指债的一方主体将其债权债务一并转移给第三人。债的概括承受,可以是基于当事人之间的合同而产生的,称为意定概括承受;也可以是基于法律的直接规定而产生的,称作法定概括承受。《合同法》第 88、90 条对上述两种情形分别做了规定,即合同承受和企业合并。

(七)债的消灭

债的消灭是指债的当事人双方间的权利义务关系于客观上已不复存在。债可以因下列法律事实的出现而消灭:

(1)债因履行而消灭。即债的关系中所规定的义务已经完成,权利已经实现。

(2)债因双方协议而消灭。即通过双方当事人的协议解除债的关系或免除债务人的义务。但这种协议不得违反国家法律和社会主义道德。

(3)债因当事人的死亡而消灭。具有严格的人身性质的债,可随着债权人或债务人的死亡而消灭。如委托合同、出版合同、演出合同、抚养合同、赡养合同等。

(4)债因抵销而消灭。凡是同种类并已届履行期的对待之债,均可以互相抵销而消灭。数额不相同的对待之债,可以采用支付差额的方法消灭。抵消可以根据双方协议或一方请求而实现。但与身份有关的债务不能采用抵销的方法消灭。

(5)债因提存而消灭。提存是债务人于债务已届履行期时,将无法给付的标的物交给提存机关,以消灭债务的行为。提存需按照法定程序,提存的客体物应为适于提存的物,不动产、有毁损灭失危险或易腐易烂物,可按法定程序变卖后将其所得价款提存。

(6)债因混同而消灭。混同是债权与债务同归于一人而使债的关系消灭的事实。债因混同而消灭,系基于债的关系成立须有两个主体的观念,任何人不得对自己享有债权,如果同一人同时为债务人和债权人时,有悖于债的观念,债的关系自应消灭。

二、合同之债

合同是平等主体自然人、法人、其他组织之间设立、变更、终止民事权利义务关系的协议。

具备民事权利能力的民事主体即可作为合同的当事人，直接订立合同的行为人还应具备相应的行为能力。合同当事人可以自己订立合同，也可以委托代理人代为订立合同。

合同可以采用书面形式、口头形式和其他形式。订立合同需要经过要约和承诺两个步骤，要约是要约人希望与他人订立合同并且内容具体确定，约束要约人本人的意思表示。承诺是受要约人同意要约的意思表示。

（一）合同的履行

合同履行是指当事人依照合同约定和法律规定履行其合同义务的行为。为保护合同当事人不遭受相对方的侵害，民法规定了合同履行抗辩权制度。

（1）同时履行抗辩权。同时履行抗辩权是合同当事人互负债务，且双方为同时履行，任何一方在对方要求其先履行时，均可依同时履行的事由予以抗辩。

（2）先履行抗辩权。先履行抗辩权是合同当事人互负债务，且有先后顺序，先履行一方未履行而要求后履行一方履行时，后履行一方可以其应当先履行为事由抗辩。

（3）不安抗辩权。不安抗辩权是指应当先履行债务的当事人在对方符合法定情形不履行义务或有不履行义务的可能时，有权以其不安为抗辩事由中止履行。

（二）合同的解除

合同的解除是指在合同生效后，由于法定事由或当事人约定的条件成就，通过一方当事人的行为或双方当事人合意，消灭合同的权利义务。

（1）法定解除。法定解除是指有法律直接规定的解除事由的合同解除。法定解除有以下情形：因不可抗力不能实现合同目的；在履行期限届满之前，当事人一方明确表示或以自己的行为不履行主要债务；当事人一方迟延履行主要债务，经催告后在合理期限内仍未履行；当事人一方迟延履行债务或者有其他违约行为致使不能实现合同目的；法律规定的其他情形。

（2）约定解除。约定解除又称协议解除，是指在合同生效后，未履行或未完全履行合同义务之前，双方当事人协议消灭合同权利义务。

合同解除的法律后果为：终止合同的权利义务；已经履行的部分恢复原状；有过错方根据过错程度承担赔偿责任。

（三）违约责任

违约责任是违反合同的民事责任，它是指合同当事人不履行合同义务或者履行合同义务不符合约定所应承担的民事责任。合同的稳定性不仅需要当事人的维护，也需要法律的维护。违约责任制度的作用是保证当事人履行义务和弥补因违约所造成的损失。合同对当事人的约束力集中体现在违约责任上。

当事人承担违约责任的方式主要有：继续履行合同、采取补救措施、赔偿损失、缴纳违约金、实行定金罚则等。

三、不当得利之债

不当得利是指没有合法根据取得利益而使他人受损失的事实。取得不当得利的一方称为受益人,受损失的一方称为受害人或者受损人。

(一)不当得利的成立要件

1. 一方取得财产利益

一方取得财产利益是指因一定的事实结果而获得了或增加了财产或利益上的积累。受益人获得的利益限于财产利益,即可以用金钱价值衡量的利益,精神利益不属于这里的利益范畴。

2. 一方受有损失

成立不当得利,必须有利益的损失,仅仅有一方受有财产上的利益,而未给他人带来任何损失,不成立不当得利。这里的损失,既包括现有财产或利益的积极减少,也包括应增加而未增加利益的丧失。

3. 取得利益与所受损失间有因果关系

受益人取得利益与受损人所受损失间的因果关系,是指受损人的损失是由于受益人受益所造成的。只要他方的损失是由获得不当利益造成的,或者说没有不当利益的获取,他人就不会造成财产的损失,均应认定受益与损失间有因果关系。

4. 没有法律上的根据

取得利益致他人损失,之所以成立不当得利,原因在于利益的取得无法律上的根据,我国《民法通则》称为“没有合法根据”。无法律上的根据是指缺乏受利益的法律上的原因,而非指权利或者财产的取得没有法律上的直接原因。

(二)不当得利之债的内容

不当得利之债的基本内容是受损人取得不当得利返还请求权。在民法制度构建上,该项请求权是以使得利人返还其所受利益为主旨,非以相对人所受损害的填补为目的。所以,如果受益人的利益超过了受损者的损失,受益人只在损失的限度内负返还义务;如果受益人的利益较受损者损失小,受益人也只于受益的限度内负返还义务。但受益人主观上为恶意的,受损者不得请求损害赔偿。

四、无因管理之债

无因管理是指没有法定的或约定的义务,为避免他人利益受损失,自愿管理他人事务或为他人提供服务的行为。

(一)无因管理的成立要件

1. 主观要件

无因管理的构成在主观上须管理人有为他人管理事务的意思。管理人为他人管理事务的意思即管理意思，是指以其管理行为所产生的事实上的利益归属于他人的意思。如果管理人没有为他人管理的意思，管理人的管理行为则构成侵权行为。"为他人"的判断标准，是依社会通常客观标准，就是以本人事实上受益为准。同时，为他人管理的意思与为自己管理的意思可以并存。例如，修理邻居快要倒塌的房屋，既为邻居，也可以使自己免除危险，则可成立无因管理。管理人对于本人是谁，没有认识的必要，即使对于本人认识错误，对于真实的本人依然成立无因管理。

2. 客观要件

(1)有管理他人事务的行为

无因管理的事务必须是他人的事务，而非管理人的事务。他人的事务包括客观上他人的事务和主观上他人的事务。客观上他人的事务，是指依事务的性质，属于他人的事务，如对他人所有的房屋予以修缮；对落水的人进行救助；对失火的房屋进行抢救等。管理客观的他人事务足以成立无因管理。主观的他人事务(亦称中性的事务)是指事务在性质上与特定人并无当然的结合关系，须依管理人的意思决定是否属于他人事务。管理人主观上认为管理人所做出的管理行为是为他人的管理，为误信管理，因实际上最终利益的归属属于管理人自己，管理人与本人主体的合一，也就没有了他人之存在。

(2)无法律上的义务

构成无因管理的一个重要客观要件，就是管理人无法律上的义务。法律上的义务包括法定的义务和约定的义务。管理人依约对本人负有义务时，不能成立无因管理。如管理人与他人签有代理、雇用、承揽合同时，管理人与他人之间的法律关系应依合同关系确定，管理人与他人不能构成无因管理关系。管理人对于本人依法负有义务时也不能成立无因管理。如父母对于未成年子女，监护人对于被监护人，是对其财产和人身负有管理义务；还有消防队员的救火行为，这些义务是法定的义务，他们之间的法律关系不能成立无因管理。但是，管理人虽负有法律上的义务，如超过其义务范围而处理事务时，就其超过部分仍属于无义务，可构成无因管理。管理人是否有法律上的义务，应依客观判定。

(二)无因管理之债的内容

无因管理之债的内容主要侧重管理人的权利和义务。

管理人的权利主要有：向本人要求偿还必要费用及其利息的请求权；要求本人承担管理人管理过程中产生的必要债务；管理过程中如果遭受损害还可以向本人要求损害赔偿。

管理人的义务主要有：适当管理义务；管理开始时通知本人义务；将管理情况及时报告及计算义务；一旦管理，就应坚持到底，不中断地继续管理的义务。

引例分析

本案中，被告在无法定和约定义务前提下，自愿为避免原告的损失而管理原告的事务，构成无因管理，但被告不慎扭伤了脚，所支付的医疗费虽与管理活动有关，但与管理活动不存在直接因果联系。故原告的诉讼请求不予支持，驳回起诉。被告不承担侵权责任。原告对被告因搬花扭伤脚的医疗费应适当补偿。

第四节 婚姻家庭与财产继承制度

引例

某甲父母、妻子早亡，有子乙、丙；乙有子女 A、B，丙有子 C。乙早年去世，由其妻抚育 A、B，乙妻与甲住在一起时，对甲尽了主要赡养义务。某日丙外出因车祸重伤住院，生命垂危。甲得知后，一急之下，不幸猝死。甲死后 3 小时，丙因抢救无效死亡，遗下配偶和子 C，甲、丙均有遗产（不包括其配偶的财产）。

问：以上财产应如何处理，为什么？

一、婚姻家庭制度

婚姻关系和家庭关系是两种既密切联系又有区别的社会关系。所谓婚姻关系，是指男女两性因结婚而形成的关系，它仅存在于具有合法夫妻身份的男女两性之间。所谓家庭关系，是指以婚姻为基础，并由出生或收养而形成的各亲属间的关系。婚姻关系和家庭关系都具有自然属性和社会属性，都具有人身和财产两方面的内容。

（一）婚姻制度

1. 结婚

（1）结婚的必备条件

根据我国《婚姻法》，必须具备以下条件：第一，必须男女双方完全同意。第二，必须达到法定婚龄。法定婚龄是指法律上规定的男女双方结婚的最低年龄。公民只有达到法定婚龄才能缔结有效的婚姻。我国《婚姻法》第 6 条规定："结婚年龄，男不得早于 22 周岁，女不得早于 20 周岁。"这一规定考虑了两方面因素：一是自然因素，即人的身心发育成熟程度。只有达到法定的婚龄结婚，才能具备相应的生理条件和心理条件，履行夫妻义务，承担对家庭和社会的责任。二是社会物质生活条件，使之符合当前我国的实际情况。第三，必须符合一夫一妻原则。

(2)结婚的禁止条件

根据我国《婚姻法》,直系血亲结婚和三代以内的旁系血亲,以及患有医学上认为不宜结婚的疾病的人禁止结婚。就禁止结婚的疾病而言,《婚姻法》做出了"医学上认为不应当结婚的疾病"的概括性规定。一般来讲,禁止结婚的疾病主要有两类:一类是精神方面的疾病,包括精神病、重症智力低下等症,并有可能将此疾病遗传给后代的;另一类是身体方面的疾病,主要是指那些足以危害到对方和下一代健康的重大不治的传染性疾病或遗传性疾病。

(3)结婚的程序

结婚程序,是缔结婚姻所必须遵循的法定程序,是婚姻成立的法定要件。符合结婚条件的当事人,只有进行了法律规定的结婚程序,所缔结的婚姻才是合法的。结婚履行一定的程序,是婚姻关系法律调整、社会认可的要求。我国采取的是登记制的结婚程序,《婚姻法》和《婚姻登记管理条例》都要求当事人进行结婚登记,使得缔结有效婚姻。我国《婚姻法》规定的结婚程序分为申请、审查和登记三个步骤。

2. 离婚

离婚,是夫妻双方在婚姻关系存续期间,依照法定条件和程序解除婚姻关系的法律行为。离婚制度主要包括离婚条件和离婚程序、离婚后的父母子女关系、离婚后财产处理四方面的内容。

(1)离婚的条件

我国《婚姻法》第31条规定:"男女双方自愿离婚的,准予离婚。"在保障离婚自由的同时,我国法律也反对轻率离婚。根据我国《婚姻法》,男女一方要求离婚的,可由有关部门进行调解或直接向人民法院提出离婚诉讼。人民法院审理离婚案件,应当进行调解;如感情确已破裂,调解无效,应准予离婚。有下列情形之一,调解无效的,视为感情确已破裂:①重婚或有配偶者与他人同居的;②实施家庭暴力或虐待、遗弃家庭成员的;③有赌博、吸毒等恶习屡教不改的;④因感情不和分居满两年的;⑤其他导致夫妻感情破裂的情形。一方被宣告失踪,另一方提出离婚诉讼的,应准予离婚。

(2)离婚的程序性规定

在我国,离婚主要有三种方式,即协议离婚、调解离婚和判决离婚。协议离婚又称双方自愿离婚,是指夫妻双方自愿离异,并就离婚的法律后果(包括财产分割、子女的抚养等)达成协议经有关部门认可即可解除婚姻关系。调解离婚,是指离婚双方当事人在人民法院调解下,对离婚及子女抚养、财产分割问题达成协议,人民法院即发给离婚调解书。人民法院的调解书与判决书具有同等的法律效力。调解是人民法院审理离婚案件的必经程序。除了特殊情况人民法院无法调解的以外,人民法院不得未经调解直接做出判决。判决离婚,是指夫妻双方对离婚或离婚后子女抚养或财产分割等问题都不能达成协议,而由人民法院以判决的方式解除双方的婚姻关系。

(3)离婚的两项特殊规定

《婚姻法》对离婚问题有两项特殊的规定:其一,现役军人的配偶要求离婚,须征得军人同意,但军人一方有重大过失的除外。军人的重大过失主要是指军人严重违背了夫妻间的义务,如军人与第三人有同居关系、军人严重虐待其配偶等。其二,女方在怀孕期间、分娩后1年内或中止妊娠后6个月内,男方不得提出离婚。女方提出离婚的,或人民法院认为确有必要受理男方离婚请求的,不在此限。

(4)离婚后子女的抚养和财产问题

根据《婚姻法》,离婚只解除夫妻关系,双方与子女之间的血亲关系不能因离婚而消除。离婚后,双方对于子女仍有抚养和教育的权利和义务,任何一方都不得以任何借口不履行这种义务;一方抚养子女的,另一方应负担必要的生活费和教育费的一部分或全部,负担费用的多少和期限的长短,由双方协议,协议不成,由人民法院判决;关于子女生活费和教育费的协议或判决,不妨碍子女在必要时向父母任何一方提出超过协议或判决原定数额的合理要求。不直接抚养子女的父或母,有探望子女的权利,另一方有协助的义务;行使探视权利的方式和时间由当事人协商,协商不成的,由人民法院判决。

《婚姻法》第39条规定:“离婚时,夫妻的共同财产由双方协议处理;协议不成时,由人民法院根据财产具体情况,照顾女方和子女权益的原则判决。”离婚时分割的财产,仅以夫妻共同财产为限;婚前的财产原则上归本人所有;夫妻关系存续期间所负的债务,应由共同财产偿还。夫妻可以书面约定婚姻关系存续期间所得的财产归各自所有,但一方因抚育子女、照料老人或协助另一方工作而付出较多义务的,离婚时有权向另一方请求补偿,另一方应当予以补偿。

(二)家庭制度

1.夫妻关系

夫妻关系,是指由合法婚姻而产生的男女之间的人身和财产方面的权利义务关系。主要包括以下内容:

(1)夫妻之间的人身关系

夫妻之间的人身关系包括以下几方面:①夫妻双方都有各自使用自己姓名的权利;②夫妻双方都有参加生产、工作、学习和社会生活的自由,一方不得对他方加以限制和干涉;③夫妻双方都有实行计划生育的义务;④夫妻双方都有抚养教育子女的权利和义务。

(2)夫妻之间的财产关系

夫妻之间的财产关系主要包括夫妻共同财产、个人财产和约定财产。

夫妻共同财产,是指夫妻双方在婚姻关系存续期间所得的财产。婚姻关系存续期间是指从登记结婚到婚姻关系的解除(一方离婚或死亡)期间。夫妻共同财产主要包括工资、奖金;从事经营活动的收益;知识产权的收益;因继承或赠予所得的财产,但指定由一方所有的除外;其他共同所有的财产。夫妻双方对于共同财产都有平等处理权,任何一方无权擅自处理,但双方另有约定除外。

根据我国《婚姻法》,有下列情形之一的,除双方另有约定外,为夫妻一方的财产:一方所有的婚前财产;因一方身体受到伤害获得的医疗费、残疾人生活补助费等费用;遗嘱或赠予合同中指明归一方的财产;一方专用的生活用品;其他应当归一方的财产。

我国《婚姻法》还规定了夫妻财产约定优先的原则。夫妻可以通过约定选择适用哪种夫妻财产制度,可以共同所有或各自所有,或部分共同所有、部分各自所有。夫妻对婚前财产以及婚姻关系存续期间财产的约定,对双方具有约束力。夫妻对婚姻关系存续期间财产约定归各自所有的,夫或妻一方对外所负的债务,第三人知道该约定的,以夫或妻一方的财产清偿。

(3)夫妻之间的扶养扶助义务

根据《婚姻法》,夫妻之间有相互扶养扶助的义务。夫妻在共同生活中应当同甘共苦,相互帮助,在一方因患病、年老等原因造成困难时,有能力的一方必须在经济上和生活上给予适当照顾;如果一方不履行扶养义务,需要扶养的一方,有要求对方付给扶养费的权利。

(4)夫妻之间的遗产继承权利

夫妻中的一方死亡时,另一方有权作为第一顺序继承人继承对方的遗产。

2. 父母子女关系

父母子女关系包括自然血亲和拟制血亲两种情形。自然血亲,是指基于子女出生的事实而发生的关系,包括婚生子女和非婚生子女;拟制血亲,是指本来无血缘关系,但法律上确认其与自然血亲有同等的权利与义务,例如,依法收养而发生的养父母与养子女的关系,以及因父母一方死亡或离婚而再婚所发生的继父母与继子女关系。

我国《婚姻法》规定的父母与子女间的权利和义务主要包括:①父母对子女有抚养教育的义务;②父母有管教和保护未成年子女的权利和义务;③子女对父母的赡养扶助的义务;④父母与子女间有相互继承遗产的权利。

3. 其他家庭成员间的关系

其他家庭成员间的关系包括祖父母、外祖父母与孙子女、外孙子女间的关系及兄弟姐妹间的关系两种。对于此两种关系,我国《婚姻法》分别规定了其相互之间的抚养赡养和遗产继承等权利义务。

二、财产继承制度

(一)财产继承概述

1. 继承关系及其构成要素

财产继承关系是指自然人死亡后,其近亲属按照其有效的遗嘱或者法律的规定,无偿取得其遗留的个人合法财产而形成的权利义务关系。主体要素是继承人与被继承人，客体要素是遗产，内容要素是继承人享有的继承权。在财产继承关系中，死亡的自然人称为被继承人，其死亡时间为继承的开始时间，取得其财产的人称为继承人，继承人享有的继承被继承人财产的权利为继承权，被继承人留下的个人合法财产为遗产。遗产的范围包括：①自然人收入；②房屋、家具和生活用品；③林木、牲畜和家禽；④文物、图书和资料；⑤生产资料；⑥自然人著作权、专利权中的财产权利；⑦土地承包权；⑧其他。

2. 继承权的取得与丧失

继承权的取得主要基于法律的直接规定或合法有效的遗嘱。

继承权的丧失，主要包括剥夺继承权和抛弃继承权。剥夺继承权的法定情形包括：①故意杀害被继承人的，不问动机和既遂与否；②为争夺遗产而杀害其他继承人的；③遗弃被继承人或虐待被继承人情节严重的；④伪造、篡改或销毁遗嘱，情节严重的。抛弃继承权，是指继承人在继承开始后的法定期间内，不接受被继承人遗产的意思表示。抛弃继承权应在继承开始之后遗产分割之前，以明示的方式做出。继承人丧失继承权，意味着其清偿被继承人债务的责任同时免除，其应继承的遗产转由其他继承人继承，无人继承时，归集体或国家所有。

（二）法定继承

1. 法定继承及其适用情形

法定继承是指按照法律规定的继承人范围、继承人顺序和遗产分配原则进行继承的方式。其特征为以一定的人身关系为前提，继承人的范围、顺序和遗产分配原则均由法律做出强制性规定。

法定继承的适用情形包括：①被继承人未立遗嘱或遗赠抚养协议，或者所立遗嘱或遗赠抚养协议无效的；②遗嘱继承人、受遗赠人抛弃其权利的；③遗嘱继承人、受遗赠人被剥夺继承权或受遗赠权的；④遗嘱继承人、受遗赠人先于被继承人死亡的。

2. 法定继承人的范围和顺序

根据《继承法》，下列继承人为第一顺序的法定继承人：

(1)配偶。双方应有合法有效的婚姻关系，但事实婚姻应做特别处理。

(2)子女。具体包括：①婚生子女，即具有合法婚姻关系的夫妻所生的子女；②非婚生子女；③养子女，即依照法定条件和程序所形成的收养关系中的子女；④继子女，即妻与前夫或夫与前妻所生的子女。

(3)父母。包括生父母、养父母以及形成抚养关系的继父母。

(4)尽了主要赡养义务的丧偶儿媳和丧偶女婿。

根据《继承法》，下列继承人为第二顺序的法定继承人：

(1)兄弟姐妹。包括同父同母、同父异母、同母异父、养兄弟姐妹以及形成抚养关系的继兄弟姐妹。

(2)祖父母和外祖父母。

继承开始后，有第一顺序继承人的，第二顺序继承人不得继承；没有第一顺序继承人或者第一顺序继承人均丧失了继承权或者放弃了继承权的，第二顺序继承人继承。同一顺序继承人之间继承权平等，除了例外情形均平等地分配遗产。

3. 代位继承和转继承

代位继承是指被继承人的子女先于被继承人死亡的，由该先死子女的晚辈直系血亲代其位继承被继承人遗产的一种法定继承方式。代位继承特征为：①代位继承的发生必须有被继承人的子女先于其死亡的事实；②被代位人必须是被继承人子女的晚辈直系血亲；③代位人只能取得被代位人应得的继承份额；④被代位人必须有继承权；⑤代位继承仅适用于法定继承。

转继承是指被继承人死亡后，继承人在尚未实际取得遗产之前死亡的，其应继承的份额转由他的继承人继承的制度。转继承适用条件为：①继承人必须在被继承人死亡后遗产分割前死亡；②继承人没有放弃或被剥夺继承权。

（三）遗嘱继承、遗赠和遗赠抚养协议

1. 遗嘱继承

遗嘱继承是指继承人按照被继承人生前所立的合法有效的遗嘱进行继承的一种继承制度。其适用范围是存在合法有效的遗嘱，遗嘱继承人只能是法定继承人中的一人或数人。

遗嘱作为立遗嘱人生前处分自己的财产或其他义务，并于其死后发生法律效力的意思表示，其内容不得违反国家的法律、道德准则和善良风尚，例如，不得剥夺法定继承人中需要赡养的老人和无独立生活能力的未成年人及丧失劳动能力的病残者的必要的继承份额。

遗嘱类型包括：①自书遗嘱；②公证遗嘱；③代书遗嘱；④录音遗嘱；⑤口头遗嘱。其中，口头遗嘱应是遗嘱人在危急情况下所立，危急情况解除后，应改为其他遗嘱方式。

2. 遗赠

遗赠是指自然人以遗嘱的方式将个人合法财产的一部分或全部赠送给国家、集体组织或法定继承人以外的其他人，并在遗嘱人死后发生法律效力的法律行为。遗赠除具有遗嘱的特征外，还存在特殊性，即受遗赠人须是国家、集体或法定继承人之外的人。

3. 遗赠抚养协议

遗赠抚养协议是指遗赠人与抚养人之间订立的由抚养人承担遗赠人生养死葬的义务，并由抚养人于遗赠人死亡后取得其遗产的协议。法律特征为：①遗赠抚养协议的一方多为无依无靠的老人，另一方既可以是集体组织，也可以是自然人；②遗赠抚养协议是双务有偿的法律行为；③遗赠抚养协议是生前法律行为和死后法律行为的统一；④遗赠抚养协议的法律效力优于遗嘱。

遗赠抚养协议作为双方法律行为，其中当事人的权利和义务主要包括：①抚养方有抚养的义务，有权取得遗产；②遗赠方不得擅自处理协议中所约定的财产；③一方欲解除协议，应当与对方协商。

引例分析

本案中,甲、丙的遗产均应按法定继承办理。甲的遗产应分为三份,A、B得一份,乙妻得一份,丙妻和子C得一份。丙的遗产由其配偶和子C各得一半,理由如下:①甲的儿子乙先于甲死亡,其子女A、B得以代位继承甲的遗产;②乙妻作为甲的儿媳妇,在丈夫死后对公公甲尽了主要赡养义务,有权作为第一顺序法定继承人,她参加继承不能影响A、B代位继承;③甲的儿子丙死于甲之后,得继承甲的遗产,因丙未能直接实际取得遗产就死亡,发生转继承,其应得的甲的遗产由其法定继承人(妻子和儿子)继承;④代位继承不论有几人,一般只能取得其父(母)应得的份额,故甲的遗产应分成三份。⑤丙死后,其妻和子C为第一顺序法定继承人,丙的遗产分成两份,由妻和子C继承。

第五节 人身权制度

引例

1998年7月8日上午10时许,原告钱某携侄子进入被告四川北路店,当原告从店堂正门出门时,店门口警报器鸣响,该店一女保安员上前阻拦钱某离店,并引导钱某穿越三处防盗门,但警报器仍鸣响,钱某遂被保安人员带入该店办公室内,女保安员用手提电子探测器对钱某全身进行检查,确定钱某髋部带有磁信号。在女保安员及另一女店员在场的情况下,钱某解脱裤扣接受女保安员的检查。店方未检查出钱某身上有带磁信号的商品,允许钱某离店。

问:四川北路店对钱某强行进行检查并迫使其解脱裤扣的行为是否侵犯了钱某的权利?

一、人身权概述

人身权,乃人格权和身份权的合称,是指民事主体依法享有的,与其自身不可分离亦不可转让的没有直接财产内容的法定民事权利。人身权是民事主体享有的最基本的民事权利,自然人可能因为某种法定原因丧失某种财产权利或者政治权利,但不可能丧失基本的人身权利。其法律特征为:

(1)非财产性。人身权以民事主体的人格利益和特定的身份利益为核心,而人格利益和身份利益本身并不具有直接的财产内容。但是,人身权与财产权又存在一定的联系,具体表现为:其一,人身权是某些财产权取得的前提。例如,亲权是遗产继承权取得的前提。其二,人身权受到损害时的财产性补偿,如自然人名誉权受到损害时的精神损害赔偿。

(2)与民事主体的不可分性。即人身权不得转让和抛弃。一般来讲,人身权不能转让,其权能也不能授予他人行使。同时人身权也不能放弃,因为个人利益和社会利益是不能分离的,如《合同法》规定侵害人身权的免责条款无效。

(3)法定性。人身权利的取得基于法律的直接规定,而无须民事主体之间的特别约定。

(4)绝对性和支配性。人身权可以向权利人之外的任何人主张,并排斥任何人的非法干涉。民事主体可以基于人身权直接支配其人格要素,无须他人的帮助。

二、人格权

人格权是权利人对主体性要素的专属性支配权。人格权是民事主体固有的、必备的、不可剥夺的,甚至连权利人自己也不得处分的特殊权利。人格权分为物质性人格权和精神性人格权,物质性人格权是精神性人格权的基础。

(一)物质性人格权

物质性人格权主要包括:

(1)生命权。是自然人以生命维持和安全保护为内容的人格权。生命的表征为心跳呼吸的存在和大脑反射活动的存在。生命权的权能主要是排除他人的非法侵害和剥夺。

(2)身体权。是自然人维持其器官完整并对其肢体、器官和其他组织进行有限支配的权利。

(3)健康权。是以自然人维护器官完整及其功能正常发挥的权利。这里只包括生理健康,不包括心理健康。

(二)精神性人格权

精神性人格权主要包括:

(1)姓名权(名称权)。即自然人或法人依法享有的决定、使用、改变自己姓名(名称),并排除他人侵害的权利。包括命名权、使用权、变更权及禁止他人冒用权。

(2)肖像权。肖像权是自然人对于自己形象作品的专有权。包括:①肖像制作权,即制作肖像的决定权和实施权;②肖像使用权,即自然人对其肖像享有决定是否允许他人传播、展览、复制、用作广告和商标的专有权。

(3)名誉权。名誉权是自然人或法人维护其自身名誉并排除非法侵害的权利。侵犯名誉权主要表现为:①侮辱和诽谤他人;②公开或传播他人隐私。

(4)荣誉权。荣誉权是自然人或法人依法享有的保持自己的荣誉称号并不受非法剥夺的权利。侵害荣誉权的内容包括:①非法剥夺他人荣誉;②侵占、冒领他人荣誉。

(5)隐私权。隐私是自然人个人生活中不愿为他人公开或知悉的秘密。隐私权是自然人保有隐私并禁止他人公开的权利。隐私权的内容主要包括:①对他人窃取和披露自己隐私的禁止权;②披露和利用自己的隐私的自主权。

(6)自由权。自由权是自然人对自己的身体自由和内心自由不受非法干预的权利。自由权主要表现为:①身体自由权。不受非法管制和拘禁。②精神自由权。包括言论自由、信仰自由、婚姻自由等。

三、身份权

身份权是基于身份而产生的一系列伦理性权利的总称。身份权主要包括:

(一)配偶权

配偶权是夫妻基于合法有效的婚姻关系而互享的身份权。主要包括:①抚养请求权;②日常家事代理权;③住所商定权;④监护权;⑤请求协助权;⑥共同财产的平等支配权;⑦继承权;⑧忠实请求权;⑨同居请求权;⑩感情联络请求权。

(二)亲权

亲权是指父母基于其身份对未成年子女的人身和财产方面的管理和保护的权利。

父母对未成年子女人身方面享有的权利包括:①监护权,即对未成年子女身心健康和安全的监督和保护;②教育权,即对未成年子女的身心发育、良好道德及审美能力、劳动能力进行培养的权利;③奖惩权,例如,当未成年子女沾染不良习气时在法律和伦理道德的范围内给予必要的惩罚,表现优良时给予必要奖励的权利;④住所决定权;⑤命名权;⑥法定代理权;⑦对未成年子女行为的追认权和否认权。

父母对未成年子女的财产方面享有的权利包括财产管理权、使用收益权和处分权。

(三)亲属权

一般而言,法律上的亲属权是指狭义的亲属权,即父母与成年子女、祖父母与孙子女、外祖父母与外孙子女以及兄弟姐妹之间的权利。

父母和成年子女之间的权利包括父母对患精神病的成年子女的监护权、抚养权、赡养请求权以及相互间的继承权。

祖父母(外祖父母)与孙子女(外孙子女)之间的权利包括监护权、抚养请求权、赡养请求权以及继承权。

兄弟姐妹之间的权利包括监护权、父母死亡的弟妹对成年兄姐的抚养请求权、兄姐对抚养过的弟妹的赡养请求权以及相互间的继承权。

四、精神损害赔偿问题

精神损害赔偿是权利主体因其人身权益受到不法侵害而使其遭受精神痛苦或精

神受到损害而要求侵害人给予赔偿的一种民事责任，是现代民法损害赔偿制度的重要组成部分。

在我国，发生以下事实时权利主体可以请求精神损害赔偿：

(1)侵害他人生命权、健康权、身体权；侵害姓名权、肖像权、名誉权、荣誉权；侵害人格尊严、人身自由权。

(2)违反社会公共利益、社会公德，侵害他人隐私或者其他人格利益。

(3)非法使被监护人脱离监护，导致亲子关系或者近亲属间的亲属关系遭受严重损害。

(4)自然人死亡后，以侮辱、诽谤、贬损、丑化或者违反社会公共利益、社会公德的其他方式，侵害死者姓名、肖像、名誉、荣誉；非法披露、利用死者隐私，或者以违反社会公共利益、社会公德的其他方式侵害死者隐私；非法利用、损害遗体、遗骨，或者以违反社会公共利益、社会公德的其他方式侵害遗体、遗骨。

(5)具有人格象征意义的特定纪念物品，因侵权行为而永久性灭失或者毁损。

精神损害赔偿额度的确定，应考虑以下因素：①侵权人的过错程度，法律另有规定的除外；②侵害的手段、场合、行为方式等具体情节；③侵权行为所造成的后果；④侵权人的获利情况；⑤侵权人承担责任的经济能力；⑥受诉法院所在地平均生活水平。

引例分析

本案中，四川北路店的行为侵害了钱某作为人的权利，是对其人格尊严的严重侵害，同时使钱某的名誉受到毁损，精神遭受痛苦。因四川北路店为上海屈臣氏日用品有限公司依法设立的非独立核算的分支机构，故此上海屈臣氏日用品有限公司作为责任承担者应当给予钱某精神赔偿和赔礼道歉。

本章思考题

1. 自然人的权利能力和行为能力有什么不同？自然人的行为能力有几种类型？
2. 我国民事诉讼时效有几种类型？诉讼时效的中止、中断、延长分别指什么？
3. 民法上善意取得的内涵及其构成要件是什么？
4. 债的发生原因主要有哪些？哪些法律事实可以导致债的消灭？
5. 法定继承和遗嘱继承的区别是什么？遗赠和遗赠抚养协议的区别又是什么？
6. 简述人格权的内涵及种类。

第五章

刑 法

要点提示

- 掌握犯罪的概念与特征、犯罪构成要件、阻却犯罪的事由、故意犯罪形态、共同犯罪。
- 掌握刑罚的概念、功能与种类，量刑制度的概念、适用条件，行刑制度的概念、适用条件与法律后果。

第一节 刑法概述

引例

王某为A国人，其在A国杀死一名中国籍男子，被A国司法机关判处监禁15年，服刑7年后被假释，假释期间，王某进入B国从事制造、走私、贩运毒品的犯罪活动，被国际刑警组织通缉。王某在走私一批毒品途经我国时，被我国警方抓获。

问：我国刑法对王某杀害中国籍男子的行为是否有管辖权？根据什么原则？我国刑法对王某在B国的毒品犯罪有无管辖权？

一、刑法的概念和任务

（一）刑法的概念

刑法是统治阶级为了维护本阶级在政治上的统治和经济上的利益，根据本阶级意志，通过国家立法程序颁布的，规定哪些行为是犯罪，并给犯罪人以何种刑罚处罚的法律规范的总称。

刑法有广义和狭义之分。广义的刑法，是指国家立法机关制定的一切规定犯罪与刑罚的法律规范的总称。包括刑法典、单行刑事法律和其他法律中规定的有关定罪量刑的条款。狭义的刑法仅指刑法典，在我国即指1979年7月1日通过、1997年3月14日第八届全国人民代表大会第五次会议审议修订并于同年10月1日起实施的《中华人民共和国刑法》。刑法典颁布实施后，为了进一步加强刑法在保护社会主义市场经济秩序中的作用，惩治犯罪，全国人大常委会先后通过并施行了九个刑法修正案。

刑法是国家的基本法律，是社会主义法律体系的重要组成部分。刑法与其他法相比有两大显著特点：其一，刑法所保护的社会关系的范围更具广泛性。刑法的调整对象不限于某一类社会关系，任何一种社会关系只要受到犯罪行为的侵犯，均归于刑法的调整范围。其二，刑法的制裁方法最为严厉。刑罚不仅可以剥夺犯罪人的财产利益，限制或者剥夺犯罪人的人身自由，而且可以剥夺犯罪人的政治权利，甚至剥夺犯罪人的生命，其他任何部门法规定的制裁方法都不可能达到如此严厉的程度。因此，从这个意义上来说，刑法是其他部门法的保护法。

(二)刑法的任务

《中华人民共和国刑法》第2条规定："中华人民共和国刑法的任务，是用刑罚同一切犯罪行为做斗争，以保卫国家安全，保卫人民民主专政的政权和社会主义制度，保护国有财产和劳动群众集体所有的财产，保护公民私人所有的财产，保护公民的人身权利、民主权利和其他权利，维护社会秩序、经济秩序，保障社会主义建设事业的顺利进行。"可见，我国刑法的任务主要有以下四个方面：①保卫国家安全、人民民主专政和社会主义制度；②保卫公民的人身权利、民主权利和其他权利，包括生命权、健康权、安全权、自由权、财产权以及其他经济、文化、社会等方面的权利；③维护社会秩序，保障社会稳定；④保卫社会主义经济基础。

二、刑法的基本原则

刑法的基本原则是指制定和适用刑法所必须遵守的基本准则。学习、理解这些原则，对于理解刑法的基本精神和加强社会主义法制具有重要意义。现行刑法明确规定了我国刑法的三项基本原则：

(1)罪刑法定原则。罪刑法定原则，是指什么是犯罪，有哪些犯罪，各种犯罪构成条件是什么，有哪些刑种，各个刑种如何适用，以及各种具体罪的具体量刑幅度如何等，均要由刑法预先加以规定；对于刑法分则没有明文规定的犯罪，不得定罪处罚。这是制定刑法和适用刑法过程中必须严格遵守的准则。《刑法》第3条规定："法律明文规定为犯罪行为的，依照法律定罪处刑；法律没有规定为犯罪行为的，不得定罪处刑。"

(2)适用刑法平等原则。适用刑法平等原则的基本含义是：第一，适用刑法平等是指适用法律上的平等，即司法平等，并不包括立法平等；第二，所谓适用法律上一律平等，是指把刑事法律作为统一的尺度毫不例外、一视同仁地适用于一切实施犯罪行为的人，不因其民族、种族、性别、身份、宗教信仰、文化教育、社会地位、财产状况等而有所区别；第三，平等意味着在适用刑事法律上不允许任何人享有特权。根据《刑法》第 4 条规定："对任何人犯罪，在适用法律上一律平等，不允许任何人有超越法律的特权。"

(3)罪责刑相适应原则。罪责刑相适应原则包括了两个方面的内容：一是刑罚的轻重应当与犯罪分子所犯罪行相适应；二是刑罚的轻重应当与犯罪分子所承担的刑事责任相适应。即犯多大的罪，判多重的刑，重罪重判，轻罪轻判，罪刑相称，罚当其罪。我国《刑法》第 5 条规定："刑罚的轻重，应当与犯罪分子所犯罪行和承担的刑事责任相适应。"

三、刑法的效力范围

刑法的效力范围，亦称刑法的适用范围，是指刑法在什么地域、对什么人、在什么时间有效力。刑法的效力包括空间效力和时间效力。

(一)刑法的空间效力

刑法的空间效力包括地域效力和对人的效力。

1. 刑法的地域效力

我国《刑法》第 6 条规定："凡在中华人民共和国领域内犯罪的，除法律有特别规定的以外，都适用本法。"这就是说，在我国领域内发生的犯罪行为，我国均享有刑事管辖权。我国领域是指我国国境以内的全部地域，具体包括领陆、领水、领空。所谓"特别规定"主要是指：①享有外交特权和豁免权的外国人的刑事责任，通过外交途径解决；②少数民族自治地方可以制定变通或者补充规定的特别规定；③《刑法》修订后国家立法机关所制定的特别刑法的特别规定；④我国《香港特别行政区基本法》和《澳门特别行政区基本法》做出的例外规定。

2. 刑法对人的效力

我国刑法对人的效力，主要指刑法对我国公民和对外国人的效力。

(1)刑法对我国公民的适用。我国公民在我国领域内犯罪的，一律适用我国刑法。我国公民在我国领域以外犯本法规定之罪的，适用本法，但是按本法规定的最高刑为 3 年以下有期徒刑的，可以不予追究。

中华人民共和国国家工作人员和军人在中华人民共和国领域外犯本法规定之罪的，不论其所犯之罪按照我国刑法的规定法定最高刑是否为 3 年以下有期徒刑，中国司法机关都要追究其刑事责任。

此外，我国《刑法》第 10 条还规定：我国公民在我国领域以外犯罪，依照我国刑法应当负刑事责任的，虽然经过外国审判，仍然可以按照我国刑法处理，但是在外国已经受过刑罚处罚的，可以免除或减轻处罚。这一规定表明，我国作为一个独立自主的主权国家，不受外国审判效力的约束；但是也要照顾实际情况，如果犯罪分子在外国已经受过刑罚处罚，如受过缓刑宣告或者执行了刑期的一部分或者全部的，可以考虑免除或者减轻处罚。

(2)我国刑法对外国人的适用。我国刑法中所说的外国人是指具有外国国籍的人和无国籍的人。外国人在我国领域内犯罪,除享有外交特权和豁免权外,一律适用我国刑法。外国人在我国领域以外对我国或我国公民犯罪,而按我国刑法规定最低刑为3年以上有期徒刑的,可以适用我国刑法,但是按照犯罪地的法律不受处罚的除外。

(二)刑法的时间效力

刑法的时间效力,是指刑法的生效和失效时间,以及刑法对生效以前的行为是否适用,即是否具有溯及既往的效力问题。

刑法的溯及力是指新的刑事法律生效实施后,对它生效以前未经审判或者判决尚未确定的行为是否适用的问题。如果适用,新的刑法就有溯及力,否则就没有溯及力。

引例分析

根据《刑法》第8条和第10条的规定,外国人在我国领域外对我国公民犯罪,法定最低刑为三年以上有期徒刑且当地刑法也认为是犯罪的,可以适用我国刑法,其在外国已受处罚的,可以作为免除或减轻处罚的情节考虑。根据普遍管辖原则,我国刑法对王某在B国实施的毒品犯罪有管辖权。我国参加了有关打击国际毒品犯罪的条约,故我国在承担条约义务的范围内,有权对王某在B国的贩毒行为进行管辖。

第二节 犯罪

引例

甲(男,19岁)在某中学操场边与乙玩耍。两人在游戏过程中发生争执,甲将乙推倒在地,乙头部正巧碰到操场边的一块大石头上。甲见乙脸色苍白,没有声音,因为害怕承担责任,就将乙背到自家猪圈里,但半天不见其苏醒。甲怕事情闹大遂起杀人之心,于是拿起一块石头向乙头上砸去并将尸体丢弃在外。后经法医鉴定,乙头部被砸伤痕迹系死后伤。

问:根据刑法相关原理,对甲的行为如何处理?

一、犯罪的概念和基本特征

(一)犯罪的概念

我国《刑法》第13条规定:"一切危害国家主权、领土完整和安全,分裂国家、颠覆人民民主专政的政权和推翻社会主义制度，破坏社会秩序和经济秩序，侵犯国有财产或者劳动群众集体所有的财产，侵犯公民私人所有的财产，侵犯公民的人身权利、民主权利和其他权利，以及其他危害社会的行为，依照法律应当受刑罚处罚的，都是犯罪，但是情节显著轻微危害不大的，不认为是犯罪。”这条规定，是对犯罪概念所做的科学概括，这一定义是认定犯罪、划分罪与非罪的基本依据。

(二)犯罪的基本特征

犯罪这种行为与人们的一般行为到底有什么不同，即它有些什么特征，根据《刑法》第 13 条的规定可以看出犯罪所具有的三个基本特征。

(1)犯罪是危害社会的行为，即具有一定的社会危害性。犯罪必须具有一定的社会危害性，情节显著轻微、危害不大的行为，不认为是犯罪。行为的社会危害性是犯罪的最本质的特征。某一行为是否具有社会危害性及危害性程度的大小是区分罪与非罪的主要界限。

(2)犯罪是触犯刑律的行为，即具有刑事违法性。行为的社会危害性是刑事违法性的基础，刑事违法性是社会危害性在刑法上的表现。犯罪的刑事违法性是犯罪与一般违法行为和违反道德的行为的根本区别。

(3)犯罪是应受刑罚处罚的行为，即具有刑事处罚性。犯罪是适用刑罚的前提，刑罚是犯罪的法律后果，只有对具有一定的社会危害性又触犯刑律的犯罪行为，才能适用刑罚。对于一般违法行为，没有构成犯罪的，则不能适用刑罚。

二、犯罪构成

犯罪构成，是指刑法所规定的，确定某种行为构成犯罪所必须具备的一切客观和主观要件的总和。犯罪构成在刑法理论和实践中占有十分重要的地位。我国刑法规定了 400 多种罪名，每一种罪都规定了它的构成要件。把这些要件抽象地概括出来，一切犯罪的共同要件包括四个方面：犯罪客体、犯罪客观方面、犯罪主体、犯罪主观方面。将这四个方面用来分析犯罪，所回答的问题是：侵犯了什么，怎样侵犯的，谁侵犯的，由于什么侵犯的。任何一种犯罪的成立都必须同时具备这四个方面的要件，缺一不可。

(一)犯罪客体

犯罪客体，是指我国刑法所保护的而为犯罪行为所侵犯的社会主义社会关系。犯罪客体所要解决的问题是，犯罪行为所指向的是什么，侵害的是什么。没有犯罪客体的行为绝不可能构成犯罪，所以，犯罪客体是犯罪构成的必要条件。

根据犯罪所侵犯的社会关系的范围不同和具体的社会关系的差异，可将犯罪客体分为三种，即一般客体、同类客体和直接客体。

犯罪的一般客体，是指一切犯罪所共同侵害的客体，即我国刑法所保护的社会主义社会关系的整体。犯罪的一般客体说明了任何犯罪不管它们的具体表现形式如何，都侵犯了社会主义社会关系的整体。

犯罪的同类客体，是指一类犯罪所共同侵害的客体，也就是刑法所保护的社会主义社会关系的某一部分或某一方面。我国刑法正是按照同类客体的理论，将各种各样的犯罪分为10类，并因此建立起科学严谨的刑法分则体系。

犯罪的直接客体，是指每一个具体犯罪行为所直接侵害的客体，也就是指某一犯罪行为所直接侵犯的社会主义社会关系的某一具体部分。如故意杀人罪和故意伤害罪侵犯的都是公民的人身权利，但故意杀人罪的直接客体是他人的生命权利，而故意伤害罪的直接客体是他人的健康权利。只有通过直接客体才能了解犯罪行为的特征，它是揭露犯罪行为社会性质的标志。犯罪的直接客体是每一个具体犯罪构成的必备要件，对于正确定罪量刑具有重要意义。

犯罪客体不同于犯罪对象，犯罪对象是指犯罪行为直接侵犯的具体的人和物。如故意杀人罪中，犯罪客体是人的生命权利，犯罪对象则是人。盗窃罪中，犯罪客体是公私财产权利，犯罪对象则是公私财产。而且，犯罪客体是犯罪构成的要件，而犯罪对象则不是犯罪构成的要件，有些犯罪是没有犯罪对象的，如偷越国（边）境罪就没有犯罪对象。另外，不同的犯罪可以有相同的犯罪对象，如盗窃罪和抢劫罪的对象都是公私财产；同样的犯罪，犯罪对象可以不同，如招摇撞骗罪的犯罪对象可以是金钱，也可以是实物，还可以是妇女的感情等非物质的东西。这说明，犯罪对象决定不了犯罪的性质。

（二）犯罪客观方面

犯罪客观方面，是指犯罪活动的客观外在表现。说明犯罪客观方面的事实特征有：危害行为、危害结果、危害行为和危害结果之间的因果关系、犯罪的时间、地点和方法等。危害行为是一切犯罪构成的必要要件；危害结果是绝大多数犯罪构成的必要要件；犯罪的时间、地点、方法是客观方面的选择性要件，只存在于部分犯罪中。

（1）危害行为。危害行为是指在行为人的某种心理支配下发生的危害社会的身体动静。它是一切犯罪构成的必要要件，在整个犯罪构成中居核心地位，可以说，没有危害行为就没有犯罪。危害行为的表现形式尽管多种多样，但基本上可归纳为两类，即作为和不作为。

作为，是指犯罪人积极地实施了刑法所禁止的行为。作为包括自身身体的举动以及利用物质工具、利用自然力、利用动物、利用他人的举动等。如举刀杀人、盗窃财物、放火投毒等。我国刑法所规定的犯罪，绝大多数是由作为构成的。

不作为，是指行为人应当履行某种特定义务并且能够履行而不履行的消极行为。犯罪的不作为是以行为人负有某种特定的作为义务为前提的，违反特定的作为义务是不作为构成犯罪的必要条件。这种特定的作为义务主要来源于三种情形：一是由于法律直接规定；二是由于职务上或业务上的要求；三是由于行为人先前的行为所产生的义务。

(2)危害结果。危害结果是指危害行为对刑法所保护的客体造成或可能造成的损害。危害结果有物质性的,如夺取生命、毁坏财产、损害健康等;也有非物质性的,如损坏名誉、侮辱人格等。我国刑法规定的绝大多数犯罪,都以危害结果的发生作为犯罪既遂的要件;但有的犯罪只要实施了刑法条文所规定的行为,即按犯罪既遂定罪,而不问是否发生某种危害结果;有些犯罪以危害结果的大小轻重作为划分罪与非罪的界限;还有的以发生某种严重后果的危险作为犯罪构成的要件,而把"造成严重后果"作为加重法定刑的根据。

(3)危害行为与危害结果之间的因果关系。刑法上的因果关系,是指行为人所实施的危害行为和危害结果之间的客观必然联系。如果某种危害行为和某种危害结果之间存在内在的必然联系,同时行为人主观上有罪过(故意或过失),那就可以认为这种危害行为就是犯罪行为,应追究刑事责任;反之,如果两者之间没有内在的必然联系,即不存在刑法上的因果关系,就不能认定是犯罪。因果关系往往具有复杂性和多样性,当数个行为都与危害结果之间存在因果关系时,就应该进一步区分主次,分清责任的轻重。查明刑法的因果关系十分重要,但不能把因果关系和刑事责任混为一谈,如果某一危害结果在客观上确实是由某人的行为造成的,但行为人主观上既无故意也无过失,仍然不构成犯罪。

(4)犯罪的时间、地点和方法。这是犯罪客观方面的选择性要件。在一般情况下,这些要件并不是犯罪构成所必需的,不影响犯罪的成立,也不决定犯罪的性质。对于某些犯罪来说,我国刑法把特定的时间、地点和方法规定为犯罪构成的客观要件。如刑法把"禁猎期""禁猎区"作为非法狩猎罪的必要条件,把"以暴力、胁迫"等强制手段规定为强奸罪、抢劫罪的必要要件。犯罪的时间和地点对于军人违反职责罪的认定和处罚也具有十分重要的意义。

(三)犯罪主体

犯罪主体,是指实施刑法所规定的犯罪并且承担刑事责任的自然人或者单位。犯罪主体是犯罪构成中必不可少的构成要件,对定罪量刑都具有重要意义。

自然人犯罪主体,分为一般主体和特殊主体。

一般主体是指达到法定刑事责任年龄、具有刑事责任能力、实施了危害社会行为的自然人。这类犯罪主体需同时具备以下三个特征:第一,自然人,即基于自然规律出生的有生命的人。第二,达到法定刑事责任年龄,即刑法规定行为人对其所实施的危害社会的行为负刑事责任所必须达到的年龄。根据我国《刑法》规定:不满 14 周岁的人,完全不负刑事责任,为完全不负刑事责任年龄;已满 14 周岁不满 16 周岁的人,只对 8 种故意犯罪负刑事责任,即犯故意杀人、故意伤害致人重伤或者死亡、强奸、抢劫、贩卖毒品、放火、爆炸、投毒罪的,应当负刑事责任,为相对负刑事责任年龄;已满 16 周岁的人犯罪,对一切犯罪都应当负刑事责任,为完全负刑事责任年龄。已满 14 周岁不满 18 周岁的人,应当从轻或减轻处罚。第三,具有刑事责任能力,即能够辨认和控制自己行为的能力。没有刑事责任能力的人，即使实施了对社会有危害的行为，也不能令其负刑事责任。我国《刑法》规定：精神病人在不能辨认或者不能控制自己行为的时候造成危害结果，经法定程序鉴定确认的，不负刑事责任；尚未完全丧失辨认或者控制自己行为能力的精神病人犯罪的，应当负刑事责任，但是可以从轻或者减轻处罚；间歇性的精神病人在精神正常的时候犯罪，应当负刑事责任；醉酒的人犯罪，应当负刑事责任；又聋又哑的人或者盲人犯罪，可以从轻、减轻或者免除处罚。

特殊主体除了具备一般主体的条件外，还必须具有特定的身份和职务。如军人违反职责罪中的犯罪主体必须是军人，包括中国人民解放军的现役军官、文职干部、士兵，具有军籍的学员和中国人民武装警察部队的现役警官、文职干部、士兵及具有军籍的学员以及军事任务的预备役人员；渎职罪的主体是国家工作人员等。

单位犯罪，是指由公司、企业、事业单位、机关、团体实施的依法应当承担刑事责任的危害社会的行为。这类犯罪主体的犯罪行为是通过法定代表人或者授权的其他人员实施的，因而法律对单位犯罪实行“双罚制”，即在对单位判处罚金等财产刑的同时，也要追究直接负责的主管人员和其他直接责任人员的刑事责任。对单位犯罪的范围以法律明文规定为限，即刑法分则和其他法律明确规定为单位犯罪的，才负刑事责任；法律没有规定单位要负刑事责任的行为，不能认定为单位犯罪并处以刑罚。

单位犯罪处罚一般适用“双罚制”的原则，刑法也规定了例外情况的处理。如根据实际情况认为不宜采用“双罚制”处罚的单位犯罪，在刑法分则中也有规定单罚制的，即单位犯某种罪，对单位不规定判处罚金，只对直接责任人员判处刑罚。

(四)犯罪主观方面

犯罪主观方面，是指犯罪主体对自己所实施的社会危害行为及其危害结果所抱的心理态度，主要包括罪过(故意和过失)、犯罪的目的和动机等内容。其中，罪过是一切犯罪构成中主观方面的必要要件；犯罪的目的只是部分犯罪构成中主观方面的必要要件，因而又称为选择要件；犯罪的动机一般不影响定罪，不是犯罪构成的要件，但对于量刑有一定的意义。

(1)犯罪故意。指行为人明知自己的行为会发生危害社会的结果，并且希望或者放任这种结果发生的主观心理态度。在这里，明知是指行为人预见到、认识到自己行为的危害结果的意识因素；希望是指行为人积极追求危害结果发生的意志因素；放任是指行为人对危害结果的发生与否抱着听之任之、漠不关心的态度。

犯罪故意分为直接故意和间接故意。直接故意，是指行为人明知自己的行为必然或者可能发生危害社会的结果，并且希望这种结果发生的主观心理态度。间接故意，是指行为人明知自己的行为可能发生危害社会的结果，并且放任这种结果发生的主观心理态度。如某甲持枪打猎，看到一只野猪，当时他预料如果举枪射击，就可能打中在该地拔草的某乙，但他对这种可能发生的结果采取漠不关心的放任态度，于是举枪向野猪射击，结果未打中野猪而打死了拔草的某乙。

直接故意和间接故意，它们的相同点是：行为人都预见到自己的行为的危害结果以及危害行为与危害结果之间的因果关系的发展。它们的不同点有：①直接故意，其意识因素是明知自己的行为必然发生或者可能发生危害社会的结果，其意志因素是希望结果发生；②间接故意，其意识因素是预见到危害结果的可能发生，而不是预见到危害结果的必然发生，其意志因素只能是放任结果的发生；③如果行为人明知危害结果的必然发生，却有意放任这种结果发生，应是直接故意。

(2)犯罪过失。指行为人应当预见自己的行为可能发生危害社会的结果，因为疏忽大意而没有预见，或者已经预见而轻信能够避免，以致发生这种结果的主观心理态度。在这里，应当预见是指行为人有义务、有能力预见自己的行为可能发生危害社会的结果。

犯罪过失分为过于自信的过失和疏忽大意的过失。过于自信的过失，是指行为人已经预见到自己的行为可能发生危害社会的结果，但轻信能够避免，以致发生这种结果的心理态度。疏忽大意的过失，是指行为人应当预见到自己的行为可能发生危害社会的结果，因为疏忽大意而没有预见，以致发生这种结果的心理态度。如某个驾驶员一边开车一边与人聊天，有一只皮球滚过来时，他本来应该预见会有人过来捡球，但由于他和人聊天，疏忽大意而没有预见，结果正好一个小孩过来捡球而被撞死了。

过于自信的过失与间接故意有时容易混淆，应弄清二者的异同。在意识因素上二者是相同的，即都只预见到危害结果的可能发生，而不是预见到危害结果的必然发生。在意志因素上，二者的具体态度有重大差异，间接故意是行为人对危害结果的发生采取有意放任而无意防止的态度，发生了危害结果也不违背行为人的意愿。过于自信的过失则是行为人轻信危害结果可以避免，并且这种轻信有一定的根据，如行为人有熟练的技术、丰富的经验、一定的预防措施、有利的客观条件等，即本意是要避免危害结果的发生，所发生的危害结果是违背行为人意愿的。

疏忽大意的过失和意外事件相区别，区分的关键在于行为人主观上是否应当预见。如果行为人应当预见而没有预见，以致发生危害结果的，构成犯罪的过失。如果行为人没有预见的义务，不可能预见，则即使发生了危害结果，也不构成过失犯罪，而属意外事件。我国《刑法》第 16 条对意外事件做了明确的规定，即行为人的行为在客观上虽然造成了损害结果，但不是出于故意或者过失，而是由于不能抗拒或者不能预见的原因所引起的，不是犯罪，因而不负刑事责任。

三、正当防卫和紧急避险

正当防卫和紧急避险是排除社会危害性的行为，即不认为其具有社会危害性，不构成犯罪，不负刑事责任。

(一)正当防卫

正当防卫，是指为了使国家、公共利益、本人或者他人的人身财产和其他权利免受正在进行的不法侵害而采取的制止不法侵害的行为。正当防卫是法律赋予公民的合法权利，现行刑法对正当防卫做了较多的修改和补充，加强了对公民正当防卫权利的保护，更有利于保护国家、社会和个人合法权益，维护社会主义法制，维护社会稳定。

正当防卫的成立必须符合下列条件：

(1)必须是为了使国家、公共利益、本人或者他人的人身、财产和其他合法权利不受侵害而实行的防卫。保护合法权益表明了防卫目的的正当性，这是成立正当防卫的首要条件，也是刑法规定正当防卫不负刑事责任的重要根据。如果是为了保护非法利益而对他人实行的"防卫"，不是正当防卫，构成犯罪的应当依法追究刑事责任。

(2)必须是对不法侵害行为实行防卫。这是成立正当防卫的前提条件。不法侵害，是指违反法律规定的危害社会的行为，既包括犯罪行为的侵害，也包括一些尚未达到犯罪程度的一般违法行为的侵害。只能对不法侵害行为实行正当防卫，对于合法行为，如依法执行公务的行为，不能实行正当防卫。这里所说的不法侵害，是指真正发生的、现实的、实际存在的侵害，而不是主观想象或者推断的侵害，如果不法侵害并不存在，则失去了正当防卫的前提和基础。

(3)必须是对正在进行的不法侵害实行防卫。这是正当防卫的时间条件，是指不法侵害处于已经开始并且尚未结束的正在进行阶段。不法侵害已经开始，理解为侵害人已经着手直接实行侵害行为；不法侵害尚未结束，理解为不法侵害行为或其导致的危害状态尚在继续中，防卫人可以用防卫手段予以制止或排除。对尚未发生或已经结束的侵害实行的"防卫"，理论上称为"防卫不适时"，造成的严重危害结果构成犯罪的，应当追究刑事责任。

(4)必须是对不法侵害者本人实行防卫。这是成立正当防卫的对象条件。实行正当防卫，只能对不法侵害者本人造成损害，不能对没有实施不法侵害的第三者，包括不法侵害者的家属造成损害。不法侵害者，包括共同进行不法侵害的人。造成损害，主要是指对不法侵害者的人身损害，但也包括对其财产或者其他权益的损害。

(5)防卫行为不能明显超过必要限度造成重大损害。这是成立正当防卫的限度条件。所谓必要限度，一方面是指防卫行为的性质和强度大体上和不法侵害的性质、强度相当(但并不是相等)，另一方面是指以制止不法侵害的必需为限。所谓重大损害，主要是指不法侵害人的重大人身伤亡，如重伤或死亡等。我国《刑法》第 20 条第 2 款规定：正当防卫明显超过必要限度造成重大损害的，应当负刑事责任，但是应当减轻或者免除处罚。这是对防卫过当的规定。

为了鼓励公民积极行使正当防卫的权利，遏制和打击暴力犯罪，现行《刑法》第 20 条第 3 款明确规定：对正在进行行凶、杀人、抢劫、强奸、绑架以及其他严重危及人身安全的暴力犯罪，采取防卫行为，造成不法侵害人伤亡的，不属于防卫过当，不负刑事责任。

(二)紧急避险

紧急避险，是指为了使国家、公共利益、本人或者他人的人身、财产和其他权利免受正在发生的危险,不得已采取的损害另一个较小的合法权益,以保护较大的合法权益的行为。

紧急避险的成立,必须具备以下条件:

(1)必须是为了使国家、公共利益、本人或者他人的人身、财产和其他权利免受正在发生的危险而采取的。但有关避免本人危险的规定不适用于职务上、业务上负有特定义务的人,如战士在战斗中不能因为有生命危险而逃跑。

(2)必须发生了现实的危险。现实危险是指客观存在的、迫在眉睫的、足以对合法权益造成严重危害的紧迫事实状态。

(3)必须是对正在发生的危险而采取的。正在发生的紧急危险,是指现实存在的立即要造成危害后果的危险,或者已发生而尚未消除的危险。

(4)必须是在迫不得已的情况下采取的。迫不得已是紧急避险成立的重要条件。具体说,必须是在迫不得已、没有其他方法可以避免正在发生的危险时,才能允许实行紧急避险。

(5)必须是为了使合法权益免受正在发生的危险。这包括两方面的内容:①行为人认识到了合法权益面临着正在发生的危险;②行为人采取的行为是为了保护合法权益免受危险。

(6)紧急避险不能超过必要限度造成不应有的损害。此处的必要限度,是指紧急避险所造成的损害必须小于所避免的损害,而不能大于或者等于所避免的损害。如果紧急避险所损害的利益大于或者等于所保护的利益,则属于超过必要限度造成了不应有的损害。我国刑法规定,紧急避险超过必要限度造成不应有的损害的,应当负刑事责任,但是应当减轻或者免除处罚。

四、故意犯罪的停止形态

犯罪有两种状态:一种是已经完成了,是犯罪的常态,即犯罪的既遂状态;另外一种是还没有完成,正在进行之中,因为某种原因停顿下来,是故意犯罪过程中可能出现的特殊形态,即犯罪的预备、未遂和中止。

(一)犯罪既遂

犯罪既遂是故意犯罪的完成形态,是指行为人所故意实施的行为已经具备了某种犯罪构成的全部要件。

犯罪既遂主要有以下四种不同类型:

(1)结果犯。指不仅要实施具体犯罪构成客观要件的行为,而且必须发生法定的犯罪结果才构成既遂的犯罪,即以法定犯罪结果的发生与否作为犯罪既遂与未遂区别标志的犯罪。例如,故意杀人罪、故意伤害罪、抢劫罪等。

(2)行为犯。指以法定犯罪行为的完成作为既遂标志的犯罪。这类犯罪的既遂并不要求造成物质性和有形的犯罪结果,而是以行为完成为标志,但是这些行为不是一经着手即告完成的。按照法律要求，这种行为要有一个实行过程，要达到一定程度，才能视为行为的完成，如强奸罪、脱逃罪等。

(3)危险犯。指以行为人实施的危害行为造成法律规定的发生某种危害结果的危险状态作为既遂标志的犯罪，如放火罪、决水罪、爆炸罪等。

(4)举动犯。是指按照法律规定，行为人一经着手犯罪实行行为即告犯罪完成和完全符合构成要件，从而构成既遂的犯罪，如参加恐怖活动组织罪、煽动民族仇恨民族歧视罪等。

(二)犯罪预备

犯罪预备，是指犯罪分子为了犯罪，准备工具、制造条件，但由于行为人意志以外的原因而未能着手实行犯罪的形态。预备犯有四个特征：

(1)行为人已经进行了准备工具、制造条件的预备行为。准备犯罪工具，如为杀人而购买凶器、为盗窃而配置万能钥匙；制造犯罪条件，如观测犯罪地点、了解被害人的活动规律和行踪、清除繁杂障碍。

(2)行为人尚未着手犯罪实行行为。即犯罪活动在具体犯罪实行行为着手以前停止下来。

(3)预备行为在着手实行犯罪之前已经停止，是由于行为人意志以外的原因，并非出于行为人的本来意志。

犯罪预备行为使着手实行犯罪成为可能，对社会构成了直接的威胁，行为人应当承担刑事责任。但犯罪预备行为毕竟还没有使犯罪客体直接受到损害，在处罚时，我国刑法规定，对于预备犯，可以比既遂犯从轻、减轻或者免除处罚。

(三)犯罪未遂

犯罪未遂，是指犯罪分子已经着手实行犯罪，由于犯罪分子意志以外的原因而未得逞的犯罪行为状态。犯罪未遂的特征是：

(1)犯罪分子已经着手实行犯罪。这是指犯罪行为实际接触或者接近犯罪对象，对犯罪的直接客体造成了威胁，并且能够直接引起危害后果的发生。如杀人犯正举枪瞄准被害人，盗窃犯已翻墙入室正在行窃等。犯罪分子是否“已经着手”是区别犯罪预备与犯罪未遂的根本标志。

(2)犯罪没有得逞。这是指犯罪分子的行为没有完成我国刑法规定的具体犯罪构成的全部要件，即没有完成犯罪，主要是犯罪分子所追求的危害结果没有发生。犯罪是否得逞，是区别犯罪未遂与犯罪既遂的主要标志。

(3)犯罪没有得逞是由于犯罪分子意志以外的原因。这是指违背犯罪分子本意的其他原因，如被害人的反抗、第三人的阻止、自然力的影响等。由于这些违背犯罪分子意愿的原因而被迫停顿下来，使犯罪没有得逞。这一特征是犯罪未遂与犯罪中止的根本区别。

我国刑法规定，对于未遂犯，可以比既遂犯从轻或者减轻处罚。

(四)犯罪中止

犯罪中止，是指在犯罪过程中，犯罪分子自动放弃犯罪或者自动有效地防止犯罪结果发生的行为状态。这一概念表明，犯罪中止有两种类型。

(1)自动放弃犯罪的犯罪中止。即指在犯罪发展过程中，犯罪人在自己认为能将犯罪进行到底的情况下，自愿放弃犯罪意图，自动停止犯罪行为。

(2)自动有效地防止犯罪结果发生的犯罪中止。即指在犯罪行为实行完毕之后犯罪结果尚未发生前，犯罪人自动有效地防止了犯罪结果的发生。

犯罪中止的三个特征是：①时间性，必须是发生在犯罪过程中，包括从犯罪预备起到犯罪既遂前的全过程；②自动性，必须是犯罪分子自动放弃犯罪；③有效性，犯罪分子必须是有效地防止了犯罪结果的发生。由于中止犯的社会危险性已大大降低甚至消除，故我国刑法规定，对于中止犯，没有造成损害的，应当免除处罚；造成损害的，应当减轻处罚。

五、共同犯罪

(一)共同犯罪的概念和构成条件

共同犯罪，是指两人以上共同故意犯罪。构成共同犯罪，必须同时具备三个条件：

(1)犯罪主体必须是两人以上。既可以是自然人，也可以是单位。如果是自然人，则每个人都必须达到刑事责任年龄，具备刑事责任能力。如果其中只有一个人达到刑事责任年龄，具备刑事责任能力，其他人都未达到刑事责任年龄或者不具有刑事责任能力，则不能构成共同犯罪。

(2)犯罪的主观方面，必须具有共同犯罪的故意。每个共同犯罪人都知道自己不是孤立地进行犯罪，而是和其他人一起共同实施某一犯罪活动。每个共同犯罪人对他们共同犯罪行为会发生的危害结果，都是明知而且抱着希望或者放任其发生的态度。过失犯罪，不构成共同犯罪。

(3)犯罪的客观方面，必须有共同犯罪的行为。共同犯罪人为了完成一个共同的犯罪，他们的犯罪行为是紧密联系、互相配合的。每个共同犯罪人的犯罪行为都是共同犯罪活动的有机组成部分，没有共同行为则不构成共同犯罪。

(二)共同犯罪的形式

共同犯罪的形式是指两人以上共同犯罪的内部结构，或者共同犯罪人之间的结合或联系方式。一般的划分是：

(1)任意共同犯罪和必要共同犯罪。这是从共同犯罪是否能够任意形成上来划分的。任意共同犯罪，是指刑法分则规定的一个人能够单独实施的犯罪而由数个人共同实施，如杀人罪、抢劫罪、强奸罪等。必要共同犯罪，是指刑法分则规定的必须由两人以上共同实施,单个人不可能完成的犯罪,如组织越狱罪、聚众扰乱社会秩序罪等。

(2)事先通谋的共同犯罪和事先无通谋的共同犯罪。这是从共同犯罪故意形成的时间上来划分的。事先通谋的共同犯罪,是指共同犯罪人在着手实施犯罪以前,已经形成共同犯罪故意的情况。事先无通谋的共同犯罪,是指共同犯罪故意不是在着手实行犯罪之前形成的,而是在着手实行犯罪时或者在实行犯罪的过程中形成的。

(3)简单共同犯罪和复杂共同犯罪。这是从共同犯罪行为分工上来划分的。简单共同犯罪是指共同犯罪人都共同直接地实行了某一具体犯罪构成的行为。如甲乙共谋偷猪,两人一起将他人的猪捉住捆绑,共同抬到市场出售,然后对分赃款。复杂共同犯罪是指共同犯罪人之间有一定的分工,即有的是教唆犯,有的是帮助犯,有的是实行犯。

(4)一般共同犯罪和犯罪集团。这是从共同犯罪有无组织形式上来划分的。一般共同犯罪,是指两人以上为了实施某种特定的犯罪而临时纠合在一起,该犯罪实施完毕,这种共同犯罪的形式就不再存在。犯罪集团,是指三人以上为共同实施犯罪而组成的较为固定的犯罪组织。犯罪集团具有下列特征:一是人数多,至少三人;二是有一定的组织性;三是有相对的稳定性;四是有明确的犯罪目的性。

(三)共同犯罪人的种类及其刑事责任

在共同犯罪中,由于各共同犯罪人参与的程度、所处的地位和所起的作用不同以及对社会的危害程度不同,因而每个人应当承担的刑事责任也应当有所不同。为了明确打击重点,准确地依法定罪量刑,我国刑法把共同犯罪人分为主犯、从犯、胁从犯和教唆犯,区别对待规定了不同的刑罚。

(1)主犯。主犯是指组织、领导犯罪集团进行犯罪活动或者在共同犯罪中起主要作用的犯罪分子。共同犯罪中起主要作用的,是指在共同犯罪中虽非组织、策划、指挥者,但是罪恶重大或是情节特别严重者。现行刑法规定,对组织、领导犯罪集团的首要分子,按照集团所犯的全部罪行处罚;对其他主犯,应当按照其所参与或者组织、指挥的全部罪行处罚。

(2)从犯。从犯是指在共同犯罪中起次要或者辅助作用的犯罪分子。从犯分为两种:一是在共同犯罪中起次要作用的犯罪分子,是指次要的实行犯,即虽然直接参加了实施犯罪,但在整个犯罪活动中所犯罪行较小,造成的后果不严重,或者情节较轻的犯罪分子;二是在共同犯罪中起辅助作用的犯罪分子,是指帮助犯,即没有直接参加实施具体的犯罪行为,而是以供给犯罪工具、指示目标以及采取各种方法为共同犯罪的实施创造条件、辅助实行犯罪的犯罪分子。对于从犯,应当比主犯从轻、减轻处罚或者免除处罚。

(3)胁从犯。胁从犯是指被胁迫参加犯罪的犯罪分子。被胁迫,是指被他人以暴力强制或者精神威胁而被迫参加共同犯罪。胁从犯是知道或者基本知道自己是在进行犯罪但不是自愿或者完全自愿。胁从犯在共同犯罪中处于被动地位,罪行也比较轻,因此,对于胁从犯,应当按照他的犯罪情节减轻处罚或者免除处罚。

(4)教唆犯。教唆犯是指故意教唆他人犯罪的犯罪分子。构成教唆犯,必须有教唆他人犯罪的教唆行为,并且这一教唆行为同被教唆人实行的犯罪行为之间有着必然的因果关系;必须有教唆他人实施犯罪的故意。我国刑法规定,教唆他人犯罪的,应当按照他在共同犯罪中所起的作用进行处罚;教唆不满十八周岁的人犯罪的,应当从重处罚;如果被教唆的人没有犯被教唆的罪,对于教唆犯,可以从轻或者减轻处罚。

引例分析

本案中,甲犯过失致人死亡罪和故意杀人罪(未遂)。乙的死亡是在甲的使劲一推之下倒地触石造成的,虽然甲并未持有杀人的故意,但应当预料到推人倒地有致死的可能,应属疏忽大意的过失。所以,甲犯有过失致人死亡罪。后来甲起了杀人之心,不过因为乙早已死亡,把尸体当作活人来杀,由于甲意志以外的原因,故意杀人未能得逞,因此构成故意杀人罪(未遂)。

第三节 刑罚

引例

苏某产生劫机外逃的念头,并邀赵某一同行动。苏某与赵某进行了一次登机实验,并商定好了具体方案。而后,苏某出资让赵某去购买了该班机机票两张。赵某在与妻子道别时泄露了劫机计划。在妻子的劝说下,赵某到公安机关投案,并协助公安机关将苏某抓获归案。

问:列出赵某所具有的法定量刑情节,并分别说明理由。

一、刑罚的概念和种类

刑罚是统治阶级惩罚犯罪的一种严厉的制裁方法。我国刑罚是人民法院代表国家依照刑事法律对犯罪分子实行惩罚的制裁方法。

我国刑法把刑罚分为主刑和附加刑两大类。主刑包括管制、拘役、有期徒刑、无期徒刑和死刑。附加刑包括罚金、剥夺政治权利、没收财产。对于犯罪的外国人,还可以独立适用或者附加适用驱逐出境。

(一)主刑

主刑是对犯罪分子适用的主要刑罚方法。主刑只能独立适用,不能附加适用。主刑有以下五种:

1. 管制

管制是由人民法院判决，对犯罪分子不予关押，但限制其一定自由，交由公安机关执行并接受群众监督改造的刑罚方法。管制是最轻的主刑，它适用于罪行较轻、有悔悟表现、在社会上不致再危害社会的刑事犯罪分子。我国《刑法》规定，对于被判处管制的犯罪分子，在劳动中应当同工同酬。管制的期限为 3 个月以上 2 年以下，数罪并罚时最高不能超过 3 年。

2. 拘役

拘役是短期剥夺犯罪分子的人身自由，就近实行劳动改造的刑罚方法。拘役是介于管制与有期徒刑之间的主刑，主要适用于罪行情节较轻，无须判处有期徒刑，而又必须判刑进行短期关押改造的犯罪分子。我国《刑法》规定，拘役的期限为 1 个月以上 6 个月以下，数罪并罚时最高不能超过 1 年。

3. 有期徒刑

有期徒刑是剥夺犯罪分子一定期限的人身自由并强制其劳动改造的刑罚方法。有期徒刑是我国刑罚中适用范围最广的主刑。由于它的刑期幅度大，适用面宽，因而既可以适用于较重的犯罪，也可以适用于较轻的犯罪，有利于人民法院根据各种犯罪的不同性质、情节和对社会的危害程度，依法在量刑幅度内判处轻重相适应的刑罚。有期徒刑的期限为 6 个月以上 15 年以下。数罪并罚时，有期徒刑可以超过 15 年，但最高不能超过 25 年。

4. 无期徒刑

无期徒刑是剥夺犯罪分子终身自由，实行强制劳动改造的刑罚方法。无期徒刑是仅次于死刑的一种严厉的刑罚。它的适用对象是那些罪行严重，但尚不够判处死刑，而判处有期徒刑又嫌轻的犯罪分子。

5. 死刑

死刑是剥夺犯罪分子生命的刑罚方法。它是我国刑罚中最严厉的一种刑罚方法。在死刑的适用上，我国刑法规定了严格的限制，表现在：

(1)从法定情节上严格限制死刑的适用范围。我国刑法规定，死刑只适用于罪行极其严重的犯罪分子。罪行极其严重，是指所犯罪行对国家和人民的利益危害特别严重和情节特别恶劣的。在刑法分则条文中，把死刑作为选择法定刑加以规定，只要不是罪行极其严重的，都给予从轻判处其他刑罚的选择余地；在有死刑的条文中都规定有“重大损失”“严重后果”等作为严格限制适用死刑的条件。

(2)从犯罪主体上对适用死刑做了严格的限制。对于犯罪的时候不满 18 周岁的人和审判的时候怀孕的妇女不适用死刑，审判的时候已满七十五周岁的人不能判处死缓，但以特别残忍手段致人死亡的除外。

(3)从死刑核准程序上严格控制。死刑除依法由最高人民法院判决的以外，都应当报请最高人民法院核准。死刑缓期执行的，可以由高级人民法院判决或者核准。刑事诉讼法中专章规定有死刑复核的程序。

(4)保留了死刑缓期执行制度即死缓制度。死缓制度不是独立的刑种,而是死刑的一种特殊的执行制度。我国刑法规定,对于应当判处死刑的犯罪分子,如果不是必须立即执行的,可以在判处死刑的同时宣告缓期 2 年执行。对死刑缓期执行的,在死刑缓期执行期间,如果没有故意犯罪,2 年期满以后,减为无期徒刑;如果确有重大立功表现,2 年期满以后,减为 15 年以上 20 年以下有期徒刑;如果故意犯罪,查证属实的,才由最高人民法院核准,执行死刑。

(二)附加刑

附加刑,是补充主刑适用的刑罚方法。它既可以随主刑附加适用,也可以独立适用。一个主刑可以同时附加一个或者几个附加刑。附加刑有以下几种:

1. 罚金

罚金是人民法院判处犯罪分子向国家缴纳一定数额金钱的刑罚方法。主要适用于破坏社会主义市场经济秩序罪和其他以贪财图利为目的的犯罪,意在对那些见利妄为的犯罪分子给予经济上的必要制裁。罚金不同于行政罚款,罚款是国家行政机关以及法律法规授权的其他组织对违反行政法的行为人给予的行政处罚,罚金则是由人民法院对犯罪分子判处的一种刑罚。罚金也不同于刑事附带民事诉讼案件中的赔偿经济损失,赔偿经济损失是给受害人弥补损失,属于民事责任的方式,而罚金则归入国库,是刑罚方法。

2. 剥夺政治权利

剥夺政治权利是剥夺犯罪分子参加国家管理和政治活动权利的刑罚方法。剥夺政治权利指剥夺下列权利:①选举权和被选举权;②言论、出版、集会、结社、游行、示威自由的权利;③担任国家机关职务的权利;④担任国有公司、企业、事业单位和人民团体领导职务的权利。

剥夺政治权利的期限分为以下几种情况:①终身,即判处死刑、无期徒刑的犯罪分子,应当剥夺政治权利终身;②3 年以上 10 年以下,即在死刑缓期执行减为有期徒刑或者无期徒刑减为有期徒刑的时候,应当把附加剥夺政治权利终身改为 3 年以上 10 年以下;③与管制的期限相等,即判处管制附加剥夺政治权利的,剥夺政治权利的期限与管制的期限相等;④1 年以上 5 年以下。其余情况,包括单独剥夺政治权利和附加剥夺政治权利的期限都应当在 1 年以上 5 年以下。

剥夺政治权利期限的起算:单独判处的,从判决裁定之日起算。有以下几种情况:①主刑判处死刑、无期徒刑附加剥夺政治权利终身的,从主刑执行之日起计算;②管制附加剥夺政治权利的,和管制同时执行,同时完毕;③其他情况,剥夺政治权利的刑期,从徒刑、拘役执行完毕之日或者从假释之日起计算,剥夺政治权利的效力当然施用于主刑执行期间。

3. 没收财产

没收财产是将犯罪分子个人所有财产的一部分或者全部,强制无偿地收归国有的刑罚方法。主要适用于危害国家安全和严重破坏社会主义市场经济秩序、侵犯财产以及以营利为目的的妨害社会管理秩序的犯罪分子。对犯罪分子适用没收财产,既是对其贪财图利的犯罪给予应有的惩罚,也是从经济上摧垮其赖以犯罪的物质基础。但是,在判处没收财产的时候,不得没收属于犯罪分子家属所有或者应有的财产。没收全部财产的,应当对犯罪分子个人及其抚养的家属保留必需的生活费用。没收财产以前犯罪分子所负的正当债务,需要以没收的财产偿还的,经债权人请求,应当偿还。

4. 驱逐出境

驱逐出境,是指驱逐犯罪的外国人离开我国国(边)境的刑罚方法。对于犯罪的外国人,可以独立适用或者附加适用驱逐出境。

二、刑罚的具体运用

(一)量刑

量刑是人民法院对于犯罪分子依法裁量决定刑罚的活动,具体是指人民法院依据刑事法律,在认定行为人构成犯罪的基础上,确定对犯罪人是否判处刑罚、判处何种刑罚以及判处多重的刑罚,并决定所判处的刑罚是否立即执行的审判活动。定罪和量刑是人民法院刑事审判活动的两个基本环节。定罪是量刑的前提和基础,量刑则是审判工作的中心。量刑适当是我国刑法罪刑相适应基本原则的必然要求,也是衡量刑事审判活动质量的一个重要标准。人民法院审理刑事案件,只有切实做到定性准确,量刑适当,才能对犯罪分子罚当其罪。我国刑法规定,对于犯罪分子决定刑罚的时候,应当根据犯罪的事实、犯罪的性质、犯罪的情节和对社会的危害程度,依照刑法的有关规定判处。概括而言,量刑时一要以犯罪事实为根据,二要以刑事法律为准绳。

(二)累犯

累犯,是指受过一定的刑罚处罚,在刑罚执行完毕或者赦免以后,在法定期间内再犯被判处一定的刑罚的犯罪分子。我国刑法规定的累犯分为一般累犯和特殊累犯两种。

1. 一般累犯

一般累犯,是指被判处有期徒刑以上刑罚的犯罪分子,刑罚执行完毕或者赦免以后,在五年以内再犯应当判处有期徒刑以上刑罚之罪。其构成的条件是:①前罪和后罪必须都是故意犯罪,这是构成累犯的主观条件;②前罪被判处的刑罚和后罪应当判处的刑罚必须都是有期徒刑以上的刑罚,这是构成累犯的刑度条件;③后罪的发生,必须是在前罪的刑罚执行完毕或者赦免以后,这是构成累犯的前提条件;④后罪发生的时间,必须是在前罪的刑罚执行完毕或者赦免后五年以内,这是构成累犯的时间条件。

2. 特殊累犯

特殊累犯，又称危害国家安全罪的累犯，是指危害国家安全的犯罪分子在刑罚执行完毕或者赦免以后，在任何时候再犯危害国家安全罪的。特殊累犯不受一般累犯规定条件的限制。只要前罪和后罪都是危害国家安全罪，在前罪刑罚执行完毕或者赦免以后，不论何时再犯后罪，也不管判处的是何种刑罚，都以累犯论处。

累犯是一种法定的从重处罚情节。我国刑法规定，对于累犯应当从重处罚。

（三）自首和立功

自首和立功，是我国刑法规定的两项从宽处罚制度，也是两个重要的从宽处罚情节。对有自首和立功情节的犯罪分子从宽处罚，是惩办与宽大相结合原则的具体化、法制化，对于分化瓦解犯罪分子，打击少数，争取多数，教育改造罪犯，预防犯罪，都具有重要意义。

1. 自首

自首，是指犯罪分子犯罪以后自动投案，如实供述自己的罪行的行为。被采取强制措施的犯罪嫌疑人、被告人和正在服刑的罪犯，如实供述司法机关还未掌握的本人其他罪行的，以自首论。

自投行为成立自首必须具备的条件是：①犯罪以后必须自动投案。自动投案一般应是犯罪分子自动向公安、检察、审判机关投案。如果犯罪分子就近向所在单位、城乡基层组织或者其他有关负责人投案，也视为自动投案。②必须如实供述自己的罪行。这是自首的实质条件。即指犯罪分子必须如实供述自己的全部犯罪事实，至少是自己犯罪的主要事实。共同犯罪的犯罪分子除如实供述自己的罪行以外，还应当交代所知的同案犯。

自招行为成立自首必须具备的条件是：①主体必须是被采取强制措施的犯罪嫌疑人、被告人和正在服刑的罪犯；②必须如实供述司法机关还未掌握的本人的其他罪行。这是自招行为成立自首的实质条件。

我国刑法规定对于自首的犯罪分子，可以从轻或者减轻处罚，其中，犯罪较轻的，可以免除处罚。

2. 立功

立功，是指犯罪分子揭发其他犯罪分子的罪行，查证属实的，或者提供重要线索，从而得以侦破其他案件的行为。

我国刑法规定，犯罪分子有立功表现的，可以从轻或者减轻处罚；有重大立功表现的，可以减轻或者免除处罚。犯罪后自首又有重大立功表现的，应当减轻或者免除处罚。

（四）数罪并罚

数罪并罚，是指一人犯数罪，人民法院对其所犯的各种罪分别定罪量刑以后，依照法定原则，决定应当执行的刑罚。

我国刑法对数罪并罚主要采取“限制加重原则”，同时以“吸收原则”和“相加原则”为补充。我国刑法适用数罪并罚的三种不同情况：

(1)判决宣告前一人犯有数罪的并罚。我国《刑法》第69条规定：“判决宣告以前一人犯数罪的，除判处死刑和无期徒刑的以外，应当在总和刑期以下、数刑中最高刑期以上，酌情决定执行的刑期，但是管制最高不能超过三年，拘役最高不能超过一年，有期徒刑总和刑期不满三十五年的，最高不能超过二十年，总和刑期在三十五年以上的，最高不能超过二十五年。”

数罪中有判处有期徒刑和拘役的，执行有期徒刑。数罪中有判处有期徒刑和管制，或者拘役和管制的，有期徒刑、拘役执行完毕后，管制仍需执行。数罪中有判处附加刑的，附加刑仍须执行，其中附加刑种类相同的，合并执行，种类不同的，分别执行。

①数罪中有一个判处死刑或者无期徒刑的，其他罪判处有期徒刑、拘役或者管制的，采用“吸收原则”，即只执行死刑或无期徒刑，其他主刑被吸收而不执行；

②数罪中有一个判处有期徒刑的，其他罪判处拘役的，即只执行有期徒刑，主刑拘役不执行，数罪中有一个判处管制的，其他罪判处有期徒刑或者拘役的，在执行有期徒刑或者拘役后，仍需执行管制；

③数罪中判处数个有期徒刑、数个拘役或者数个管制的采用“限制加重原则”，即在总和刑期以下，数刑中最高刑以上，酌情决定执行的刑期，但是管制最高不能超过3年，拘役最高不能超过1年，有期徒刑最高不能超过20年；

④数罪中有判处附加刑的，附加刑与主刑采取“相加原则”，即不论执行什么主刑，如有判处附加刑的，附加刑仍须执行。

(2)判决宣告后刑罚未执行完毕前发现“漏罪”的并罚。《刑法》第70条规定：“判决宣告以后，刑罚执行完毕以前，发现被判刑的犯罪分子在判决宣告以前还有其他罪没有判决的，应当对新发现的罪做出判决，把前后两个判决所判处的刑罚，依照本法第69条的规定，决定执行的刑罚。已经执行的刑期，应当计算在新判决决定执行的刑期以内。”这种计算方法，称为“先并后减”。

(3)判决宣告后刑罚未执行完毕前又犯“新罪”的并罚。《刑法》第71条规定：“判决宣告以后，刑罚执行完毕以前，发现被判刑的犯罪分子又犯罪的，应当对新犯的罪做出判决，把前罪没有执行的刑罚和后罪所判处的刑罚，依照本法第69条的规定，决定执行的刑罚。”这种计算方法，称为“先减后并”。显然这种处罚方法比上一种明显加重了，实际执行的刑期很可能超过20年。

(五)缓刑

缓刑，是指被判处一定刑罚的犯罪分子，具备法定条件，在一定的缓刑考验期限内附条件地不执行原判刑罚的一种制度。我国刑法中的缓刑，是指人民法院对于被判处拘役、3年以下有期徒刑的犯罪分子，根据其犯罪情节和悔罪表现，认为暂缓执行原判刑罚确实不致再危害社会的,规定一定的考验期,在考验期内被判刑的犯罪分子不再犯新罪或没有发现“漏罪”,也没有其他严重违法的情形,原判刑罚就不再执行的一种制度。

(六)减刑

减刑,是指对于被判处管制、拘役、有期徒刑、无期徒刑的犯罪分子,由于其在刑罚执行期间确有悔改或者立功表现,因而适当减轻其原判刑罚的一种刑罚执行制度,但适用减刑必须符合减刑条件。

适用减刑的条件为:①犯罪分子被判处的刑罚是管制、拘役、有期徒刑、无期徒刑;②犯罪分子在刑罚执行期间确有悔改或者立功表现,这是适用减刑的实质条件;③减刑必须有一定的限度,我国刑法规定,犯罪分子减刑以后实际执行的刑期,判处管制、拘役、有期徒刑的不能少于原判刑期的二分之一;判处无期徒刑的不能少于10年。

需要注意的是,无期徒刑减为有期徒刑的刑期从裁定减刑之日开始计算。

(七)假释

我国刑法除了规定减刑制度以外,还规定了假释制度。假释,是指对于被判处有期徒刑的犯罪分子,执行原判刑期二分之一以上,被判处无期徒刑的犯罪分子,实际执行10年以上,如果认真遵守监规,接受教育改造,确有悔改表现,释放后不致再危害社会,而附条件地将其提前释放的一种刑罚执行制度。假释须规定考验期限:有期徒刑的假释考验期限为没有执行完毕的刑期;无期徒刑的假释考验期限为10年。假释考验期限,从假释之日起计算。如果在考验期限内再犯新罪或发现“漏罪”,或者有其他严重违法的情形,就应当撤销假释,实行数罪并罚,或者收监执行未执行完毕的刑罚。

我国刑法规定,对累犯以及因杀人、爆炸、抢劫、强奸、绑架等暴力性犯罪被判处10年以上有期徒刑、无期徒刑的犯罪分子,不得假释。

(八)时效

我国刑法中的时效,又称追诉时效,是指司法机关对犯罪分子追究刑事责任的有效期限。

我国刑法规定,犯罪经过下列期限不再追诉:①法定最高刑为不满5年有期徒刑的,经过5年;②法定最高刑为5年以上不满10年有期徒刑的,经过10年;③法定最高刑为10年以上有期徒刑的,经过15年;④法定最高刑为无期徒刑、死刑的,经过20年。如果20年以后认为必须追诉的,须报请最高人民检察院核准。但是,在人民检察院、公安机关、国家安全机关立案侦查或者在人民法院受理案件以后,逃避侦查或者审判的,不受追诉期限的限制。被害人在追诉期限内提出控告,人民法院、人民检察院、公安机关应当立案而不予立案的,不受追诉期限的限制。追诉期限从犯罪终了之日起计算;犯罪行为有连续或者继续状态的,从犯罪行为终了之日起计算。在追诉期限以内又犯罪的,前罪追诉的期限从犯后罪之日起计算。

引例分析

赵某在实施劫机前到公安机关自首，符合自首条件，可以从轻或减轻处罚；另外，赵某的行为也构成预备阶段的中止，应当减轻或者免除处罚；最后，赵某协助公安机关抓获苏某，成立立功，可以从轻或者减轻处罚。纵观全案具备的量刑情节，且赵某的行为未造成现实的损害，故对其应当免除处罚。

本章思考题

1. 什么是刑法？刑法的任务是什么？
2. 刑罚的效力范围有哪些规定？
3. 什么是犯罪？犯罪的特征有哪些？
4. 什么是犯罪构成？犯罪构成有哪几个要件？
5. 什么是正当防卫？正当防卫成立的条件有哪些？
6. 什么是犯罪的未遂、预备和中止？
7. 什么是刑罚？我国刑罚的种类有哪几种？
8. 什么是缓刑、减刑和假释？

第六章

经济法

要点提示

- 经济法是产生于市场经济基础之上的、克服市场与政府双重缺陷的新兴法律部门，它调整国家和市场主体为解决社会公益性与个体营利性的矛盾而介入经济生活所产生的社会关系，是兼顾效率与公平，促进经济可持续发展的法律规范系统。
- 经济法具有如下特点：第一，经济法产生的基础是市场经济；第二，经济法是为了应对“市场失灵”而产生的；第三，经济法同样力求克服迷信“政府万能”带来的政府缺陷；第四，经济法旨在解决社会公益性与个体营利性的矛盾；第五，经济法在价值目标上兼顾效率与公平。
- 经济法由宏观调控法和市场规制法两大子部门法系统构成。宏观调控法中比较重要的子部门法有财政法、金融法、税收法、计划法等。市场规制法中比较重要的子部门法有反垄断法、反不正当竞争法、消费者保护法、产品质量法等。
- 经济法的调整方式和调整范围与其他涉及社会经济生活的法律规范如民法、商法、行政法及社会法等有较大不同。

第一节　经济法总论

一、经济法概述

(一)经济法的概念

经济法是产生于市场经济基础之上的、克服市场与政府双重缺陷的新兴法律部门,它调整国家和市场主体为解决社会公益性与个体营利性的矛盾而介入经济生活所产生的社会关系,是兼顾效率与公平,促进经济可持续发展的法律规范系统。

(二)经济法的产生

1. 经济法产生的基础

近代民商事法律秩序的确立曾经极大地推动了自由商品经济的发展,但是随着商品经济进入到高级阶段(即市场经济),既有法制的一些局限性逐渐显露出来。为了应对诸如市场垄断、外部效应涌现、公共产品匮乏、信息失灵、弱势群体边缘化等市场失灵问题,经济法应运而生。经济法的出现是自由商品经济发展到一定阶段,完全依赖私法规范市场遇阻之后的必然结果。由于单纯以私法手段对市场经济进行法律调整已不能适应现代市场经济的需要,因此经济法突破了“经济是市民的私事,国家不应横加干预”的传统市民社会观念,在尊重市场主体私权利的前提下,以适度的公权力手段对市场经济进行必要的法律调整。经济法是社会化生产与社会关系矛盾运动的产物,是生产力要求国家干预市场和政府参与经济的反映,是经济管理的现代化与现代国家介入经济生活的必然产物。

2. 经济法概念的由来

西方语言中,“经济法”最早的语源应追溯到 1755 年,这一年,法国空想社会主义者摩莱里在其出版的《自然法典》一书中首次使用了“经济法”这个概念。摩莱里针对当时社会产品分配上的弊端,提出运用“经济法”来调整社会分配关系。虽然摩莱里主张的“经济法”仅限于分配领域,但已经含有国家应对社会经济生活进行干预的思想主张。

1865 年,无政府主义者蒲鲁东在他的《工人阶级的政治能力》一书中提出:“经济法是政治法和民法的补充和必然产物。”蒲鲁东认为,社会经济生活中存在着政治法和民法调整不了的经济关系,必须依靠经济法来调整。

第一次世界大战后,德国诞生了成熟的经济法理论并取得较快发展,而第二次世界大战后,日本的经济法研究逐渐深入。至此,经济法的概念已经有了很大变化,并出现了多种学说。我国经济体制向市场经济转轨之后,经济法在理论研究和立法实践上皆摒弃了陈旧的、认为所有经济法律规范(如合同法、知识产权法、公司法、证券法、保险法、票据法等)都属于经济法范畴的"大经济法"观念,确立了全新的经济法概念,将经济法的调整对象确定为宏观调控关系和市场规制关系,并建立了由预算法、国债法、政府采购法、中央银行法、商业银行法、企业所得税法、个人所得税法、反垄断法、反不正当竞争法、消费者保护法、产品质量法、食品安全法、广告法、反倾销法和反补贴法等构成的经济法规范体系与经济法学科体系。

(三)经济法的地位

经济法有自己独立的调整对象,所调整的主要是宏观调控关系和市场规制关系,按照部门法理论的分类标准,经济法是一个与民法、商法、刑法、行政法、诉讼法等传统部门法并列的法律部门,在整个法律体系中有自己独立的地位,并且是整个法律系统中日益重要的一个子系统。经济法与上述部门法有联系亦有区别,经济法与它们的区别,既彰显了经济法的独特地位,同时也反映了各个部门法间的分工及职能方面的差异。

1. 经济法和民商法的区别

第一,民商法强调意思自治,经济法则强调限制意思自治,即在基于保障社会整体利益的前提下,限制一定程度的个人权利;第二,民商法强调对所有的市场主体都平等保护,经济法强调对部分市场主体偏重保护,重点保护社会经济生活中的"弱者"和"希望者";第三,民商法侧重从微观及经济发展所需动力方面,通过保障自由交易、自由竞争以提高效率来促进人们的利益,而经济法则侧重从宏观和利益协调方面减少社会经济震荡造成的破坏并优化经济结构,从而促进经济可持续发展;第四,民商法主要重视经济目标,经济法不仅重视经济目标,而且还重视社会目标和生态目标;第五,民商法国际通用、强调全球化,经济法有国别特色、突出本土化;第六,民商法的稳定性较强,经济法的稳定性较弱,立法的变动比较频繁。

2. 经济法和行政法的区别

第一,行政法主要体现人文精神,经济法主要体现科学精神。行政法产生的理论基础包括自然权利、三权分立和法治思想三个方面,体现了对人的关怀和浓厚的人文精神。经济法产生和演变的背景则表明,经济法所体现的经济政策及其变化,取决于被官方及当时社会所公认的高度理性化的主流经济学观念,从而决定了以主流经济学观念为基础创设的经济法,必定也具有浓厚的科学精神。

第二,行政法受意识形态和文化传统的影响较大,而经济法则受上述因素影响较小。

第三,在理性程度上,行政法不如经济法,实证分析在经济法中得以重用,而规范分析在行政法中则占主导作用。比如经济法中的税收法,其税率、税种等制度设计,以及金融法中的法定准备金、利率等制度设计,其是否能达到立法目的,不同调控方案间优劣与否,很易查证,具有很强的理性。而在行政法中,诸如对机构设置、权限划分、自由裁量权大小等所做的立法设计,是否能达到立法目的,不同法律制度设计孰优孰劣,则很难实证,行政法所规范的公共行政虽具有一定科学性,但相比之下更具有艺术性,理性成分有限。

(四)经济法的体系

经济法包括宏观调控法和市场规制法两大子部门法律系统。

宏观调控法主要包括以下子部门法:财政法、金融法、税收法、计划法、产业结构调节法、中小企业促进法、国有企业法等。其中,财政法包括预算法、国债法、政府采购法和补助支出法等重要子部门法,金融法包括中央银行法、商业银行法、非银行金融机构法、外汇管理法和信托法等。

市场规制法主要包括以下子部门法:反垄断法、反不正当竞争法、消费者保护法、产品质量法、食品安全法、反倾销法、反补贴法和广告法等。其中,反垄断法和反不正当竞争法通常合称为竞争法。

二、宏观调控法概述

(一)宏观调控法的概念

宏观调控是指调控主体从社会公共利益出发,为了实现宏观经济变量的基本平衡和经济结构的优化,引导国民经济持续、健康、协调发展,对国民经济总量进行的调节与控制。

宏观调控法是调整国家对社会经济总量进行调节和控制即宏观调控过程中发生的各种社会关系的法律规范的总称。

(二)宏观调控法的原则

1. 尊重市场原则

宏观调控法的存在价值在于弥补市场失灵,其作用的发挥应当以市场调节为基础,作为市场调节的补充手段而存在。因此,宏观调控法的实施必须尊重、符合并善于利用市场规律。

2. 社会公益原则

宏观调控的目标是物价稳定、充分就业、经济适度增长和国际收支平衡,宏观调控法要求政府在确定宏观调控目标时不能受利益集团左右,禁止政府从自身特殊利益出发做出决策。

3. 可持续发展原则

宏观调控法必须从后代的利益考虑进行资源配置,纠正市场配置资源带来的忽视后代的趋向。宏观调控法应强化提高资源利用效率,促进资源节约和环境保护。

4. 经济民主原则

经济民主是经济领域的民主,在宏观调控法中,经济民主原则意味着宏观调控体制要实现权力层次配置的完善和内部结构的协调,促进多数社会成员组织和统一起来,运用公共权力选择其共同目标。

三、市场规制法概述

(一)市场规制法的概念

市场规制是指为保证市场机制正常发挥作用,通过对市场主体的市场行为加以直接控制、引导所实施的一系列措施、手段。其着眼点是市场的微观基础,主题是维护市场秩序。

市场规制法是为了解决个体的营利性和社会公益性的矛盾,维护市场经济秩序和防止"市场失灵",而由国家制定的调整在国家进行市场规制的过程中发生的各种社会关系的法律规范系统。

(二)市场规制法的原则

1. 法定原则

市场规制法中的执法主体、权力和程序等必须依照法律规定而确立,非依法律规定,任何组织或个人不得规制市场主体的竞争行为。

2. 保护公平竞争原则

保护公平竞争原则是指,国家要通过市场规制法为当事人创造出一个公平的竞争环境和竞争条件,使他们能够在相同的条件下和外部环境中参与竞争,促进竞争机制在市场中发挥积极作用。

3. 绩效原则

绩效原则意味着,针对市场规制法中的执法主体、权力范围、行为方式和行为程序,在对其进行制度设计和法律实施时,均应力求其绩效的最大化。

4. 适度原则

适度原则要求国家通过市场规制法干预微观经济生活要从社会公益的角度出发,措施应适度、得当。

第二节 财政法

引例

2015 年,某省 A 市第八届人大常委会第十九次会议否决了 A 市人民政府关于 2014 年财政决算和 2015 年上半年财政预算执行情况的报告,理由是 A 市政府财政支出超出了本级人大批准的财政预算,预算执行中有违反《预算法》的行为。A 市人大常委会否决政府财政预算执行情况报告,这在 A 市历史上尚属首次。有关人士称,此举充分体现了人大代表为百姓管好"钱袋子",从财政资金方面制约和监督政府的职能。

之后，A市人大组成由人大代表及部分专业人员组成的检查组，对A市2014年财政决算和2015年上半年预算执行情况进行了检查。经检查发现，政府未能严格执行本级人大批准的财政预算，2014年和2015年上半年追加预算支出，支出前均未编制预算调整方案，也没有报A市人大常委会批准；2014年和2015年上半年，市财政未按规定向人大常委会报告预算外资金收支情况；政府违反《预算法》，随意动用预备费以及政府部门预算缺乏透明度；在业务费安排上缺乏科学性、事权量化不规范、安排不合理等。为此，A市人大常委会否决了政府这份财政预算执行情况报告。

问：请根据此案例，阐释何谓预算的法治化？

一、财政法概述

(一)财政概述

1. 财政的概念

财政是国家为了满足公共需要而对集中的部分社会产品所进行的分配，是取得、使用和管理资财的政务之总称。它包括中央财政和地方财政。

2. 财政支出的项目

(1)行政管理支出。包括用于国家行政机关、事业单位、公安机关、司法机关、检察机关、外交机关等的各种经费，这是维持政府各机关运行所必需的开支。

(2)国防支出。包括各种武器和军事设备支出，军事人员给养支出，军事科研支出，用于实行兵役制的边防、武警和消防部队的各种经费等。

(3)经济建设支出。包括进行机场、港口、高速公路、水利设施等公共工程建设的支出以及其他经济建设支出。

(4)社会文教支出。包括用于文化、教育、科学、卫生、出版、通信、体育、文物、计划生育等方面的经费、研究费和补助费。

(5)福利支出。包括支付给老年人、残疾人、失业者、低收入者等的津贴和补助。

(6)其他项目。如政府公债的利息支出、环境保护费用、对外经济援助费用等。

3. 财政收入的途径

(1)收费。政府对所提供的交通、邮电、供水、供电、教育等，向居民收取适当费用。

(2)税收。政府凭借政治权力，依据相关法律规定的标准，向国内居民强制征收货币或实物。税收的特点是强制性、无偿性、固定性。

(3)发行国债。国债的特点是有借有还，利率大于储蓄，风险小于股票。

(二)财政法的概念

财政法是指调整在国家为实现其职能而参与社会产品的分配和再分配的活动中所形成的各种社会关系的法律规范的总称。它是确认和保障国家在一定的财政体制下，通过一定的程序来确定国家、企业和居民对国民收入的分配的法律法规。财政法体系主要由预算法、国债法、政府采购法和补助支出法等子部门法构成。

二、预算法

(一)预算概述

1. 预算的概念

“预算”，字面上看，为“预先的打算”之义。对于政府而言，其收支活动同样应有相应的计划，但政府的收支计划是经法定程序制定的，具有法律约束力。

预算即国家对会计年度内的收入和支出的预先计算，也可称之为政府的财政收支计划，包括预算收入和预算支出。政府每年都会编制并公布年度预算，当本年度的收入与支出相等时，就叫预算平衡；当收入大于支出时，则称之为预算盈余；当财政收入小于支出时，其差额是用红字表明的，叫作预算赤字。只要有政府就会有政府的经济活动，政府就要取得收入，并进行各项开支，因此，预算是现代国家体制中一项不可或缺的制度。利用具有法律效力的计划文件去约束政府的财政收支活动，最早开始于封建社会末期和资本主义初期，一般认为预算是一个较为年轻的财政范畴。

2. 预算的功能

(1)预算反映各种势力争取政府资源的记载，试图对资源做出合理、公正的分配。

(2)预算作为政府筹措财源的计划书，明确税收应由谁负担，负担的具体比例是多少，政府财务应否借贷以及借贷的比例。

(3)国家可以通过预算所展现的财政政策与货币政策等工具来促进经济增长，抑制通货膨胀，提升就业率。

(4)通过预算监督机制，促使政府机关使其计划实施更具经济、效率和效能。

(5)预算能够控制财政支出的合法性、确定性并与政府的决策相吻合。

(6)预算提供不同层级间资金转移的机制。中央政府的税基往往大于地方政府，因此，在多数国家中，地方政府需依赖中央政府的资金转移(补助款)以支持其日常的运作。这种转移不仅让地方政府能执行其应尽的职责，也可以达到均衡全国地方财政的效果。

(7)预算可作为政府中长期社会和经济发展计划。

3. 预算的法治化

预算是政府的财政收支计划，但是，如果政府自己制订计划，自己执行，还可以自己任意修改，那么财政收支计划对政府的财政活动将毫无约束和限制能力，这样的财政收支计划并非真正意义上的财政预算。只有当政府预算计划既以法定方式和程序制定，又以法律权威加以约束时，预算才具有规范和约束政府及其财政活动的能力和效力。

(二)预算法

1. 预算法的概念

预算法是指调整国家在预算资金的筹集、分配和使用过程中发生的社会关系的法律规范的总称。

2. 预算体系的组成

预算体系是依据国家的政权结构形成的国家预算的协调统一的整体。我国《预算法》规定,国家实行一级政府,一级预算。我国预算体系的构建与政权结构的变化是保持一致的。我国的国家预算由中央预算和地方预算两部分组成,而地方预算又分为省、自治区、直辖市预算,设区的市、自治州预算,县、自治县、不设区的市、市辖区预算和乡、民族乡、镇预算。

3. 预算收支范围

预算收入包括:①税收收入;②依照规定应当上缴的国有资产收益;③专项收入,如铁道专项收入、征收排污费收入、电力建设基金收入等;④其他收入,包括规费收入、罚没收入等。

预算支出包括:①经济建设支出;②教育、科学、文化、卫生、体育等事业发展支出;③国家管理费用支出;④国防支出;⑤各项补贴支出;⑥其他支出,包括对外援助支出、财政贴息支出、国家物资储备支出、少数民族地区补助费支出等。

4. 预算管理程序

预算管理程序是国家在预算管理方面依序进行的由各个工作环节所构成的有秩序活动的总体,在广义上它由预算的编制、审批、执行和调整、决算的编制和批准四个环节组成。

三、国债法

(一)国债概述

1. 国债的概念

国债,又称国家公债,是国家以其信用为基础,按照债的一般原则,通过向社会筹集资金所形成的债权债务关系。国债是由国家发行的债券,是中央政府为筹集财政资金而发行的一种政府债券,是中央政府向投资者出具的、承诺在一定时期支付利息和到期偿还本金的债权债务凭证,由于国债的发行主体是国家,所以具有最高的信用度。

2. 国债的特点

国债作为债的一种特殊形式,与一般债权债务关系相比具有以下特点:

其一,从法律关系主体来看,国债的债权人既可以是国内外的公民、法人或其他组织,也可以是某一国家或地区的政府以及国际金融组织,而债务人一般只能是国家。

其二,从法律关系的性质来看,国债法律关系的发生、变更和消灭较多地体现了国家单方面的意志，尽管与其他财政法律关系相比，国债法律关系属平等型法律关系，但与一般债权债务关系相比，其又体现出一定的隶属性，这在国家内债法律关系中表现得更加明显。

其三，从法律关系实现来看，国债属信用等级最高、安全性最好的债权债务关系。

（二）国债法

1. 国债法的概念

国债法是指调整国债在发行、使用、偿还和管理过程中发生的经济关系的法律规范的总称。国债法是财政法的重要部门法，其许多基本原理与财政法是一致的。其调整对象是以国家为一方主体的债权、债务关系。国债法具有弥补财政赤字、实现国家对经济的宏观调控两大职能。

2. 国债法的特征

国债法具有以下主要特征：

第一，国债法具有公法与私法的双重属性。

第二，国债法具有财政政策的属性。

第三，国债法具有宏观调控的性质。

3. 我国现行国债法律体系下国债的种类

新中国成立以来，我国已发行的国家内债种类有20世纪50年代发行的人民胜利折实公债、经济建设公债，20世纪80年代以来发行的国库券、国家重点建设债券、特种国债、国家建设债券、财政债券、保值公债和特种定向债券等。

近年来，我国发行的国债种类主要有记账式国债、无记名国债、凭证式国债和特种定向债券。记账式国债，以记账的形式记录债权，通过证券交易所的交易系统发行和交易，可以记名、挂失。无记名国债，以实物券面的形式记录债权，不记名、不挂失，可上市流通交易，历年来发行的无记名国债券的面值分别为1元、5元、10元、20元、50元、100元、500元、1000元、5000元、10000元等。凭证式国债，以“凭证式国债收款凭证”记录债权，是一种国家储蓄债，可以记名、挂失，不可上市流通。特种定向债券，以“特种定向债券收款凭证”记录债权，为不可上市国债，面向社会养老保险基金和待业保险基金的管理机构发行。

4. 国债法的作用

（1）国家要通过国债法向社会表明自己的信用

国家信用形成的基础是国家主权，依据国家主权，国家可以拥有本国领土范围内的一切资源和财富，并依靠其强制力无偿取得各种财政收入，国家可以此强大的社会财富为后盾向债权人借款。但是国家财富并非是债权人所能控制或掌握的，要消除债权人对国家借款能否偿还的疑虑，国家必须通过法律的形式向社会做出承诺，表明到期履行合同、保护债权人合法权益的诚意，以增强债权人对国债的信心。

(2)通过国债法的明确规定,使国家这个特殊债务人与债权人处于平等的民事主体地位。

尽管在政治地位上国家与债权人是不平等的(从外国政府和国际金融机构借贷的除外),一国之内的债权人处于国家行政权力管辖之下,但一旦形成债权债务关系,国家就要依照法律及其约定履行义务,不履行义务同样应负法律责任。

引例分析

预算的法治化意味着,尽管预算是政府的财政收支计划,但是,如果政府自己制订计划,自己执行,还可以任意修改,那么财政收支计划对政府的财政活动将毫无约束和限制能力,这样的财政收支计划并非真正意义上的财政预算。只有当政府预算计划既以法定方式和程序制定,又以法律权威加以约束时,预算才具有规范和约束政府及其财政活动的能力和效力,由此而形成的预算法才能将预算的效能最大化。

第三节　税收法

引例

X 商贸有限责任公司于 2015 年 1 月分立,原公司存续,另成立了一家 Y 公司,未到税务机关办理税务变更登记。因原公司尚欠 2014 年度税款 17.2 万元,2015 年 4 月,A 市国税机关向 X 公司下达《催缴税款通知书》。X 公司向税务机关报告了公司分立的情况,称根据公司分立时签订的债务承担协议,该公司只承担 40%的债务,不愿缴纳全部税款。催缴税款期限届满后,税务机关扣押了 X 公司价值 20 万元的轿车一辆,并交拍卖机构拍卖。该公司认为自己不应全部缴纳这笔税款,遂向法院提起行政诉讼。

问:分立后的 X 公司是否有义务全部缴纳原公司所欠税款,为什么?

一、税收概述

(一)税收的概念

税收是国家为实现社会经济目标,按照预定的标准进行的强制性、无偿性地从私人部门向公有部门的资源转移。

(二)税收的特征

(1)强制性,即税收参与社会产品的分配是依据国家的政治权力。具体表现在,税收是以国家法律形式规定的,税法作为国家法律的组成部分,任何单位和个人都必须遵守。

(2)无偿性,即在具体征税过程中,国家征税后税款即为国家所有,不再直接归还给纳税人。税收的无偿性是相对的,从财政活动的整体来看,税收最终通过政府提供公共产品等方式用之于纳税人,体现了税收取之于民、用之于民的本质。但就某一具体的纳税人来说,其所缴纳的税款与其消费的公共产品中的价格并不一定是相等的。

(3)固定性,即税收是国家按照法律规定的标准向纳税人征收的,具有事前规定的特征,任何单位和个人都不能随意改变。

(三)税收的分类

1.按课税对象分类

(1)流转税。流转税是以商品的流转额为课税对象的一类税。流转税是我国税制结构中的主体税类,目前包括增值税、消费税、营业税和关税等税种。

(2)所得税。所得税亦称收益税,是指以各种所得额为课税对象的一类税。所得税也是我国税制结构中的主体税类,目前包括企业所得税、个人所得税等税种。

(3)财产税。财产税是指以纳税人所拥有或支配的财产为课税对象的一类税。我国现行税制中的房产税、契税、车辆购置税和车船使用税都属于财产税。

(4)行为税。行为税是指以纳税人的某些特定行为为课税对象的一类税。我国现行税制中的城市维护建设税、固定资产投资方向调节税、印花税都属于行为税。

(5)资源税。资源税是指对在我国境内从事资源开发的单位和个人征收的一类税。我国现行税制中的资源税、土地增值税、耕地占用税和城镇土地使用税都属于资源税。

2.按课税对象分类

(1)从量税。从量税是指以课税对象的数量(重量、面积、件数)为依据,按固定税额计征的一类税。从量税实行定额税率,具有计算简便等优点,如我国现行的资源税、车船使用税和土地使用税等。

(2)从价税。从价税是指以课税对象的价格为依据,按一定比例计征的一类税。从价税实行比例税率和累进税率,税收负担比较合理,如我国现行的增值税、营业税、关税和各种所得税等税种。

二、税收法概述

(一)税收法的概念

税法即税收法律制度,是调整税收关系的法律规范的总称。它是以宪法为依据,调整国家与社会成员在征纳税上的权利与义务关系,维护社会经济秩序和税收秩序,保障国家利益和纳税人合法权益的一种法律规范,是国家税务机关及一切纳税单位和个人依法征税的行为规则。广义的税法，是指国家制定的用以调节国家与纳税人之间在征纳税方面的权利及义务关系的法律规范的总称；狭义的税法，特指由全国人民代表大会及其常务委员会制定和颁布的税收法律。

（二）税收法的特点

（1）税法的法律渊源表现为多层次的法律文件

根据我国《立法法》的有关规定，目前有权制定税法或者税收政策的国家机关主要有：全国人民代表大会及其常务委员会、国务院、财政部、国家税务总局、海关总署、国务院关税税则委员会等。

①税收法律由全国人民代表大会制定，如《中华人民共和国个人所得税法》《中华人民共和国企业所得税法》；或者由全国人民代表大会常务委员会制定，如《中华人民共和国税收征收管理法》。

②有关税收的行政法规由国务院制定，如《中华人民共和国个人所得税法实施条例》《中华人民共和国营业税暂行条例》等。

③有关税收的部门规章由财政部、国家税务总局、海关总署和国务院关税税则委员会等部门制定，如《中华人民共和国营业税暂行条例实施细则》《中华人民共和国税收征收管理法实施细则》《税务行政复议规则》。其中，有些重要规章要经过国务院批准以后发布，如《外国公司船舶运输收入征税办法》。

此外，各省、自治区、直辖市和某些较大的市的人民代表大会及其常务委员会，可以根据本行政区域的具体情况和实际需要，在不与法律和行政法规相抵触的前提下，按照规定制定某些地方性的税收法规。各省、自治区、直辖市和某些较大的市的人民政府，可以根据法律、行政法规和本省、自治区和直辖市的地方性法规制定税收规章。香港和澳门两个特别行政区实行独立的税收制度，中央政府不在这两个特别行政区征税。

（2）税收法律关系的一方主体是国家

国家是真正的征税主体。不过，国家总是通过法律授权的方式赋予具体的国家职能机关来代其行使征税权力，因此，税务机关通过获得授权成为法律意义上的征税主体。

（3）税收法律关系主体双方的权利义务不对称

和诸多其他部门法当中的权利义务关系往往是相对应的情况有所不同，税收法律关系中的主体双方，即征税主体和纳税主体，彼此的权利义务并不对称。这是税收法的强制性所决定的。

税务机关的职权如下：

①税务管理权。包括有权办理税务登记、审核纳税申报、管理有关发票事宜等。

②税收征收权。这是税务机关最基本的权利，包括有权依法征收税款和在法定权限范围内依法自行确定税收征管方式或时间、地点等。

③税收检查权。包括有权对纳税人的财务会计核算,发票使用和其他纳税情况,纳税人的应税商品、货物或其他财产进行查验登记等。

④税务违法处理权。包括有权对违反税法的纳税人采取行政强制措施,以及对情节严重、触犯刑律的,移送有权机关依法追究其刑事责任。

⑤税收行政立法权。被授权的税务机关有权在授权范围内依照一定程序制定税收行政规章及其他规范性文件,做出行政解释等。

⑥代位权和撤销权。《中华人民共和国税收征收管理法》为了保证税务机关及时、足额追回由于债务关系造成的、过去难以征收的税款,赋予了税务机关可以在特定情况下依法行使代位权和撤销权。

税务机关的职责如下:

①税务机关不得违反法律、行政法规的规定开征、停征、多征或少征税款,或擅自决定税收优惠。

②税务机关应当将征收的税款、罚款、滞纳金按时足额并依照预算级次入库,不得截留和挪用。

③税务机关应当依照法定程序征税,依法确定有关税收征收管理的事项。

④税务机关应当依法办理减税、免税等税收优惠,对纳税人的咨询、请求和申诉做出答复处理或报请上级机关处理。

⑤税务机关对纳税人的经营状况负有保密义务。

⑥税务机关应当按照规定付给扣缴义务人代扣、代收税款的手续费,且不得强行要求非扣缴义务人代扣、代收税款。

⑦税务机关应当严格按照法定程序实施和解除税收保全措施,如因税务机关的原因,致使纳税人的合法权益遭受损失的,税务机关应当依法承担赔偿责任。

纳税人的权利如下:

①依法提出申请享受税收优惠的权利。

②依法请求税务机关退回多征税款的权利。

③依法提起税务行政复议和税务行政诉讼的权利。

④依法对税务人员的违法行为进行检举和控告的权利。

⑤因税务机关的行为违法或不当,致使纳税人合法权益遭受损害时,有依法请求得到赔偿的权利。

⑥向税务机关咨询税法及纳税程序的权利。

⑦要求税务机关为其保密的权利。

⑧对税务机关做出的决定有陈述和申辩的权利。

纳税人的义务如下:

①依法办理税务登记、变更或注销税务登记。

②依法进行账簿、凭证管理。

③按期进行纳税申报,按时足额缴纳税款。

④向税务机关提供生产销售情况和其他资料,主动接受并配合税务机关的税务检查。

⑤执行税务机关的行政处罚决定,按照规定缴纳滞纳金和罚款。

(三)税收法的要素

(1)征税主体。即税务机关和其他征收机关(如海关),是指在税收法律关系中行使税收征管权,依法进行税款征收行为的一方当事人。

(2)纳税主体。即纳税人,是指税收法律关系中依法履行纳税义务,进行税款缴纳行为的一方当事人。

(3)课税对象。即对什么征税,如增值税的课税对象是货物生产、加工、销售、修理、修配中的增值额,所得税的课税对象为应纳税所得额。

(4)税目。是指税法中具体规定应当纳税的项目,是课税对象的具体化,如个人所得税中的工资所得、稿酬所得、投资所得、偶然所得等。

(5)税率。是指应纳税额与课税对象之间的数额比例,它是税收法律的核心内容,直接决定着纳税人税负的高低。以增值税为例,我国增值税的税率分为三档,即基本税率、低税率和零税率。这种税率的分档设计,本身即体现了税收法的宏观调控职能。

目前,各档税率如下:①基本税率为17%,适用于一般情况(即不适用低税率和零税率的情况)下的销售货物、提供应税劳务和进口货物。②低税率为13%,销售或进口粮食、食用植物油、自来水、暖气、冷气、热水、煤气、石油液化气、天然气、沼气、居民用煤炭制品、图书、报纸、杂志、饲料、化肥、农药、农机、农膜、农业产品以及国务院规定的其他货物。③零税率即税率为零,仅适用于法律不限制或不禁止的报关出口的货物,以及输往海关管理的保税工厂、保税仓库和保税区的货物。

(6)计税依据。指计算应纳税额的依据或标准,计税依据是课税对象的量的表现。计税依据的数额同税额成正比例,计税依据的数额越多,应纳税额也越多。仍以增值税一般纳税人应纳增值税额为例,一般纳税人销售货物或提供应税劳务,其应纳增值税额要运用“扣税法”来计算,这是最为通常的计算方法,其计算公式为

应纳增值税额=当期销项税额−当期进项税额

当期销项税额=当期销售额×税率

当期进项税额是指纳税人当期购进货物或者应税劳务已缴纳的增值税税额。它主要体现在从销售方取得的增值税专用发票上或海关的完税凭证上。

(7)纳税环节。指应当纳税的产品在其整个流转过程中,税法规定应当纳税的环节。如增值税是在产品流转各个环节纳税,消费税只在生产、进口环节纳税。

(8)纳税期限。指纳税义务发生后,依照税法规定缴纳税款的期限,纳税期限是负有纳税义务的纳税人向国家缴纳税款的最后时间限制,它是税收强制性、固定性在时间上的体现,任何纳税人都必须如期纳税,否则就是违反税法,将受到法律制裁。

(9)税收减免。是指根据国家一定时期的政治、经济、社会政策要求,对生产经营活动中的某些特殊情况给予减轻或免除税收负担,对应征税款依法减少征收为减税,对应征税款依法免除全部纳税义务为免税。

以企业所得税法为例,税收减免包括:免税收入,免征、减征,税率优惠,加计扣除,所得抵扣,加速折旧,减计收入,税额抵免。

①免税收入

企业的下列收入为免税收入:国债利息收入;符合条件的居民企业之间的股息、红利等权益性投资收益;在中国境内设立机构、场所的非居民企业从居民企业取得与该机构、场所有实际联系的股息、红利等权益性投资收益;符合条件的非营利组织的收入。

②免征、减征

企业的下列所得,可以免征、减征企业所得税:从事农、林、牧、渔业项目的所得;从事国家重点扶持的公共基础设施项目投资经营的所得;从事符合条件的环境保护、节能节水项目的所得;符合条件的技术转让所得;应当就其来源于中国境内的所得缴纳企业所得税的非居民企业。

③税率优惠

符合条件的小型微利企业,减按20%的税率征收企业所得税。国家需要重点扶持的高新技术企业,减按15%的税率征收企业所得税。

④加计扣除

加计扣除是指按照税收法律规定,在实际发生数额的基础上,再加成一定比例,作为计算应纳税所得额时的扣除数额,是一种税收优惠措施。比如,假定税法规定研发费用可实行150%加计扣除政策,那么如果企业当年开发新产品研发费用实际支出为10万元(此部分可以在应纳税所得额中扣除),就可按15万元(100000×150%)数额在税前进行扣除,以体现鼓励研发政策。按现行企业所得税法,企业的下列支出,可以在计算应纳税所得额时加计扣除:开发新技术、新产品、新工艺发生的研究开发费用;安置残疾人员及国家鼓励安置的其他就业人员所支付的工资。

⑤所得抵扣

创业投资企业从事国家需要重点扶持和鼓励的创业投资,可以按投资额的一定比例抵扣应纳税所得额。

⑥加速折旧

按税法规定,企业的固定资产由于技术进步等原因,确需加速折旧的,可以缩短折旧年限或者采取加速折旧的方法。加速折旧是指在固定资产使用年限的初期提列较多的折旧,可以在固定资产的使用年限内早一些得到折旧费和减免税的税款。

⑦减计收入

减计收入是指按照税法规定准予对企业某些经营活动取得的应税收入,按一定比例减少计入收入总额，进而减少应纳税所得额的一种税收优惠措施。

⑧税额抵免

企业购置用于环境保护、节能节水、安全生产等专用设备的投资额，可以按一定比例实行税额抵免。

(10)法律责任。是指税收法律关系的主体因违反税收法律规范所应承担的法律后果。税收法律责任依其性质和形式的不同，可分为经济责任、行政责任和刑事责任；根据承担法律责任主体的不同，可分为纳税人的责任、扣缴义务人的责任、税务机关及其工作人员的责任。

(四)税收法的原则

(1)税收法定原则。税收主体必须按照并且只能按照法律的规定征税；纳税主体必须按照并且只能按照法律的规定纳税，其具体内容包括三个部分：税种法定、税收要素法定、程序法定。

(2)税收公平原则。税收公平原则是税收最高原则之一，指具有相等纳税能力者应负担相等的税收，不同纳税能力者应负担不同的税收。

(3)税收中性和税收调控相结合原则。税收中性是指法律规定的税收不应改变生产者和消费者的经济决策，不应扭曲资源配置格局，不应给纳税人产生额外负担，以促使社会经济效益水平和福利水平的提高；维护国内税收公平及国际税收公平，税收不能扭曲和破坏平等竞争的外部条件。税收调控指国家在依据税收法律制度利用税收参与国民收入分配的过程中，通过征税与不征税及多征税与少征税等方式来改变社会成员的物质利益，以鼓励或限制、维持其所从事的社会经济活动，使之按照预定的方向与规模发展、变化的行为。

(4)税法效益原则。要求以最少的费用获得最大的税收收入，并利用税收的经济调控作用最大限度地促进经济的发展，或者最大限度地减轻对经济发展的妨碍。

引例分析

本节案例参考答案：《税收征管法》第 48 条规定："纳税人有合并、分立情形的，应当向税务机关报告，并依法缴清税款。纳税人合并时未缴清税款的，应当由合并后的纳税人继续履行未履行的纳税义务；纳税人分立时未缴清税款的，分立后的纳税人对未履行的纳税义务应当承担连带责任。"X 商贸有限责任公司与 Y 公司对分立前 X 公司未履行的纳税义务应当承担连带责任。所以，分立后的 X 公司有义务全部缴纳原公司所欠税款。

第四节 反垄断法

引例

从 2003 年起,孙先生就在某市工作、生活,数年前,他在某电信公司处报装固定电话时获悉,根据该公司的格式合同第 2 条规定,由于自己的户口不在当地,只能按照公司要求办理相应的担保手续,或者办理预付费业务。

"我因为找不到、也不愿求具有当地户籍的市民办理所谓的担保,于是选择办理预付费业务,但我万万没有想到的是,预付费与后付费仅一字之差,导致了我数年中,在其推广的一系列资费优惠活动中备受不公平待遇。"孙先生介绍,去年 5 月,该公司开始推广"亲情 1+"业务,其中有许多特别优惠的套餐,比如很适合自己的宽带优惠包月。但是,他失望地发现,在业务办理条件中规定,"本业务只限于后付费普通固定电话公众客户办理"。此后,该公司又陆续推出升级版"亲情 1+"等许多资费优惠活动,但孙先生仍然没有选择这些服务的权利。

问:该电信公司的行为是否侵害了孙先生的权益?应依据什么法律处理这个问题?

一、垄断概述

(一)垄断的概念

垄断,英语称 Monopoly,是指市场主体凭借其经济优势或国家权力,以单独、合谋或其他方式实施的,妨碍或排斥市场竞争效果的行为。我国反垄断法中规定的垄断行为包括:经营者达成垄断协议;经营者滥用市场支配地位;具有或者可能具有排除、限制竞争的经营者集中。

(二)垄断的社会成本

(1)在垄断市场上,垄断企业通过限制产量而索取较高的价格,使消费者利益受到损害。

(2)垄断缺乏降低成本和进行技术革新的动力,从而使社会生产既定产量时支出更多的成本。

(3)垄断企业会浪费更多的社会成本。例如,垄断企业为了保护自己的既得利益,必然游说、行贿政策制定者,这种寻求额外利益的活动被称为寻租活动。从社会角度来看,政府制定各种反垄断的规章制度需要费用,监督执行也需要费用。此外,政府反腐败也会增加相应的社会成本。因此,垄断意味着更大的资源耗费。

(4)垄断会导致市场混乱、供求扭曲、价格失真,从而降低市场配置资源的效率。

(三)垄断组织的表现形式

1. 卡特尔

卡特尔是指生产或销售某一同类商品的企业,为垄断市场、获取高额利润,通过在商品价格、产量和销售等方面订立协定而形成的同盟。参加这一同盟的成员在生产、商业和法律上仍然保持独立性。

2. 辛迪加

参加辛迪加的企业,在生产上和法律上仍然保持自己的独立性,但是丧失了商业上的独立性,销售商品和采购原料由辛迪加总办事处统一管理。其内部各企业间存在着争夺销售份额的竞争。

3. 托拉斯

由许多生产同类商品的企业或与产品有密切关系的企业合并组成。旨在垄断销售市场、争夺原料产地和投资范围,加强竞争力量,以获取高额垄断利润。参加的企业在生产上、商业上和法律上都丧失独立性。托拉斯的董事会统一经营全部的生产、销售和财务活动,领导权掌握在最大的资本家手中,原企业主成为股东,按其股份取得红利。参加的资本家为分配利润和争夺领导权进行激烈的竞争。

4. 康采恩

康采恩由不同经济部门的许多企业联合组成。包括工业企业、贸易公司、银行、运输公司和保险公司等。旨在垄断销售市场、争夺原料产地和投资场所,以获取高额垄断利润。参加康采恩的企业形式上保持独立,实际上受其中占统治地位的资本家集团的控制。康采恩产生的时间晚于卡特尔、辛迪加和托拉斯。康采恩中的各个成员企业仍保持法律上的独立性,不失其法人资格,处于核心地位的大企业或大银行作为持股公司,通过收买股票,参加董事会和控制各成员企业的财务,将参加康采恩的其他成员企业置于其控制之下。

二、反垄断法概述

(一)反垄断法概述

1. 反垄断法的概念

反垄断法又称反托拉斯法,是指通过规范垄断和限制竞争行为来调整企业及企业联合组织相互之间竞争关系的法律规范的总称,是市场经济国家基本的法律制度。

2. 反垄断法的特征

(1)反垄断法是调整竞争关系的经济法。

(2)反垄断法是抑制垄断、促进竞争的竞争政策法。

(3)反垄断法是以反垄断和反限制竞争为内容的狭义竞争政策法。

(二)垄断的类型

1. 滥用市场支配地位的行为

(1)滥用市场支配地位的概念

滥用市场支配地位是指具有市场支配地位的经营者利用其市场支配地位所实施的妨碍竞争的行为。

(2)滥用市场支配地位的分类

①阻碍性滥用。是指具有市场支配地位的经营者利用其市场支配地位所实施的、以限制和排除同业竞争者、维持和提高自身市场地位为直接目的的市场行为。具体包括以下几种行为：

第一,掠夺性定价。是指具有市场支配地位的经营者,为了扩大自身市场份额或者减少竞争对手的市场份额而以不合理的低价销售商品和提供服务的行为。

第二,过剩生产。是指具有市场支配地位的经营者,为了压缩竞争对手特别是潜在竞争对手的市场空间,通过过剩生产造成产品的供过于求,客观上形成过低市场价格的行为。

第三,独家交易。是指具有市场支配地位的经营者,凭借其市场支配地位要求其他经营者在特定市场内只销售自己的商品,不销售其他经营者的商品的行为。

第四,强制交易。是指具有市场支配地位的经营者,以胁迫的方法强制他人与自己交易,借以排除或者限制其他经营者的公平竞争的行为。

第五,拒绝交易。是指具有市场支配地位的经营者,没有正当理由,拒绝向购买者销售商品的行为。

第六,阻碍性滥用的搭售。是指具有市场支配地位的经营者,在销售其商场份额高的商品和服务时,搭配销售其市场份额低的商品和服务的行为。

第七,差别待遇。是指具有市场支配地位的经营者,在提供相同商品和服务时,对条件相同的交易对象确定不同的交易价格或者其他交易条件,从而增加被给予较低待遇的交易对象的利润率,排挤竞争对手的行为。

②剥削性滥用。是指具有市场支配地位的经营者,利用其市场支配地位所实施的、以获取超额利润为直接目的的市场行为。具体包括：

第一,垄断高价。是指具有市场支配地位的经营者,利用其市场支配地位,以远高于社会平均利润率的幅度确定其销售价格、销售商品和提供服务的行为。

第二,剥削性滥用的搭售。实际上是垄断高价的一种变相形式,是指由于所销售的商品和提供的服务严重供不应求而具有市场支配地位的经营者,在销售和提供其供不应求的商品和服务时,搭配销售和提供其库存积压、质次价高或供过于求的商品或服务的行为。

第三,垄断低价。是指具有市场支配地位的经营者,利用其市场支配地位,以远高于社会平均利润率的幅度确定其购买价格、购买商品和提供服务的行为。

2. 联合限制竞争行为

(1)联合限制竞争行为的概念

联合限制竞争行为是指经营者为限制竞争而达成协议、决定或者其他协同一致的行为。

(2)联合限制竞争行为的分类

①不同形式的联合。包括经营者之间限制竞争的协议、经营者团体的决议(如经营者联合形成的行会、商会、协会、联合会等联合体,同业从业人员的联合会等做出的决定,包括章程、规章、规则、决定、建议、信息交换协议、标准合同等)、经营者之间其他协同一致的经营行为。

②不同内容的联合。市场价格联合、市场额度联合、市场区域联合、技术联合、其他联合,包括其他排除、限制竞争的联合限制竞争的行为。

③在产业链上不同关系主体间的联合。包括横向联合和纵向联合。横向联合主要表现为固定价格、划分市场、联合抵制。纵向联合主要表现为限制转售价格、独家交易、特许协议。

3. 经营者集中行为

(1)经营者集中行为的概念

经营者集中行为是指经营者通过合并、收购、委托经营、联营或控制其他经营者业务或人事等方式,集中经营者经济力,提高市场地位的行为。

(2)经营者集中行为的分类:①经营者合并行为;②经营者控制行为。

4. 行政性垄断行为

(1)行政性垄断行为的概念

行政性垄断行为是指地方政府和各级政府部门违反法律规定,滥用行政权力限制市场竞争的行为。

(2)行政性垄断行为的种类

①行政性强制交易;②行政性限制市场准入;③行政性强制经营者限制竞争。

(三)反垄断法执行的基本路径和原则

1. 结构主义与行为主义

(1)结构主义的反垄断制度,即为控制行业集中度而对行业集中状态进行规范的垄断控制制度。它负担着调整行业集中度的任务,因而强制拆分解体大公司以恢复竞争性的市场结构是其必然的制度内容。

(2)行为主义的反垄断控制制度,即仅规范占市场支配地位企业的市场行为的垄断控制制度,它并不关心行业的集中程度。它的制度中没有结构性的制裁方法,只有如勒令停止与损害赔偿等方法。

2. 本身违法原则和合理原则

(1)本身违法原则,即为规制限制竞争行为,在适用法律、判断其违法性时,对一旦发生即会对市场竞争造成损害的限制竞争行为，只要确认该行为发生即认定其违法，不再考虑其他因素。

(2)合理原则，即为规制限制竞争行为，在适用法律、判断其违法性时，对于对市场竞争损害的发生与否和损害的大小并不确定的限制竞争行为，既要确认该行为是否发生，还要确认和考量行为人的市场地位，经济实力，行为的目的、方式和对市场竞争所造成的损害后果等诸多因素。

引例分析

本案中，该电信公司的行为侵害了孙先生的权益。该电信公司凭借其在当地的垄断地位，借以维持对预付费用户的差别待遇，其行为不仅违背了公平、等价、诚实信用的民法原则，也完全符合《反垄断法》第十七条第六款之规定的垄断行为："没有正当理由，对条件相同的交易相对人在交易价格等交易条件上实行差别待遇。"

第五节　消费者保护法

引例 1

A 先生在 B 市 C 超市购物时，无意中发现洗手间门口有张招贴画，上面写着"洗手间提示，未消费入内与我同类"，下面竟然是一只猪的漫画。他觉得这是对顾客极大的侮辱，感到异常气愤。该超市一位大堂经理表示，这张招贴画是总部前几天传过来的，刚挂了几天，你理解是什么意思就是什么意思。在场的顾客纷纷指责道，挂出如此漫画，岂不是谩骂没在超市消费又使用了超市洗手间的顾客？

问：超市的行为侵害了顾客的何种权利？顾客如要维权，法律依据是什么？

引例 2

2015 年 8 月，京城某公司职员 A 先生到 M 餐厅用餐，该店实习经理以衣冠不整为由拒绝他就餐，还将其领到一个告示牌前，上面写着："为了维护多数顾客的利益，本餐厅保留选择顾客的权利。"A 先生认为，他穿的 T 恤、短裤及拖鞋不属于衣冠不整之列，也没有侵犯其他顾客的权利。故以侵犯其名誉权为由诉至法院，请求判令该餐厅赔礼道歉，拆除店堂告示牌，赔偿精神损失费 5000 元。M 餐厅总经理对记者说，M 餐厅没有侵犯 A 先生的权益，餐厅不打算摘下公告牌并会积极应诉。

问：M 餐厅的行为是否合法？作为经营者，是否拥有对消费者的选择权？

一、消费者概述

(一)消费者的概念

消费者是指为了满足个人生活消费的需要而购买、使用商品或者接受服务的自然人。所谓生活消费,是指为满足自身需求而对外在物质及能量的消耗。

要理解消费者保护法中所界定的消费者,需注意两点:第一,消费者须限定在生活消费。购买、使用商品或接受服务,目的在于满足生活需要,不是出于此目的的(如生产目的、经营目的),则一般不被视为消费者。我国立法有个例外,农民若购买、使用直接用于农业生产的生产资料,适用《消费者权益保护法》。第二,消费者限于个体社会成员(即个人),这是国际通行做法,例如联合国《保护消费者准则》、欧洲《消费者保护宪章》等。实践中,存在法人、其他组织或团体以其名义购买、使用生活消费品或接受服务,即所谓"单位"消费者、团体消费者,目前不适用《消费者权益保护法》,而是适用其他法(如《合同法》)。

(二)消费者的特征

(1)消费者是个人,是购买、使用商品或接受服务的自然人。①生活消费的终极主体只能是自然人。美国的《布莱克法律词典》认为:"消费者是那些购买、使用、持有、处理产品或服务的个人"。1978 年国际标准化组织消费者政策委员会在日内瓦召开的第一届年会上,将"消费者"定义为"为个人目的购买或使用商品和服务的个体成员"。俄罗斯联邦《消费者权利保护法》将"消费者"定义为"使用、取得、定做或者具有取得或定作商品(工作、劳务)的意图以供个人生活需要的公民"。②相对于对经营者而言,消费者处于弱势地位。

(2)消费者购买、使用的商品或接受的服务是由经营者提供的,而不是自己生产、制造的。

(三)消费者问题产生的原因

(1)经营扩大化。随着生产的社会化和专业化程度的提高,经营者的组织化程度也越来越高,越来越多具有垄断优势的企业出现在不同市场领域,与之相比,消费者只是分散、孤立的个体,明显处于弱势地位。生产与经营的社会化、专业化,常常使消费者难以靠自己的力量去寻找和追究侵害消费者权益的具体责任者。同时,若依一般民事诉讼程序进行诉讼,则费时耗力,费用高昂,因而诉讼的救济手段常常使消费者望而却步,默认亏损。

(2)信息不对称。消费者难以对商品的结构、性能、品质等诸多方面有明确而深刻的了解,因而对商品的信息知之甚少或者存在认识错误;并且,作为促销手段的各种宣传媒介,也往往向消费者传递不真实的信息;而经营者则利用这种信息不对称扩大了针对消费者的优势。

(3)垄断的出现。垄断使传统的合同自由原则受到破坏或突破，由于消费者处于弱者的地位，因而不得不屈从于实力雄厚的各种组织体所制定的不利于自己的合同条件。

二、消费者保护法概述

(一)消费者保护法的概念

消费者保护法是对调整在保护公民消费过程中所产生的社会关系的法律规范的总称。通常所指的消费者权益保护法是指我国1994年1月1日起施行、2014年3月15日经由全国人大修订的《中华人民共和国消费者权益保护法》。

(二)消费者的权利

1. 安全保障权

(1)法条出处

《中华人民共和国消费者权益保护法》(以下简称《消法》)第七条："消费者在购买、使用商品和接受服务时享有人身、财产安全不受损害的权利。消费者有权要求经营者提供的商品和服务，符合保障人身、财产安全的要求。"

(2)对应的经营者义务

《消法》第十八条："经营者应当保证其提供的商品或者服务符合保障人身、财产安全的要求。对可能危及人身、财产安全的商品和服务，应当向消费者做出真实的说明和明确的警示，并说明和标明正确使用商品或者接受服务的方法以及防止危害发生的方法。宾馆、商场、餐馆、银行、机场、车站、港口、影剧院等经营场所的经营者，应当对消费者尽到安全保障义务。"第十九条："经营者发现其提供的商品或者服务存在缺陷，有危及人身、财产安全危险的，应当立即向有关行政部门报告和告知消费者，并采取停止销售、警示、召回、无害化处理、销毁、停止生产或者服务等措施。采取召回措施的，经营者应当承担消费者因商品被召回支出的必要费用。"

经营者在合理限度范围内承担的直接责任需要考察的要点：

①经营者的经营活动引起正当信赖；

②损害发生于经营者的危险控制范围；

③对发生损害的潜在危险，经营者能够合理予以控制；

④损害结果的发生没有第三责任者的介入。

因第三人侵权导致损害结果发生的，由实施侵权行为的第三人承担赔偿责任。安全保障义务人有过错的，应当在其能够防止或者制止损害的范围内承担相应的补充赔偿责任。安全保障义务人承担责任后，可以向第三人追偿。赔偿权利人起诉安全保障义务人的，应当将第三人作为共同被告，但第三人不能确定的除外。

2. 知悉真情权

(1)法条出处

《消法》第八条："消费者享有知悉其购买、使用的商品或者接受的服务的真实情况的权利。消费者有权根据商品或者服务的不同情况，要求经营者提供商品的价格、产地、生产者、用途、性能、规格、等级、主要成分、生产日期、有效期限、检验合格证明、使用方法说明书、售后服务，或者服务的内容、规格、费用等有关情况。”

(2)对应的经营者义务

《消法》第二十条：“经营者向消费者提供有关商品或者服务的质量、性能、用途、有效期限等信息，应当真实、全面，不得做虚假或者引人误解的宣传。经营者对消费者就其提供的商品或者服务的质量和使用方法等问题提出的询问，应当做出真实、明确的答复。经营者提供商品或者服务应当明码标价。”第二十一条：“经营者应当标明其真实名称和标记。租赁他人柜台或者场地的经营者，应当标明其真实名称和标记。”

3. 自主选择权

《消法》第九条：“消费者享有自主选择商品或者服务的权利。消费者有权自主选择提供商品或者服务的经营者，自主选择商品品种或者服务方式，自主决定购买或者不购买任何一种商品、接受或者不接受任何一项服务。消费者在自主选择商品或者服务时，有权进行比较、鉴别和挑选。”

4. 公平交易权

《消法》第十条：“消费者享有公平交易的权利。消费者在购买商品或者接受服务时，有权获得质量保障、价格合理、计量正确等公平交易条件，有权拒绝经营者的强制交易行为。”

比如，一些餐饮企业收取的一次性消毒餐具费用，即侵害了消费者的公平交易权。餐饮业经营者向消费者提供经过消毒且达到国家卫生标准的餐具、纸巾，是法定义务和附随义务；该项服务产生的费用是经营成本的一部分，理应由餐饮企业承担，如果将其转嫁到消费者头上，就是在变相降低与消费者约定的服务标准。

由于提供经过消毒且达到国家卫生标准的餐具、纸巾是经营者的法定义务，所以经营者不能以店堂告示或者外包装印制相关说明等方式，即以所谓“明示告知”来免责。

5. 依法求偿权

《消法》第十一条：“消费者因购买、使用商品或者接受服务受到人身、财产损害的，享有依法获得赔偿的权利。”消费者在人身权上受到的损害，包括在生命健康权和人格方面的姓名权、名誉权、荣誉权等方面受到侵害。消费者财产权上受到的损害，包括财产上的直接损失和间接损失。直接损失，指现有财产上的损失，如财物被毁损、伤残后花费的医药费用等；间接损失，指预期利益的损失，如因被侵害住院而减少的劳动收入或伤残后丧失劳动能力而得不到劳动报酬等。

在消费者保护法中，享有求偿权的主体为因购买、使用商品或者接受服务而蒙受损失的自然人受害者。受害者包括：①商品的购买者；②商品的使用者，此种情况下，该受害者可能并非是商品的购买者；③接受服务者；④第三人，即在别人购买、使用商品或接受服务的过程中受到人身或财产损害的其他消费者。

6. 依法结社权

《消法》第十二条:"消费者享有依法成立维护自身合法权益的社会组织的权利。"

在我国,目前消费者社会组织主要是中国消费者协会和地方各级消费者协会。中国第一家消费者协会成立于河北新乐,全国性的中国消费者协会成立于 1984 年 12 月;从 2007 年开始,中国消费者协会享受 750 万元全额中央财政拨款,成为国内唯一一家享受政府支持的在册社会组织。

根据《消法》第三十七条,消费者协会履行下列公益性职责:①向消费者提供消费信息和咨询服务,提高消费者维护自身合法权益的能力,引导文明、健康、节约资源和保护环境的消费方式;②参与制定有关消费者权益的法律、法规、规章和强制性标准;③参与有关行政部门对商品和服务的监督、检查;④就有关消费者合法权益的问题,向有关部门反映、查询,提出建议;⑤受理消费者的投诉,并对投诉事项进行调查、调解;⑥投诉事项涉及商品和服务质量问题的,可以委托具备资格的鉴定人鉴定,鉴定人应当告知鉴定意见;⑦就损害消费者合法权益的行为,支持受损害的消费者提起诉讼或者依照本法提起诉讼;⑧对损害消费者合法权益的行为,通过大众传播媒介予以揭露、批评。

7. 获取知识权

《消法》第十三条:"消费者享有获得有关消费和消费者权益保护方面的知识的权利。消费者应当努力掌握所需商品或者服务的知识和使用技能,正确使用商品,提高自我保护意识。"消费者获得有关知识的权利,不仅有利于提高消费者的自我保护能力,而且也是实现消费者其他权利的重要条件。特别是获得消费者权益保护方面的知识,可以使消费者在合法权益受到侵害时,有效地寻求解决消费纠纷的途径,及时获得赔偿。

8. 维护尊严权

(1)法条出处

《消法》第十四条:"消费者在购买、使用商品和接受服务时,享有人格尊严、民族风俗习惯得到尊重的权利,享有个人信息依法得到保护的权利。"

(2)对应的经营者义务

《消法》第二十七条:"经营者不得对消费者进行侮辱、诽谤,不得搜查消费者的身体及其携带的物品,不得侵犯消费者的人身自由。"

9. 批评监督权

《消法》第十五条:"消费者享有对商品和服务以及保护消费者权益工作进行监督的权利。消费者有权检举、控告侵害消费者权益的行为和国家机关及其工作人员在保护消费者权益工作中的违法失职行为,有权对保护消费者权益工作提出批评、建议。"

10. 购物反悔权

(1)法条出处

《消法》第二十五条:"经营者采用网络、电视、电话、邮购等方式销售商品,消费者有权自收到商品之日起七日内退货,且无须说明理由,但下列商品除外:①消费者定做的;②鲜活易腐的;③在线下载或者消费者拆封的音像制品、计算机软件等数字化商品;④交付的报纸、期刊。除前款所列商品外,其他根据商品性质并经消费者在购买时确认不宜退货的商品,不适用无理由退货。消费者退货的商品应当完好。经营者应当自收到退货商品之日起七日内返还消费者支付的商品价款。退回商品的运费由消费者承担;经营者和消费者另有约定的,按照约定。"

(2)定义和特点

所谓消费者反悔权,是指双方交易完成后,消费者无须说明理由,即可以毁约以解除合同的权利。特点是:法定性、单方性、无因性、限制性。

(3)适用前提

①消费方式:采用网络、电视、电话、邮购等方式销售商品。对于直销业务、大宗耐用消费品没有相关规定。

②退货的时间限制:自收到商品之日起七日内退货。退货的时间起算:交付运输即可。

(三)经营者的义务

经营者是指以营利为目的而从事商品生产和销售以及提供服务的人(公民、法人和其他经济组织)。《中华人民共和国反垄断法》第12条明确规定:"经营者,是指从事商品生产、经营或者提供服务的自然人、法人和其他组织。"

经营者的义务主要有:

(1)依法定或依合同约定履行义务。《消法》第十六条规定:"经营者和消费者有约定的,应当按照约定履行义务,但双方的约定不得违背法律、法规的规定。"

(2)听取意见和接受监督的义务。消费者在购买商品或在不购买商品时,均有权对经营者及对经营者的商品提出意见和建议,经营者应当听取。

(3)保障消费者人身和财产安全的义务。①经营者应当保证其提供的商品或者服务符合保障人身、财产安全的要求;②对可能危及人身、财产安全的商品和服务,应当向消费者做出真实的说明和明确的警示,并说明和标明正确使用商品或者接受服务的方法以及防止危害发生的方法;③经营者发现其提供的商品或者服务存在严重缺陷,即使正确使用商品或接受服务仍然可能对人身、财产安全造成危害的,应当立即向有关部门报告和告知消费者,并采取防止危害发生的措施。

(4)提供符合要求的商品和服务的义务。①经营者应当保证在正常使用商品或者接受服务的情况下其提供的商品和服务应当具有的质量、性能、用途和有效期限,但消费者在购买该商品或者接受该服务前已经知道其存在瑕疵的除外;②经营者以广告、产品说明、实物样品或者其他方式表明商品或者服务的质量状况的，应当保证其提供的商品或者服务的实际质量与表明的质量状况相符。

(5)标明经营者真实名称和标记的义务。①经营者应当标明其真实名称和标记；②租赁他人柜台或者场地的经营者，应当标明其真实名称和标记。

(6)不做虚假宣传的义务。①经营者应当向消费者提供有关商品或者服务的真实信息，不得做引人误解的虚假宣传；②经营者对消费者就其提供的商品或者服务的质量和使用方法提出的询问，应当做出真实、明确的答复；③商店提供商品应当明码标价。

(7)出具凭证和单据的义务。①经营者提供商品或者服务，应当按照国家有关规定或者商业惯例向消费者出具购货凭证或者服务单据；②消费者索要购货凭证或者服务单据的，经营者必须出具。

(8)不得从事不公平、不合理交易的义务。依据《消法》第二十六条，经营者在经营活动中使用格式条款的，应当以显著方式提请消费者注意商品或者服务的数量和质量、价款或者费用、履行期限和方式、安全注意事项和风险警示、售后服务、民事责任等与消费者有重大利害关系的内容，并按照消费者的要求予以说明。经营者不得以格式合同、通知、声明、店堂告示等方式，做出排除或者限制消费者权利、减轻或者免除经营者责任、加重消费者责任等对消费者不公平、不合理的规定。格式合同、通知、声明、店堂告示等含有上述所列内容的，其内容无效。

(9)不得侵犯消费者人身权的义务。经营者不得对消费者进行污辱、诽谤；不得搜查消费者的身体及其携带的物品，不得侵犯消费者的人身自由。

(10)保障消费者信息安全的义务。经营者收集、使用消费者个人信息，应明示收集、使用信息的目的、方式和范围，并经消费者同意。经营者对收集的消费者个人信息必须严格保密，不得泄露、出售或者非法向他人提供，并应采取技术措施和其他必要措施，确保信息安全。

(11)承担惩罚性赔偿金的义务。①欺诈行为的惩罚性赔偿金：经营者提供商品或者服务有欺诈行为的，应当按照消费者的要求增加赔偿其受到的损失，增加赔偿的金额为消费者购买商品的价款或者接受服务的费用的3倍；增加赔偿的金额不足500元的，为500元。法律另有规定的，依照其规定。②侵权行为的惩罚性赔偿金：经营者明知商品或者服务存在缺陷，仍然向消费者提供，造成消费者或者其他受害人死亡或者健康严重损害的，受害人有权要求经营者依照《消法》第四十九条、第五十一条等法律规定赔偿损失，并有权要求所受损失两倍以下的惩罚性赔偿。

引例1分析

该超市的行为侵害了消费者的人格尊严权。

该超市的行为违反了《消法》第二十七条的规定，经营者不得对消费者进行侮辱和诽谤。包括经营者使用不文明、不礼貌的语言，对消费者的人格尊严进行贬低和诋毁。根据《消法》第五十条规定，经营者应停止侵害，恢复名誉，消除影响，并赔偿损失。

本案的关键在于，未在该超市购物而使用其洗手间的顾客是否能被认定为消费者，针对他们的侮辱性漫画能否依据《消法》来处理。认定消费者资格的一个重要标准是消费动机的确定。在辨析行为人的身份是否为消费者时，并非以其与经营者之间是否成立消费合同为标准，而应以行为人是否具有消费动机为标准。当然，这里的消费动机是指有消费的可能，而非必须存在已有的消费行为。

引例2分析

M餐厅的行为是否合法以及其是否有选择消费者的权利，应考察如下因素：

(1)经营者设定的限定条件或标准应与消费活动的性质相适应并为该消费活动所必需，从而已经成为社会公众的基本认识。

(2)条件或标准应具有合法性。所谓合法性，是指这些条件与标准是法律明文规定与要求的，或者不违反法律的禁止性规定。

(3)条件和标准应具有合理性。一方面，这样的条件和标准应具有可实现性，也就是说，此种条件是消费者经过自己的努力可以达到与实现的，从而保证了条件与标准对于全体消费者的平等性，不存在歧视的因素。另一方面，这些条件与标准应当存在正当的目的与理由，如社会公众利益、其他消费者的利益等，而与此无关的因素如经营者及其职员的个人爱好、情绪等不应成为选择的标准。

(4)选择条件的公开。

本章思考题

1. 你对经济法的地位有何认识？
2. 税收法是如何发挥其宏观调控职能的？
3. 赋予消费者购物反悔权的法理依据是什么？

第七章

商法

要点提示

- 商法是指调整商事关系的法律规范的总和，具有自治性、协调性、技术性、国际性等特征。
- 商法的基本原则包括商事主体法定原则、维护交易公平原则、保障交易安全原则、保障交易迅捷原则。
- 公司是依照公司法组成并登记的以营利为目的的社团法人。我国的公司包括有限责任公司和股份有限公司两种。

第一节 商法总论

引例

原告上海存亮贸易有限公司（简称存亮公司）诉称：其向被告常州拓恒机械设备有限公司（简称拓恒公司）供应钢材，拓恒公司尚欠货款1395228.6元。被告房恒福、蒋志东和王卫明为拓恒公司的股东，拓恒公司未年检，被工商部门吊销营业执照，至今未组织清算。因其怠于履行清算义务，导致公司财产流失、灭失，存亮公司的债权得不到清偿。根据公司法及相关司法解释规定，房恒福、蒋志东和王卫明应对拓恒公司的债务承担连带责任。故请求判令拓恒公司偿还存亮公司货款1395228.6元及违约金，房恒福、蒋志东和王卫明对拓恒公司的债务承担连带清偿责任。

被告蒋志东、王卫明辩称：1. 两人从未参与过拓恒公司的经营管理；2. 拓恒公司实际由大股东房恒福控制，两人无法对其进行清算；3.拓恒公司由于经营不善，在被吊销营业执照前已背负了大量债务，资不抵债，并非由于蒋志东、王卫明怠于履行清算义务而导致拓恒公司财产灭失；4.蒋志东、王卫明也曾委托律师对拓恒公司进行清算，但由于拓恒公司财物多次被债权人哄抢，导致无法清算，因此蒋志东、王卫明不存在怠于履行清算义务的情况。故请求驳回存亮公司对蒋志东、王卫明的诉讼请求。

被告拓恒公司、房恒福未到庭参加诉讼，亦未做答辩。

法院经审理查明：2007年6月28日，存亮公司与拓恒公司建立钢材买卖合同关系。存亮公司履行了7095006.6元的供货义务，拓恒公司已付货款5699778元，尚欠货款1395228.6元。另外，房恒福、蒋志东和王卫明为拓恒公司的股东，所占股份分别为40%、30%、30%。拓恒公司因未进行年检，2008年12月25日被工商部门吊销营业执照，至今股东未组织清算。现拓恒公司无办公经营地，账册及财产均下落不明。拓恒公司在其他案件中因无财产可供执行被中止执行。

上海市松江区人民法院于2009年12月8日做出(2009)松民二(商)初字第1052号民事判决：一、拓恒公司偿付存亮公司货款1395228.6元及相应的违约金；二、房恒福、蒋志东和王卫明对拓恒公司的上述债务承担连带清偿责任。宣判后，蒋志东、王卫明提出上诉。上海市第一中级人民法院于2010年9月1日做出(2010)沪一中民四(商)终字第1302号民事判决：驳回上诉，维持原判。

问：作为商法人的股东在公司被吊销营业执照后没有及时清算，应该如何承担责任?

一、商法概述

商法又称商事法，它是指规制营利性主体的经营性活动，调整由其所产生的商事关系的法律规范的总称。按照传统商法学者的认识，商法为“规定关于商事之法律”，其内容或是规制商主体，或是规制商行为，而其最终目的在于调整由商事活动引起的商品经济关系，以形成反映其要求的法律秩序。商法具有形式意义上的商法与实质意义上的商法之分。

形式意义上的商法，是指以商法为名称，依法定程序制定的法典，它着眼于规范的表现形式和法律的编纂结构，并最终表现为一个成文的法律文件——商法典。形式意义上的商法的内容通常包括：商法一般规则、公司法、保险法、破产法、票据法、海商法等基本制度。

实质意义上的商法有广义的商法与狭义的商法之别。所谓广义的商法是指调整各种商事关系的国际商法规范、国内商法规范、商公法规范和商私法规范的总称。而狭义的商法则仅指调整国内商事关系的商事私法，即国内商法中的商事私法。从现代各国商法的内容来看，商法日益表现出国际性规范与国内规范相交错，公法规范与私法规范相融合的趋向。

(一)商法的特征

按照传统民商法理论的认识,商法与民法一样,同属于私法范畴,它们是社会商品经济关系的基本法律反映。这一认识自然是不错的,但是与民法相比,商法又具有其自身的特征。

1. 营利性

商法是关于营利性主体从事营利性营业行为的基本法律,其内容或是与营利性主体的设立、变更有关,或是与主体从事的各类营利性营业行为有关。无论是其商业登记制度、商业账簿制度、商业财产制度、商业名称制度,还是有关买卖、代理、仓储、票据、证券、海商、保险等特别法规则,均要考虑到商事活动的营利性和经营性。

2. 协调性

现代商法兼具私法和公法的特性,是公私法相结合的法律。立足点是调整市民社会的商事活动,保护商事主体的合法利益;同时在商法领域即商事立法中越来越多地体现政府经济职权色彩和干预调节与维护社会公共利益的内容,这些内容鲜明地带有公法属性。

3. 技术性

商法以经济上实用为依归,以独特的形式反映了商品经济的内在规律,其内容中包含了大量的技术性规范,这与民法偏重于伦理性规范的特点迥然不同。例如,票据法中关于票据的文义性、要式性及无因性等规定,关于出票行为、背书行为、承兑行为、参加承兑、票据抗辩、追索权之行使等规则均为技术性规范而含蕴立法宗旨于其中;保险法中有关保险费用、保险金额、保险标的和诸多行为规则亦广泛涉及数学及统计学中原理,具有社会性和客观性;海商法中关于船舶、拖带、船舶碰撞、共同海损、理算规则等也涉及大量的技术性规范内容;此外,公司法中关于股东会议程序、股份、公司会计、债券等规则亦均具有技术性。

4. 国际性

17 世纪以后,随着各国成文商法典的制定,商法取得了国内法的形式,但各国法就其内容而言却仍具有明显的共同性和相容性。19 世纪以来,由于国际贸易和国际商事活动的长足发展,在西方国家范围内再次掀起了“商法国际化”和“商法一体化”的热潮,一方面表现为欧洲共同体成员国之间日渐高涨的商法统一化运动,学者间要求复兴古典商法的思潮,乃至主张使商事仲裁最终脱离民族、国家的法律体系的倾向。另一方面又表现为愈来愈多的国际商事条约和国际商事组织对世界各国国内商法的渗透和影响。

(二)商法的基本原则

商法的基本原则是指集中体现商法的性质和宗旨,调整商事法律关系必须遵守的基本准则。它是制定商法典的根本出发点,更是适用商法的指导原则。

1. 商事主体法定原则

商事主体是指为商法所确认，具有营业能力以自己名义从事商事活动享有商事权利并承担商事义务的人。商事主体法定原则包括主体的类型法定和内容法定。商事主体类型法定是指商法对于商事主体的类型加以强行法规制，并禁止当事人任意创设非典型性商事主体的法律要求。商事主体内容法定是指商法对于各种类型商事主体的财产关系和组织关系加以强行法规制，禁止当事人创设或经变更形成具有非规范性财产关系和组织关系的具体商事主体的法律要求。

2. 维护交易公平原则

商事主体从事商事交易，其目的皆在于营利，此种交易目的的实现和平衡受到价值规律的支配。商法为了保障社会商事交易的稳定持续进行，反映价值规律的内在要求，必须坚持交易公平原则。在商法中它主要表现为交易平等、等价有偿和诚实信用等原则。近几十年来，相当一部分国家的商法设立了旨在保障商事公平交易的特别法制度，对于实践中的不公正交易实施全面调整。

3. 保障交易安全原则

商事活动虽要求灵活、迅捷，但如离开了交易的安全性，此种灵活和迅捷也就丧失了意义，因此，保障交易安全便构成了商法的又一基本原则。商法上对于交易安全的维护主要表现为对于商事交易条件采取强制主义、公示主义、外观主义及严格责任主义的规定。①强制主义，即国家通过商法公法化手段对商事关系施以强行法规制；②公示主义，即商事主体对涉及利害关系人在营业上的事实负有公开告知的义务，如持续信息公开；③外观主义，即当事人以交易行为外观为标准而认定其行为所产生的法律效果，如票据的文义性；④严格责任主义，即从事商事交易行为的人应承担的责任更为严格，为保障交易的安全，特别地加重商事交易中某些行为人的责任，如公司设立时股东的连带责任。

4. 保障交易迅捷原则

在现代商业实践中，交易速度或商品流转速度具有至关重要的意义，其重要性丝毫不亚于交易的公平性。这就要求商法中确认交易迅捷原则，要求商法的各项具体规则反映商事活动不同于一般民事活动的特征。商法中的保障交易迅捷原则主要体现为交易简便性原则、短期时效主义和定型化交易规则三个方面。商法规则不同于民法规则的一个重要特征，在于其强调商事行为的简便性，如现代各国商法实践中广泛采用的票据、提单、保险单、流通证券等均是交易迅捷原则的具体体现。现代商法通常采取短期时效主义，按照这一立法主义，商法对于各类商事请求权普遍采取不同于民法上时效期间的短期时效，如各国商法对于商事契约的违约求偿权多适用 2 年以内的短期消灭时效；对于票据请求权多适用 6 个月、4 个月，甚至 60 日的短期消灭时效。商法保障交易迅捷原则的另一法律体现是定型化交易规则，如公司法上的股票及公司债券，票据法上的各种票据，保险法上的保险单，海商法上的载货证券等均为定型化交易规则。

二、商事主体

商事主体在传统商法中又称为商人，是指具有商法上的资格或能力，以自己的名义从事营业性商事行为，独立享有商法上权利并承担商法上义务的组织和个人。

按照现代各国商法的一般理解，构成商事主体实质性标准在于其从事商行为。这就是说，构成商主体须符合三项条件：①主体须从事特定的营利性行为，不从事营利性行为的个人或组织不属于商主体；②主体须持续地从事同一性质的营利性行为，偶然从事某项营利活动的个人或组织通常不属于商主体；③主体须以该特定的营利性活动为其职业或营业。从事非营业性营利活动者按照一些国家的法律规定也不属于商主体，值得说明的是，以营利性营业行为作为商主体的实质构成要件，并不意味着商法取消了对商主体的商业登记要求。恰恰相反，按照多数国家的法律规定，无论是自然人还是社团组织，凡欲取得商事能力，首先须履行特定的商业登记过程，以明确其具体的营业范围；另有些国家（如法国）的法律虽然原则上认可非商人亦可以从事某些商行为，但这些国家的法律同样也规定，从事持续性商事营业者，须履行商业登记程序。由此可见，现代各国所奉行的商行为法立场不过是赋予一切民事主体以选择从事商行为的自由，并且以商业登记的核准制度取代了等级社会中的特许制度。

（一）商事主体的特征

商事主体作为商特别法中的主体，具有不同于一般民事主体的法律特征。而商法的基本作用首先在于通过一系列具体的规则，保障商主体的公示性和规范性。商事主体须是商法上确认和规定的主体，其主体资格的取得与丧失、权利与义务、主体的名称及类别等均由商事法规定。首先，商事主体本质上是某种法律拟制主体，它具有与一般民事主体不同的特殊权利能力和行为能力，即所谓特定营业范围内的商事能力或商法上的资格。其次，商事主体是以营利性活动为营业的主体，商事主体必然是从事特定商行为的主体，是持续从事该种商行为的主体，并且是以该种商行为为营业的主体。最后，商事主体又是商事法律关系的当事人，是商法上权利义务的承担者。它能够以自己的名义从事商事活动，独立享有权利承担义务，并以特定范围的商业资产承担财产责任。

（二）商事主体的分类

1. 商事个人

商事个人是指按照法定程序取得了特定的商事能力，独立从事营业性商行为，依法承担商法上权利和义务的个人或自然人。商事个人包括个体工商户、农村承包经营户和个人独资企业。个体工商户是指公民以个人财产或者家庭财产作为经营资金，依法经核准登记并在法定范围内从事工商业经营的个人或家庭。农村承包经营户是农村集体经济组织的成员，在法律允许的范围内，按照承包合同规定从事商品经营的主体。个人独资企业是指依照个人独资企业法在中国境内设立，由一个自然人投资，财产为投资人个人所有，投资人以其个人财产对企业债务承担无限责任的经营实体。

2. 商事合伙

所谓商事合伙，是指两个或两个以上民事主体为了获得共同的利益而以共同出资、共同经营、共负盈亏等责任方式，经登记设立的一种营利性的企业组织形态。

根据我国《合伙企业法》的有关规定，商事合伙以不同的责任制度为标准分为三种形态：①普通合伙，是指当合伙企业不能清偿到期债务时，合伙人对合伙债务承担无限连带责任的合伙企业。普通合伙要求各合伙人为具有完全行为能力的自然人，且企业名称中应当标明"普通合伙"字样。②有限合伙，是指在至少有一位合伙人承担无限责任的基础上，允许其他合伙人承担有限责任的合伙企业。其中，有限合伙人不要求具有民事行为能力。③特殊的普通合伙，是指一个或者数个合伙人在执业活动中因故意或者重大过失造成合伙企业债务的，应当对该债务承担无限连带责任，其他合伙人以其在合伙企业中的财产份额为限承担责任；对于其他合伙企业债务，所有合伙人承担无限连带责任。

3. 商法人

商法人是指基于营利性营业目的而设立的，具有特定的商事能力和资格，依法独立享有权利、承担义务，并以其经营资产独立承担责任的社团组织。各国民商法中普遍存在的股份有限公司、有限责任公司和其他从事营利性营业的有限责任企业或组织，均属于商法人之列。可以说，商法人是现代商事活动中最基本的商主体类型。商法人不同于商个人和商合伙之处在于，商法人是某种社团组织，它对外具有独立的商法上的主体资格，对内具有统一的意思机构和执行机构；商法人具有区别于其投资者的独立财产和财产权；商法人是独立承担财产责任的有限责任主体。此外，商法人在其行为内容、权利能力、设立条件和法律适用上又具有不同于非营利法人的特征。

三、商事行为

商事行为是以营利为目的而实施的行为。营利目的对区分商事行为和非商事行为具有特别重要的意义。公益机构、宗教机构和政治组织都可能从事经济活动，但都不得以营利为目的，因而其行为不是商事行为。商事行为具有以下特征：

第一，商事行为是主体以营利为目的而从事的行为。这一特征指明了商事行为所普遍含有的营利性目的或经济性目的，而不论某一特定商行为事实上是否能够营利。

第二，商事行为原则上是某种营业性行为。它表明主体至少在一段期间内连续不断地从事某种同一性质的营利活动，因而具有营业性或职业性。按照多数国家的商法规定，一般民事主体偶尔从事的营利行为（如家用物件的售卖）不属于商事行为，也不适用商特别法的控制规则。

第三，商事行为本质上是具有商事行为能力的主体从事的营利性活动。现代各国商法对于商事行为含义的界定往往既要借助于“营利性营业行为”的一般概括，又须通过类型法定方式列举具体商事行为的范围。换言之，商事行为必然意味着该主体已经具有特定的商事行为能力。在我国，民事主体欲从事合法的商事行为首先须履行商业登记程序，核定其特定营业范围，取得特殊的商事行为能力。

四、商事登记

商事登记，也称商业登记，是指商事主体或商事主体的筹办人，为了设立、变更或终止商事主体资格，依照法律法规的规定，将登记事项向登记机关提出，并经登记机关核准登记的法律行为。商业登记是申请人的申请登记行为和主管机关的审核登记注册行为相结合的一种综合性行为，是国家对商事活动实施法律调整和进行宏观控制的必要手段和必要环节。

（一）商事登记的特征

1. 创设性

商事登记是一种创设、变更或终止商事主体资格的法律行为，其基本目的在于为商事活动的参加人设立、变更或者终止商事主体谋求法律确认，其效力在于使商事主体取得、变更或终止其商事权利能力和商事行为能力。因此，商事主体资格或其特定商事能力的起始取决于商事登记行为生效的时间。

2. 要式性

商事登记是要式法律行为，主要体现在以下几个方面：一是商事登记必须依照法定的程序；二是商事登记行为必须向法定主管机关履行；三是商事登记的内容和事项由商事登记法律以强行性条款规定，申请登记的内容必须符合法律要求；四是商事登记必须采取法定的格式；五是登记行为的生效必须符合法定的条件。

3. 公法性

商事登记是商法的公法性最为集中的体现。虽然商事登记本身属于商法所规范的私法上的行为，但它更多地体现了国家意志，是国家公权力介入商事活动的一种方式，因此，理论上也有把商业登记视为一种公法上的行为，将商事登记制度纳入商事统制法的范畴。我国有的学者还认为，商事登记行为属于行政法律行为，由行政相对人的申请登记行为和行政主管机关的审核登记注册行为组成。这与商事主体所从事的以意思表示为特征的纯粹商事行为不同。

（二）商事登记的意义

商事登记作为国家调整商事交易行为的一个重要手段，对于保障商事主体的合法权益、维护商事交易的安全具有重要意义。具体表现在：

（1）确认商事主体的商事活动资格，保护商事主体的合法营业活动。通过商事登记，核准商事主体的名称、住所、法定代表人、注册资本、企业类型、经营范围、营业期限等，使其取得合法的商事主体资格，并在法律规定和确认的范围内独立从事商事活动，享有商法上的权利，承担商法上的义务，维护自己的合法权益。

(2)有利于昭示营业信用，维护交易安全。商事登记的基本作用不仅在于通过法律程序创制或确定经营性主体，而且在于确认登记事项的效力，向社会公开经营性主体的信用、能力和责任。商事登记便于社会公众了解商事主体的信息和资料，维护交易安全。通过商事登记公示商事主体的经营身份、经营状况、经营能力，确立经营信誉，可以为商事活动的参加人提供交易相对人的准确信息，使其明智地选择和决定自己的交易行为，进而保护交易相对人和社会公众的利益。

(3)有利于国家的监督管理，维护良好的社会经济秩序。商事登记可以使国家取得各项必要的统计资料，有利于国家及时了解商事主体的经营状态，有利于对各种不同企业的设立和经营进行必要的国家监督，从而实现国家对商事主体的法律调整和整个国家商事活动的宏观规划，维护良好的社会经济秩序。

五、商号

商号是商事主体在营业活动中表彰自己的名称，又称字号，由两个以上的字符组成。商号的特征有以下几个方面：①商号是商事经营主体的名称。商号是区分不同商事主体的标志，一般而言，在同一地区的同一种营业中，不同的商事主体应使用不同的商号。商号不同于商标，商标只是区分一定范围内的产品或服务。法律对商号的保护仅限于商号的名称，它保护不到商号的产品。但商号与商标也有一定的联系，有些商号由于历史久远，影响颇广，从而被用作商标，如“张小泉”剪刀厂就以“张小泉”作为剪刀的商标，有些商标由于知名度高，就被用作商号，比如“可口可乐”就被用到厂家的名称中。②商号是商事主体在商事交易中使用的名称。商号是商事主体在营业中使用的区别于其他商事主体的标志，其目的是避免在交易过程中发生主体混乱和营业混乱。③商号与商事主体不可分离。商号不能脱离它所标志的主体而独立存在。

1. 商号的选定

商号采用企业名称的，应由以下部分依次组成：字号、行业或经营特点、组织形式。企业名称应当冠以企业所在省或市、县、行政区划的名称。

依公司法设立的有限责任公司必须在公司名称中标明有限责任公司字样，股份有限公司应在名称中标明股份有限公司字样。

此外，根据我国法律，禁止基于不正当目的使用商号的情形包括：①有损于国家、公共利益的；②可能对公众造成欺骗或误解的；③外国国家的名称、国际组织的名称；④政党名称、党政军机关名称、群众组织名称、社会团体名称及部队番号；⑤汉语拼音字母数字；⑥其他法律、行政法规禁止的。

2. 商号的保护

商号权人使用其经登记的商号，他人不得妨害；商号权人因使用其商号而产生的利益应归属于商号权人。商号权具有排他性，未经商号权人的同意，他人不得使用。商号权兼具人格权和财产权的性质。在登记主管机关辖区内不得与已登记注册的同行业企业名称相同或近似。

引例分析

存亮公司按约供货后，拓恒公司未能按约付清货款，应当承担相应的付款责任及违约责任。房恒福、蒋志东和王卫明作为拓恒公司的股东，应在拓恒公司被吊销营业执照后及时组织清算。因房恒福、蒋志东和王卫明怠于履行清算义务，导致拓恒公司的主要财产、账册等均已灭失，无法进行清算，房恒福、蒋志东和王卫明怠于履行清算义务的行为，违反了公司法及其司法解释的相关规定，应当对拓恒公司的债务承担连带清偿责任。拓恒公司作为有限责任公司，其全体股东在法律上应一起成为公司的清算义务人。公司法及其相关司法解释并未规定蒋志东、王卫明所辩称的例外条款，因此无论蒋志东、王卫明在拓恒公司中所占的股份为多少，是否实际参与了公司的经营管理，两人在拓恒公司被吊销营业执照后，都有义务在法定期限内依法对拓恒公司进行清算。

关于蒋志东、王卫明辩称拓恒公司在被吊销营业执照前已背负大量债务，即使其怠于履行清算义务，也与拓恒公司财产灭失之间没有关联性。根据查明的事实，拓恒公司在其他案件中因无财产可供执行被中止执行的情况，只能证明人民法院在执行中未查找到拓恒公司的财产，不能证明拓恒公司的财产在被吊销营业执照前已全部灭失。拓恒公司的三名股东怠于履行清算义务与拓恒公司的财产、账册灭失之间具有因果联系，蒋志东、王卫明的该项抗辩理由不成立。蒋志东、王卫明委托律师进行清算的委托代理合同及律师的证明，仅能证明蒋志东、王卫明欲对拓恒公司进行清算，但事实上对拓恒公司的清算并未进行。据此，不能认定蒋志东、王卫明依法履行了清算义务，故对蒋志东、王卫明的该项抗辩理由不予采纳。

第二节　公司法

引例

2001 年 4 月 13 日，周某、何某、沈某及某某物业管理合作公司（以下简称合作公司）共同组建郑州某物业管理有限公司（以下简称物业公司），并经郑州市工商行政管理局××分局核准成立，注册资金为 300 万元，股东为周某、何某、沈某及合作公司。

2001 年 6 月 5 日，物业公司向曹某出具金额为 3 万元的《收据》一份，《收据》载明的“收款事由”为“物业公司集资款”。同日，物业公司签发了编号为0000147至0000149的《股权证明》，“股东”及“发放股息红利记录”栏内均为空白，曹某持有该《股权证明》。

2006年9月18日，物业公司股东会做出决议，原股东周某、何某、沈某将其所持有的物业公司共计80%的股权转让给高某(即目前物业公司法定代表人)，其他股东放弃优先购买权。后于2006年10月18日经上海市工商行政管理局××分局准予变更登记。

2014年，曹某凭2001年公司出具的《收据》和《股权证明》诉至上海某区人民法院，请求人民法院判令物业公司确认曹某的股东身份及1%的持股比例，将其记载于物业公司股东名册，并进行工商登记。

法院认为，《最高人民法院关于适用〈中华人民共和国公司法〉若干问题的规定(三)》第21条规定，当事人向人民法院起诉请求确认其股东资格的，应当以公司为被告。本案中，曹某以物业公司为被告符合法律规定。尽管在《股权证明》上未载明曹某的姓名，但该瑕疵尚不足以否定《股权证明》作为出资证明书的效力。同时，物业公司出具的收据上载明收款事由虽为“物业公司集资款”，但物业公司既未举证证明该款是曹某为其他用途而交纳，也未举证证明已将3万元集资款返还给了曹某。因此，在物业公司没有相反证据的情况下，这两份证据能够相互印证曹某已经依法向物业公司出资，并对物业公司享有股权。根据曹某出资3万元与物业公司300万元注册资金的比例，应当确认曹某持有物业公司1%的股权。对于曹某提出将其记载于物业公司股东名册和进行工商登记的诉讼请求，法院认为，鉴于目前物业公司工商登记的股东为高某和合作公司，而对两方股东是否同意曹某成为物业公司履行股东名册和股东登记记载的义务。因此对曹某在本案中要求进行股东名册记载和变更公司登记的请求不予支持。

法院依《中华人民共和国公司法》第四条、第三十一条、《最高人民法院关于适用〈中华人民共和国公司法〉若干问题的规定(三)》第二十一条、第二十二条、第二十三条、第二十四条判决如下：

确认曹某为持有物业公司1%股权的股东。驳回曹某的其余诉讼请求。

问：公司股东的股东权如何确认?

一、公司与公司法概述

(一)公司概述

公司是最普遍使用的概念，是社会经济活动最主要的主体，也是最重要的企业形式。然而，在不同的国家，由于立法习惯及法律体系的差异，公司的概念也不尽相同。即使在同一国家，随着社会经济和公司法的发展，公司的概念也在发生某些变化。根据《中华人民共和国公司法》(以下简称《公司法》)第2条和第3条的规定,公司是指股东依照公司法的规定,以出资方式设立,股东以其认缴的出资额或认购的股份为限对公司承担责任,公司以其全部独立法人财产对公司债务承担责任的企业法人。

1.公司的特征

(1)公司是以营利为目的的企业组织。所谓营利,就是通过经营获取利润,以较少的经营投入获取较大的经营收益。营利是一切企业组织存在和活动的基本动机和目的,是经营活动的出发点和归属点。公司的营利性是其与生俱来的本性,公司本由投资者出资组成,投资者的投资目的当然是获得投资的收益和回报,而要实现这一目的,必然要求公司最大限度地追求经营利润。就此而言,公司不过是投资者实现投资利益的法律工具。

(2)公司具有独立法人地位。公司是一种具有法人地位的企业组织。公司的法人特征具体表现在:首先,公司拥有独立的财产,这种独立财产既是公司赖以进行业务经营的物质条件和经营条件,也是其承担财产义务和责任的物质保证。我国《公司法》对公司财产有法定要求,尤其是对公司的最低资本额制度有规定。其次,公司设有独立的组织机构,完善、健全的组织机构既是公司进行正常经营活动的组织条件,也是公司法对每个公司提出的法定要求。与民法对一般企业法人要求的组织条件不同,公司法对公司的组织机构规定有更严格、更健全、更规范的模式。这种组织机构包括公司的管理机构和公司的业务活动机构。公司管理机构是形成公司决策,对内管理公司事务,对外代表公司进行业务活动的机构,如股东大会、董事会、监事会、经理等。公司的业务活动机构包括公司的科室、会计、审计、销售机构等。再次,公司独立承担财产责任,公司以其自身拥有的全部资产对其债务负责。公司的独立责任是其独立人格的标志,是公司具有法人地位的集中表现。公司财产责任的独立性至少包括以下三个方面的独立:①公司责任与股东责任的独立;②公司责任与其工作人员责任的独立;③公司责任与其他公司或法人组织责任的独立。

(3)公司是依法定条件和程序成立的企业法人。与一般法人不同的是,公司的设立具有特定的条件和程序。我国《公司法》第2条规定:"本法所称公司是指依照本法在中国境内设立的有限责任公司和股份有限公司",第6条规定:"设立公司,应当依法向公司登记机关申请设立登记。符合本法规定的设立条件的,由公司登记机关分别登记为有限责任公司或者股份有限公司;不符合本法规定的设立条件的,不得登记为有限责任公司或者股份有限公司。"由此可见,公司的设立具有明确的法定性,受公司法的直接调整。

2.公司的种类

(1)无限公司。是全部由无限责任股东组成的公司,无限责任股东除对公司负有一定的出资义务外,对公司债权人负有直接无限责任,而且各股东相互间负连带责任。

(2)两合公司。是由无限责任股东与有限责任股东两种成员组成的公司。无限责任股东与无限公司的无限责任股东相同。有限责任股东则以其对公司的出资额为限度对公司债权人负有限责任。

(3)股份公司。是全部由股份股东组成的公司。股份股东对于公司在其所认购股份价额的限度内负出资义务,对公司债权人不负任何责任。

(4)有限公司。是由定额的股东组成,股东只对公司负一定的出资义务而对公司债权人不负任何责任的公司。有限公司股东的责任与股份公司股东责任相同。

(二)公司法概述

公司法是规定公司的组织与活动的法,是规定公司的设立、组织、活动和解散以及其对内对外关系的法律规范的总称。公司法具有以下性质:

(1)公司法兼具组织法和行为法的双重性质,以组织法为主。公司法规定了公司的设立和成立、公司与成员的关系、公司成员间的关系、公司与第三人的关系、公司组织的变更与消灭等,这些是关于公司的组织法。但公司法也涉及一些公司特有的行为和活动,比如股票和证券的发行和交易,所以公司法中也有一部分行为规则。因此,公司法是组织法和行为法的结合,但主要的基本性质是组织法。

(2)公司法兼具强制法和任意法的双重性质,以强制法为主。法律的强制性是指必须依照法律的规定,不能以个人的意志予以变更;法律的任意性是指当事人可以自由协商做出约定,法律规定只有在当事人没有自己约定的情况下才加以适用。公司法作为一种组织法,具有鲜明的国家干预性,因此以强制性规范为主。公司法在突出强制性规范的同时,也具有一定的任意性规范,以体现股东和公司的意愿。

(3)公司法兼具实体法和程序法的双重性质,以实体法为主。公司法调整公司组织活动,侧重于对参与公司活动的各种主体的资格条件、权利义务以及法律责任等做出规定。公司法主要是实体法。在侧重实体法规定的同时,公司法还对取得实体权利所必须履行的程序做出了规定,因而又具有程序法的因素。

(4)公司法兼具国内法和涉外法的双重性质,以国内法为主。公司法是国内法,要为维护我国国家利益和保护各市场主体的权利义务服务;同时公司法又是国际经济贸易交往中所涉及的重要法律之一。公司要加入国际市场竞争需要遵守国际商业惯例和规则;我国要吸引外资,为外国公司直接进入国内市场创造条件。对这些问题的规定,就使公司法具有一定的涉外性。

二、有限责任公司与股份有限公司的共同规定

(一)公司的设立与成立

公司是由一定成员以其自由意志组成的社团法人,所以必须有一定的成员以一定的手续进行组织才能成立。这些成员为组成公司所进行的一系列行为的总和称为设立行为。但公司并不能仅有设立行为即告成立,依各国法律,组织公司的成员完成设

立行为后，依法办理登记，经主管机关发给执照后，公司视为成立，公司取得法人资格。所以公司成立须经两个阶段，即先为设立，后为登记。

从大陆法系各国或地区的公司立法来看，公司设立的方式有发起设立和募集设立两种。大多数国家或地区的公司立法均认可这两种设立方式，在法国、意大利、瑞士和荷兰等国采取发起设立方式较普遍，而日本等国采取募集设立方式较普遍。我国公司法对发起设立和募集设立方式均有规定。

1. 发起设立

发起设立是指由发起人认购公司应发行的全部股份而设立公司。原则上发起设立可以适合于任何公司的设立。不过，因无限公司、两合公司、有限责任公司的人合性强，资本具有封闭性，所以其设立方式均为发起设立；而股份有限公司属于开放性公司，可以向社会发行股份，因而股份有限公司的设立既可以采取发起设立方式，也可采取募集设立方式。

2. 募集设立

募集设立是指由发起人认购公司应发行股份的一部分，其余股份向社会公开募集或者向特定对象募集而设立公司。在各类型公司中，只有股份有限公司和两合公司在设立阶段可对外募集股份，所以，这种设立方式可适用于股份有限公司和两合公司。我国则只有股份有限公司可以采用这种设立方式。我国《公司法》第 85 条规定："以募集设立方式设立股份有限公司的，发起人认购的股份不得少于公司股份总数的百分之三十五；但是，法律、行政法规另有规定的，从其规定。"

(二)公司章程

公司章程是由设立公司的股东制定并对公司、股东、公司经营管理人员具有约束力的调整公司内部组织关系和经营行为的自治规则。公司章程是公司设立的必备条件，也是公司经营行为的基本准则，还是公司制定其他规章的重要依据，因此，公司章程对于公司的设立和运营都有非常重要的意义。公司章程的主要法律特征可以概括为：

1. 法定性

法定性是指公司章程的制定、内容、效力和修改均由公司法明确规定。这是各国的立法通例。具体来讲，公司章程的法定性表现在以下几方面：

(1)制定的法定性。公司章程是公司必须具备的法定文件之一。我国《公司法》第 11 条规定，设立公司必须依法制定公司章程。公司章程制定于公司的设立阶段，成为公司的设立依据，是公司得以成立必不可少的法律文件。

(2)内容的法定性。各国公司法对公司章程应当记载的事项均有明确的规定，而且，绝对必要记载事项的欠缺可能会导致章程的无效。我国《公司登记管理条例》第 23 条规定，公司章程有违反法律、行政法规内容的，公司登记机关有权要求公司做相应修改。

(3)效力的法定性。公司章程的效力是由公司法赋予的。我国《公司法》第11条明确规定,公司章程对公司、股东、董事、监事、高级管理人员具有约束力。这一规定奠定了公司章程的法律地位。

(4)修改权限和程序的法定性。公司章程的修改必须遵照公司法的明确规定进行。例如,根据我国公司法的规定,公司章程的修改须经股东会或者股东大会以特别决议的方式为之。

(5)公司章程须经登记。我国《公司法》第29条、第83条第3款、第92条均规定了公司章程是申请设立登记必须报送的文件之一。同时,公司章程经修改变更内容之后,也必须办理相应的变更登记。

2. 公开性

公司章程记载的所有内容都是可以为公众所知悉的。而且,公司和公司登记机关应当采取措施,方便公司的股东及潜在的投资者、债权人及潜在的交易对象可以以不同的方式从不同的途径了解公司章程的内容。在我国,公司章程的公开性特征表现在以下几方面:第一,公司章程须经登记,这是章程公开性的一种表现;第二,在公司日常经营过程中,股东有权查阅公司章程,公司应当将公司章程置备于本公司,我国《公司法》第33条、第96条及第97条均做了相应规定;第三,公司章程是公司公开发行股票或者公司债券时必须披露的文件之一。

3. 自治性

公司章程是公司的自治规则和自治手段,公司法中任意性规范越多,公司自治的空间就越宽广。我国《公司法》不仅使用了80多次"可以"而且还多次出现诸如"公司章程另有规定除外"、"由公司章程规定"等表述,用公司章程来实现公司自治的空间可见一斑。公司章程的自治性特征,表现为公司不同则章程也有所不同,每个公司在制定章程时,都可以在公司法允许的范围内,针对本公司的成立目的、所处行业、股东构成、资本规模、股权结构等不同特点,确定本公司组织及活动的具体规则,因此,不同公司的章程必然会存在差异。公司章程的自治性特征,体现了公司经营自由的精神。

(三)公司资本三原则

为确保公司的资本,公司法规定了公司资本三原则:

1. 资本确定原则

资本确定原则在原来的意义上指公司在成立时,不仅应在章程中记载资本额(或记载股份数与每股金额),而且此资本应全部收足(全部股份认购完毕并交款),这是大陆法系中原有的制度,英美法系实行授权资本制(从公司的成立方面来看,即所谓创设主义)。在公司成立时,虽然在章程中规定资本额(股份数与每股金额),但不必全部发行(认购),只在章程中规定第一次发行额,现在一些大陆法系国家也采用这种制度。

2. 资本充实原则

公司必须在实质上保有与资本额相当的财产。公司营业后,资本金额已变为财产，公司仍应保有与资本额相当的财产以作为对债权人的担保。公司法上许多规定都是为实现这一原则，如禁止发行的余额面价格的股份。公司成立时发起人与董事负有充实资本的责任，禁止公司取得自己的股份，公司只能在从纯资产(资产减去负债)额中扣除资本并提取公积金后尚有余额时才能就其余额分配利息等。

3. 资本不变原则

一旦资本额确定，许可增加，不许可任意减少。必须减少资本的要按照严格的规定办理。这是资本确定原则与资本充实原则的当然结果，其目的在于保持股东与债权人的利益。各国多规定董事会有权决定增加资本，而减少资本则必须有更严格的限制。

(四)股东与股东权

由于公司的类型、投资人向公司出资的时间以及取得股权的方式等方面的不同，对股东的含义可以有不同的表述。一般而言，有限责任公司的股东是指因在公司成立时向公司投入资金或在公司存续期间依法继受取得出资而对公司享有权利和承担义务的人；股份有限公司的股东是指在公司设立时或在公司成立后合法取得公司股份并对公司享有权利和承担义务的人。

股东的权利通常简称为股东权或股权，是指股东基于其出资在法律上对公司所享有的权利。各国或地区的公司立法一般均不具体明确地列举股东的权利，但一般赋予股东最为核心的权利——表决权、获得信息的权利以及诉讼的权利。《公司法》第 4 条对股东权的主要内容做出了概括性的规定，即公司股东依法享有资产受益、参与重大决策和选择管理者等权利。其他关于股东权的规定则散见于公司法的条文中。公司法规定的股东权利主要包括：

(1)出席或委托代理人出席股东(大)会行使表决权。股东对由股东(大)会议决的事项有表示同意或者表示不同意的权利，这是股东的固有权利。股东行使表决权的原则有股权平等原则、多数决原则等。我国《公司法》第 42 条规定，除公司章程另有规定外，有限责任公司的股东按照出资比例行使表决权，即股东出资多少就有多少表决权。

(2)选举权和被选举权。股东有权通过股东(大)会选举公司的董事或者监事，同时，公司股东只要具备符合公司法规定公司董事和监事的任职资格，就可依法定的议事规则被选举为公司的董事或者监事。在选举权的行使方式上，为保护中小股东的利益，我国《公司法》第 106 条规定："公司股东大会选举董事或者监事，可以根据公司章程的规定或者股东大会的决议，实行累积投票制。"所谓累积投票制，是指公司股东大会选举董事或者监事时，有表决权的每一股份拥有与应选董事或者监事人数相同的表决权，股东拥有的表决权可以集中使用。采用累积投票制，增加了中小股东选出代表其利益的董事、监事的机会，有利于保护其合法权益。

(3)依法转让出资或股份的权利。转让出资或股份是指公司的股东将自己所持有的出资额或股份转让给他人，使他人成为公司的股东。按照公司资本维持原则，法律禁止股东在向公司出资获得股权后抽逃出资。但是，法律允许股东为了转移投资的风险或者收回本金而转让其出资或股份。

(4)知情权。即股东有获取公司信息、了解公司情况的权利。《公司法》第 33 条规定:“有限责任公司股东有权查阅、复制公司章程、股东会会议记录、董事会会议决议、监事会会议决议和财务会计报告。股东可以要求查阅公司会计账簿。”同时,为了避免股东滥用查阅权而影响公司的正常经营活动,或由于股东泄漏公司商业秘密而损害公司的利益,我国公司法对股东查阅公司会计账簿还加以一定的限制。根据《公司法》第 33 条的规定,查阅股东应当向公司提出书面请求,说明目的,公司有合理根据认为股东查阅会计账簿有不正当目的,可能损害公司合法利益的,可以拒绝提供查阅,并应当自股东提出书面请求之日起 15 日内书面答复股东并说明理由。当公司拒绝提供查阅时,股东可以请求人民法院要求公司提供查阅。

(5)建议和质询权。即当股东认为某种做法更有利于公司的经营,会给公司带来更大的利润时,可以直接向公司提出自己的意见,建议公司采取某种做法或者放弃原来的做法;当股东对公司的某些行为存有疑问,或者认为公司经营不善时,可以口头或者书面向负有责任的机构,如董事会、监事会、经理等提出自己的疑问,并要求他们予以解答。

(6)股利分配请求权。股利分配请求权即股东有权按照出资或股份比例请求分取股利。股东投资的目的就是盈利,即通过公司盈余分配获得股利。股利分配请求权实质上是股东对自己的投资期望得到回报的一种权利,因此,股利分配请求权是股东权的核心。

(7)公司发行新股时的优先认购权。所谓优先认购权,是指赋予公司原有的股东以确定的价格按其持股比例优先购买公司所发行新股的权利。公司发行新股往往会影响到原有股东的利益,即可能构成对原有股东经济利益或者表决权的稀释。赋予原有股东优先认购新股的权利,可以保护原有股东的比例利益,维持原有股东对公司的比例控制权。

(8)提议召开临时股东(大)会的权利。作为公司权力机关的股东(大)会不是经常性地召开会议决定公司事务,这是与其性质相一致的。但是当公司有重大情形出现,不能及时召开股东(大)会可能又有不妥时,应当允许临时会议的召开。股东作为公司重要的利益相关者,应享有提议召开临时股东(大)会会议的权利。根据《公司法》第 39 条,有限责任公司中代表十分之一以上表决权的股东,可以提议召开临时股东会议。《公司法》第 100 条规定,在股份有限公司中,单独或者合计持有公司 10%以上股份的股东有权请求召开临时股东大会。

(9)股东(大)会的召集和主持权。股东(大)会召集权与主持权是指由相关权利主体具体负责股东会的召集与主持工作的一项程序性权利,它包括决定股东(大)会会议召开的时间、地点、向股东的通知和相关公告、负责相关议案的提交、主持决议的进行、记录会议相关情况等一系列工作。

(10)临时提案权。股东提案权,是指股东向股东会提出议题或议案的权利。《公司法》第 102 条规定,股份有限公司股东具有向股东大会的提案权。根据该规定,单独或者合计持有公司 3%以上股份的股东,可以在股东大会召开 10 日前提出临时提案并书面提交董事会;董事会应当在收到提案后 2 日内通知其他股东,并将该临时提案提交股东大会审议。

(11)异议股东股份收买请求权。所谓异议股东股份收买请求权,是指当股东会做出对股东利害关系产生实质影响的决定时,对该决定持有异议的股东有权要求公司以公平的价格回购他们手中的股份,从而退出该公司。我国《公司法》第 74 条规定,在有限责任公司中,有下列情形之一时,对股东会该项决议投反对票的股东可以请求公司按合理的价格收购其股权:①公司连续五年不向股东分配利润,而公司该五年连续盈利,并且符合本法规定的分配利润条件的;②公司合并、分立、转让主要财产的;③公司章程规定的营业期限届满或者章程规定的其他解散事由出现,股东会会议通过决议修改章程使公司存续的。《公司法》第 142 条规定了股份有限公司异议股东股份收买请求权,但只限于对股东大会做出的公司合并、分立决议持异议的情形。

(12)特殊情形下申请法院解散公司的权利。依《公司法》第 182 条的规定,公司经营管理发生严重困难,继续存续会使股东利益受到重大损失,通过其他途径不能解决的,持有公司全部股东表决权 10%以上的股东,可以请求人民法院解散公司。

(13)公司终止后对公司剩余财产的分配请求权。公司剩余财产分配请求权的发生须以公司向其全体债权人清偿债务之后尚有剩余财产为实质要件。公司剩余财产分配请求权是股东向公司得以主张的最后的权利。

(14)向人民法院提起诉讼的权利。股东享有诉权,即当事人向人民法院起诉和应诉,请求人民法院行使审判权以保护其权益的权利。股东的诉权可以分为直接诉讼和代表诉讼两种类型。直接诉讼是指股东为了自己的利益而基于股份所有人地位向其他侵犯自己利益的人提起的诉讼。代表诉讼,也称为派生诉讼,是指当公司权利受到侵犯,而由于各种原因公司不能或怠于行使诉权,股东有权为了公司的利益、代表公司并以股东自己的名义向加害公司的人提起诉讼。

三、有限责任公司

有限责任公司是指全体股东都只对公司负有限的出资义务的公司。

(一)有限责任公司的设立

在设立上,有限责任公司由全体股东订立章程,确定资本与机关,即可登记,较股份公司显然简单得多。有限责任公司的设立程序包括以下几个方面:

(1)制定章程。设立有限责任公司由二人以上的股东制定章程并签名。章程中的绝对必要事项有公司名称、目的、资本总额、每份出资额、股东姓名、各股东的出资份数、公司住所等。任意记载事项有机关组织、股东会的召集、董事的任免、公司的存在期限、股东的其他义务等。

(2)选任董事、监事。有限责任公司的机关极为简单,只需由股东会选出董事。因董事人数较少,也不必设董事会。监事为非必要机关,但章程如规定设置亦可。

(3)履行出资义务。有限责任公司的资本应由股东在设立登记前交足,不得分期交纳,也不得向外招募。选出董事后,董事应通知各股东将出资全部交足,如以现物出资时,出资人员应立即将财产交付董事。

(4)设立登记。章程订立或资本交足的一定期限后,办理工商登记,有限责任公司即成立。

(二)股东与董事的责任

有限责任公司没有专门的发起人,所以对于设立中的一切责任,股东和董事都应负责。我国公司法特别规定的相关责任如下:

(1)股东对于财产价格的填补责任。股东以现物出资或在公司成立以后让与财产,这些标的物在公司成立时的价格明显低于章程中规定的价格时,公司成立时的股东对公司负连带支付其差价的义务,这一点是股东有限出资义务的例外。

(2)股东与董事的出资担保责任。公司成立时如有尚未付清的出资时,当时的股东与董事对公司负连带责任将其出资交清。此项义务不仅包括金钱出资的未付部分,还包括现物出资的未付部分。这种责任与上项责任一样是无过失责任,是股东有限出资义务(有限责任)的例外。

四、股份有限公司

股份有限公司是指将全部资本分成股份,股东仅以其所认购的股份金额对公司负出资义务,对公司债权人不负任何责任的公司。股份有限公司的股东与公司债权人不发生法律关系。

(一)股份有限公司的设立

1. 设立的特点与方式

股份有限公司在设立方面的特点主要表现在:其一,章程中无须记载全体股东姓名,更无须由全体股东签名;其二,资本必须确定并且应依法认足交足;其三,机关必须具备;其四,政府要进行严格验资等。

股份有限公司的设立分为发起设立与募集设立两种。发起设立是由发起人订立章程并认足股份、交足法定资本额,即可登记,公司即成立。募集设立是发起人只订立基本章程,认购全部股份的一部分,然后公开向社会募集股份,再由发起人与认股人共同开会,订立正式章程,交足法定资本额,而后登记,公司视为成立。

2. 设立程序

(1)发起行为。依照法律规定,设立人必须认购一定股份,所以发起人必然成为以后的股东。发起人应为的行为在采用发起设立方式时包括筹备行为、订立章程、认股、选举机关等，基本上等于全部设立行为。在采用募集设立方式时，发起行为只是设立行为的一部分。

(2)订立章程。发起人全体同意就公司的重要事项所订立的文件为公司章程，发起人全体应在章程上签名。

(3)认股。认股(认购股份)是公司设立中的一个重要阶段，认股后公司的资本才能确定。

(4)登记。在两种设立的情形下，经申请登记，登记机关审查后予以登记的，公司视为成立。登记发生下列效果：①公司取得法人资格，对外得以公司名义为各种法律行为；②发起人、认股人成为公司股东，董事与监事成为公司机关；③发起人在公司设立过程中为设立公司而为的一切法律行为的效果归属于公司。

(二)股份有限公司的组织机构

1. 股东会

股东会由股东组成，为法定必要机关，为意思决定机关。股东会的权限大致包括：①选任和解任机关；②审查与通过财务文书；③修改章程以及决定公司的合并、解散、营业转让等公司基本事项。股东会的决议分为：①普通决议。原则上是由已发行股份数的过半数的股东出席，出席会议的股东半数以上表决权通过。无表决权的股东的股份数不计入已发行股份数。②特别决议。由已发行股份数的过半数股东出席，出席会议股东的三分之二以上表决权通过，如公司解散、公司合并等属于特别决议事项。③全体同意的决议。日本商法规定有两种情形(免除董事、监事、发行人等的责任；股份有限公司改组为有限责任公司)需要全体股东的同意做出决议。

2. 董事会

在董事人数较多时，董事会集体为执行业务的意思决定机关，再由董事会互选常务董事、执行董事、董事长等为具体执行机关。董事不得兼任监事，因为监察者与被监察者不能兼任。

3. 监事会

监事会应当包括股东代表和适当比例的公司职工代表，其中职工代表的比例不得低于三分之一，具体比例由公司章程规定。董事、高级管理人员不得兼任监事，监事的任期每届为 3 年，监事任期届满，连选可以连任。

(三)股份的种类

1. 普通股、优先股、后配股

普通股是没有特别权利的股份。优先股是享有特别权利的股份，主要是在分配利益时，再分配剩余财产时享有优先权。优先股又分几种：①参加的优先股与不参加的优先股。在公司分配盈余时，除分得优先分配盈余外，可以再与普通股一起分配一次，即可以有双重分配权利的为参加的优先股;不参加的优先股即只能作为优先股要受一次优先分配。②累积优先股与非累积优先股。前者在本年度不能得到分配时,下年度优先补充上年度所欠,然后再分配本年度的。后者为本年度如因无盈余而未分或少分时,下年度不能补分。③无表决权的优先股。有的优先股在分配利益时享有优先权,但无表决权。后配股是须等普通股分配完毕后才能分配的股份。公司设立优先股、后配股都应在章程中规定清楚。

2. 记名股份与不记名股份

记名股份是股份的所有人的姓名记载于股票上的股份。不记名股份是不记载股份持有人姓名的股份。

(四)股票

股票是为表示股份(股东权)的有价证券。有了股票,股份证券化之后,股份的流通成为可能,所以发行股票是股份公司的一大特色。股票作为有价证券,具有以下特点:①股票是团体法上表示社员权的有价证券;②股票所表示的股份(股东权)在股票发行前已存在;股份并不是因股票的发行而发生的,所以股票是证权证券不是设权证券;③股份不存在而发行股票,或者股票上有不真实的记载时,其股票或该项记载无效,所以股票非无因证券,也不是文义证券;④股票为要式证券。

引例分析

《公司法解释(三)》第21条规定,当事人向人民法院起诉请求确认其股东资格的,应当以公司为被告,与案件争议股权有利害关系的人作为第三人参加诉讼。在本案中,曹某持股并挂名的股东应列为第三人,物业公司主张以名义股东为被告缺少法律依据。

在本案中,曹某持有物业公司出具的《收据》,《收据》上载明收款事由虽为"物业集资款",但是,在物业公司未举证证明该款是曹某为其他用途而交纳,也未举证证明该款已返还给曹某的前提下,可以认定集资款即为向公司出资,公司注册资本来源于曹某;另外,曹某还持有《股权证明》,尽管在股权证明上未载明曹某的姓名,但持有该证明本身恰能证明曹某缴纳3万元具有出资的意思,并且"未载明姓名"的瑕疵尚不足以否定股权证明作为出资证明书的效力。因此,《收据》《股权证明》这两份证据能够相互印证,证明曹某已经依法向物业公司出资,是公司的实际股东。

根据《公司法解释(三)》第24条第3款之规定,实际出资人未经公司其他股东半数以上同意,请求公司变更股东、签发出资证明书、记载于股东名册、记载于公司章程并办理公司登记机关登记的,人民法院不予支持。因此,实际股东取得显名股东资格,应由公司其他股东过半数同意,否则实际出资人不能成为公司股东。

本案中,虽然曹某基于出资关系被法院确认为公司的实际股东,但登记股东是否同意曹某成为物业公司显名股东尚不明确，且曹某显名后各股东实际持股比例确定也应由登记股东协商确定，因此，对曹某在本案中要求进行股东名册记载和变更公司登记的请求不应予以支持。

本章思考题

1. 在我国，商事主体主要表现为哪些形式？
2. 商事法律行为的概念和特征是什么？
3. 商事登记会产生哪些法律效力？
4. 公司法人中股东、董事、公司是何种关系？

第八章

知识产权法

要点提示

- 知识产权是人们对于自己的智力活动创造的成果和经营管理活动中的标记、信誉所依法享有的权利，具有无形性、地域性、时间性、专有性、双重性等特征。
- 著作权法保护作者以及其他著作权人对文学、艺术、科学作品所享有的专有性人身权利和财产权利。受著作权法保护的作品必须具有独创性，且其内容能够以一定的物质形式表现或固定，并符合法律规定。包括著作权的内容、取得与归属、保护期限和权利限制、使用许可和转让、著作权中的邻接权以及侵犯著作权的法律责任等。
- 专利法是调整在确认和保护发明创造的专有权以及在利用专有的发明创造过程中产生的社会关系的法律规范的总称。我国专利法保护的对象是发明、实用新型和外观设计，包括专利权的内容、取得与归属、保护期限、使用许可和转让、专利权的终止与无效以及侵犯专利权的法律责任等。
- 商标法是调整在确认、保护商标专用权和商标使用过程中发生的社会关系的法律规范的总称。商标权主要包括商标使用权、商标禁止权、商标许可权和商标转让权。商标法包括商标权的内容、注册、使用管理、保护期限、使用许可和转让以及侵犯商标权的法律责任等。

第一节 知识产权法概述

引例

1995 年广药以年租金 300 万元的价格将红罐王老吉的生产销售权租给加多宝。1997 年,广药与加多宝的投资方香港鸿道集团签订了商标许可使用合同。2000 年,双方第二次签署了商标权,约定鸿道集团对王老吉商标的租赁截止期限为 2010 年 5 月 2 日。2002 至 2003 年间,广药第三次与鸿道集团签署补充协议,将商标的租赁期延期至 2020 年。其间,王老吉商标声名鹊起,成为全国著名商标。

广药认为,2002 年至 2003 年间,时任广药总经理的李益民是收取了鸿道集团数百万元的贿赂后,才签署租赁期延长至 2020 年 5 月的协议。因此,该协议无效,商标租赁期已经于 2010 年 5 月到期。

2011 年 4 月,广药向中国国际经济贸易仲裁委员会提出仲裁请求,中国国际经济贸易仲裁委员会于 2012 年 5 月 9 日做出的裁决书,裁决书认定《"王老吉"商标许可补充协议》和《关于"王老吉"商标使用许可合同的补充协议》无效,要求加多宝集团停止使用"王老吉"商标。该裁决为终局裁决,自做出之日起生效。

问:什么是商标权?企业为什么要重视商标权?

一、知识产权的概念及其特征

(一)知识产权的概念

知识产权是人们对于自己的智力活动创造的成果和经营管理活动中的标记、信誉所依法享有的权利。

广义的知识产权,其权利类型包括著作权及与著作权相关的权利、专利权、商标权、集成电路布图设计权、地理标志权、未披露过的信息专有权和其他知识产权;其保护对象包括作品、发明创造、商标等商业标识、未公开的信息、植物新品种、集成电路等各类知识产品、信息产品等。狭义的知识产权,是指由著作权(含邻接权)、专利权、商标权三个部分组成的传统知识产权,涉及的对象为作品、发明创造、商标等。本章仅就狭义的知识产权展开讨论。

(二)知识产权的特征

知识产权作为一种基于人们的智力活动所产生的民事权利,它除了具有民事权利的一般特点外,还具有一些明显不同于其他民事权利的法律特征。

(1)知识产权具有无形性。知识产权的客体是一种无形的财产,其表现形式是智力成果。这种成果可以从它的物质载体中独立出来，成为一种独立的财产形态，即无形财产形态。知识产权的这一特点，使权利人在“非独占许可”的情况下，可以将其知识产权同时转让给多人。而且，一种产品或作品物权的转移，并不意味着知识产权的转移。

(2)知识产权具有地域性。知识产权是一种严格受地域限制的权利。按一个国家的法律获得的知识产权，只能在本国范围内有效。要得到其他国家的保护，必须按照其他国家的法律规定或国际条约，经特定程序获得。

(3)知识产权具有时间性。知识产权只在法定的期限内有效。超过法定期限的知识产权的客体，任何人都可以自由使用，无须征得谁的同意，也不必向原权利人支付报酬。

(4)知识产权具有专有性。即由法律规定这种权利只授予智力成果的创造者，而且只授予一次。这是知识产权的客体具有独创性的必然要求。

(5)知识产权具有双重性。知识产权既有人身权的性质，又有财产权的内容。其中的人身权利，如署名权、获得荣誉证书等，与特定权利主体的身份相联系，不能转让、赠与和继承。因知识产权的行使所产生的财产权利，如获得报酬、奖金的权利，可以转让、赠与和继承。

(6)知识产权具有法定性。知识产权必须经国家立法直接确认才能产生，因而不是一种自然权利。

二、我国知识产权法律制度体系

知识产权法是指因调整智力成果归属、利用和保护而产生的各种社会关系的法律规范的总称。我国的知识产权法律制度体系主要包括：

1. 著作权法律制度

著作权法律制度是指调整因著作权的产生、控制、利用和支配而产生的社会关系的法律规范的总称。其以保护作者和传播者的专有权利为宗旨，客体范围除文学、艺术、科学作品外，还有计算机软件。《中华人民共和国著作权法》(以下简称《著作权法》)由第七届全国人大常委会第十五次会议于 1990 年 9 月 7 日通过，并分别于 2001 年 10 月 27 日、2010 年 2 月 26 日进行了两次修正，修正后的《著作权法》自 2010 年 4 月 1 日起施行。《中华人民共和国著作权法实施条例》于 2002 年 8 月 2 日公布，并分别于 2011 年 1 月 8 日、2013 年 1 月 30 日进行了两次修订，修订后的《中华人民共和国著作权法实施条例》自 2013 年 3 月 1 日起施行。

2. 专利权法律制度

专利权法律制度，是调整在确认和保护发明创造的专有权以及在利用专有的发明创造过程中产生的社会关系的法律规范的总称。我国专利法的任务，就是调整发明创造者、发明创造成果的所有者和使用者这三者之间的关系，保护三者的合法权益。以保护发明创造专利权为宗旨，保护客体为发明、实用新型和外观设计。《中华人民共和国专利法》(以下简称《专利法》)于 1984 年 3 月 12 日第六届全国人民代表大会常务委员会第四次会议通过。并分别于1992年9月4日、2000年8月25日、2008年12月27进行了三次修正,修正后的《专利法》自2009年10月1日起施行。《中华人民共和国专利法实施细则》于2001年6月15日公布,并分别于2002年12月28日、2010年1月9日进行了两次修订,修订后的《中华人民共和国专利法实施细则》自2010年2月1日起施行。

3. 商标权法律制度

商标权法律制度,是调整在确认、保护商标专用权和商标使用过程中发生的社会关系的法律规范的总称。其保护客体为工商业活动中的商品商标和服务商标,保护注册商标所有人对标记的独占性权利。《中华人民共和国商标法》(以下简称《商标法》)于1982年8月23日第五届全国人民代表大会第二十四次会议通过,并分别于1993年2月22日、2001年10月27日、2013年8月30日进行了三次修订。《中华人民共和国商标法实施条例》于2002年8月3日公布,并于2014年4月29日修订,修订后的《中华人民共和国商标法实施条例》自2014年5月1日起施行。

4. 其他知识产权法律制度

我国已制定了《植物新品种保护条例》《集成电路布图设计保护条例》。地理标记、商业秘密的保护适用《反不正当竞争法》《合同法》等法律、行政法规、司法解释和部门行政规章。

三、知识产权保护制度的作用和意义

知识产权保护制度对于促进科学技术进步、文化繁荣和经济发展具有重要的作用和意义。它是规范市场竞争,保证社会主义市场经济公平、合法、有序的法律措施之一;是进行国际竞争,开展国际间科技、经济、文化交流与合作的基本环境和条件之一;是保护智力成果所有者的权益,调动广大科技人员和文学艺术工作者的积极性,大力发展社会主义物质文明和精神文明的需要;也是在科学技术和文学艺术领域实行社会主义法治的需要。

引例分析

商标权是商标专用权的简称,是指商标使用人依法对所使用的商标享有的专用权利。是商标注册人依法支配其注册商标并禁止他人侵害的权利,包括商标注册人对其注册商标的排他使用权、收益权、处分权、续展权和禁止他人侵害的权利。商标授权又称商标许可,是指商标注册人通过签订商标使用授权合同,授权他人使用其注册商标。

商标是企业的无形资产,体现了企业的生存价值。品牌价值是品牌管理要素中最为核心的部分,也是品牌区别于同类竞争品牌的重要标志。企业对自有品牌的培育以及保护至关重要,租赁别人的品牌也应慎之又慎。

第二节　著作权法

引例

韩寒称其在百度文库中发现多个网友将其代表作《像少年啦飞驰》上传至百度文库，供用户免费在线浏览和下载。韩寒在多次致函百度公司要求停止侵权，而百度公司消极处理的情况下，诉至法院，请求判令百度公司立即停止侵权、采取有效措施制止侵权，关闭百度文库，赔礼道歉，赔偿经济损失25.4万元并承担相关费用。

被告百度公司辩称，该公司合法经营百度文库，百度文库具有实质性非侵权用途，属于信息存储空间，其中的文档由网友贡献，并得到网民欢迎。百度文库通过多种方式向网民公示了法律法规要求的保护权利人的措施和步骤，尽到了充分提醒的义务。公司在收到韩寒投诉后，及时删除了投诉链接和相关作品，完全履行了信息存储空间服务商的法定义务，并将投诉作品纳入文库的文档DNA识别反盗版系统正版资源库，在现有技术条件下尽了最大努力采取措施制止侵权。我公司不存在过错。因此，不应承担侵权责任。

问：百度文库是否侵犯了韩寒的著作权？

一、著作权与著作权法的概念

狭义的著作权，是指各类作品的作者依法享有的权利，其内容包括人身方面和财产方面；广义的著作权是指除狭义的著作权定义的内容以外，还包括艺术表演者、录音录像制作者和广播电视节目制作者依法享有的权利。在法律称谓上，通常称为著作邻接权或与邻接权有关的权利。此外，我国《著作权法》还把图书、报刊出版者的权利也置于著作邻接权的范围内。本章所称的著作权是指作者以及其他著作权人对文学、艺术、科学作品所享有的专有性人身权利和财产权利的总称。

著作权法是指调整因著作权的产生、控制、利用和支配而产生的社会关系的法律规范的总称。

二、著作权的主体、客体和内容

（一）著作权的主体

著作权的主体是指作品的作者及其他依照法律规定享有著作权利的人。著作权的主体可以是公民，也可以是法人和非法人组织。著作权的主体包括：

(1)作者。创作作品的公民是作者。由法人或其他组织主持，代表法人或其他组织的意志,并由其承担责任的作品,法人或其他组织被视为作者。著作权归属于作者,法律另有规定的除外。

(2)作者以外的其他享有著作权的公民。主要指通过继承、遗赠、委托关系获得著作权的公民。根据著作权法的规定,著作权属于公民的,公民死亡后,其作品使用权和获得报酬权在法定保护期内,依照继承法的规定转移;委托人可以通过合同约定取得受托人创作的作品的著作权。

(3)依照法律或通过委托合同等获得著作权的法人或者其他组织。《著作权法》规定,主要是利用法人或其他组织的物质技术条件进行创作,并由其承担责任的工程设计、产品设计图、地图、计算机软件等职务作品,法律、行政法规规定或者合同约定著作权由法人或其他组织享有的职务作品,作者享有署名权,著作权的其他权利由法人或者其他组织享有;如果根据委托合同的约定,著作权归属于委托人,则作为委托人的单位也可以成为著作权人。

(二)著作权的客体

著作权的客体是指在文学、艺术和科学领域内,具有独创性并能以某种有形的形式复制的智力成果。

作为著作权法保护的作品应当符合两个条件:

(1)必须有独创性,即必须是作者创造性地独立完成的智力劳动成果,而不是从他人作品中抄袭的。

(2)作品的内容必须能够以一定的物质形式表现或固定,能被人直接或间接感知。

我国《著作权法》第3条规定:"本法所称的作品,包括以下列形式创作的文学、艺术和自然科学、社会科学、工程技术等作品。具体来说,作品包括了如下类型:①文字作品;②口述作品;③音乐、戏剧、曲艺、舞蹈、杂技艺术作品;④美术、建筑作品;⑤摄影作品;⑥电影作品和以类似摄制电影的方法创作的作品;⑦工程设计图、产品设计图纸、地图、示意图等图形作品和模型作品;⑧计算机软件;⑨法律、行政法规规定的其他作品。"

另外,根据我国《著作权法》,不属于著作权保护的客体包括:①法律、法规,国家机关的决议、决定、命令和其他具有立法、行政、司法性质的文件,及其官方正式译文;②时事新闻;③历法、通用数表、通用表格和公式。依法禁止出版、传播的作品,如反动、淫秽书刊等以及过期的作品不受著作权法的保护。

(三)著作权的内容

著作权内容包括人身权利和财产权利两个方面。其中,财产权的实现以人身权为前提,人身权决定了财产权的归属。

1. 人身权利

著作权中的人身权利,也称精神权利,主要包括:

(1)发表权,即决定作品是否公之于众的权利。

(2)署名权,即表明作者身份,在作品上署名的权利。

(3)修改权,即修改或者授权他人修改作品的权利。

(4)保护作品完整权,即保护作品不受歪曲、篡改的权利。

2. 财产权利

著作权中的财产权,是指著作权人使用作品和许可他人使用作品并获得经济报酬的权利。确认和保护著作权人的财产权利,是著作权法律制度的基本内容。著作权人的财产权利包括使用权和获得报酬的权利。主要包括:

(1)复制权,即以印刷、复印、拓印、录音、录像、翻录、翻拍等方式将作品制作一份或者多份的权利。

(2)发行权,即以出售或者赠与方式向公众提供作品的原件或者复制件的权利。

(3)出租权,即有偿许可他人临时使用电影作品和以类似摄制电影的方法创作的作品、计算机软件的权利,计算机软件不是出租的主要标的的除外。

(4)展览权,即公开陈列美术作品、摄影作品的原件或者复制件的权利。

(5)表演权,即公开表演作品,以及用各种手段公开播送作品的表演的权利。

(6)放映权,即通过放映机、幻灯机等技术设备公开再现美术、摄影、电影和以类似摄制电影的方法创作的作品等的权利。

(7)广播权,即以无线方式公开广播或者传播作品,以有线传播或者转播的方式向公众传播广播的作品,以及通过扩音器或者其他传送符号、声音、图像的类似工具向公众传播广播的作品的权利。

(8)信息网络传播权,即以有线或者无线方式向公众提供作品,使公众可以在其个人选定的时间和地点获得作品的权利。

(9)摄制权,即以摄制电影或者以类似摄制电影的方法将作品固定在载体上的权利。

(10)改编权,即改编作品,创作出具有独创性的新作品的权利。

(11)翻译权,即将作品从一种语言文字转换成另一种语言文字的权利。

(12)汇编权,即将作品或者作品的片段通过选择或者编排,汇集成新作品的权利。

(13)应当由著作权人享有的其他权利。

著作权人可以许可他人行使上述权利,也可以全部或者部分转让上述权利,并依照约定或者著作权法的规定获得报酬。

三、著作权的取得与归属

(一)著作权的取得

1. 著作权的原始取得

根据我国《著作权法》,中国公民、法人或者其他组织的作品,不论是否发表,都依法享有著作权;外国人、无国籍人的作品首先在中国境内出版的,依法享有著作权。外国人在中国境外发表的作品,根据其所属国或经常居住地国同中国签订的协议或者共同参加的国际条约享有的著作权受著作权法保护；未与中国签订协议或者共同参加国际条约的国家的作者以及无国籍人的作品首先在中国参加的国际条约的成员国出版的，或者在成员国和非成员国同时出版的，也受我国著作权法的保护。

2. 著作权的继受取得

在我国，著作权的继受取得主要是指因继承、转让或许可以及行政决定等方式而获得著作权。继受取得一般只取得著作权中的财产权，即使用权或获得报酬权，而人身权是不能继受取得的。

继承是继受取得著作权的最主要方式。因遗赠取得著作权，法人或其他组织变更、终止后由承受其权利义务的法人或者其他组织取得著作权，以及国家取得公民、法人或其他组织的作品的著作权。

转让和许可是继受取得著作权的又一方式。转让既可能导致著作权中的财产权全部转移，也可能导致著作权中的财产权部分转移；而许可一般只会导致著作权中财产权的部分转移，且一般仅转移使用权。有些情况下，许可不仅导致使用权转移，也会导致部分修改权的转移。例如，著作权人许可他人将其作品摄制为电影等作品，视为已同意对其作品进行必要的改动。

行政决定有时会导致著作权人以外的人取得部分使用权。例如，《伯尔尼公约》和《世界版权公约》关于发展中国家对外国作品的翻译颁发强制许可的规定，当我国著作权行政主管部门依法做出颁发强制许可决定时，翻译权就会发生转移。

因作品原件物权的转移也会导致部分著作权的“强制”转移，例如，美术等作品原件所有权的转移，会导致其展览权的转移。此外，有时法院的判决也可能导致著作权的部分转移，例如，自然人的离婚、法人的破产等。

(二)著作权归属的具体规则

(1)通常情况下，著作权属于作者，法律另有规定的除外。创作作品的公民是作者，但是由法人或者其他组织主持，代表法人或者其他组织的意志，并由法人或者其他组织承担责任的作品，法人或者其他组织被视为作者。如无相反证明，在作品上署名的公民、法人或者其他组织即为作者。

(2)改编、翻译、注释、整理已有作品而产生的作品，其著作权由改编、翻译、注释、整理人享有，但行使著作权时不得侵犯原作品的著作权。

(3)两人以上合作创作的作品，著作权由合作作者共同享有。没有参加创作的人，不能成为合作作者。合作作品可以分割使用的，作者对各自创作的部分可以单独享有著作权，但行使著作权时不得侵犯合作作品整体的著作权。

(4)汇编若干作品、作品的片段或者不构成作品的数据或者其他材料，对其内容的选择或者编排体现独创性的作品为汇编作品，其著作权由汇编人享有，但行使著作权时，不得侵犯原作品的著作权。

(5)电影作品和以类似摄制电影的方法创作的作品的著作权由制片者享有，但编剧、导演、摄影、作词、作曲等作者享有署名权,并有权按照与制片者签订的合同获得报酬。电影作品和以类似摄制电影的方法创作的作品中的剧本、音乐等可以单独使用的作品,作者有权单独行使其著作权。

(6)公民为完成法人或者其他组织工作任务所创作的作品是职务作品,著作权由作者享有,但法人或者其他组织有权在其业务范围内优先使用。作品完成两年内,未经单位同意,作者不得许可第三人以与单位使用的相同方式使用该作品。

对有下列情形之一的职务作品,作者享有署名权,著作权的其他权利由法人或者其他组织享有,法人或者其他组织可以给予作者奖励:①主要是利用法人或者其他组织的物质技术条件创作,并由法人或者其他组织承担责任的工程设计图、产品设计图、地图、计算机软件等职务作品;②法律、行政法规规定或者合同约定著作权由法人或者其他组织享有的职务作品。

(7)受委托创作的作品,著作权的归属由委托人和受托人通过合同约定。合同未作明确约定或者没有订立合同的,著作权属于受托人。

(8)美术等作品原件所有权的转移,不视为作品著作权的转移,但美术作品原件的展览权由原件所有人享有。

(9)著作权属于公民的,公民死亡后,其著作权中的财产权利在法律规定的保护期内,依照继承法转移。著作权属于法人或者其他组织的,法人或者其他组织变更、终止后,其著作权中的财产权利在法律规定的保护期内,由承受其权利义务的法人或者其他组织享有;没有承受其权利义务的法人或者其他组织的,由国家享有。

四、著作权的保护期限和合理使用

(一)著作权的保护期限

著作权自依照著作权法的规定取得著作权时起,受著作权法的保护。其中,作者的署名权、修改权、保护作品完整权的保护期不受限制。

公民的作品,其发表权、著作权中的财产权利的保护期为作者终生及其死亡后50年,截止于作者死亡后第50年的12月31日;如果是合作作品,截止于最后死亡的作者死亡后第50年的12月31日。

法人或者其他组织的作品,著作权(署名权除外)由法人或者其他组织享有的职务作品,其发表权、著作权中的财产权利的保护期为50年,截止于作品首次发表后第50年的12月31日,但作品自创作完成后50年内未发表的,不再保护。

电影作品和以类似摄制电影的方法创作的作品、摄影作品,其发表权、著作权中的财产权利的保护期为50年,截止于作品首次发表后第50年的12月31日,但作品自创作完成后50年内未发表的,不再保护。

(二)著作权的合理使用

根据《著作权法》第22条的规定,为了社会公共利益,在下列情况下使用作品,可以不经著作权人许可，不向其支付报酬，但应当指明作者姓名、作品名称，并且不得侵犯著作权人依照《著作权法》享有的其他权利：

(1)为个人学习、研究或者欣赏，使用他人已经发表的作品。

(2)为介绍、评论某一作品或者说明某一问题，在作品中适当引用他人已经发表的作品。

(3)为报道时事新闻，在报纸、期刊、广播电台、电视台等媒体中不可避免地再现或者引用已经发表的作品。

(4)报纸、期刊、广播电台、电视台等媒体，刊登或者播放其他报纸、期刊、广播电台、电视台等媒体已经发表的，关于政治、经济、宗教问题的时事性文章，但作者声明不许刊登、播放的除外。

(5)报纸、期刊、广播电台、电视台等媒体刊登或者播放在公众集会上发表的讲话，但作者声明不许刊登、播放的除外。

(6)为学校课堂教学或者科学研究，翻译或者少量复制已经发表的作品，供教学或者科研人员使用，但不得出版发行。

(7)国家机关为执行公务在合理范围内使用已经发表过的作品。

(8)图书馆、档案馆、纪念馆、博物馆、美术馆等为陈列或者保存版本的需要，复制本馆收藏的作品。

(9)免费表演已经发表的作品，该表演未向公众收取费用，也未向表演者支付报酬。

(10)对设置或陈列在室外公共场所的艺术作品进行临摹、绘画、摄影、录像。

(11)将中国公民、法人或者其他组织已经发表的以汉语言文字创作的作品翻译成少数民族文字作品在国内出版发行。

(12)将已经发表的作品改成盲文出版。

此外，为实施九年义务制教育和国家教育规划而编写出版的教科书，除作者事先声明不许使用的外，可以不经著作权人许可，在教科书中汇编已经发表的作品片段或短小的文字作品、音乐作品或单幅的美术作品、摄影作品，但应当按照规定支付报酬，指明作者姓名、作品名称，并且不得侵犯著作权人依法享有的其他权利。

上述规定适用于对出版者、表演者、录音录像制作者、广播电台、电视台的权利的限制。

五、著作权的使用许可和转让

(一)著作权的使用许可

使用他人作品应当同著作权人订立许可使用合同，著作权法规定可以不经许可的除外。许可使用合同包括下列主要内容：①许可使用的权利种类；②许可使用的权利是专有使用权或者非专有使用权；③许可使用的地域范围、期间；④付酬标准和办法；⑤违约责任；⑥双方认为需要约定的其他内容。

许可使用合同中著作权人未明确许可的权利，未经著作权人同意，另一方当事人不得行使。使用作品的付酬标准由当事人约定，当事人约定不明确的，按照国务院著作权行政管理部门会同有关部门制定的付酬标准支付报酬。

出版者、表演者、录音录像制作者、广播电台、电视台等依照《著作权法》有关规定使用他人作品的，不得侵犯作者的署名权、修改权、保护作品完整权和获得报酬的权利。

(二)著作权的转让

转让著作权中的财产权利，应当订立书面合同。权利转让合同包括下列主要内容：①作品的名称；②转让的权利种类、地域范围；③转让价金；④交付转让价金的日期和方式；⑤违约责任；⑥双方认为需要约定的其他内容。

转让合同中著作权人未注明转让的权利，未经著作权人同意，另一方当事人不得行使。

六、著作权中的邻接权

邻接权是指作品的传播者对其传播的作品的创造性劳动成果所享有的权利，又称之为传播者权，或与著作权有关的权益。

根据我国《著作权法》的规定，邻接权主要包括以下权利。

(一)出版者的权利

出版者是指图书出版社、报社、期刊社等出版单位。图书出版者出版图书应当和著作权人订立出版合同，并支付报酬。图书出版者经作者许可，可以对作品修改、删节。报社、期刊社可以对作品做文字性修改、删节。对内容的修改，应当经作者许可。

图书出版者对著作权人交付出版的作品，按照合同约定享有的专有出版权受法律保护，他人不得出版该作品。出版者在取得专有出版权后，在传播作品中产生了自己的权利，即对出版物享有邻接权。出版者有权在自己的出版物上署自己的名称，并且对其出版的图书、期刊的版式、装帧设计享有专有使用权，有权许可或者禁止他人使用其出版的图书、期刊的版式设计。

(二)表演者的权利

表演是指对文学、艺术作品的表演，表演者是运用自己的知识、技能和技巧解释和传播作品。使用他人作品演出，表演者(演员、演出单位)应当取得著作权人许可，并支付报酬。演出组织者组织演出，由该组织者取得著作权人许可，并支付报酬。

表演者对其表演享有下列权利：①表明表演者身份；②保护表演形象不受歪曲；③许可他人从现场直播和公开传送其现场表演，并获得报酬；④许可他人录音录像，并获得报酬；⑤许可他人复制、发行录有其表演的录音录像制品，并获得报酬；⑥许可他人通过信息网络向公众传播其表演，并获得报酬。被许可人以前列第③项至第⑥项规定的方式使用作品，还应当取得著作权人许可，并支付报酬。

(三)录音录像制作者的权利

录音录像制作者是指音像出版社等录制录音录像制品的人。录音录像制作者使用他人作品制作录音录像制品,应当取得著作权人许可,并支付报酬。录音制作者使用他人已经合法录制为录音制品的音乐作品制作录音制品,可以不经著作权人许可,但应当按照规定支付报酬;著作权人声明不许使用的不得使用。

录音录像者对其录音制品和录像制品享有署名权,并享有许可他人复制、发行、出租、通过信息网络向公众传播并获得报酬的权利。

(四)广播电台、电视台的权利

广播电台、电视台播放他人未发表的作品,应当取得著作权人许可,并支付报酬。广播电台、电视台播放他人已发表的作品,可以不经著作权人许可,但应当支付报酬。广播电台、电视台播放已经出版的录音制品,可以不经著作权人许可,但应当支付报酬,当事人另有约定的除外。

广播电台、电视台对其播放的广播和电视节目享有署名权,有权禁止未经其许可的下列行为:①将其播放的广播、电视转播;②将其播放的广播、电视录制在音像载体上以及复制音像载体。

七、著作权侵权责任

侵犯著作权是指未经著作权人、与著作权有关的权利人的许可,不按著作权法规定的条件,擅自利用受著作权法保护的作品以及表演、录音录像制品和广播电视节目的行为。

1. 民事责任

有下列侵权行为的,应当根据情况,承担停止侵害、消除影响、赔礼道歉、赔偿损失等民事责任:①未经著作权人许可,发表其作品的;②未经合作作者许可,将与他人合作创作的作品当作自己单独创作的作品发表的;③没有参加创作,为谋取个人名利,在他人作品上署名的;④歪曲、篡改他人作品的;⑤剽窃他人作品的;⑥未经著作权人许可,以展览、摄制电影和以类似摄制电影的方法使用作品,或者以改编、翻译、注释等方式使用作品的,《著作权法》另有规定的除外;⑦使用他人作品,应当支付报酬而未支付的;⑧未经电影作品和以类似摄制电影的方法创作的作品、计算机软件、录音录像制品的著作权人或者与著作权有关的权利人许可,出租其作品或者录音录像制品的,《著作权法》另有规定的除外;⑨未经出版者许可,使用其出版的图书、期刊的版式设计的;⑩未经表演者许可,从现场直播或者公开传送其现场表演,或者录制其表演的;⑪其他侵犯著作权以及与著作权有关的权益的行为。

上述民事责任方式,既可以单独适用,也可以合并适用。侵犯著作权或者与著作权有关的权利的,侵权人应当按照权利人的实际损失给予赔偿;实际损失难以计算的,可以按照侵权人的违法所得给予赔偿。赔偿数额还应当包括权利人为制止侵权行为所支付的合理开支。权利人的实际损失或者侵权人的违法所得不能确定的，由人民法院根据侵权行为的情节，判决给予 50 万以下的赔偿。

复制品的出版者及制作者不能证明其出版、制作有合法授权的，复制品的发行者或者电影作品或者以类似摄制电影的方法创作的作品、计算机软件、录音录像制品的复制品的出租者不能证明其发行或出租的复制品有合法来源的，应当承担法律责任。

2. 行政责任

如果下列侵权行为损害公共利益，可以由著作权行政管理部门责令停止侵权行为，没收违法所得，没收、销毁侵权复制品，并可处以罚款；情节严重的，著作权行政管理部门还可以没收主要用于制作侵权复制品的材料、工具、设备等。主要包括：①未经著作权人许可，复制、发行、表演、放映、广播、汇编、通过信息网络向公众传播其作品的，《著作权法》另有规定的除外；②出版他人享有专有出版权的图书的；③未经表演者许可，复制、发行录有其表演的录音录像制品，或者通过信息网络向公众传播其表演的，《著作权法》另有规定的除外；④未经录音录像制作者许可，复制、发行、通过信息网络向公众传播其制作的录音录像制品的，《著作权法》另有规定的除外；⑤未经许可，播放或者复制广播、电视的，《著作权法》另有规定的除外；⑥未经著作权人或者与著作权有关的权利人许可，故意避开或者破坏权利人为其作品、录音录像制品等采取的保护著作权或者与著作权有关的权利的技术措施的，法律、行政法规另有规定的除外；⑦未经著作权人或者与著作权有关的权利人许可，故意删除或者改变作品、录音录像制品等的权利管理电子信息的，法律、行政法规另有规定的除外；⑧制作、出售假冒他人署名的作品的。这几种行政处罚手段，既可以单独适用，也可以合并适用。

3. 刑事责任

我国《刑法》第 217 条规定：以营利为目的，有下列侵犯著作权情形之一，违法所得数额较大或者有其他严重情节的，处三年以下有期徒刑或者拘役，单处或并处罚金；违法所得数额巨大或者有其他特别严重情节的，处三年以上七年以下有期徒刑，并处罚金：①未经著作权人许可，复制发行其文字作品、音乐、电影、电视、录像作品、计算机软件及其他作品的；②出版他人享有专有出版权的图书的；③未经录音录像制作者许可，复制发行他人制作的录音录像的；④制作、出售假冒他人署名的美术作品。该法第 218 条规定：以营利为目的，销售明知是本法第 217 条规定的侵权复制品，违法所得数额巨大的，处三年以下有期徒刑或拘役，并处或单处罚金。

引例分析

北京市海淀区人民法院经审理认为，韩寒对《像少年啦飞驰》书享有包括信息网络传播权在内的著作权。百度公司为网络用户上传、存储并分享《像少年啦飞驰》书文档的行为提供了帮助,百度公司的帮助行为为《像少年啦飞驰》书侵权文档的广泛传播提供可行性和便利条件,其行为与韩寒所遭受的损害之间存在因果关系。尽管现有证据无法认定百度公司明知百度文库中的《像少年啦飞驰》书文档侵权,但结合百度文库的客观现状、韩寒及《像少年啦飞驰》的知名度、韩寒与百度公司就百度文库引发纠纷及百度公司对侵权行为的预见水平和实际控制能力等因素,对因显而易见应当知道的侵权文档,百度公司未履行更高的注意义务,存在过错。据此,判决百度公司赔偿经济损失 39800 元及合理开支 4000 元。

第三节 专利法

引例

交互数字技术公司是名称为"用于码分多址(CDMA)通信系统的自动功率控制系统"的发明专利权人。中兴通讯股份有限公司(下称中兴通讯)向国家知识产权局专利复审委员会(下称专利复审委员会)提出专利权无效宣告请求。专利复审委员会维持该专利权有效。中兴通讯不服,提起行政诉讼。

问:如何判断专利是否有效?

一、专利与专利法的概念

在我国专利法以及日常生活中,专利一词通常有三种含义:一是专利权的简称,即国家专利机关依法授予专利申请人对其发明创造在一定期限内享有独占权,这是专利的最基本含义;二是指被授予专利的发明创造,一般包括发明、实用新型和外观设计三种专利;三是指记载发明创造内容的专利文献。本节所称的专利权,仅指法律赋予专利权人对其获得专利的发明创造在一定期限内依法享有的专有权利。

专利法是调整在确认和保护发明创造的专有权以及在利用专有的发明创造过程中产生的社会关系的法律规范的总称。

二、专利权的主体、客体及内容

(一)专利权的主体

专利权的主体,是指有权申请并取得专利权的人。包括:发明人或设计人、发明人的单位、合法受让人。

1. 发明人或设计人

发明人或设计人,是指发明的创造人、实用新型和外观设计的设计人,是对发明创造的实质性特点做出了创造性贡献的人。发明人是直接参加发明创造活动的人。在完成发明创造的过程中，只负责组织工作的人、为物质条件的利用提供方便的人或者从事其他复制工作的人，不应当认为是发明人或者设计人。

两个以上单位或者个人合作完成的发明创造、一个单位或者个人接受其他单位或者个人委托所完成的发明创造，除另有协议的，申请专利的权利属于完成或者共同完成的单位或者个人；申请被批准后，申请的单位或者个人为专利权人。

2. 发明人的单位

我国《专利法》规定，执行本单位的任务或主要是利用本单位的物质条件所完成的发明创造为职务发明创造。包括以下三种情况：①发明人或设计人在本职工作中做出的发明创造，即发明创造属于其职责范围；②发明人或设计人完成本单位交付的本职工作之外的任务做出的发明创造；③退职、退休或者调动工作后一年内做出的，与其在原单位承担的本职工作或者分配的任务有关的发明创造。本单位，包括临时工作单位；本单位的物质技术条件，是指本单位的资金、设备、零部件、原材料或者不对外公开的技术资料等。

我国《专利法》第 6 条规定："职务发明创造申请专利的权利属于单位；申请被批准后，该单位为专利权人。"但是，对于利用本单位的物质技术条件所完成的发明创造，允许单位与发明人或设计人自行约定权利归属。没有约定时，符合"主要利用"的应认定为职务发明创造。职务发明人、设计人享有获得奖励权、报酬请求权、表明完成者身份权。

3. 合法受让人

合法受让人指以转让、继承方式取得专利权的人。专利申请权和专利权可以转让，专利权中的财产权利可以继承。专利权经合法受让后，受让人就成为专利权的主体。但发明人身份权不因专利权的转让而转移，它永远属于发明人或设计人。

专利申请权和专利权可以转让。中国企业或者个人向外国人、外国企业或者外国其他组织转让专利申请权或者专利权的，应当依照有关法律、行政法规的规定办理手续。转让专利申请权或者专利权的，当事人应当订立书面合同，并向国务院专利行政部门登记，由国务院专利行政部门予以公告。专利申请权或者专利权的转让自登记之日起生效。

(二)专利权的客体

1. 专利权客体的种类

专利权的客体，又称专利法保护的对象，即依法取得专利权的发明创造。我国专利法所称的发明创造，主要包括发明、实用新型和外观设计。

(1)发明

专利法所称的发明，是指对产品、方法或者其改进所提出的新的技术方案。发明分为产品发明和方法发明。产品发明，是指人工制造的一切有形物品，包括制造品(如机器、设备、装置、用具等)、材料物品(如化学物质、合成物等)以及具有特定用途的物品的发明。方法发明,是解决特定问题所采用的技术性质的动作、步骤、程序或其组合,包括制造方法、测量方法、分析方法、通信方法、化学方法、物理方法、生物方法等。非技术性质的方法,如疾病的诊治方法、计算方法、游戏方法等不属于方法发明的范畴。方法发明包括操作方法、制造方法、工艺流程等的技术方案。

(2)实用新型

实用新型,是指对产品的形状、构造或者其结合所提出的适于实用的新的技术方案。实用新型在一些国家被称为小发明。其特点是:①实用新型是针对产品而言的,任何方法(不论是否新颖实用)都不属于实用新型的范围。②实用新型是具有立体形状、构造的产品,而不能是气态产品、液态产品,也不能是粉末状、糊状、颗粒状的固态产品。③作为实用新型的产品必须是可以自由移动的物品。

(3)外观设计

外观设计,是指对产品的形状、图案或者其结合以及色彩与形状、图案的结合所做出的富有美感并适于工业应用的新设计。

2. 对专利权客体的限制

我国《专利法》第 5 条规定:“对违反法律、社会公德或者妨害公共利益的发明创造,不授予专利权。”根据《专利法》第 25 条,下列各项不授予专利权:①科学发现;②智力活动的规则和方法;③疾病的诊断和治疗方法;④动物和植物品种;⑤用原子核变换方法获得的物质;⑥对平面印刷品的图案、色彩或二者的结合做出的主要起标识作用的设计。需要注意的是,对动物和植物品种的生产方法,可以授予专利权。

(三)专利权的内容

1. 专利权人的权利

专利权人的权利是以发明、实用新型、外观设计等发明创造为客体的特殊产权,主要表现为专利权人对获得专利的发明创造的独占权。

一方面,专利权人有权占有、使用、收益和处分其发明创造,具体表现为专利权人的制造权、使用权、销售权、进口权等。另一方面,专利权人有权禁止其他任何人支配该专利,具体表现为专利权的禁止权。发明和实用新型专利权被授予后,除专利法另有规定外,任何单位或者个人未经专利权人许可,都不得实施其专利,即不得为生产经营目的制造、使用、许诺销售、销售、进口其专利产品,或者使用其专利方法,以及使用、许诺销售、销售、进口依照该专利方法直接获得的产品。外观设计专利权被授予后,任何单位或个人未经专利权人许可,都不得实施其专利,即不得为生产经营目的制造、使用、销售、进口其外观设计专利产品。此外,专利权人还享有专利许可权、转让权、标记权、放弃权、请求行政救济和司法救济权等。

2. 专利权人的义务

专利权人履行法定义务,是维持专利权的必要条件,专利权人如不履行这些义务,就会造成专利权的丧失、专利权被强制许可等法律后果。专利权人的义务主要包括：①自己在中国制造其专利产品、使用其专利方法或者许可他人在中国制造专利产品、使用专利方法；②交纳专利年费；③职务发明取得专利后，作为专利权人的单位向发明人或者设计人给予报酬奖励。

三、专利权的取得

（一）授予专利权的条件

《专利法》第22条规定："授予专利权的发明和实用新型，应当具备新颖性、创造性和实用性。"第23条规定："授予专利权的外观设计，应当不属于现有设计；也没有任何单位或者个人就同样的发明或实用新型在申请日以前向专利局提供过申请，并记载在申请日以后公布的专利申请文件或者公告的专利文件中。授予专利权的外观设计与现有设计或者现有设计特征的组合相比，应当具有明显区别。授予专利权的外观设计不得与他人在申请日以前已经取得的合法权利相冲突。本法所称现有设计，是指申请日以前在国内外为公众所知的设计。"

1. 新颖性

根据我国专利法，新颖性应当是在申请日以前没有同样的发明或者实用新型在国内外出版物上公开发表过、在国内公开使用过或者以其他方式为公众所知，也没有任何单位或者个人就同样的发明或实用新型在申请日以前向专利局提供过申请，并记载在申请日以后公布的专利申请文件或者公告的专利文件中。授予专利权的外观设计，应当同申请日以前在国内外出版物上公开发表过或者国内公开使用过的外观设计不相同和不相近似，并不得与他人在先取得的合法权利相冲突。

根据《专利法》第24条，申请专利的发明创造在申请日以前6个月内，有下列情形之一的，不丧失新颖性：一是在中国政府主办或者承认的国际展览会上首次展出的；二是在规定的学术会议或者技术会议上首次发表的；三是他人未经申请人同意而泄露其内容的。

2. 创造性

创造性，是指同申请日以前已有的技术相比，该发明有突出的实质性特点和显著进步，该实用新型有实质性特点和进步。外观设计要有独创性，即申请专利的外观设计在产品的形状、图案、色彩等方面，与申请日以前已有的外观设计相比不相同或不相近似。

3. 实用性

实用性，是指该发明或者实用新型能够制造（产品）或者使用（方法），并且能够产生积极的效果（社会效果、技术效果、经济效果）。对于外观设计无实用性要求。

(二)申请专利的原则

1.先申请原则

先申请原则,是指两个以上的申请人分别就同样的发明创造申请专利的,专利权授予最先申请的人。两个以上的申请人在同一日分别就同样的发明创造申请专利的,由申请人自行协商确定申请人。

2.优先权原则

优先权原则,是指申请人自发明或者实用新型在外国第一次提出专利申请之日起12个月内,或者自外观设计在外国第一次提出专利申请之日起6个月内,又在中国就相同主题提出专利申请的,依照该国同中国签订的协议或者共同参加的国际条约,或者依照相互承认优先权的原则,可以享有优先权,即将其首次申请日当作其后续申请的申请日。这种优先权称为国际优先权。

申请人自发明或者实用新型在中国第一次提出专利申请之日起12个月内,又向国务院专利行政部门就相同主题提出专利申请的,可享有优先权。这种优先权称为国内优先权。

3.单一性原则

单一性原则,又称一发明一专利原则,是指一件发明或者实用新型专利申请应当限于一项发明或者实用新型。属于一个总的发明构思的两项以上的发明或者实用新型,可以作为一件申请提出。一件外观设计专利申请应当限于一种产品所使用的一项外观设计。用于同一类别并且成套出售或者使用的产品的两项以上的外观设计,可以作为一件申请提出。

四、专利权的保护范围、保护期限和强制许可

(一)保护范围

(1)发明或者实用新型专利权的保护范围以其权利要求的内容为准,说明书及附图可以用于解释权利要求的内容。

(2)外观设计专利权的保护范围以表示在图片或者照片中的该外观设计专利产品为准,简要说明可以用于解释图片或者照片所表示的该产品的外观设计。

(二)保护期限

发明专利权的保护期限为20年,实用新型专利权和外观设计专利权的保护期限为10年,均自申请日起计算。专利权终止后,该专利自动进入公有领域。

(三)专利权的强制许可

强制许可也称非自愿许可,是指国务院专利行政部门根据具体情况,不经专利权人同意,通过行政程序授权他人实施发明或者实用新型专利的一种法律制度。

(1)合理条件的强制许可

根据《专利法》规定:"有下列情形之一的,国务院专利行政部门根据具备实施条件的单位或者个人的申请,可以给予实施发明专利或者实用新型专利的强制许可:①专利权人自专利权被授予之日起满3年,且自提出专利申请之日起满4年,无正当理由未实施或者未充分实施其专利的;②专利权人行使专利权的行为被依法认定为垄断行为,为消除或者减少该行为对竞争产生的不利影响的。"该法条规定的就是合理条件的强制许可。

(2)国家强制许可

《专利法》第49条规定:"在国家出现紧急状态或者非常情况时,或者为了公共利益的目的,国务院专利行政部门可以给予实施发明专利或者实用新型专利的强制许可。"

(3)药品专利的强制许可

《专利法》第50条规定:"为了公共健康目的,对取得专利权的药品,国务院专利行政部门可以给予制造并将其出口到符合中华人民共和国参加的有关国际条约规定的国家或者地区的强制许可。"

(4)依存专利的强制许可

《专利法》第51条规定:"一项取得专利权的发明或者实用新型比前已经取得专利权的发明或者实用新型具有显著经济意义的重大技术进步,其实施又有赖于前一专利实施的,国务院专利行政部门根据后一专利的专利权人的申请,可以给予实施前一发明或者实用新型的强制许可。"同时,在依照前款规定给予实施强制许可的情形下,国务院专利行政部门根据前一专利权人的申请,也可以给予实施后一发明或者实用新型的强制许可。

申请人向国务院专利行政部门提出实施发明或者实用新型专利的强制许可时,必须提供相关的证据以证明其以合理的条件请求专利权人许可其实施专利,但未能在合理的时间内获得许可。只有在申请人与专利权人进行了正常谈判,以合理的条件却没有获得正常的实施许可的情况下,申请人才能向国务院专利行政部门提出强制许可的请求。

五、专利权侵权责任

1. 侵权行为的种类及其法律责任

(1)未经专利权人许可实施专利

此种侵权引起纠纷的,由当事人协商解决;不愿协商或者协商不成的,专利权人或者利害关系人可以请求管理专利工作的部门进行处理,也可以直接向人民法院起诉,要求责令侵权人停止侵权行为,消除影响并赔偿损失。管理专利工作的部门处理时认定侵权行为成立的,可以责令侵权人立即停止侵权行为,当事人不服的,可以自收到处理通知之日起 15 日内依照《中华人民共和国行政诉讼法》向人民法院起诉。侵权人期满不起诉又不停止侵权行为的，管理专利工作的部门可以申请人民法院强制执行。管理专利工作的部门应当事人的要求，可以就侵犯专利权的赔偿数额进行调解；调解不成的，当事人可以依照《中华人民共和国民事诉讼法》向人民法院起诉。

专利侵权纠纷涉及新产品制造方法的发明专利的，制造同样产品的单位或者个人应当提供其产品制造方法不同于专利方法的证明；涉及实用新型专利的，人民法院或者管理专利工作的部门可以要求专利权人或者利害关系人出具由国务院专利行政部门对相关实用新型或者外观设计进行检索、分析和评价后做出的专利权评价报告，作为审理、处理专利侵权纠纷的证据。

(2)假冒专利

此种侵权行为除依法承担民事责任外，由管理专利工作的部门责令改正并予以公告，没收违法所得，并可以处违法所得 4 倍以下的罚款；没有违法所得的，可以处 20 万元以下的罚款；构成犯罪的，依法追究刑事责任。

侵犯专利权的赔偿数额应按照权利人因被侵权所受到的实际损失确定；实际损失难以确定的，可以按照侵权人因侵权所获得的利益确定。权利人的损失或者侵权人获得的利益难以确定的，参照该专利许可使用费的倍数合理确定。赔偿数额还应当包括权利人为制止侵权行为所支付的合理开支。

2. 不视为侵犯专利权的行为

(1)权利用尽

根据《专利法》第 69 条第 1 款的规定，专利权人制造、进口或者经专利权人许可而制造、进口的专利产品或者依照专利方法直接获得的产品售出后，他人使用、许诺销售或者销售该产品的，不再需要得到专利权人的许可或者授权，不构成侵权。

(2)先用权

根据《专利法》第 69 条第 2 款的规定，在专利申请日前已经制造相同产品、使用相同方法或者已经做好制造、使用的必要准备，并且仅在原有范围内继续制造、使用的，不视为侵犯专利权。先用权的成立条件是：①实施行为人在他人取得专利权的专利申请日以前已经制造相同产品、使用相同方法或者已经做好制造、使用的必要准备；②实施行为人所实施的发明创造，或者是行为人自行研究开发或者设计出来的，或者是通过合法的受让方式取得的；③在他人就相同的发明创造取得专利权之后，实施行为人只能在原有范围内制造或者使用。

(3)临时过境

根据《专利法》第 69 条第 3 款的规定，临时通过中国领陆、领水、领空的外国运输工具，依其所属国同中国签订的协议或者共同参加的国际条约，或者依照互惠原则，为运输工具自身需要而在其装置和设备中使用有关专利的，无须得到我国专利权人许可，不视为侵犯专利权。

(4)为科学研究和实验目的

根据《专利法》第69条第4款规定,专为科学研究和实验而使用有关专利的,不视为侵犯专利权。

(5)用于医药审批

根据《专利法》第69条第5款规定,专为提供行政审批所需要的信息,制造、使用、进口专利药品或者专利医疗器械的,以及专门为其制造、进口专利药品或者专利医疗器械的,不视为侵犯专利权。

六、专利权的终止与无效

(一)专利权的终止

有下列情形之一的,专利权在期限届满前终止:①没有按照规定缴纳年费的;②专利权人以书面声明放弃其专利权的。

专利权在期限届满前终止的,由国务院专利行政部门登记和公告。

(二)专利权的无效

自国务院专利行政部门公告授予专利权之日起,任何单位或者个人认为该专利权的授予不符合本法有关规定的,可以请求专利复审委员会宣告该专利权无效。

专利复审委员会对宣告专利权无效的请求应当及时审查和做出决定,并通知请求人和专利权人。宣告专利权无效的决定,由国务院专利行政部门登记和公告。

对专利复审委员会宣告专利权无效或者维持专利权的决定不服的,可以自收到通知之日起3个月内向人民法院起诉。人民法院应当通知无效宣告请求程序的对方当事人作为第三人参加诉讼。

宣告无效的专利权视为自始即不存在。但宣告专利权无效的决定,对在宣告专利权无效前人民法院做出并已执行的专利侵权的判决、裁定,已经履行或者强制执行的专利侵权纠纷处理决定,以及已经履行的专利实施许可合同和专利权转让合同,不具有追溯力。但是因专利权人恶意给他人造成的损失,应当给予赔偿。如果专利权人或者专利权转让人不向被许可实施专利人或者专利权受让人返还专利使用费或者专利权转让费,明显违反公平原则,专利权人或者专利权转让人应当向被许可实施专利人或者专利权受让人返还全部或者部分专利使用费或者专利权转让费。

引例分析

专利是否有效的判定方法是判断诉争的技术方案是否具备新颖性。这种方法的基本思路是,如果现有技术落入诉争技术方案的保护范围,则诉争技术方案不具备新颖性。在此基础上,为了判断新颖性而对比诉争技术方案和作为现有技术的技术方案时,应当进行正向比较,而不是进行反向比较。所谓正向比较,是分析作为现有技术的技术方案是否具备诉争技术方案的全部技术特征。

法院经审理后做出判决:撤销无效决定,判令专利复审委员会重新做出无效决定。近年来,通信领域的专利纠纷频发,本案的审结对于通信领域的专利权保护与专利权有效性认定具有重要示范意义。特别是该案对专利权新颖性判断方法进行了探索和明确,有利于专利授权确权案件裁判标准的统一。

第四节 商标法

引例

2008 年开始,沈阳李连贵陆续向国家商标局在 35 类商标(饭店连锁管理,饭店经营,广告类)上,申请注册了“李连贵”和“李连贵熏肉大饼”两个文字商标。四平李连贵认为,沈阳李连贵申请的 35 类商标与他们先前已经成功注册的 43 类“李连贵 LLG 及图”构成类似。于 2009 年向国家工商总局商标局递交异议申请。

2012 年 3 月 6 日,国家工商总局商标局驳回四平李连贵商标异议申请,四平李连贵对此裁定不认可,2012 年 4 月 16 日,向国家工商总局商评委员会(以下简称“国家商评委”)申请复审。2013 年 10 月 9 日,国家商评委认为“申请人复审理由不成立,被异议商标予以核准注册”,驳回四平李连贵商标异议复审请求。

2013 年 11 月 18 日,四平李连贵向北京一中院对国家商评委提起行政诉讼,沈阳李连贵为第三人。该诉讼请求被驳回后,四平李连贵于 2014 年 8 月 5 日上诉至北京高级人民法院。2014 年 12 月 5 日,北京高级人民法院驳回了四平李连贵上诉请求。

问:四平李连贵的请求为什么屡次被驳回?

一、商标与商标法概述

(一)商标及其功能

1. 商标的含义

商标,是生产经营者在其商品或服务时所使用的,包括文字、图形、字母、数字、三维标志和颜色组合,以及上述要素的组合,用以识别自然人、法人或者其他组织的商品或服务与他人的商品或服务的可视性标志。

2. 商标的功能

(1)区别商品或服务。这是商标最本质、最基本的作用。商标是识别商品或服务最简便、最有效的手段,因此有人形象地比喻“商标是商品的脸”。

(2)监督商品质量。商标本身不是商品质量的标志,但是商标的信誉却取决于商品的质量。商标可以促进生产者注重商标信誉,提高商品质量。

(3)引导消费者选购商品。消费者在选购商品时,商标起到了无声的推销员的作用,同时也发挥了其广告宣传的功能。较之广告,商标更具有经济性、灵活性和广泛性。

(二)商标的分类

(1)注册商标与未注册商标

注册商标,是指商标拥有人向商标局提出商标注册申请,并获得核准注册的文字、图形或其组合的标记。未注册商标,是指商标使用者未向商标局提出注册申请,自行在商品或服务上使用文字、图形或其组合的标记。

(2)集体商标与证明商标

集体商标,是指以团体、协会或者其他组织名义注册的,供该组织成员在商事活动中使用,以表明使用者在该组织中的成员资格的标志;证明商标,是指由对某种商品或者服务具有监督能力的组织所控制,而由该组织以外的单位或者个人使用于其商品或者服务,用以证明该商品或者服务的原产地、原料、制造方法、质量或者其他特定品质的标志。

(3)商品商标与服务商标

商品商标是指,商品的生产者或经营者为了将自己生产或经营的商品与他人生产或经营的商品区别开来,而使用的文字、图形或其组合的标志。服务商标又称服务标记或劳务标志,是指提供服务的经营者为将自己提供的服务与他人提供的服务相区别而使用的标志。

(三)商标权与商标法的概念

商标权指的是商标注册人对其注册商标所享有的权利。它是由国家商标管理机关依照法律规定的程序赋予注册商标所有人的一种法定权利。在我国,商标权实际上是指注册商标专用权,即商标所有人依法对其商标所享有的专有使用权。主要包括商标使用权和商标禁止权,商标使用权又包括商标许可权及商标转让权。

商标法是调整在确认、保护商标专用权和商标使用过程中发生的社会关系的法律规范的总称。

二、商标权的主体、客体及内容

(一)商标权的主体

商标权的主体是取得注册商标专用权的自然人、法人或者其他组织;外国人或者外国企业在我国也可以依法取得商标权,从而成为商标权的主体。

(二)商标权的客体

商标权的客体是经过注册的商标。我国商标法将其分为商品商标、服务商标、集体商标、证明商标等几种。关于商品商标的法律规定均适用于服务商标。经商标局核准注册的集体商标、证明商标同样受法律保护。

(三)商标权的内容

1. 商标权人的权利

商标权人的权利主要包括:①商标专用权,即独占使用该注册商标,排除他人注册或在相同或类似商品、服务项目上使用相同或近似的商标;②商标转让权,即根据自己的意愿有偿或无偿地依法转让注册商标;③许可使用权,即许可他人使用其注册商标并取得使用费的权利;④商标禁止权,即禁止他人非法使用、印刷注册商标及其他侵权行为。

商标注册人可以通过签订商标使用许可合同,许可他人使用其注册商标。经许可使用他人注册商标的,必须在使用该注册商标的商品上标明被许可人的名称和商品产地。商标使用许可合同应当报商标局备案。

注册商标的转让必须是商标权整个转让,注册人如果已许可他人使用注册商标,必须征得被许可人同意,才能将注册商标转让给第三方,否则不能申请转让注册。

2. 商标权人的义务

商标权人的义务主要包括:①按规定使用注册商标;②保证商品和服务的质量;③不得自行改变注册商标的文字、图形或者其组合;④不得自行改变注册商标的注册人名义、地址或者其他注册事项;⑤不得自行转让注册商标;⑥缴纳注册费用。

使用注册商标时应当注明"注册商标"字样或者标明注册标记。

三、商标注册

(一)商标注册原则

1. 自愿注册与强制注册相结合原则

商标注册人对该注册商标享有专用权,受法律的保护,未经注册的商标也能使用,但使用人不享有商标专用权,不得与他人的商标相冲突。当未注册商标与注册商标相同或近似并使用在相同或类似商品上时,未注册商标将禁止使用,甚至承担赔偿责任。

我国商标法对商标注册采取自愿注册为主、强制注册为辅的原则,除人用药品和烟草制品外,其他商品和服务项目允许使用未注册商标。

2. 申请在先为主、使用在先为辅原则

《中华人民共和国商标法》(以下简称《商标法》)第 31 条规定:"两个或者两个以上的商标注册申请人,在同一种商品或者类似商品上,以相同或者近似的商标申请注册的,初步审定并公告申请在先的商标;同一天申请的,初步审定并公告使用在先的商标,驳回其他人的申请,不予公告。"

3. 国家统一注册原则

我国的商标注册工作必须由国家商标主管部门统一审核批准注册。《商标法》第2条规定："国务院工商行政管理部门商标局主管全国商标注册和管理的工作。"

(二)注册商标申请的要件

1. 主体要件

商标注册申请人可以是自然人、法人或者其他组织。两个以上的自然人、法人或者其他组织可以共同向商标局申请注册同一商标，共同享有和行使该商标专用权。外国人或者外国企业在中国申请商标注册的，应当按其所属国和中华人民共和国签订的协议或者共同参加的国际条约办理，或者按对等原则办理，并应当委托依法设立的商标代理机构办理。

2. 内容要件

商标注册申请符合法律规定，即用作商标的文字、图形等标志不在法律规定的限制范围。

根据《商标法》，下列标志不得作为商标使用(包括未注册商标与注册商标)：①同中华人民共和国的国家名称、国旗、国徽、军旗、军徽、勋章相同或者近似的，以及同中央国家机关的名称、标志、所在地特定地点的名称或者标志性建筑物的名称、图形相同的；②同外国的国家名称、国旗、国徽、国歌、军旗、军歌、勋章相同或者近似的，但该国政府同意的除外；③同政府间国际组织的名称、旗帜、徽记相同或者近似的，但经该组织同意或者不易误导公众的除外；④与表明实施控制、予以保证的官方标志、检验印记相同或者近似的，但经授权的除外；⑤同"红十字""红新月"的名称、标志相同或者近似的；⑥带有民族歧视性的；⑦带有欺骗性，容易使公众对商品的质量等特点或者产地产生误认的；⑧有害于社会主义道德风尚或者有其他不良影响的。

此外，县级以上行政区划的地名或者公众知晓的外国地名，不得作为商标，但是，地名具有其他含义或者作为集体商标、证明商标组成部分的除外；已经注册的使用地名的商标继续有效。

根据《商标法》，下列标志不得作为商标注册：①仅有本商品的通用名称、图形、型号的；②仅仅直接表示商品的质量、主要原料、功能、用途、重量、数量及其他特点的；③其他缺乏显著特征的。但是，如果这些标志经过使用取得显著特征，并便于识别的，可以作为商标注册。

3. 程序要件

申请人应当按规定的商品分类表填报使用商标的商品类别和商品名称，提出注册申请。商标注册申请人可以通过一份申请就多个类别的商品申请注册同一商标。商标注册申请等有关文件，可以以书面方式或者数据电文方式提出。注册商标需要在核定使用范围之外的商品上取得商标专用权的，应当另行提出注册申请。注册商标需要改变其标志的，应当重新提出注册申请。注册商标需要变更注册人的名义、地址或者其他注册事项的，应当提出变更申请。

《商标法》还规定了注册商标申请的优先权。例如，《商标法》第 25 条规定："商标注册申请人自其商标在外国第一次提出商标注册申请之日起 6 个月之内，又在中国就相同商品以同一商标提出商标注册申请的，依照该外国同中国签订的协议或者共同参加的国际条约，或者按照相互承认优先权的原则，可以享有优先权。依照前款要求优先权的，应当在提出商标注册申请的时候提出书面声明，并且在三个月内提交第一次提出的商标注册申请文件的副本；未提出书面声明或者逾期未提交商标注册申请文件副本的，视为未要求优先权。"第 26 条规定："商标在中国政府主办或者承认的国际展览会展出的商品上首次使用的，自该商品展出之日起 6 个月内，该商标的注册申请人可以享有优先权。依照前款要求优先权的，应当在提出商标注册申请的时候提出书面声明，并且在三个月内提交展出其商品的展览会名称、在展出商品上使用该商标的证据、展出日期等证明文件；未提出书面声明或者逾期未提交证明文件的，视为未要求优先权。"

四、商标权的保护期限

商标专用权是一种有时间限制的权利，在注册商标有效期内，注册商标受法律保护。注册商标的有效期为 10 年，自核准注册之日起计算。注册商标有效期满，需要继续使用的，商标注册人应当在期满前 12 个月内按照规定办理续展手续；在此期间未能办理的，可以给予 6 个月的宽展期。每次续展注册的有效期为 10 年，自该商标上一届有效期满次日起计算。期满未办理续展手续的，注销其注册商标。

五、商标侵权责任

(一)商标侵权行为

商标侵权行为是指对商标注册人注册商标享有的合法权利的侵犯。注册商标的专用权，以核准注册的商标和核定使用的商品为限。

根据我国《商标法》规定，有下列行为之一的，均属侵犯注册商标专用权：①未经商标注册人的许可，在同一种商品上使用与其注册商标相同的商标的；②未经商标注册人的许可，在同一种商品上使用与其注册商标近似的商标，或者在类似商品上使用与其注册商标相同或者近似的商标，容易导致混淆的；③销售侵犯注册商标专用权的商品的；④伪造、擅自制造他人注册商标标识或者销售伪造、擅自制造的注册商标标识的；⑤未经商标注册人的同意，更换其注册商标并将该更换商标的商品又投入市场的；⑥未经商标注册人的许可，在同一种商品上使用与其注册商标近似的商标，或者在类似商品上使用与其注册商标相同或者近似的商标，容易导致混淆的；⑦给他人的注册商标专用权造成其他损害的。

(二)侵犯商标权的法律责任

侵犯注册商标专用权引起纠纷的,可以由当事人协商解决;不愿协商或者协商不成的,商标注册人或者利害关系人可以向人民法院起诉,也可以请求工商行政管理部门进行处理。工商行政管理部门处理时认定侵权行为成立的,可以责令侵权人立即停止侵权行为,没收、销毁侵权商品和主要用于制造侵权商品、伪造注册商标标识的工具,违法经营额5万元以上的,可以处违法经营额五倍以下的罚款,没有违法经营额或者违法经营额不足5万元的,可以处25万元以下的罚款。对五年内实施两次以上商标侵权行为或者有其他严重情节的,应当从重处罚。销售不知道是侵犯注册商标专用权的商品,能证明该商品是自己合法取得并说明提供者的,不承担赔偿责任,由工商行政管理部门责令停止销售。

侵犯商标专用权的赔偿数额,按照权利人因被侵权所受到的实际损失确定;实际损失难以确定的,可以按照侵权人因侵权所获得的利益确定;权利人的损失或者侵权人获得的利益难以确定的,参照该商标许可使用费的倍数合理确定。对恶意侵犯商标专用权,情节严重的,可以在按照上述方法确定数额的1倍以上3倍以下确定赔偿数额。赔偿数额应当包括权利人为制止侵权行为所支付的合理开支。

权利人因被侵权所受到的实际损失、侵权人因侵权所获得的利益、注册商标许可使用费难以确定的,由人民法院根据侵权行为的情节判决给予300万元以下的赔偿。

未经商标注册人许可,在同一种商品上使用与其注册商标相同的商标,构成犯罪的,除赔偿被侵权人的损失外,还应依法追究刑事责任。伪造、擅自制造他人注册商标标识或者销售伪造、擅自制造的注册商标标识,构成犯罪的,除赔偿被侵权人的损失外,依法追究刑事责任。销售明知是假冒注册商标的商品,构成犯罪的,除赔偿被侵权人的损失外,依法追究刑事责任。

引例分析

双方争议的焦点在于异议商标(沈阳李连贵申请的商标)申请注册是否违背《商标法》第28条的规定。对商标标识加以区分,便于相关公众能够识别服务的不同来源,综合本案的案情,四平李连贵关于被异议商标制定的服务与引证商标核定的服务具有密切关联性,若异议商标被核准注册,必然会导致相关公众混淆误认的主张不成立。北京市高级人民法院认为,若沈阳李连贵商标被核准注册,相关公众应当可以将两者所提供的商业服务来源加以区分,不会造成混淆或者误认。因此,沈阳李连贵获得了35类"李连贵""李连贵熏肉大饼"商标。

本章思考题

1. 什么是知识产权？知识产权有哪些特征？
2. 著作权的主体、客体、内容是什么？
3. 著作权的取得和归属的规则是什么？
4. 专利权客体包括哪些种类？
5. 授予专利权应具备哪些条件？
6. 商标权的客体有哪几种？
7. 不得作为商标使用和注册的标志有哪些？

第九章

环境与资源保护法

要点提示

- 环境与资源保护法，是环境法和自然资源法的统称。
- 环境法是由国家制定或认可，并由国家强制力保证执行的关于保护环境和自然资源、防治污染和其他公害的法律规范的总称。自然资源法是调整人们在开发、利用、保护和管理自然资源过程中发生的各种社会关系的法律规范的总称。
- 环境与资源保护法的特点：综合性、技术性、社会性、公益性。

第一节　环境与资源保护法的基本概念与制度

引例

建于 2000 年的黄石市环卫垃圾场位于该市下陆区老鹳庙村，当时，由于缺乏垃圾处理场所，该市将这一地方作为临时性的垃圾场，待西塞山垃圾场建成后就封闭停止使用。然而，这一临时垃圾场虽然已做环评，却未按环评要求实施，产生的废水、蚊蝇、恶臭、扬尘已经严重污染了当地环境。垃圾场内堆放的垃圾表面未按要求进行覆盖，散发的恶臭对啤酒厂一带造成严重污染。垃圾场底部不断渗出黑褐色的垃圾渗滤液，流出的垃圾废水违规直接排入磁湖（湖北省“三河三湖”重点保护湖泊之一）。记者在垃圾场外的马路上看到，运垃圾的车辆沿路抛撒垃圾，对环境造成了二次污染。本案中的行为是违反了有关环境影响评价制度还是“三同时”制度？“三同时”制度和环境影响评价制度有哪些区别和联系？

一、环境、资源的概念

（一）环境的概念

环境与资源保护法所研究的环境是以人类为中心对象的环境——人类环境，人类环境这一概念是1972年由联合国人类环境会议正式提出来的，它指的是以人类为中心、为主体的外部世界，即人类赖以生存和发展的天然和人工改造过的各种物质因素的综合体。

根据不同的标准，可以对环境进行分类。

根据是否经过人类加工改造为标准，可将环境分为自然环境和人为环境。

根据人类的视野或人类活动所及的空间范围，可以把人类环境分为许多层次，如居住环境、生活环境、地面环境、地质环境、区域环境、地球环境、大气环境、水环境、宇宙环境等。

根据人类环境的国界性，可分为国内环境、国际环境、区际环境等。

（二）资源的概念

一般来说，资源是指对人有用或有使用价值的某种东西。广义的资源包括自然资源、经济资源、人力资源等各种资源；狭义的资源则仅指自然资源。自然资源是客观存在于自然界可供人类利用的一切物质和能量的总称，包括土地资源、矿藏资源、森林资源、草原资源、水资源、海洋资源和野生生物资源等。

（三）环境与资源的关系

环境概念强调整体性、生物联系性、无国界性；资源概念强调使用价值和可开发利用性。从某种意义上说，自然资源是环境的组成部分，是构成环境的要素之一，破坏了自然资源就是破坏了环境。但破坏了环境不一定就破坏了自然资源，如噪声污染、光污染等，虽说污染了环境但并没有对资源造成破坏。由此可见，环境和自然资源的关系是一种包含与被包含的逻辑关系。本章在许多情况下使用的“环境”概念是“环境资源”的简称。

二、环境资源问题和环境资源保护

（一）环境资源问题

环境资源问题是指由于自然原因或人类活动使环境条件或因素发生不利于人类的变化，以致影响人类的生产和生活，给人类带来灾害的现象。

环境资源问题可分为两类：一类是指由于自然环境本身的运动变化而给人类造成

的一切有害影响和危害，也叫自然灾害，如火山、地震、洪水等，这被称为原生环境问题或第一环境问题；另一类是指由于人类活动作用于自然界并反过来对人类自身造成的一切有害影响和危害，这被称为次生环境问题，又称人为环境问题或第二环境问题。

根据第二类环境问题的具体表现形式，又可分为两大类：一是环境污染，也称投入性损害或污染性损害；二是自然生态破坏，也称取出性损害、开发性损害或非污染性损害。

当前，环境问题比较严重。主要表现在两个方面：一是环境污染相当严重；二是环境破坏相当严重。环境污染和破坏已成为制约经济发展，影响社会稳定的一个重要因素。

（二）环境资源保护

所谓环境资源保护是指为了协调人与自然的关系，促进人与自然的和谐共处，保证自然资源的合理开发利用，防止环境污染和生态环境破坏，保障社会经济的可持续发展而采取的行政、经济、法律、科学技术以及宣传教育等诸多措施和行动的总称。

（三）可持续发展

可持续发展的思想与传统发展思想是相对立的，是在对传统发展思想进行深刻反思基础上的一个彻底的演进。

可持续发展最广泛的定义和核心思想是“既满足当代人的需要，又不对后代满足需要的能力构成危害(《我们共同的未来》)”、“人类应享有以与自然相和谐的方式过健康而富有生产成果的生活的权利，并公平地满足今世后代在发展与环境方面的需要，求取发展的权利必须实现(《里约宣言》)。”

三、环境与资源保护法的概念、特征及本质

（一）环境与资源保护法的概念

环境与资源保护法是调整有关环境资源的开发、利用、保护和改善的社会关系的法律规范的总称。它包括《环境保护法》《污染防治法》《自然保护法》《资源（能源）法》《土地法》《国土法》《区域发展法》《城乡规划建设法》等法律。

由环境与资源保护法律所调整的各种关系，包括环境与资源保护法律规定或涉及的人与人的关系和人与自然的关系，合称为环境资源社会关系。环境与资源保护法律关系主体包括国家、法人、非法人组织和自然人。

（二）环境与资源保护法的特征

1. 调整对象的特殊性

环境与资源保护法的调整具有不同于其他法律部门的特殊性，它既调整人与人的关系，也调整人与自然的关系。

2. 综合性

环境与资源保护法具有极强的综合性，它是在以往环境保护法、土地法、自然资源法和区域开发整治法基础上的更高层次的综合。

3. 科学技术性

环境与资源保护法具有很强的科学技术性，它不仅反映社会经济规律和自然生态规律，还反映人与自然相互作用的环境规律。

4. 公益性

保护环境资源已成为全人类的共同要求，保护环境资源的事业已成为公益性事业。同其他法相比，各国环境与资源保护法，在环境资源保护的原则、手段、措施、标准、制度和程序等方面有更多共同之处和可以相互借鉴的内容。

（三）环境与资源保护法的本质

1. 环境与资源保护法是社会法

环境作为全人类的共同生存条件，并不能为某个人、某个阶级或某国所私有或独占，也不能以阶段、意识形态或国界来加以划分，环境资源保护符合整个社会乃至整个人类的利益。

2. 环境与资源保护法是以社会利益为本位的法

环境与生态是人类经济和社会发展的基础，与社会、经济发展的秩序密切相关，因而成为社会利益的重要组成部分。

3. 环境与资源保护法是公法手段干预私法领域的法

环境资源与生态保护是人类社会经济发展的必要条件，它的社会公共利益性使之作为独立利益形态的要求日趋突出，人类社会的共同利益要求公法手段必须作用于私法领域，否则，环境保护无从谈起。

4. 环境与资源保护法是以可持续发展为价值目标的法

社会公共利益有诸多方面，但主要表现为人类社会经济的可持续发展，这正是环境与资源保护法的价值之所在。可持续发展是当代人类共同的选择，而环境资源保护是持续发展的核心内容，它要求既满足当代人的需要，又不对后代人满足其需要的能力构成危害。

四、环境与资源保护法的基本原则

环境与资源保护法的基本原则是指贯穿于整个环境与资源保护法之中，所有环境与资源保护法律规范都必须遵循和贯彻的，调整并决定一切环境与资源保护法律关系主体行为的指导思想和基本准则。

（一）协调发展的原则

协调发展原则又称环境、经济、社会可持续发展和协调发展的原则，是指环境保护与经济建设和社会发展统筹规划、协调发展，实现经济效益、社会效益和环境效益的统一。

(二)预防为主，防治结合，综合治理的原则

预防为主、防治结合、综合治理原则，是指采取各种预防措施，防止环境问题的产生和恶化，把环境污染和破坏控制在能够维持生态平衡、保护人体健康和社会物质财富及保障经济、社会持续发展的限度之内。

(三)环境责任原则

环境责任原则，在我国也被叫作污染者付费、利用者补偿、开发者养护、破坏者恢复的原则或者简称为谁污染谁治理、谁开发谁保护的原则。这项原则在国内外都有一个逐渐认识和发展的过程。

(四)环境民主原则

环境民主原则又称为公众参与原则，是指在环境资源保护领域，公众有权通过一定程序或者途径参与一切与环境利益有关的决策活动，使得该项决策符合广大公众的切身利益。

五、环境权、资源权

(一)环境权

环境权是环境法律关系的主体对其赖以生存、发展的环境所享有的基本权利和所承担的基本义务，即环境法律关系主体有合理享用适宜环境的权利，也有合理保护环境的义务。环境权的观念和运动主要发端于美、日、欧等工业发达国家和地区，现今已经发展成为一项公认的重要人权。

环境权的内容：

1. 环境利用权

环境权的核心在于保障人类现在和将来世世代代对环境的利用，以获得满足人类生存需要和经济社会发展的必要条件。因此，环境权首先要肯定其主体对环境的利用权。现有的各国环境立法中关于日照权、眺望权、景观权、静稳权、嫌烟权、亲水权、达滨权、清洁水权、清洁空气权、公园利用权、历史性环境权、享有自然权等都是关于环境利用权的规定。

2. 环境状况知情权

环境状况知情权又称信息权，是国民对本国乃至世界的环境状况、国家的环境管理状况以及自身的环境状况等有关信息获得的权利。这一权利既是国民参与国家环境管理的前提，又是环境保护的必要民主程序。

3. 环境侵害请求权

环境侵害请求权，是公民的环境权益受到侵害以后向有关部门请求保护的权利。

它既包括对国家环境行政机关的主张权利，又包括向司法机关要求保护的权利，具体为对行政行为的司法审查、行政复议和国家赔偿的请求权，对他人侵犯公民环境权的损害赔偿请求权和停止不法侵害的请求权等。

(二)资源权

资源权是指主体对自然资源的占有权、利用权、处分权、收益权等权益。

资源权是主体合法占有、开发、利用、处分资源并从中取得收益的基本法律依据，没有资源权，就没有占有、开发、利用、处分、收益资源的法律秩序，就会造成土地、水、森林、草原、野生动物资源的占有、利用、处分、收益的混乱。对资源的污染、破坏、浪费、损害，不仅是对资源本身的损害，也是对资源权的损害，是对资源权利享有人的损害。

资源权的内容：

1. 资源所有权

在我国，资源所有权是指作为所有者的国家依法对矿产资源享有的占有、使用、收益和处分的权利。

2. 资源占有权

资源占有权是指对自然资源受到法律承认和保护的合法占有权。最常见也是最重要的是自然资源所有权人对资源的占有权，其次是自然资源的承租人、受让人、管理人从所有人处获得的实际控制权。

3. 资源利用权

资源利用权常称使用权，既可指所有权的一项权能，又可指人们对非自己所有的财产的利用或使用权。环境资源法理论中的使用权包括前述两种意义，且对非自己所有的财产的利用尤为关注。

4. 资源处分权

资源处分权通常指转让权、出卖权、抵押权、变更用途等权利。

5. 资源收益权

资源收益权是指主体通过对财产的占有、使用、处分而获得收益的权利。

六、国家环境资源管理法律制度

对环境资源的管理，是国家的一项基本职能，它是国家采用行政、经济、法律、科学技术、教育等多种手段，通过各级政府的环境保护机关以国家名义，行使对影响资源和环境的活动进行指挥、组织、规范、监督的职能，以合理开发利用自然资源，防治环境污染和破坏，维护生态平衡。

国家环境资源管理体制，是指一个国家环境资源管理系统的结构和组成方式。具体说来，环境资源管理的体制是规定中央、地方、部门、企业在环境资源保护方面的管理范围、职责权限、利益以及相互关系的准则，其核心是环境资源管理机构的设置、职权的划分与协调及管理活动规范运行的方式。

(一)我国环境资源管理机构

我国实施环境资源管理的行政部门,包括县级以上人民政府环境保护行政主管部门和多个依照有关法律的规定行使环境污染防治或者自然资源保护监督管理权的部门,具体包括:

(1)国务院环境保护行政主管部门

(2)县级以上人民政府环境保护行政主管部门

(3)国家海洋行政主管部门

(4)国家海事行政主管部门

(5)港务监督行政主管部门

(6)渔政渔港监督部门

(7)军队环境保护部门

(8)各级公安机关

(9)各级交通部门的航政机关

(10)铁道行政主管部门

(11)民航管理部门

(12)国土资源行政主管部门

(13)矿产资源行政主管部门

(14)林业行政主管部门

(15)农业行政主管部门

(16)水利行政主管部门

(17)渔业行政主管部门

此外,近些年颁布或修订的法律法规中,还规定了建设、卫生、海关、工商、经济贸易等行政主管部门,可依法对某些环境污染防治或者自然资源保护实施监督管理。

(二)环境资源管理权的行使

环境资源管理权的具体行使是借助于环境保护职能部门的具体监督管理行为来实现的。

1.环境资源管理行为的生效要件

(1)主体资格合法。即环境资源管理主体必须是依法享有环境资源监督管理权的行政机关。

(2)环境资源管理活动必须有合法的依据。

(3)环境资源管理的相对人必须是负有环境保护义务的单位或个人,管理对象不可任意扩大。

(4)环境资源管理行为必须符合法定程序,依法定程序和形式进行。

2. 环境资源管理权的行使形式

(1)环境行政监督检查

环境行政监督检查指环境监督检查主体对相对人遵守环境法律法规、履行环境行政监督管理行为所规定的义务的情况进行的监督检查。

(2)环境行政许可

环境行政许可指环境管理主体根据管理相对人的申请,经审查依法赋予其从事某种环境法律所禁止的事项的权利和资格的行为。

(3)环境行政处罚

环境行政处罚是指环境监督管理机关对违反环境法律、法规的相对人给予的一种惩戒或制裁。

(4)环境行政强制执行

环境行政强制执行指环境行政相对人不履行环境法律、法规所规定的义务时,环境监督管理主体以强制方式促使其履行的行为。

(三)环境管理基本制度

1. 环境影响评价制度

环境影响评价制度,是指在项目开发利用之前,对该开发或建设项目的选址、设计、施工和建成后将对周围环境产生的影响、拟采取的防范措施和最终不可避免的影响所进行的调查、预测和估计,并在此基础上提出合理的防范整治方案措施,按照法律程序进行报批的环境法律制度,它是一项决定项目能否进行的具有强制性的法律制度。

2. "三同时"制度

"三同时"制度,是指一切新建、改建和扩建的基本建设项目、技术改造项目、自然开发项目以及可能对环境造成影响的工程建设,其中防治污染和其他公害的设施必须与主体工程同时设计、同时施工、同时投产使用的法律制度。

"三同时"制度是我国在实施污染控制与管理过程中,独创的一项适合我国国情的环境管理制度。

3. 环境许可证制度

许可证制度则是指有关许可证的申请、审查、批准、监督、处理等一系列管理活动的法律规定的总称。环境保护中的许可证制度,是指有关环境行政许可的申请、审查、决定、监督、处理的法律规范的总称。

4. 排污收费制度

排污收费制度是有关排污费的征收、管理和使用的法律规定的总称,是指向环境中排放污染物或者超过规定的标准排放污染物的排污者,必须依照国家的规定缴纳一定数额的费用,用于污染防治的环境法律制度。

5. 环境事故报告处理制度

环境事故报告处理制度是指因发生事故或者其他突然性事件，造成或者可能造成环境污染与破坏事故单位，必须立即采取措施处理，及时通报可能受到污染与破坏危害的单位和居民，并向当地环境保护行政主管部门和有关部门报告，接受调查处理的重要环境法律制度。

6. 限期治理制度

限期治理是指对长期超标排放污染物、造成环境严重污染的排污者以及对设立有特殊保护区域内超标排污的已有设施，经地方人民政府决定和环境保护主管部门监督，设定一定期限由排污者在该期限内实施完成治理任务，使污染物排放达到治理目标的一种强制性措施。

7. 环境监测制度

环境监测是指负责环境监测的机构及其工作人员，按照有关法律法规规定的程序和方法，运用物理、化学或者生物等方法，对环境中各项要素及其指标或变化进行经常性的监测或长期跟踪测定的科学活动。

8. 环境标准制度

环境标准制度是指国家为了保护公众人体健康、社会物质财富、维持生态平衡，对大气、水、土壤等环境质量，按照法定程序对环境要素间的配比、布局和各环境要素的组成以及进行环境保护工作的某些技术要求加以限定的环境法律制度。

我国的环境质量标准、污染物排放标准、环境保护基础标准和环境保护方法标准等都是强制性标准。

引例分析

本案中，垃圾场所属于建设项目，应当适用1998年颁布实施的《建设项目环境保护管理条例》的相关规定，进行环境影响评价。但是本案中垃圾场所依照《建设项目环境保护管理条例》进行了环境影响评价，其违法行为发生在环境影响评价之后，即环境保护设施未与主体工程同时设计、同时施工、同时投产使用，造成了对环境的污染。

环境影响评价制度是在项目进行可行性研究阶段，也就是在考虑项目怎么做的时候，考虑一下项目对环境有什么影响，因此是彻底地从源头上保护环境的一种方式。"三同时"制度是已经明确项目要上了，怎么更好地保护环境，控制污染的一种方式。

两者之间的关系就是，环境影响评价制度是多方面地论证项目在环保上可不可行的一种制度，其中污染控制是环境影响评价制度中的主要论证内容之一。"三同时"制度是环境影响评价制度中明确下来的污染控制手段，使其能够彻底落实的一种制度，也就是新建、改建、扩建项目和技术改造项目以及区域性开发建设项目的污染治理设施必须与主体工程同时设计、同时施工、同时投产。

第二节 自然资源保护法

引例

张某系张楼村村民，经县人民政府批准建起了一砖瓦厂，并核发了30.7亩的《土地使用证》。在该土地能够用于做砖瓦的土壤被取用完以后，张某为了继续经营砖瓦厂，便与村干部协商，将村里的16.1亩耕地划归砖瓦厂使用，并与该村二组签订了土地使用协议书，张某向村里缴纳种植补偿费共4800元。同时还与村民唐某、沈某、贾某等私下达成用地协议，占用耕地5亩用于取土烧砖。经村民举报，县土地管理局对张某占用耕地的行为进行查处，并做出处理决定：对张某处以每平方米5元的罚款，限期恢复土地原状，责令加倍赔偿唐某、沈某、贾某土地两年不能耕种的损失。本案中，张某与村民组签订的用地协议是否合法？县土地管理局的处理决定存在哪些问题？

一、自然资源保护法概述

自然资源，是指在一定的技术经济条件下，自然界中对人类有用的一切物质和能量，如土、水、气、森林、草原、野生动植物等。

自然资源保护法是指调整人们在自然资源的管理、保护和利用过程中所发生的各种社会关系的法律规范的总称。它一般是由土地管理法、矿产资源法、森林法、草原法、野生动植物保护法、水法和渔业法、海洋法、空间法等法律、法规组成。国家制定自然资源保护法的目的就是调整自然与社会的关系，实现人类社会与自然的协调发展。

二、土地资源保护法

土地是指地球陆地的表层，是人类赖以生存和发展的物质基础和环境条件，是社会生产活动中最基础的生产资料。《中华人民共和国土地管理法》(以下简称《土地管理法》)所称土地，是指中华人民共和国各行政区域管理范围内的所有土地，按其利用类别分为农用地、建设用地和未用地。

土地资源是指一切对人类具有利用价值的土地。由于人类对土地价值的认识在不断扩大，所以几乎可以将所有的土地都称为土地资源。

为加强土地管理，维护土地的社会主义公有制，保护、开发土地资源，合理利用土地，切实保护耕地，促进社会经济的可持续发展，我国于1986年制定了《土地管理法》，该法于1988年12月、1998年8月、2004年8月三次进行修订，对土地资源的保护做出了全面的规定。另外，在《农业法》《矿产资源法》《环境保护法》中也有关于保护土地资源的规定。

(一)土地权属制度

为保护土地资源,首先必须明确土地的权属。我国宪法等法律规定,中华人民共和国实行土地的社会主义公有制,即全民所有制和劳动群众集体所有制。

为保护土地的所有权,法律规定任何单位和个人不得侵占、买卖或者以其他形式非法转让土地。

关于土地所有权和使用权的规定:

城市市区的土地属于国家所有;农村和城市郊区的土地,除由法律规定属于国家所有的以外,属于农民集体所有;宅基地和自留地、自留山,属于农民集体所有。国有土地和农民集体所有的土地,可以依法确定给单位或者个人使用。使用土地的单位和个人,有保护、管理和合理利用土地的义务。农民集体所有的土地由本集体经济组织的成员承包经营,从事种植业、林业、畜牧业、渔业生产。土地承包经营期限为30年。

(二)土地用途管制制度

(1)编制土地利用总体规划。《土地管理法》规定,由国家和地方各级人民政府编制土地利用总体规划,规定土地用途。

(2)对土地进行分类管理。将土地分为农用地、建设用地和未利用地三类,使用土地的单位和个人必须严格按照土地利用总体规划确定的用途使用土地。

(3)对土地实行一系列的行政管制措施。《土地管理法》对土地利用还规定实行建设用地总量控制制度、土地调查制度和土地统计制度,并且规定国家建立全国土地管理信息系统,对土地利用状况进行动态监测。

(三)对耕地实行的特殊保护制度

我国《土地管理法》的一个重要目的就是要对耕地实行特殊保护。具体的保护措施包括:

(1)严格控制将耕地转为非耕地使用。

(2)严格执行土地利用总体规划,确保耕地总量不因非利用计划的原因而减少。

(3)实行基本农田保护制度。按照《基本农田保护条例》的规定,基本农田是指根据一定时期人口和国民经济对农产品的需求以及对建设用地的预测而确定的长期不得占用的和基本农田保护区规划期内不得占用的耕地。

(4)防止耕地破坏。

(5)实行土地复垦制度,改善土地条件,恢复土地的原用途。

(6)鼓励土地管理。土地整理是指以工程技术手段以及相应的政策措施,对土地利用方式和占用现状进行调整和治理,以提高土地质量和利用效率。

(四)建设用地管理制度中有关土地保护的规定

《土地管理法》对建设用地做出了如下规定:

(1)申请使用土地制度。任何单位和个人进行建设,需要使用土地的,应当依法申请使用国有土地(包括国家所有的土地和国家征用的原属于农民集体所有的土地)。对于涉及农用地转为建设用地的,应当严格履行和办理农用地转用审批手续。

(2)征用土地补偿制度。对于征用的土地,使用权人应当按照被征用土地的原用途根据规定给予补偿。补偿费包括土地补偿费、安置补偿费以及地上附着物和青苗补偿费。对于确定的征用补偿费方案,有关人民政府应当公告,并听取被征用地的农村集体经济组织和农民的意见。

三、水资源保护法

随着人口的不断增加和工农业生产的发展,水资源的短缺越来越明显,甚至在地球上许多地方出现了水荒,直接影响了居民的生存和经济的发展。造成水资源短缺的主要原因:一是地球森林等植被的破坏减弱了地表蓄水保土的能力并使降水减少;二是对水资源的不合理开发利用;三是过分发展耗水企业又不采取节水措施;四是污染物对水体的污染。我国的水资源虽然绝对数量较大,但由于我国人口众多,人均占有量仅为世界人均占有量的1/4。再加上这些水资源时空分布不均匀、利用率低、浪费和污染严重,使得我国水资源的供需矛盾十分突出,许多地区社会和经济发展已经受到水资源短缺的严重困扰,而且水资源的供需矛盾还有日益加剧的趋势。

我国保护水资源的基本法律是《中华人民共和国水法》(以下简称《水法》),此外与水资源保护有关的重要法规还有《河道管理条例》《城市节约用水管理规定》《防汛条例》《取水许可制度实施办法》《水污染防治法》等法律法规。

我国水资源保护的主要法律制度包括:

(一)水资源权属的规定

为保护水资源,必须明确水资源的权利归属。《水法》规定,水资源属于国家所有,即全民所有。农业集体经济组织所有的水塘、水库中的水,属于集体所有。国家保护依法开发利用水资源的单位和个人的合法权益。

(二)水资源保护的基本原则

(1)国家鼓励和支持开发利用水资源和防治水害的各项事业。开发利用水资源和防治水害,应当全面规划、统筹兼顾、综合利用、讲求效益,发挥水资源的多种功能。

(2)国家保护水资源,采取有效措施保护自然植被,种树种草,涵养水源,防治水土流失,改善生态环境。

(3)各单位应当加强水污染防治工作,保护和改善水质。各级人民政府应当依照水污染防治法的规定,加强对水污染防治的监督管理。

(4)国家实行计划用水,厉行节约用水。各级人民政府应当加强对节约用水的管理。各单位应当采用节约用水的先进技术,降低水的消耗量,提高水的重复利用率。

(三)水资源保护的管理体制

国家对水资源实行统一管理与分级、分部门管理相结合的制度。国务院水行政主管部门负责全国水资源的统一管理工作。国务院其他有关部门按照国务院规定的职责分工,协同国务院水行政主管部门,负责有关的水资源管理工作。县级以上地方人民政府水行政主管部门和其他有关部门,按照同级人民政府规定的职责分工,负责有关的资源管理工作。

(四)水资源保护的主要管理制度

(1)水资源开发利用规划制度

(2)取水许可制度

(3)征收水资源费制度

(4)用水收费制度

(5)奖罚制度

四、矿产资源保护法

矿产资源,是指在地质运动过程中形成的,在一定的经济技术条件下可为人类用于生产和生活的各种矿物质富集物,是自然资源的一种。

按照我国《矿产资源法实施细则》的规定:矿产资源,是指由地质作用形成的,具有利用价值的,呈固态、液态、气态的自然资源。

我国的矿产资源及其开发利用也存在一些问题,主要表现在:一是部分重要矿种贫矿多、富矿少,有的甚至短缺;二是伴生矿多,单一矿少,分选冶炼困难;三是地区分布不均,且很多矿产处在开采条件极为困难的偏远山区和生活条件极为恶劣的地区,不易开发利用;四是人均占有量低,有些矿产难以满足经济发展的需要;五是开发利用的技术和管理水平低,浪费和破坏严重。我国矿产资源的这种现实状况决定了我国必须十分注意对其合理开发利用和保护,以便满足经济发展对矿产资源日益增长的需求。

目前,我国的矿产资源保护法主要由《矿产资源法》《矿产资源法实施细则》《矿产资源勘查登记管理暂行办法》《全民所有制矿山企业采矿登记管理暂行办法》《矿产资源监督管理暂行办法》《石油及天然气勘查、开采登记管理暂行办法》《中外合作开采陆上石油资源缴纳矿区使用费暂行规定》《矿产资源补偿费征收管理规定》《煤炭法》《煤炭生产许可征收管理办法》《乡镇煤矿管理条例》等组成。

(一)探矿、采矿权问题

我国《矿产资源法》规定:矿产资源属于国家所有,由国务院行使国家对矿产资源的所有权。地表或者地下的矿产资源的国家所有权,不因其所依附的土地所有权或者使用权的不同而改变。

1. 探矿权、采矿权的取得和保护

勘查、开采矿产资源，必须依法分别申请，经批准取得探矿权、采矿权，并办理登记。

2. 探矿权、采矿权有偿取得制度

国家实行探矿权、采矿权有偿取得制度。国家对探矿权、采矿权有偿取得的费用，可以根据不同情况规定予以减缴、免缴。

3. 探矿权和采矿权的有限制转让

《矿产资源法》规定了探矿权和采矿权在下列情况下可以转让：

(1)探矿权人有权在划定的勘查作业区内进行规定的勘查作业，有权优先取得勘查作业区矿产资源的采矿权。探矿权人在完成规定的最低勘查投入后，经依法批准，可以将探矿权转让给他人。

(2)已取得采矿权的矿山企业，因企业合并、分立，与他人合资、合作经营，或者因企业资产出售以及有其他变更企业资产产权的情形而需要变更采矿主体的，经依法批准可以将采矿权转让他人。

除了上述两种情形外，探矿权、采矿权不允许进行转让，更不得倒卖牟利。

(二)矿产资源勘查、开采过程中的保护管理制度

(1)矿产资源勘查、开采规划制度。我国《矿产资源法》规定，国家对矿产资源的勘查、开发实行统一规划、合理布局、综合勘查、合理开采和综合利用的方针。

(2)矿产资源勘查登记和开采实行审批制度。设立矿山企业，必须符合国家规定的资质条件，并依照法律和国家有关规定，由审批机关对其矿区范围、矿山设计或者开采方案、生产技术条件、安全措施和环境保护措施等进行审查；审查合格的，方予批准。

(3)矿产资源的勘查管理措施。有关区域地质调查由国家统一规划进行。区域地质调查的报告和图件按照国家规定验收，提供有关部门使用。矿产资源普查在完成主要矿种普查任务的同时，应当对工作区内包括共生或者伴生矿产的成矿地质条件和矿床工业远景做出初步综合评价。

(4)矿产资源的开采管理措施。开采矿产资源，必须采取合理的开采顺序、开采方法和选矿工艺。

(5)矿产资源税和资源补偿费制度。开采矿产资源必须按照国家规定缴纳资源税和资源补偿费。我国资源税税目中列举的矿产资源主要有原油、天然气、煤炭、其他非金属矿原矿、黑色金属矿原矿、有色金属矿原矿等。我国矿产资源补偿费由采矿权人缴纳，按照矿产品销售收入的一定比例计征。

(6)关于集体矿山企业和个体采矿的规定。国家对集体矿山企业和个体采矿实行积极扶持、合理规划、正确引导、加强管理的方针，鼓励集体矿山企业开采国家指定范围内的矿产资源，允许个人采挖零星分散资源和只能用作普通建筑材料的砂、石、黏土以及为生活自用采挖少量矿产。

除此之外，自然资源保护法还包含《森林资源保护法》《草原资源保护法》《渔业资源保护法》等重要法律，这些法律共同构建了我国系统的自然资源保护法体系。

引例分析

张某与村民组和村民签订的用地协议是非法的，也是无效的。因为我国《土地管理法》明确规定，禁止占用耕地建窑、建坟或者在耕地上建房、挖沙、采石、采矿、取土等。村委会和村民组都无权批准使用耕地用于企业取土烧砖。农民个人更无权转让其承包的耕地的使用权用于非农业生产。

县土地管理局对案件的处理存在下列问题：

只处罚了张某，未处罚同样是擅自将农民集体所有的土地出租用于非农业建设的村委会和私下转让耕地使用权的村民。

对非法转让耕地使用的，没有给予没收非法所得这种行政处罚。

责令加倍赔偿损失的行政决定无法律根据。

第三节　环境污染防治法

引例

王某居住在某房地产开发公司经营管理的商品房内。由于该开发公司建房时未考虑设置机动车停车场，致使大量汽车停放在院内，在不大的院子里停放了四五十辆汽车，这里简直成了无人管理的免费停车场。每天早晚汽车的发动声、报警声响彻不断，吵得住户苦不堪言，严重影响了住户的休息和生活。对于这种问题该怎样解决？

一、环境污染防治法概述

环境污染是在生产建设或者其他活动中产生的废气、废水、废渣、粉尘、恶臭气体、放射性物质以及噪声、振动、电磁波辐射等对环境的污染和危害。

环境污染防治法是有关预防和治理环境污染和其他公害的法律规范的总称，是指在环境法体系内同一类法律的总称。

环境污染防治法的特征：

(1)环境污染防治法是针对某一环境要素的污染防治所进行的综合立法，其内容涉及对该环境要素的全面保护。

(2)环境污染防治法与环境要素保护法之间应是互相协调与互相配合的关系，它们从不同的角度,不同的层面对环境要素的保护做出规定,但它们各有侧重,两者不可偏废。

(3)环境污染防治法是环境法的一个子系统,它是由某一环境要素保护的专门单行法规及其相关法规构成的系统性规范的统一体,并非仅指某一具体的单行法。

二、大气污染防治法

大气污染是指由于人类活动或自然过程引起某些物质进入大气中,呈现出足够的浓度,达到足够的时间,并因此危害了人类的舒适、健康和福利或环境的现象。

我国早在 1987 年 9 月就颁布了《中华人民共和国大气污染防治法》,为了应对越发严重的大气污染问题,该法于 2015 年 8 月进行了修订。

针对我国的煤烟型污染,自 20 世纪 80 年代中叶以来,国务院有关部门还相继发布了《关于防治煤烟型污染技术政策的规定》《城市烟尘控制区管理办法》和《关于发展民用型煤的暂行办法》以及《汽车排气污染监督管理办法》《关于加强新生产机动车排气污染监督管理的通知》《锅炉烟尘排放标准》《硫酸工业污染物排放标准》等。

(一)国务院和各级人民政府防治大气污染的职责

《大气污染防治法》对国务院和各级人民政府的职责做出了明确的规定,主要包括:

(1)制订大气环境保护计划与防治大气污染规划。

(2)加强防治大气污染的科学研究。

(3)采取防治大气污染的措施,保护和改善大气环境。

(4)制定有利于大气污染防治以及相关的综合利用活动的经济、技术政策和措施。

(二)防治大气污染的监督管理制度

1. 执行环境污染防治的基本法律制度

执行环境影响评价和“三同时”制度;执行排污申报登记制度;实施征收超标排污收费制度;对造成大气严重污染者实行限期治理;实行大气污染事故报告处理和采取应急措施制度。

2. 针对大气污染物及其产生设备实行的控制

首先,《大气污染防治法》规定,国家对严重污染大气环境的落后生产工艺和严重污染大气环境的落后设备实行淘汰制度。

其次,推广实行清洁能源技术或措施,改善燃料质量和提高能源利用效率措施。

再次,加强区域性大气污染防治,实行酸雨和二氧化硫控制区划定制度。

最后,实行逐步减少生产和使用含铅汽油的措施。

(三)防治大气污染的规定

1. 防治燃煤产生的大气污染的制度

锅炉烟尘排放标准制度,集中供热制度,燃料改进制度,控制区制度。

2. 防治废气、粉尘和恶臭污染的制度

限制排放制度，回收利用和排放处理制度，达标排放放射性物质制度，禁限排放恶臭物质制度，防治机动车船污染大气制度。

三、水污染防治法

水污染，是指水体因某种物质的介入，而导致其化学、物理、生物或者放射性等方面特性的改变，从而影响水的有效利用，危害人体健康或者破坏生态环境，造成水质恶化的现象。《水污染防治法》所要防治的水污染主要是指因人为因素造成的污染，而且其主要污染源是来自企事业单位排放的废水、废物，农业废水、废物以及人类生活污水和垃圾。

我国水污染防治方面的基本法律是《水污染防治法》。

（一）国务院和各级人民政府防治水污染的职责

国务院有关部门和地方各级人民政府，必须将水污染保护工作纳入计划，采取防治水污染的对策和措施。防治水污染工作与国民经济和社会发展十分密切，必然成为各级人民政府的重要管理职责。

（二）水污染防治的监督管理原则

《水污染防治法》规定了防治水污染监督管理的三项原则：

（1）水资源保护与水污染防治相结合原则。

（2）防治水污染应当按流域或区域统一规划原则。

（3）水污染防治与企业布局、改造相结合原则。

（三）水污染防治监督管理制度

1. 关于水环境保护标准制度

水环境保护标准，是指在一定时期和地区，根据一定水环境保护目标，由政府制定的对水环境管理要求的规定，包括水环境质量标准、污水排放标准、水环境保护基础标准和水环境保护方法标准等。我国关于水环境保护标准制度主要有以下内容：水环境质量标准的制定、城市污水集中处理制度、划定生活饮用水源保护区制度。

2. 关于防治地表水污染的规定

地表水，是指地球陆地表面的水体，即江河湖泊、池塘水库中的水体。我国关于防治地表水污染的规定主要有以下内容：设置排污口的限制制度、事故性排放的处置制度、禁止排放制度、达标排放制度、农药和化肥的使用管理制度。

3. 关于防治地下水污染的规定

地下水，是指地表以下的潜水和承压水。关于防治地下水污染，主要有以下内容：地面渗漏污染防治制度、开发中的污染防治制度。

四、海洋环境保护法

海洋环境污染，是指直接或间接地把物质或能量引入海洋环境，产生损害海洋生物资源、危害人体健康、妨碍渔业和海上其他合法活动、损坏海水使用素质和减损环境质量等有害影响。

我国海洋环境保护方面的基本法律是《中华人民共和国海洋环境保护法》(以下简称《海洋环境保护法》)。

(一)政府各行政部门海洋环境监督管理的职责

国务院环境保护行政主管部门作为对全国环境保护工作统一监督管理的部门，对全国海洋环境保护工作实行指导、协调和监督，并负责全国防治陆源污染物和海岸工程建设项目对海洋污染损害的环境保护工作。

各地方人民政府行使海洋环境监督管理权的部门职责，由省、自治区、直辖市人民政府根据本法及国务院有关规定确定。

(二)海洋开发监管的法律制度

海洋开发监管的法律制度主要有：总量控制制度，禁止开发制度，环境保护设施配套制度，海洋污染事故应急报告制度，海洋功能区划和海洋环境保护规划制度，海岸工程建设项目实行环境影响评价制度。

(三)防止倾倒废弃物对海洋的污染

"倾倒"是指通过船舶、航空器、平台或其他载运工具，向海洋处置废弃物和其他有害物质的行为，包括弃置船舶、航空器、平台及其辅助设施和其他浮动工具的行为。"倾倒"在广义上也包括在海上焚烧。

《海洋倾废管理条例》规定，海洋倾倒区由国家海洋局商同有关部门，按科学合理、安全和经济的原则划出，报国务院批准确定。

(四)防止船舶对海洋的环境污染

在防止船舶对海洋环境的污染损害方面，除《海洋环境保护法》外，我国还制定了《防止船舶污染海域管理条例》和《防止拆船污染环境管理条例》，这些规定与国际防止船舶污染海洋的公约和惯例是一致的。总的原则是，在中华人民共和国管辖海域，禁止任何船舶违反本法规定排放油类、油性混合物、废弃物和其他有害物质。从事船舶污染物、废弃物、船舶垃圾接收，船舶清舱，洗舱作业活动的，必须具备相应的接收处理能力。

除此之外，环境污染防治法还包含环境噪声污染防治法、固体废物污染环境防治法、农药放射性危险物品污染防治法等重要法律，这些法律共同构建了我国系统的环境污染防治法体系。

引例分析

根据目前的立法情况和住宅小区管理的特点，针对这类噪声污染问题主要通过要求经营管理商品房的房地产开发公司或物业管理部门采取防治噪声污染的措施来解决。从住宅区建筑设计的要求看，房地产开发公司没有规划设计停车场，对噪声污染的产生负有过失责任，那么噪声的治理当然也应由其负责。从管理的条件来看，房地产开发公司作为住宅区的实际经营管理者，也有条件采取管理措施。

受污染影响的居民可以直接找经营管理商品房的房地产开发公司解决污染问题。如果不给解决，居民可以要求有关管理部门责令房地产公司解决污染问题，居民也可以直接向人民法院提起诉讼要求房地产开发公司解决环境噪声污染问题。

第四节　环境法律责任

引例

河南省某县农民张某，承包水库水面，用网箱养鱼，并租了一条水泥船，雇用两个工作人员在水库中日夜看护，张某本人也经常驻船看护。一天早晨，张某起床后，看到许多死鱼漂在水面上，且水面散发出难闻的气味。张某意识到可能是水体受到某化工厂污染致鱼死亡，于是马上到县环保局要求其查看死鱼现场。县环保局的工作人员说，根据《水污染防治法》的规定，渔业水污染事故应由渔政管理机构调查处理。于是张某又马上到负责渔政管理的水库管理局渔政管理站要求其调查处理死鱼事故。但渔政管理站的站长说，不可能是污染致鱼死亡，所以既不组织对水库水质进行监测，也不到现场调查死鱼情况。

为了固定证据，张某只好让县公证处对其死鱼情况进行公证，证明死鱼损失达四十多万元。死鱼事件后不久，某化工厂就收到渔政管理站发出的因渔业污染事故罚款15万元的决定。由于缺乏渔政管理站的现场调查监测资料，张某无法向排污者索赔，于是便以渔政管理站不履行法定职责为由，向法院提起以渔政管理站为被告的行政诉讼，要求其赔偿死鱼损失40万元。法院以渔政管理站不具有法人资格为由，让张某变更被告，但张某拒绝变更，于是法院裁定驳回张某的起诉。试分析：环保局工作人员的说法对吗？法院的裁定是否正确？张某应当通过什么途径解决死鱼损害赔偿问题？

一、环境行政法律责任

环境行政违法行为是指环境行政法律关系的主体违反行政法律规范，侵害法律所保护的环境行政关系，对社会造成一定程度的危害，但尚未构成犯罪的行为。

(一)环境行政制裁

我国现行的环境与资源保护法律法规规定的环境行政法律责任的主要形式有环境行政处分、环境行政处罚。

1. 环境行政处分

环境行政处分是指依照行政上的隶属关系，由上级国家机关、国有企事业单位依法对实施了环境违法行为的下属工作人员或下级行政机关、国有企事业单位工作人员，按照有关纪律处分规定所做出的行政制裁，这种行政处分又称为纪律处分。

环境行政处分的种类：

对国家公务员的行政处分分为六类：警告、记过、记大过、降级、撤职、开除。

对企业职工的行政处分分为七类：警告、记过、记大过、降级、降职、留用察看、开除。

2. 环境行政处罚

环境行政处罚是由享有环境与资源保护监督管理权的国家机关，按照国家有关行政处罚法律法规的程序，对违反环境与资源保护法律法规或行政法规而尚未构成犯罪的公民、法人或其他组织给予的法律制裁。

环境行政处罚的种类，按其性质和作用来分，可以分为四大类：

(1)声誉罚：又叫精神罚或是申诫罚，是指环境资源管理行政主体对违法者的名誉、荣誉或者精神上的利益造成一定损害以表示警戒的处罚。

声誉罚既适用于个人也适用于组织。处罚方式：警告，只能单独适用。

(2)行为罚：是限制和剥夺违法的相对人某种能力或资格的处罚措施，有时也称为能力罚。行为罚既可以针对个人，也可以针对组织。主要的处罚方式有：责令限期改正、责令停止违法行为、责令停止生产或使用、责令停业、责令关闭、责令限期恢复原状、责令采取补救措施、吊销排污许可证、吊销捕捞许可证、吊销狩猎证、吊销驯养繁殖许可证等。

(3)财产罚：财产罚是指使被处罚人的财产权益受到损害的环境行政处罚，又称为经济罚。主要处罚方式有：罚款、没收财物(包括没收非法财物、没收违法所得和没收从事非法活动的工具、财物)、责令支付消除污染费用、责令赔偿损失、加收排污费等。

(4)人身自由罚：是指行政管理机关依法实施的在短期内限制或剥夺环境资源违法行为人的人身自由的一种制裁方式。人身自由罚是环境行政处罚中最为严厉的处罚种类，只能适用于个人。处罚方式：行政拘留。

(二)环境行政责任的追究程序

环境行政处罚是环境管理主体依法追究环境管理相对人的环境行政责任通常运用的一种方式。环境行政处罚程序是指有权实施环境行政处罚的环境管理部门，依法对破坏或者污染环境而应承担行政责任者，提起、认定并给予行政处罚的步骤的总称。

环境行政处罚程序可分为一般程序和简易程序。

1. 一般程序

(1)调查取证。即环境保护行政监督管理主体对行政处罚案件依法收集证据并对其进行审查核实的活动。

(2)申辩与听证。即环境保护监督管理主体在做出处罚决定之前,必须充分听取相对人的陈述和申辩;对符合法定条件的,还应组织听证会,对调查的证据与事实予以核定。

(3)做出行政处罚。即环境保护监督管理主体在事实和法律的基础上,依法对环境管理相对人做出处罚的决定。根据不同情况,分别做出如下决定:

①确有应受行政处罚的违法行为的,根据情节轻重及具体情况,做出行政处罚决定;

②违法行为轻微,依法可以不予行政处罚的,不予行政处罚;

③违法事实不能成立,不得给予行政处罚;

④违法行为已构成犯罪的,移送司法机关。

(4)执行。即相关国家机关对环境管理相对人执行其所受的行政处罚。

①当事人对处罚决定不服,可在法定期限内申请行政复议或者提起行政诉讼。在行政复议或者行政诉讼期间,不停止行政处罚的执行。

②当事人逾期不履行的,对不缴纳罚款者每日按罚款金额3‰加收滞纳金,同时可依法申请人民法院强制执行。

2. 简易程序——即当场处罚程序

(1)适用条件

①违法事实确凿;

②有法定依据;

③符合我国《行政处罚法》所规定的处罚种类和幅度。

只有对个人处以50元以下、对组织处以1000元以下罚款或者警告的处罚可以当场进行。当场处罚不等于当场收缴罚款。对当场收缴的范围做出规定:①依法给予20元以下罚款的;②不当场收缴事后难以执行的;③在边远、水上、交通不便地区,当事人向指定的银行缴纳罚款确有困难,经当事人提出,行政机关及其执法人员可以当场收缴罚款。

(2)具体内容

简易程序的内容主要包括:

①表明身份;

②说明理由和告知权利;

③制作处罚决定书以及备案:处罚决定应载明以下内容:a. 被处罚单位名称、地址、法定代表人姓名(被处罚人姓名、性别、年龄、职业、住址);b. 认定的主要事实、证据;c. 处罚的法律、法规依据;d. 处罚结论;e. 不服处罚申请行政复议的期限或向人民

法院起诉的期限;f. 处罚机关的名称和印章;g. 做出处罚决定的年、月、日。

二、环境民事法律责任

环境民事法律责任又称环境侵权责任,是指自然人、法人及其他组织因污染环境或破坏环境而侵害他人环境民事权益,依法应承担的民事方面的法律后果。环境侵权责任包含生态破坏侵权责任与环境污染侵权责任。

(一)生态破坏侵权

1. 归责原则

生态破坏侵权属于一般侵权,适用过错责任原则,加害人只有在主观上有故意或过失才可能承担侵权责任,无过错则无责任。

2. 构成要件

根据一般侵权的基本理论,生态破坏侵权的构成要件有四个:①行为人主观上存在过错;②行为的违法性;③损害事实的存在;④行为与损害后果之间存在因果关系。

3. 生态破坏侵权的免责事由

不可抗力、受害人过错、第三人过错。

(二)环境污染侵权

1. 归责原则

因污染环境造成他人损害的,实行无过错责任原则。在污染者因污染环境给他人造成损害时,不论污染者主观是否有过错,都应承担民事责任。

2. 构成要件

根据我国《侵权责任法》的规定,环境污染侵权的构成要件包括损害后果、污染行为及两者的因果关系。

3. 环境污染侵权的免责事由

不可抗力、受害人过错。

(三)我国环境民事法律责任的特殊规定

环境保护法律规范有一些不同于传统民事法律规范的规定,因而导致环境民事诉讼在许多方面与一般的民事诉讼有所不同,呈现出自身的某些特点。

1. 放宽起诉资格

在一定条件下,规定某些人或是一定的组织可以对与自己并无直接利害关系的污染或破坏环境的行为向法院提起诉讼。

公益诉讼是指公民、法人或者其他组织认为其具有公益性的环境权或环境公益受到侵犯时,以自然人或单位(包括法人组织和非法人组织)为被告而向法院提起的诉讼。

我国《环境保护法》第 58 条规定:对污染环境、破坏生态,损害社会公共利益的行为，符合下列条件的社会组织可以向人民法院提起诉讼：依法在设区的市级以上人民政府民政部门登记；专门从事环境保护公益活动连续五年以上且无违法记录。符合前款规定的社会组织向人民法院提起诉讼，人民法院应当依法受理。

2. 适用无过错责任原则

我国《侵权责任法》第 65 条规定：因污染环境造成损害的，污染者应当承担侵权责任。

3. 举证责任倒置

我国《侵权责任法》第 66 条规定：因污染环境发生纠纷，污染者应当就法律规定的不承担责任或者减轻责任的情形及其行为与损害之间不存在因果关系承担举证责任。

4. 延长诉讼时效

我国《环境保护法》第 66 条规定：提起环境损害赔偿诉讼的时效期为三年，从当事人知道或者应当知道其受到损害时起计算。

三、环境刑事法律责任

环境刑事法律责任是指行为人因违反环境法律、法规造成或可能造成环境严重污染或破坏，构成环境犯罪，依法应承担的刑事方面的法律后果。

环境犯罪，是指行为人违反环境资源法律法规，污染和破坏环境，造成人身健康或生命财产的严重危害，应受刑事处罚的行为。

（一）环境犯罪的犯罪构成

1. 环境犯罪的主体

环境犯罪的主体是指实施了污染或破坏环境的行为，依法应负刑事责任的人。环境犯罪的主体包括自然人和单位。

自然人主体：是指达到刑事责任年龄、具有刑事责任能力的自然人。我国《刑法》规定，已满 14 周岁不满 16 周岁的人属于限制刑事责任年龄。环境犯罪的自然人主体应是年满 16 周岁、具有刑事责任能力的人。自然人主体分为一般主体、特殊主体。

单位主体：是指违反环境保护法律法规，严重污染或破坏环境，依法应承担刑事责任的单位。单位构成环境犯罪的应具备 3 个条件：第一，单位环境犯罪的整体意志；第二，单位犯罪行为存在依赖性；第三，实施环境犯罪的功利性。单位主体有两个：一种是单位，另一种是单位中的自然人。

2. 环境犯罪的主观方面

环境犯罪的主观方面是指行为人对所实施的污染或破坏环境的行为可能引起的危害环境的后果所持的心理态度，包括环境犯罪故意和环境犯罪过失。

在过失犯罪的责任承担上，我国《刑法》规定，法律有规定的才负刑事责任。

3. 环境犯罪的客体

环境犯罪的客体是指受我国刑法所保护的，被环境犯罪行为所侵害的社会关系。环境犯罪所侵犯的一般客体是为刑法所保护的社会关系，直接客体是国家环境资源管理制度。

4. 环境犯罪的客观方面

环境犯罪的客观方面是指环境犯罪行为的客观外在表现，是犯罪行为人在有意识、有意志的心理态度支配下表现在外的事实特征，主要涉及如下几个问题：环境犯罪行为、环境犯罪的危害结果、环境犯罪因果关系。

(二)我国《刑法》中环境犯罪的主要罪名

《刑法》第六章第六节“破坏环境资源保护罪”规定了 14 种罪名：

(1)重大环境污染事故罪

(2)非法处置进口固体废物罪

(3)擅自进口固体废物罪

(4)非法捕捞水产品罪

(5)非法猎捕、杀害珍贵、濒危野生动物罪

(6)非法收购、运输、出售珍贵、濒危野生动物及其制品罪

(7)非法狩猎罪

(8)非法占用农用地罪

(9)非法采矿罪

(10)破坏性采矿罪

(11)非法采伐、毁坏珍贵树木或者国家重点保护植物罪

(12)盗伐林木罪

(13)滥伐林木罪

(14)非法收购、运输盗伐、滥伐林木罪

环境犯罪还包括以下几种罪名

《刑法》第九章“渎职罪”规定的：

(1)违法发放林木许可证罪

(2)环境监管失职罪

(3)非法批准征用、占用土地罪；非法低价出让国有土地使用权罪

《刑法》第三章“破坏社会主义市场经济秩序罪”第六节规定的：

非法转让、倒卖土地使用权罪

引例分析

环保局工作人员的说法是正确的。因为我国《水污染防治法》规定，造成渔业污染事故的，由渔政管理机构调查处理。

法院的裁定是正确的。因为渔政管理站是水库管理局的下属单位，不具有独立的法人资格，张某应当根据法院的要求变更被告人。

在目前情况下，张某可以通过下列两条途径解决死鱼损害赔偿问题：

1. 以行政机关不履行法定职责为由，向法院提起以渔政管理站的上级单位水库管理局为被告的行政诉讼，要求其赔偿因不履行法定职责给张某造成的损失；

2. 对向水库排放废水的化工厂提起民事诉讼，要求其赔偿污染损失。

本章思考题

1. 环境与资源保护法的特点和作用分别是什么？
2. 我国环境管理的基本制度主要有哪些？
3. 环境与资源保护法的基本原则有哪些？
4. 我国法律对土地的所有权和使用权权属方面做了怎样的基本规定？
5. 我国法律对环境民事法律责任做了哪些特殊规定？

第十章

劳动与社会保障法

要点提示

- 劳动法是调整劳动关系以及与劳动关系密切联系的某些其他关系的法律规范的总称。
- 劳动法调整的劳动关系，是指劳动者与用人单位之间在劳动过程中发生的，一方提供劳动力，一方提供报酬的社会关系。劳动法调整的其他社会关系，是指在劳动关系运行过程中及其前后，为实现劳动关系而发生的社会关系。
- 劳动合同制度是劳动法中最重要的制度。根据我国《劳动法》规定，劳动合同是指劳动者与用人单位之间确立劳动关系、明确双方权利和义务的协议。劳动合同是确立劳动关系的法律依据，是组织社会劳动，合理配置劳动力资源，稳定劳动关系，促进社会生产力发展的重要手段。
- 社会保障法是指以社会利益为本位的，调整政府、社会团体和社会成员之间在保障社会成员基本生活及发展的权利的活动中所产生的社会保障关系的法律规范的总称。社会保险法是社会保障法律制度的主要内容，是指国家通过立法强制实行的，对劳动者在其生、老、病、死、伤、残、失业以及发生其他生活困难时，给予物质帮助的制度。我国社会保险法律制度包括社会养老保险制度、医疗保险制度、工伤保险制度、失业保险制度和生育保险制度。

第一节　劳动法的基本原理

引例

李某于2008年10月入职甲公司并签订劳动合同，工作岗位为仓库管理员并负责收料。该公司员工手册规定：若员工在工作时间或工作场所内睡觉、打牌赌博等，公司视此为严重违纪行为并予以辞退且不予经济补偿。2009年6月5日，李某值夜班至凌晨时困意难耐，便在仓库办公室内席地而睡，五分钟后恰被查岗主管发现并上报。次日，该公司便据前述规定对李某作违纪辞退处理。李某不服，遂向当地劳动争议仲裁委员会提出仲裁申请，要求：1.确认甲公司的辞退行为违法；2.甲公司支付相当于两个月工资的经济赔偿金。甲公司答辩认为，其规章制度李某签收，且李某也承认上班时睡觉，公司的辞退决定事实以及依据都清楚、明确、合法。

问：公司内部规章制度在劳动法律关系中的效力。

一、劳动法的概念

劳动法是调整劳动关系以及与劳动关系密切相联系的某些其他关系的法律规范的总称。从法的渊源来看，劳动法概念可作狭义和广义理解。狭义上的劳动法，是指由国家最高立法机关颁布的劳动法典，即由全国人民代表大会常务委员会制定实施的《中华人民共和国劳动法》(1995年1月1日施行，2009年8月27日修订)。广义上的劳动法，是指一个国家的劳动法典和与劳动法典实施相配套的一系列劳动法规和规章，具体包括宪法、法律、行政法规、部委规章、地方性法规和地方性规章、我国政府批准的国际劳工公约、规范性劳动法律法规解释、劳动政策等。

二、劳动法的调整对象

劳动法是一个独立的法律部门，其调整对象是劳动关系和与劳动关系有密切联系的其他社会关系。

1.劳动关系

劳动法调整的劳动关系，是指劳动者与用人单位之间在劳动过程中发生的，一方提供劳动力，一方提供报酬的社会关系。劳动法调整的劳动关系具有以下特征：

(1)劳动关系是劳动者与用人单位之间的关系

我国劳动关系的主体特定，只有劳动者和用人单位之间在劳动过程中发生的社会关系，才属于劳动法的调整范围。

根据我国劳动法的规定，一般情况下不存在双重劳动关系。从建立劳动关系的形式要件、订立劳动合同的必备条款、法律责任等可以看出，劳动者与用人单位之间具有管理关系，劳动者的工资、档案、人事关系都是唯一的。劳动者在同一时间只能与一个用人单位签订劳动合同，建立劳动关系。否则，根据我国《劳动法》第 99 条规定“用人单位招用尚未解除劳动合同的劳动者，对原用人单位造成经济损失的，该用人单位应当依法承担连带赔偿责任。”

针对社会生活当中大量存在的兼职现象，相关劳动法律法规进行了规范。劳动者在完成本职工作的前提下，可以在其他单位业余兼职。本岗位实行 8 小时工作制的，业余兼职应当在本职工作时间以外进行；不实行 8 小时工作制的，业余兼职应当在保证全面完成本职工作任务的情况下进行。与兼职单位存在利害关系或者其他可能影响公正办事的情形的，应当回避在该单位兼职。

(2)劳动关系是人身关系与财产关系的结合

从劳动法的历史发展来看，劳动关系产生的根本原因是劳动力所有权和使用权相分离。劳动关系建立后，劳动力的所有权属于劳动者，其存在与支出与劳动者的人身不可分离。

劳动关系本是一种人身关系。因此，用人单位应当为劳动者的人身安全和劳动力再生产提供必要的时间、物质、技术、学习等方面的条件。劳动者受到伤害、造成损失、遭遇困难，无论用人单位是否有过错，都应当承担相应的法律责任。如用人单位承担劳动者工伤的无过错责任，支付劳动者生育或患病期间的待遇，赔偿劳动者在工作中给他人造成的损失。

劳动关系建立后，劳动力的使用权被让渡给用人单位以换取生活资料。劳动关系同时又是一种财产关系。劳动法调整的劳动关系是劳动力与社会生产资料相结合和取得报酬相结合。用人单位要向劳动者支付工资等物质待遇。劳动者参加的没有报酬的义务劳动、非社会性的家务劳动、劳动者的收入不是基于劳动而取得的等等都不属于劳动法的调整范围。

(3)劳动关系是平等性与从属性的兼容

劳动关系具有形式上的平等性。劳动关系的双方当事人在法律上享有平等的权利，劳动者向用人单位提供劳动力使用权，用人单位向劳动者支付报酬。抛开人身属性带来的特殊性，劳动关系的实质是劳动力使用权与财产权的交换。双方形式上地位平等，遵循平等、自愿、协商一致原则通过劳动合同约定权利义务关系。

劳动关系同时具有从属性特征，包括人格的从属性和经济的从属性。人格的从属性，是指劳动者必须接受用人单位的组织指挥，遵守用人单位制定的各项规章制度和劳动规则，成为用人单位组织体的一员。经济的从属性，是指用人单位是生产经营活动的组织管理者，对劳动力进行分配和安排，以使其同生产资料相结合，创造物质财富，实现单位追求的经济目的。劳动关系的目的是劳动过程的实现，而非劳动成果的给付。可以说，劳动者不是为自己，而是在用人单位的组织和指挥下，为了最终实现用人单位的利益而劳动。因此，劳动者的劳动成果是归属于用人单位的。

2. 与劳动关系有密切联系的其他社会关系

劳动法调整的其他社会关系，是指在劳动关系运行过程中及其前后，为实现劳动关系而发生的社会关系。具体包括劳动行政关系、劳动服务关系、劳动团体关系、劳动争议处理关系。

三、劳动法的适用范围

根据《劳动法》第 2 条规定，中华人民共和国境内的企业、个体经济组织和与之形成劳动关系的劳动者，适用该法。国家机关、事业单位、社会团体和与之建立劳动合同关系的劳动者，依照该法执行。

公务员和比照公务员制度的事业组织和社会团体的工作人员、农村劳动者、现役军人、家庭保姆，不适用我国《劳动法》。

四、劳动法的基本原则

劳动法的基本原则，是指贯穿于立法、执法、司法整个劳动法过程之中，作为整个劳动法律体系依据的指导思想和根本准则。

1. 具体落实宪法基本权利，保护劳动者合法权益原则

我国宪法对劳动者应当享有的基本权利做出原则性的规定，包括劳动权、获得劳动报酬权、劳动保护权、休息权、职业培训权、企业民主管理权、社会保险和福利权等。劳动法是调整劳动关系的基本法律，应当具体落实宪法中劳动者的基本权利，使劳动者的合法权益受到全面、平等、倾斜和最基本的保护。

全面保护，是指劳动者的所有合法权益都在劳动法的保护范围之内，具体包括政治上的权利、经济上的权利和人身方面的权利。

平等保护，是指全体劳动者的合法权益平等地受到劳动法的保护，包括形式上平等和实质上平等两个层次。形式上平等是指各种劳动者的法律地位平等。即无论劳动者的民族、种族、性别、职业、职务、劳动关系的所有制性质及用工形式，劳动法一律平等保护。禁止对任何劳动者进行歧视。实质上，平等是指对妇女、未成年人、残疾人等在竞争关系中处于弱势地位的特殊劳动者群体，劳动法律要为其提供特别保护。

倾斜保护，是指当劳动者与用人单位发生利益冲突时，劳动法应当倾斜保护劳动者利益。在现代市场经济条件下，公司、企业拥有强大的经济实力，在市场活动中处于有利地位；劳动者则以分散的个体出现，在市场活动中最容易受到侵害，需要通过法律和社会力量来弥补这种不利地位。

基本保护，是指劳动立法包含许多国家强制性规范，是国家对劳动者基本利益规定的最低标准。用人单位必须严格遵守劳动立法中的强制性规定，不得低于这些标准，从而使劳动者的基本利益获得绝对保护。

2. 建立健全劳动力市场，实现劳动力资源合理配置原则

劳动法的任务是培育和发展劳动力市场，确立和完善以市场配置机制为主，以行政配置机制为辅的劳动力资源配置体制，维护劳动力市场的运行秩序，实现效率和公平的双重价值取向。

首先，确认劳动力市场的主体资格，规定统一的基本标准和规范。劳动法律应当确认劳动力供求双方成为劳动力市场主体的资格条件，保护他们建立劳动关系的自主权。同时，制定统一的劳动力市场规则和法律规范。需要指出的是，我国社会经济发展不平衡，地区、产业、单位的巨大差别将长期存在，这是确定劳动标准时必须重视的客观现实。

其次，完善劳动合同制度，将劳动合同自由与政府适度干预相结合。在现代市场经济条件下，合同关系是最基本的法律关系，劳动力市场主体的一切活动都是通过缔结劳动合同进行的，必须完善劳动合同制度。劳动法兼具公法与私法的双重特征。劳动合同制度既要强调劳动力市场主体相互独立、法律地位平等，具有协商签订劳动合同、建立劳动关系的自主权；又要坚持政府的适度干预，强制用人单位承担劳动安全、劳动者的健康与卫生条件等方面的义务，保护劳动者合法权益，形成正常的劳动合同秩序。

引例分析

劳动关系建立后，劳动者必须接受用人单位的组织指挥，遵守用人单位制定的各项规章制度和劳动规则，成为用人单位组织体的一员。根据相关法律规定，用人单位制订的本单位规章制度对劳动者具有法律约束力。用人单位可以因劳动者违反相关规章制度，单方解除劳动关系。

但是，用人单位制订规章制度应具备一定的合理性。如果用人单位在制订规章制度时没有遵循法定程序，或者内容不具备合理性，劳动仲裁委员会就很有可能支持劳动者的主张。

本案中，甲公司的规章制度就存在一定的不合理性，因此未能得到当地劳动争议仲裁委员会的支持。经审理，当地劳动仲裁委员会裁决如下：1. 确认甲公司的辞退行为违法；2. 甲公司应支付李某相当于两个月工资的经济赔偿金。

第二节　劳动合同法律制度

引例

赵某是某公司的销售代理。2008年该公司与其签订劳动合同。合同规定：赵某可以从产品销售利润中提取60%的提成，本人的病、伤、残、亡等企业均不负责。在一次外出公干中，由于交通事故，赵某负伤致残。赵某和该公司发生了争议并起诉到劳动行政部门，要求解决其伤残保险待遇问题。

问：请对劳动合同的有效性进行分析。

一、劳动合同的概念

根据我国《劳动法》规定，劳动合同是指劳动者与用人单位之间确立劳动关系、明确双方权利和义务的协议。劳动合同是确立劳动关系的法律依据，是组织社会劳动，合理配置劳动力资源，稳定劳动关系，促进社会生产力发展的重要手段。

用人单位自用工之日起即与劳动者建立(事实)劳动关系。用人单位与劳动者在用工前订立劳动合同的，劳动关系自用工之日起建立。社会主义市场经济不提倡事实劳动关系。劳动者与用人单位建立劳动关系，必须订立劳动合同。我国《劳动合同法》明确规定不签订劳动合同的法律后果。

(1)限期订立劳动合同。已建立劳动关系，未同时订立书面劳动合同的，应当自用工之日起一个月内订立书面劳动合同。

(2)视为订立无固定期限的劳动合同。用人单位自用工之日起满一年不与劳动者订立书面劳动合同的，视为用人单位与劳动者订立无固定期限劳动合同。订立无固定期限劳动合同的时间是用工之日起满一年的当日。

(3)两倍工资。未订立劳动合同期间(即自用工之日起满一个月的次日至满一年的前一日的期间内)，用人单位应当向劳动者支付每月两倍的工资。

(4)终止劳动合同关系，支付经济补偿金。自用工之日起一个月内，经用人单位书面通知后，劳动者不与用人单位订立书面劳动合同的，用人单位应当书面通知终止劳动关系，无需向劳动者支付经济补偿。自用工之日起超过一个月不满一年的时间内，用人单位提出与劳动者补签书面劳动合同，但劳动者不愿意与用人单位补签的，用人单位应当书面通知劳动者终止劳动合同，并按照劳动法的规定支付经济补偿金。

二、劳动合同的订立

劳动合同的订立，是指劳动者和用人单位相互选择与协商确定劳动关系中权利义务的法律行为。

(一)劳动合同订立的原则

根据我国劳动法律规定,订立劳动合同,应当遵循平等自愿、协商一致、诚实信用的原则,不得违反法律、行政法规的规定。

1. 平等自愿的原则

平等,是指在订立劳动合同过程中,用人单位和劳动者法律地位平等,在协商一致的基础上达成协议。根据我国《劳动合同法》,用人单位不得在订立劳动合同时提出不平等的附加条件,不得扣押劳动者的居民身份证和其他证件,不得要求劳动者提供担保或者以其他名义向劳动者收取财物。否则,由劳动行政部门责令限期退还劳动者本人,并给予用人单位一定数额的行政罚款。给劳动者造成损害的,用人单位还应当承担赔偿责任。

自愿,是指订立劳动合同是双方当事人依据自己的真实意志,经过平等协商,在意思表示一致的情况下达成协议。根据自愿原则,劳动合同的订立必须由当事人依自己意愿,独立完成意思表示。任何其他机关、团体和个人都无权强迫劳动者或用人单位订立劳动合同。

2. 协商一致的原则

协商一致,是指在法律、法规允许的范围内,劳动合同的内容、条款,由双方当事人共同讨论、协商。只有双方当事人就合同的主要条款达成一致意见后,合同才成立和生效。在实践中,常见的是用人单位经常采取格式合同的方式,劳动者只能决定是否签约。根据我国《合同法》有关规定,采用格式条款订立合同的,提供格式条款的一方应当遵循公平原则确定当事人之间的权利和义务,并采取合理的方式提请对方注意免除或者限制其责任的条款,按照对方的要求,对该条款予以说明。

3. 遵守法律、法规原则

订立劳动合同的前提是劳动合同内容合法。即劳动合同中约定的权利、义务关系,不得违背法律、法规的规定,不得损害社会公共利益。订立劳动合同的目的不能以合法形式掩盖不法意图,也不得违背善良风俗和社会基本道德。例如劳动者不得与用人单位订立到其他企业从事商业间谍活动的劳动合同,订立劳动合同的主体符合法律规定的条件。劳动者在订立劳动合同时必须达到法定的劳动年龄,具备凭借自己的智力或体力完成某项工作的劳动能力。某些特殊工作,劳动者必须具备相应的职业资格证书。用人单位在公开招聘时,应当贯彻公开招收、自愿报名、全面考核、择优录取的原则。

违反法律、法规订立的劳动合同无效,双方当事人的权利得不到法律的保护,还应当承担相应的法律责任。

4. 诚实信用原则

诚实信用,是市场经济活动中基本的道德准则,对当事人双方订立劳动合同起到指导作用。诚实信用原则具体体现为订立劳动合同时，双方当事人的告知义务。

根据我国《劳动合同法》第8条规定：用人单位招用劳动者时，应当如实告知劳动者工作内容、工作条件、工作地点、职业危害、安全生产状况、劳动报酬，以及劳动者希望了解的其他情况。用人单位有权了解劳动者与劳动合同直接有关的基本情况，如劳动者年龄、身体状况、工作经历、知识技能以及就业现状等，劳动者应当如实说明。值得注意的是，劳动者享有隐私保护权，对于不合理或不相关的询问，劳动者有权拒绝回答。以欺诈、胁迫的手段或乘人之危订立的劳动合同无效或者部分无效，有过错的一方承担损害赔偿责任。

(二)劳动合同订立的效力

1. 劳动合同有效

劳动合同有效，是指劳动合同对双方具有法律约束力，当事人双方应当履行劳动合同规定的权利和义务。符合法定条件，即主体合格、内容合法、双方意思表示真实，采用书面形式的劳动合同，自订立起生效。

2. 劳动合同无效

劳动合同无效，是指劳动合同因不具备法定有效要件而全部或者部分不具有法律约束力。我国《劳动合同法》第26条规定，导致劳动合同无效的情形包括：①违反法律、行政法规强制性规定的；②以欺诈、胁迫的手段或者乘人之危，使对方在违背真实意思的情况下订立或变更劳动合同的；③用人单位免除自己的法定责任，排除劳动者权利的。

劳动合同无效或者部分无效，必须由劳动争议仲裁机构或者人民法院确认。劳动合同被确认无效的，自订立起就没有法律约束力。劳动者已付出劳动的，用人单位应当向劳动者支付劳动报酬，其数额标准参照本单位相同或者相近岗位劳动者的劳动报酬。劳动被确认部分无效的，如果不影响其余部分的效力，其余部分仍然有效。因劳动合同无效给当事人造成实际损失的，有过错的一方承担损害赔偿责任。如果双方对劳动合同无效都有责任，各自承担相应的责任。

三、劳动合同的内容

劳动合同的内容，是指劳动者与用人单位之间设定劳动权利与义务的具体规定，通常以劳动合同条款表现出来。劳动合同条款一般分为法定必备劳动条款和约定选择性劳动条款。

根据我国《劳动合同法》第17条规定，劳动合同的必备条款包括：①用人单位的名称、住所和法定代表人或主要负责人；②劳动者的姓名、住址和居民身份证或者其他有效身份证件号码；③劳动合同期限；④工作内容和工作地点；⑤工作时间和休息休假；⑥劳动报酬；⑦社会保险；⑧劳动保护、劳动条件和职业危害防护；⑨法律、法规规定的应当纳入劳动合同的其他事项。劳动合同缺少必备条款并不必然影响劳动关系的成立。可以根据我国《劳动合同法》第 18 条的规则加以补充。劳动合同的约定选择性条款包括试用期、培训、保守商业秘密、补充保险和福利待遇等其他事项。劳动合同的当事人可以在充分协商一致的基础上约定这些内容。

(一)劳动合同期限条款

劳动合同期限,是指劳动合同的起始和终止的时间,即劳动合同规定的双方当事人权利、义务关系有效时间。根据我国《劳动合同法》第 12 条,劳动合同期限可分为固定期限、无固定期限和以完成一定工作任务为期限。具体采用哪种合同期限由双方当事人在订立劳动合同时协商选择。

1. 固定期限的劳动合同

固定期限的劳动合同是指用人单位与劳动者约定合同终止时间的劳动合同。固定期限的劳动合同的期限一般由用人单位根据用工控制、成本控制和生产经营需要与劳动者协商确定。期限届满不续签合同的,劳动合同即终止。用人单位无需向劳动者支付任何经济补偿金。固定期限的劳动合同是实践中较为普遍使用的一种劳动合同类型。

2. 无固定期限的劳动合同

无固定期限的劳动合同是指用人单位与劳动者约定无确定终止时间的劳动合同。无固定期限劳动合同在正常履行的情况下,劳动者和用人单位之间能够保持较为长期、稳定的劳动关系,突出了对处于弱势地位的劳动者的保护。根据我国《劳动合同法》第 14 条,无固定期限的劳动合同分为协商订立、应当订立、视为订立三种情形。

(1)协商订立:用人单位与劳动者协商一致,可以订立无固定期限劳动合同。即双方当事人在合同书上只规定合同生效的起始日期,没有规定合同的终止日期。订立无固定期限的劳动合同,除法律、法规有规定外,双方当事人可以约定变更、解除、终止合同的条件。

(2)应当订立:有下列情形之一,劳动者提出或者同意续订、订立劳动合同的,除劳动者提出订立固定期限劳动合同外,应当订立无固定期限劳动合同:①劳动者在该用人单位连续工作满十年的;②用人单位初次实行劳动合同制度或者国有企业改制重新订立劳动合同时,劳动者在该用人单位连续工作满十年且距法定退休年龄不足十年的;③连续订立二次固定期限劳动合同,且劳动者没有本法第三十九条和第四十条第一项、第二项规定的情形,续订劳动合同的。

(3)视为订立:用人单位自用工之日起满一年不与劳动者订立书面劳动合同的,视为用人单位与劳动者已订立无固定期限劳动合同。

3. 以完成一定工作为期限的劳动合同

以完成一定工作为期限的劳动合同是指用人单位与劳动者约定以某项工作的完成为合同期限的劳动合同。工作任务的完成即合同期限的终止。

(二)试用期条款

试用期,是指包含在劳动合同期限内,用人单位与新录用的劳动者相互了解,并根据实际情况和法律规定决定是否履行或解除劳动合同的特殊期限。为防止用人单位利用试用期损害劳动者权益,我国《劳动合同法》第 19 至 21 条对试用期做出明确具体的规定。

1. 试用期的限制

(1)同一用人单位与同一劳动者只能约定一次试用期。

(2)试用期包含在劳动合同期限内。劳动合同仅约定试用期的,试用期不成立,该期限为劳动合同期限。

(3)以完成一定工作任务为期限的劳动合同,或者劳动合同期限不满三个月的,或者非全日制用工,不得约定试用期。

2. 试用期的长短

劳动合同期限三个月以上不满一年的,试用期不得超过一个月;劳动合同期限一年以上不满三年的,试用期不得超过两个月;三年以上固定期限和无固定期限的劳动合同,试用期不得超过六个月。

3. 试用期内的工资

劳动者在试用期内的工资不得低于本单位相同岗位最低档工资或者劳动合同约定工资的百分之八十,并不得低于用人单位所在地的最低工资标准。

4. 劳动合同解除权

在试用期内,劳动合同双方当事人均享有解除合同的权利。但法律对二者权利运用的规定不同。劳动者在试用期内被证明不符合录用条件,或者严重违反用人单位规章制度的,用人单位可以解除劳动合同。除此情形外,用人单位不得解除劳动合同。劳动者在试用期内提前 3 日通知用人单位,即可解除劳动合同。

5. 违法约定试用期的法律责任

我国《劳动合同法》第 83 条规定,用人单位违反本法规定与劳动者约定试用期的,由劳动行政部门责令改正;违法约定的试用期已经履行的,由用人单位以劳动者试用期满月工资为标准,按已经履行的超过法定试用期的期间向劳动者支付赔偿金。

(三)竞业限制条款

竞业限制,是指有关人员在终止或解除劳动合同后的一定期限内,不得到生产同类产品或经营同类业务的有竞争关系的其他用人单位任职,也不得自己生产与原单位有竞争关系的同类产品或经营同类业务。我国《劳动合同法》第 23 至 25 条对竞业限制做出明确规定。

(1)竞业限制的主体。竞业限制的人员限于用人单位的高级管理人员、高级技术人员和其他负有保密义务的人员。用人单位并不是与任何员工都可以签订竞业限制条款。

(2)竞业限制的范围、地域、期限。在不违反法律、法规规定的前提下,由用人单位与劳动者约定。竞业限制的期限从用人单位与劳动者终止或者解除劳动合同之日起计算,最长不得超过2年。

(3)竞业限制中的义务与责任。在竞业限制期限内,用人单位按月给予劳动者经济补偿。劳动者违反竞业限制约定的,应当按照约定向用人单位支付违约金。

四、劳动合同的履行与变更

(一)劳动合同的履行

劳动合同的履行,是指劳动合同的双方当事人按照合同约定完成各自义务的行为。我国《劳动合同法》第29条明确规定:用人单位与劳动者应当按照劳动合同的约定,全面履行各自的义务。

(二)劳动合同的变更

劳动合同的变更,是指劳动合同在履行过程中,由于法定原因或约定条件发生变化,对已经生效的劳动合同条款进行修改或补充。

劳动合同变更的条件:①原劳动合同有效期内进行;②双方当事人协商达成一致意见;③订立合同时的客观情况发生了重大变化,原劳动合同的部分条款不做修改或补充,便不能继续适应新的情况;④应当采取书面形式。

劳动合同变更的法律效果:因依法变更劳动合同给对方当事人造成经济损失的,一般由要求变更劳动合同的一方承担经济赔偿责任。因非法变更或单方擅自变更劳动合同给对方当事人造成经济损失的,必须承担劳动合同违约责任。依法变更后的劳动合同,双方当事人必须严格履行。

五、劳动合同的解除与终止

(一)劳动合同的解除

劳动合同的解除,是指劳动合同签订以后,尚未履行完毕之前,由于一定事由的出现,提前终止劳动合同效力的法律行为。一般包括协商解除和法定解除。协商解除,是指用人单位与劳动者协商一致,可以提前终止劳动合同效力。法定解除,是指出现国家法律、法规或合同规定的可以解除劳动合同的情况时,单方提前终止劳动合同效力或者合同效力自然终止。根据我国《劳动合同法》,法定解除包括以下情形。

1.用人单位单方解除劳动合同

用人单位单方解除劳动合同,又称辞退或解雇,必须符合法定条件和按照法定程序进行。可以分为过错性辞退、非过错性辞退和经济性裁员三类。

(1)过错性辞退(又称用人单位即时解除劳动合同)。主要针对劳动者有过错的情形。我国《劳动合同法》第39条规定:劳动者有下列情况之一时,用人单位有权解除劳动合同，无须征得他人的意见，不必履行特别的程序，也不存在经济补偿问题。①在试用期间被证明不符合录用条件的；②严重违反用人单位的规章制度的；③严重失职，营私舞弊，给用人单位造成重大损害的；④劳动者同时与其他用人单位建立劳动关系，对完成本单位的工作任务造成严重影响，或者经用人单位提出，拒不改正的；⑤被依法追究刑事责任的；⑥以欺诈、胁迫的手段或者乘人之危，使对方在违背其真实意思的情况下订立或者变更劳动合同，致使合同无效的。

(2)非过错性辞退(又称用人单位预告解除劳动合同)。根据《劳动合同法》第40条规定：劳动者有下列情况之一时，在提前30日以书面形式通知劳动者本人，或者额外支付劳动者一个月工资后，用人单位有权解除劳动合同。①劳动者患病或者非因工负伤，医疗期满后，不能从事原工作也不能从事由用人单位另行安排的工作的；②劳动者不能胜任工作，经过培训或者调整工作岗位，仍不能胜任工作的；③劳动合同订立时所依据的客观情况发生重大变化，致使原劳动合同无法履行，经当事人协商不能就变更劳动合同达成协议的。

(3)经济性裁员。经济性裁员是指用人单位需要裁减人员二十人以上或者裁减不足二十人但占企业职工总数百分之十以上的情况。为防止用人单位滥用经济性裁员，侵犯职工合法权益，我国《劳动合同法》第41条对经济性裁员的条件、程序等做出明确规定。

用人单位可以进行经济性裁员的条件包括：①依照企业破产法规定进行重整的；②生产经营发生严重困难的；③企业转产、重大技术革新或者经营方式调整，经变更劳动合同后，仍需裁减人员的；④其他因劳动合同订立时所依据的客观经济情况发生重大变化，致使劳动合同无法履行的。

用人单位应当按照法定程序与被裁减人员解除劳动合同：①用人单位应当提前三十日向工会或者全体职工说明情况，并提供有关生产经营状况的资料；②提出裁减人员方案，包括被裁减人员名单、裁减时间、实施步骤、法律依据、经济补偿办法等；③裁减人员方案应当征求工会或者职工的意见，随后向当地劳动行政部门报告；④公布裁减人员方案，与裁减人员办理解除劳动合同手续，支付经济补偿金，出具裁减人员证明书。

经济裁员时优先留用人员：①与本单位订立较长期限的固定期限劳动合同的；②与本单位订立无固定期限劳动合同的；③家庭无其他就业人员，有需要扶养的老人或者未成年人的。用人单位有条件的，应为被裁减人员提供培训或就业帮助。用人单位从裁减人员之日起，六个月内需要新招人员的，应当优先录用本单位被裁减的人员。

(4)用人单位不得解除劳动合同的情形。

为了保证劳动者在特殊情况下的权益不受侵害，我国《劳动合同法》第42条对用人单位解除劳动合同进行了限制。下列情形之一的，用人单位不得解除劳动合同：①患职业病或者因工负伤并被确认丧失或者部分丧失劳动能力的；②患病或者负伤，在规定的医疗期内的；③女职工在孕期、产期、哺乳期内的；④从事接触职业病危害作业的劳动者未进行离岗前职业健康检查，或者疑似职业病病人在诊断或者医学观察期间的；⑤在本单位连续工作满十五年，且距法定退休年龄不足五年的。

2. 劳动者单方解除劳动合同

劳动者单方解除劳动合同，即通常所称的“辞职”，可以分为一般性辞职和特殊性辞职两种情况。

(1)一般性辞职(又称劳动者预告解除劳动合同)，是指劳动者在一定期限内以提前通知用人单位的方式解除劳动合同。根据我国《劳动合同法》规定：在试用期内，劳动者需提前 3 天告知用人单位；在正式期内，劳动者需提前 30 天书面通知用人单位，可以解除劳动合同。

(2)特殊性辞职(又称劳动者即时解除劳动合同)，是指用人单位违反劳动合同规定或者违反国家有关法律规定，侵害劳动者权益时，劳动者可以立即解除劳动合同，不需要事先告知用人单位。根据我国《劳动合同法》第 38 条规定：用人单位有下列情形之一的，劳动者可以解除劳动合同。①未按照劳动合同约定提供劳动保护或者劳动条件的；②未及时足额支付劳动报酬的；③未依法为劳动者缴纳社会保险费的；④用人单位的规章制度违反法律、法规的规定，损害劳动者权益的；⑤以欺诈、胁迫的手段或者乘人之危，使对方在违背其真实意思的情况下订立或者变更劳动合同，致使合同无效的；⑥用人单位以暴力、威胁或者非法限制人身自由的手段强迫劳动的；⑦用人单位违章指挥、强令冒险作业危及劳动者人身安全的；⑧法律、行政法规规定劳动者可以解除劳动合同的其他情形。

(二)劳动合同的终止

劳动合同的终止，是指当法律规定或当事人约定的事由出现时，劳动合同失去约束力。根据我国《劳动合同法》第 44 条规定，双方当事人不得随意终止劳动合同。有下列情形之一的，劳动合同终止：①劳动合同期满的；②劳动者开始依法享受基本养老保险待遇的；③劳动者死亡，或者被人民法院宣告死亡或者宣告失踪的；④用人单位被依法宣告破产的；⑤用人单位被吊销营业执照、责令关闭、撤销或者用人单位决定提前解散的；⑥法律、行政法规规定的其他情形。

1. 用人单位的法律责任

(1)通知工会。根据我国《劳动合同法》第 43 条规定：用人单位单方解除劳动合同，应当事先将理由通知工会。

(2)出具解除、终止证明。根据我国《劳动合同法》第 50 条规定：用人单位应当在解除或者终止劳动合同时，出具解除或者终止劳动合同证明。应当写明劳动合同期限、解除或者终止劳动合同的日期、工作岗位、在本单位的工作年限等。

(3)办理档案和社会保险转移手续。根据我国《劳动合同法》第 50 条规定：用人单位应当在解除或终止劳动合同的 15 天内为劳动者办理档案和社会保险转移手续。

(4)支付经济补偿金。《劳动合同法》第 46 条规定：有下列情形之一的，用人单位应当向劳动者支付经济补偿：①劳动者依照本法第 38 条规定解除劳动合同的（即劳动者特殊性辞职）；②用人单位依照本法第 36 条规定向劳动者提出解除劳动合同并与劳动者协商一致解除劳动合同的（即用人单位协议解除劳动合同）；③用人单位依照本法第 40 条规定解除劳动合同的（即用人单位非过错性辞退）；④用人单位依照本法第 41 条第一款规定解除劳动合同的（即依照企业破产法规定进行重整的）；⑤除用人单位维持或者提高劳动合同约定条件续订劳动合同，劳动者不同意续订的情形外，依照本法第 44 条第 1 项规定（即劳动合同期满的）终止固定期限劳动合同的；⑥依照本法第 44 条第 4 项、第 5 项规定终止劳动合同的（即用人单位被依法宣告破产的；用人单位被吊销营业执照、责令关闭、撤销或者用人单位决定提前解散的）；⑦法律、行政法规规定的其他情形。

2. 劳动者的法律责任

劳动者在约定的服务期内被用人单位过错性辞退的（即用人单位即时解除劳动合同的），劳动者应当按照约定支付违约金。

引例分析

我国《劳动合同法》第 3 条规定的订立劳动合同要遵循的合法原则，是指劳动合同的订立不得违反法律、法规的规定。法律、法规既包括现行的法律、行政法规，也包括以后颁布实施的法律、行政法规，既包括劳动法律、法规，也包括民事、刑事、行政和经济方面的法律、法规。合法原则包括：劳动合同的主体必须合法；劳动合同的内容必须合法和劳动合同订立的程序和形式必须合法。

《劳动合同法》第 26 条规定：用人单位免除自己的法定责任，排除劳动者权利的，属于劳动合同的无效或者部分无效。

赵某与公司订立的劳动合同中规定的公司不负担赵某任何伤残待遇费的条款属于用人单位免除自己的法定责任，内容明显违法。因此，这一条款是无效的，公司依法承担赵某因工负伤的法定责任。

第三节　社会保障法律制度

引例

64 岁的朱某退休后到一家物业公司工作，在小区门口负责汽车停放管理和收费。2009 年 10 月 9 日，朱某收费时被车主打伤，花去 1.5 万元医疗费。

后朱某找物业公司协商，物业公司以双方之间没有劳动合同为由拒绝。无奈之下，朱某自行申请工伤认定，但是劳动和社会保障局让其先确认劳动关系。后劳动争议仲裁委员会以朱某超过法定退休年龄劳动合同终止为由，拒绝受理。最后，朱某起诉到法院，物业公司承认朱某在工作时受伤，但是认为朱某已经超过退休年龄，不再具有劳动者的主体地位，双方不存在劳动关系，不应认定为工伤。

问：退休职工能够进行工伤认定吗？

一、社会保障法的概述

社会保障法是指以社会利益为本位的，调整政府、社会团体和社会成员之间在保障社会成员基本生活及发展的权利的活动中所产生的社会保障关系的法律规范的总称。

（一）社会保障法的特征

1. 社会保障法体现国家强制性

社会保障法体现的国家强制性主要表现为，对社会成员基本保障权益的项目，规定法定强制性规范。从社会保障法的历史沿革来看，在市场经济条件下，仅仅市场自身的力量不能为社会成员提供足够的生存保障，必须通过国家立法和干预才能保证社会成员基本生存权的实现和市场经济的健康、有效运行。我国《社会保障法》明确规定国家（各级政府）、社会、企业、个人及有关各方必须履行的义务，社会保障的具体项目、实施范围、资金筹集、待遇标准、计算方法等。凡是《社会保障法》规定的受保范围，都必须参加社会保障。各主体必须严格依照法律规定承担义务、履行职责。

2. 社会保障法具有广泛社会性

广泛社会性是社会保障法最主要的特征。第一，目的的社会性。社会保障法以社会利益为本位，其目标是通过保障社会全体成员的基本生活安全，维护整个社会的和谐稳定。第二，权利主体的普遍性。社会保障权利始于出生，终于死亡，由全体社会成员共同地、平等地享有。随着一国社会经济条件的发展，社会保障待遇和项目逐步扩展。第三，社会保障义务由全社会承担。国家通过立法，要求社会中的不同主体共同承担社会保障义务，共担风险，共同筹措社会保障资金。整个社会共同参与是社会保障获得长久生命力的根本。

3. 社会保障法追求社会公平

社会保障法的基本理念和价值目标是实现社会公平。社会公正应当体现在社会成员的收益分配与生活状况上。首先，社会保障法强调全体社会成员的基本生活安全和经济安全，避免其因先天不足或者因意外灾害、竞争失败、疾病工伤等意外风险而生存困难，失去平等地参与社会公平竞争的机会。这在一定程度上起到消除社会不公平现象的作用。其次，社会保障是对国民收入进行分配和再分配的一种方式，是国民收入的一种转移。这种转移的理论基础之一是社会公平。社会保障法通过合理分配各主体的社会保障责任和义务，形成风险共担的社会保障责任机制，实现社会成员间互助共济。社会保障法旨在构建合理的社会结构,保障社会大众共同分享社会发展的成果,实现个人的理想和追求,推动人类社会共同迈向进步。

(二)社会保障法的基本原则

1.有条件的社会共同责任的原则

在现代社会环境中,全体社会成员都面临着失业、伤残、疾病、年老等多方面的风险,这些风险的发生很大程度上是社会因素导致的,对社会成员的生活甚至生存构成巨大威胁。个人承担这些社会风险的后果既不公平,也不可能。

社会保障法必须实行有条件的社会共同责任原则。首先,这意味着通过强制性的立法建立社会共同责任机制,使社会风险在一定条件下由全体社会成员共同承担。其次,这意味着社会保障法的实施范围应当包括所有社会成员。社会保障立法应同等对待所有成员,在物质上为所有社会成员提供基本生活保障。综上,社会共同责任与社会成员普遍受益是相辅相成的。

2.社会公平与提高经济效率兼顾的原则

公平和效率是一切法律制度追求的基本价值。社会保障立法应当追求公平与效率兼顾的原则。

公平是效率的源泉,任何不公平的社会机制和社会政策都会造成对效率的破坏。公平的社会保障法强调普遍性原则,即社会保障实施的范围应当包括所有社会成员。公民在年老、疾病、失业等生活发生困难的情况下,享有从国家和社会获得物质帮助的权利,这是宪法赋予公民的一项基本权利,反对对一部分人在社会保障方面进行歧视。

效率是市场机制所追求的价值目标,是市场公平化的检验标准之一。效率性要求社会保障制度的公平设计,要有利于社会经济的发展,有利于提高社会保障法律制度的运作效率,有利于社会保障基金增值,提高社会福利和实现更高层次的公平。

3.社会保障水平与经济发展水平相适应的原则

社会保障制度的建立和发展,要与社会发展阶段和经济发展水平相适应。社会保障法的历史经验表明:各国立法所确定的社会保障模式、社会保障对象、社会保障项目、社会保障待遇水平都受到本国基本国情的制约。同时,社会保障水平并非越高越好,而应当兼顾保障公民基本生活和促进国民经济健康发展,既保证社会稳定,又促进社会成员积极劳动、提高社会成员素质。

中国是世界上最大的发展中国家,处于社会主义初级阶段,人口多、底子薄、各地经济发展状况不平衡。这一基本国情是我们建立和发展社会保障法的立足点。就现阶段而言,我国社会保障法的重要目标是满足人民基本生活需求。

二、社会保险法

社会保险是社会保障制度的主要内容,是指国家通过立法强制实行的,对劳动者在其生、老、病、死、伤、残、失业以及发生其他生活困难时,给予物质帮助的制度。社会保险法是调整社会保险关系的法律规范的总称。我国《社会保险法》第 3 条规定：社会保险制度坚持广覆盖、保基本、多层次、可持续的方针，社会保险水平应当与经济社会发展水平相适应。

(一)养老保险制度

养老保险，是指劳动者达到法定老年年龄并从事某种劳动法定年限后，由国家和社会依法给予一定物质帮助，以维持其老年生活的一种社会保险法律制度。我国目前社会养老保险体制分为城镇职工基本养老保险和新型农村社会养老保险。

1. 城镇职工基本养老保险

(1)基本模式：社会统筹与个人账户相结合。社会统筹部分采取现收现付模式，均衡单位负担；个人账户部分采取积累模式，体现个人责任，全部由个人缴费形成。

(2)覆盖范围：城镇各类企业及其职工，企业化管理的事业单位及其职工，城镇个体工商户和灵活就业人员，企业招用的农民工。2014 年，我国政府工作报告明确指出取消“养老金双轨制”，将国家机关、事业单位和企业员工统一纳入城镇职工养老保险。

(3)资金筹集：我国确立养老保险基金由国家、用人单位和劳动者三方共担的原则。企业缴费比例一般不超过企业工资总额的 20%，个人缴费比例为 8%，由用人单位代缴。城镇个体工商户和灵活就业人员参加基本养老保险的缴费标准为当地上年度在岗职工平均工资 20%，其中 8%计入个人账户。

(4)发放养老保险金的条件：①达到法定退休年龄条件。我国规定男性年满 60 周岁、女性年满 50 周岁有权享受养老保险待遇。②满足法定退休工龄条件。我国规定职工连续工龄满 10 年；国家公务员提前退休一般须连续工龄满 20 年，连续工龄满 30 年者提前退休可不受年龄限制；因工伤残而完全丧失劳动能力的职工，退休不以连续工龄为条件。符合工龄条件，才有权享受养老保险待遇。③满足一定缴费年限。我国规定职工个人缴费年限满 15 年的，退休后按月发放基本养老金。

除城镇职工基本养老保险制度外，企业可以自愿为职工建立补充养老金。企业补充养老金(又称企业年金)，是指企业根据自身经济实力，在国家规定的实施政策和实施条件下为本企业职工所建立的一种辅助性的养老保险。

2. 新型农村社会养老保险

新型农村社会养老保险，是指以农村非城镇户籍居民为对象的养老保险制度。我国传统的农村养老保障以家庭养老为主，集体保障为辅。随着家庭养老功能的弱化和农村集体经济的瓦解，农村养老问题凸显，国家摸索建立新型农村社会养老保险制度。

(1)指导原则：保基本、广覆盖、有弹性、可持续。一是从农村实际出发，低水平起步，筹资标准和待遇标准要与经济发展及各方面承受能力相适应；二是个人(家庭)、集体、政府合理分担责任，权利与义务相对应；三是政府主导和农民自愿相结合，引导农村居民普遍参保；四是中央确定基本原则和主要政策，地方制定具体办法，对参保居民实行属地管理。

（2）参保范围：年满16周岁（不含在校学生）、未参加城镇职工基本养老保险的农村居民，可以在户籍地自愿参加新农保。

（3）资金筹集：新农保基金由个人缴费、集体补助、政府补贴构成。国家为每个新农保参保人建立终身记录的养老保险个人账户。新农保资金全部记入个人账户。

（4）发放养老金的条件：年满60周岁、未享受城镇职工基本养老保险待遇的农村有户籍的老年人，可以按月领取养老金。

2014年2月，国务院下发了《关于建立统一的城乡居民基本养老保险制度的意见》，提出到"十二五"末，在全国基本实现新农保和城居保制度合并实施，并与职工基本养老保险制度相衔接；2020年前，全国建成公平、统一、规范的城乡居民养老保险制度。

（二）医疗保险制度

医疗保险制度，是指劳动者及其供养亲属患病或非因工负伤治疗期间，获得必要的医疗费资助和疾病津贴的一种社会保险制度。医疗保险的侧重点是保障社会成员的身体健康。我国目前医疗保险体制包括城镇职工基本医疗保险、城镇居民基本医疗保险和新型农村合作医疗制度。

1. 我国城镇职工基本医疗保险制度

（1）覆盖范围：根据法律规定，我国城镇职工基本医疗保险的范围包括：城镇所有用人单位，包括企业（国有企业、集体企业、外商投资企业、私营企业等）、机关、事业单位、社会团体、民办非企业单位及其职工，都要参加基本医疗保险。乡镇企业及其职工、城镇个体经济组织业主及其从业人员是否参加基本医疗保险，由各省、自治区、直辖市人民政府决定。无雇工的个体工商户、未在用人单位参加职工基本医疗保险的非全日制从业人员、其他灵活就业人员可以参加职工基本医疗保险，由个人按照国家规定缴纳基本医疗保险费。

（2）缴费办法：基本医疗保险费由用人单位和职工共同缴纳。用人单位缴费率应控制在职工工资总额的6%左右，职工缴费率一般为本人工资收入的2%。

（3）基本模式：基本医疗保险基金由统筹基金和个人账户构成。职工个人缴纳的基本医疗保险费，全部计入个人账户。用人单位缴纳的基本医疗保险费分为两部分，一部分用于建立统筹基金，一部分划入个人账户。

统筹基金和个人账户要划定各自的支付范围，分别核算，不得互相挤占。确定统筹基金的起付标准和最高支付限额。起付标准以下的医疗费用，从个人账户中支付或由个人自付。起付标准以上、最高支付限额以下的医疗费用，主要从统筹基金中支付，个人也要负担一定比例。超过最高支付限额的医疗费用，可以通过商业医疗保险等途径解决。

（4）支付条件：直接结算与异地就医结算相结合。符合基本医疗保险药品目录、诊疗项目、医疗服务设施标准以及急诊、抢救的医疗费用，按照国家规定从基本医疗保险基金中支付。参保人员医疗费用中应当由基本医疗保险基金支付的部分，由社会保险经办机构与医疗机构、药品经营单位直接结算。社会保险行政部门和卫生行政部门应当建立异地就医医疗费用结算制度，方便参保人员享受基本医疗保险待遇。

2. 我国城镇居民基本医疗保险制度

(1)覆盖范围：不属于城镇职工基本医疗保险制度覆盖范围的中小学阶段的学生(包括职业高中、中专、技校学生)、少年儿童和其他非从业城镇居民都可自愿参加城镇居民基本医疗保险。

(2)缴费办法：城镇居民基本医疗保险以家庭缴费为主，政府给予适当补助。参保居民按规定缴纳基本医疗保险费，享受相应的医疗保险待遇，有条件的用人单位可以对职工家属参保缴费给予补助。国家对个人缴费和单位补助资金制定税收鼓励政策。

(3)支付条件：城镇居民基本医疗保险基金重点用于参保居民的住院和门诊大病医疗支出，有条件的地区可以逐步试行门诊医疗费用统筹。城镇居民基本医疗保险基金的使用要坚持以收定支、收支平衡、略有结余的原则。

3. 我国新型农村合作医疗制度

新型农村合作医疗，简称"新农合"，是指由政府组织、引导、支持，农民自愿参加，个人、集体和政府多方筹资，以大病统筹为主的农民医疗互助共济制度。采取个人缴费、集体扶持和政府资助的方式筹集资金。

(1)覆盖对象：农村居民。乡镇企业职工是否参加"新农合"由县级人民政府确定。

(2)缴费办法："新农合"遵循个人缴费、集体扶持、政府资助相结合的筹资机制。

(3)支付条件："新农合"的基金主要补助农村居民的大额医疗费用及住院医疗费用。各地可以根据地区实际情况适当对小额医疗费用进行补助。一般情况下，"新农合"基金支付设立起付标准和最高支付限额。

(三)工伤保险制度

工伤保险(又称职业伤害保险)，是指劳动者在工作中或者在法定的特殊情况下，遭受意外伤害或患职业病，导致暂时或永久丧失劳动能力以及死亡时，劳动者或其供养亲属从国家和社会获得物质帮助和经济补偿的一项社会保险制度。

1. 覆盖范围

根据《工伤保险条例》，我国境内各类企业的职工和个体工商户的雇工应当参加工伤保险。

2. 缴费办法

工伤保险费由用人单位缴纳，职工个人不缴纳工伤保险费。用人单位缴纳工伤保险费的数额为本单位职工工资总额乘以单位缴费费率之积。

3. 工伤的认定

根据我国法律，工伤事故认定必须与工作、工作时间和地点相关，职工有下列情形之一的，应当认定为工伤：①在工作时间和工作场所内，因工作原因受到事故伤害的；

②工作时间前后在工作场所内,从事与工作有关的预备性或者收尾性工作受到事故伤害的;③在工作时间和工作场所内,因履行工作职责受到暴力等意外伤害的;④患职业病的;⑤因工外出期间,由于工作原因受到伤害或者发生事故下落不明的;⑥在上下班途中,受到非本人主要责任的交通事故或者城市轨道交通、客运轮渡、火车事故伤害的;⑦法律、行政法规规定应当认定为工伤的其他情形。

职工有下列情形之一的,视同工伤:①在工作时间和工作岗位,突发疾病死亡或者在48小时之内经抢救无效死亡的;②在抢险救灾等维护国家利益、公共利益活动中受到伤害的;③职工原在军队服役,因战、因公负伤致残,已取得革命伤残军人证,到用人单位后旧伤复发的。

有下列情形之一的,不得认定为工伤或者视同工伤:①故意犯罪的;②醉酒或者吸毒的;③自残或者自杀的。

4. 保险待遇

根据《工伤保险条例》,我国工伤保险待遇主要包括:

(1)工伤医疗待遇。职工因工负伤或者患职业病进行治疗,享受工伤医疗待遇。工伤医疗待遇从工伤保险基金支付,主要包括:①工伤治疗费用。治疗工伤所需费用必须符合工伤保险诊疗项目目录、工伤保险药品目录、工伤保险住院服务标准。②康复治疗费。③辅助器具费。工伤职工因日常生活或者就业需要,经劳动能力鉴定委员会确认,可以安装假肢、矫形器和配置轮椅等辅助器具,所需费用按照国家规定的标准从工伤保险基金支付。

(2)伤残待遇。我国伤残待遇采取长期性待遇和一次性待遇相结合的办法。即根据伤残等级,支付一次性伤残补助金并按月支付伤残津贴。工伤职工达到退休年龄并办理退休手续后,停发伤残津贴,享受基本养老保险待遇。工伤职工已经评定伤残等级并经劳动能力鉴定委员会确认需要生活护理的,从工伤保险基金中按月支付生活护理费。

(3)因工死亡待遇。职工因工死亡,其直系亲属按照规定从工伤保险基金领取丧葬补助金、供养亲属抚恤金和一次性工亡补助金。

(4)特殊情形。职工因工外出期间发生事故或者在抢险救灾中下落不明的,从事故发生当月起3个月内照发工资,从第4个月起停发工资,由工伤保险基金向其供养亲属按月支付供养亲属抚恤金。生活有困难的,可以预支一次性工亡补助金的50%。职工被人民法院宣告死亡的,按照职工因工死亡的规定处理。

根据《工伤保险条例》规定,停止享受工伤保险待遇的情形包括:①丧失享受待遇条件的;②拒不接受劳动能力鉴定的;③拒绝治疗的;④被判刑正在收监执行的。

(四)失业保险制度

失业保险是国家通过建立失业保险基金,使因失业而暂时中断生活来源的劳动者在法定期间内获得失业保险金,以维持其基本生活水平的一项社会保险制度。

1. 覆盖范围

根据《失业保险条例》的规定，城镇的国有企业、集体企业、外商投资企业、港澳台投资企业、私营企业等各类企业以及事业单位都必须参加失业保险并按规定缴纳失业保险费。

2. 缴费办法

城镇企事业单位及其职工应当按照规定，及时足额缴纳失业保险费。

3. 支付条件

①按照规定参加失业保险，所在单位和本人已按照规定履行缴费义务满 1 年，这是领取失业保险金的资格期。②非因本人意愿中断就业。即失业人员主观上愿意就业，但客观上没有相应的就业机会。③已办理失业登记，并有求职要求。失业者应当积极主动地通过社会保险经办机构或者劳动保障行政主管部门寻求再就业机会，或积极参加各种培训，提高自身素质，增强竞争就业能力。

4. 保险待遇

①失业保险金，即失业保险经办机构按照规定按月支付给符合条件的失业人员的基本生活费用。失业保险金的标准为低于当地最低工资标准，高于城市居民最低生活保障标准的水平。②医疗补助金，支付给失业人员领取失业保险金期间发生的医疗费用的补助。失业者的医疗费从失业保险金中支出。③失业人员在领取失业保险金期间死亡的丧葬补助金和供养其配偶等直系亲属的抚恤金。相关人员向社会保险经办机构申领。④为失业人员在领取失业保险金期间开展职业培训、介绍的机构或接受职业培训、介绍的本人给予补偿，帮助其再就业。⑤国务院规定或者批准的与失业保险有关的其他费用。

根据《失业保险条例》规定，停止领取失业保险待遇的情形包括：①重新就业的；②应征服兵役的；③移居境外的；④享受基本养老保险待遇的；⑤被判刑收监执行或者被劳动教养的；⑥无正当理由，拒不接受当地人民政府指定的部门或者机构介绍的工作的；⑦法律、行政法规规定的其他情形。

(五)生育保险制度

生育保险，是指国家通过立法，在劳动者因生育子女导致劳动力暂时中断时，由国家或社会给予物质帮助的一项社会保险制度。

1. 覆盖范围

凡是与用人单位建立了劳动关系的职工(包括男职工)，都应当参加生育保险。用人单位按照国家规定缴纳生育保险费，职工不缴纳生育保险费。

2. 保险待遇

我国生育保险待遇主要包括生育医疗费用和生育津贴。

引例分析

本案的关键问题是退休再就业的朱某与物业公司之间的法律关系如何定性。基于实践中出现的大量案例纠纷，最高人民法院出台《关于审理劳动争议案件适用法律若干问题的解释(三)》第7条明确规定：用人单位与其招用的已经依法享受养老保险待遇或领取退休金的人员发生用工争议，向人民法院提起诉讼的，人民法院应当按劳务关系处理。

工伤保险是指国家和社会为在生产、工作中遭受事故伤害和患职业性疾病的劳动者及其亲属提供医疗救治、生活保障、经济补偿、医疗和职业康复等物质帮助的一种社会保障制度，属于广义的劳动关系范畴。当企业聘用离退休人员发生工伤时，适用民法中的劳务关系处理，劳动保障行政部门不宜进行工伤认定，相关人员也不能得到工伤保险待遇。

本章思考题

1. 调查我国企业劳动者保护现状。
2. 如何认识我国的“农民工现象”?
3. 如何理解劳动合同的解除与终止?
4. 谈谈你对我国取消“养老金双轨”制度以及“延迟退休”制度的看法。
5. 我国医疗保险制度需要进行哪些改革?

第十一章

国际法

要点提示

- 国际公法，是在国际交往中形成的主要用以调整国家间关系的，具有法律约束力的各种原则、规则和制度的总称。国际公法作为国际社会成员之间的法，具有法律拘束力，不同于国际道德和礼让。
- 国际私法，是指以涉外民商事法律关系为调整对象，以直接调整和间接调整为手段，以解决法律冲突为其核心任务，以冲突规范为其最基本规范，同时还包括由外国人民事法律地位规范、避免或消除法律冲突的统一实体规范以及国际民事诉讼和国际商事仲裁程序规范所组成的一个独立的法律部门。
- 国际经济法，是调整不同国家或地区的个人、国家（或地区）、国际组织相互间在参与国际经济活动中所形成的国际经济关系的法律规范的总称。

第一节　国际公法

引例

1978 年 7 月 4 日，美国人甲和他的朋友乙在他家门口燃放烟花。烟花本来指向空旷地方，但是点燃后突然改变了方向，朝站在他们身后的在不远处观看的甲的弟弟丙飞去,击伤了丙的右眼。事后发现,这个烟花是从中国进口的“空中旅行”。于是丙的父母委托律师,于1979年4月向美国得克萨斯州某地区的联邦法院提起诉讼,将中华人民共和国当作烟花的生产制造厂商并作为第一被告,以中国外交部部长为中华人民共和国的代理人,并以进口烟花的美国某进口公司和烟花经销商为第二被告、第三被告。原告要求100万美元作为损害赔偿,同时对被告处以500万美元的惩罚性赔偿,共计600万美元。原告认为,该烟花由中国制造,由于产品缺陷,具有危险性从而导致了燃放者人身受到损害。根据美国产品责任法,产品的出口者应承担赔偿责任。

问:本案中,原告能否把中华人民共和国列为被告之一?美国能否做出“缺席判决”,能否依判决对我国在美国的财产予以扣押?

一、国际公法总论

(一)国际公法的概念、渊源与基本原则

国际公法是在国际交往中形成的,主要用以调整国家间关系的,具有法律约束力的各种原则、规则和制度的总称。国际公法作为国际社会成员之间的法,具有法律拘束力,不同于国际道德和礼让。

国际公法的渊源是指国际公法的原则和规则第一次出现的地方和使国际公法的规范具有“合法性”的法律形式。《国际法院规约》第38条第1款是对国际公法渊源的权威说明。一般认为,国际公法的渊源主要包括国际条约、国际习惯、一般法律原则、国际组织的决定和决议、司法判例。

国际公法基本原则是指国际社会公认、具有普遍意义、适用于国际公法各个领域并构成国际公法基础的法律原则。《联合国宪章》首次明确规定了联合国及其会员国应遵守的7项基本原则,它们构成了国际公法基本原则的核心内容。这7项基本原则是:①各国主权平等原则;②各民族平等及自决原则;③禁止非法使用武力原则;④和平解决国际争端原则;⑤不干涉任何国家国内管辖事件原则;⑥依照宪章进行国际合作原则;⑦诚意履行宪章所负义务原则。此外,1954年《关于中国西藏地方和印度之间的通商和交通协定》的序言中规定的和平共处五项原则,也被认为是现代国际公法的基本原则,它是国际公法基本原则的重要组成部分。其内容包括:①互相尊重主权和领土完整原则;②互不侵犯原则;③互不干涉内政原则;④平等互利原则;⑤和平共处原则。

(二)国际公法的主体

国际公法的主体,即国际公法法律关系的主体,是指独立参加国际公法法律关系并依国际公法直接享受权利和承担义务的行为者。一般认为,国际公法主体包括国家、国际组织和争取独立的民族。

1. 国家

在国际公法上，国家是具有国际公认而又有相对明确政治边界的某一国土区域。国际公法上的国家具有四个构成要素，即固定的居民、确定的领土、合法的政府以及独立的主权。

2. 国际组织

国际组织有广义和狭义之分。国际公法上的国际组织指政府间国际组织。这种国际组织是若干国家为实现特定目的依据条约而建立的一种国家联盟或国家联合体。

3. 争取独立的民族

争取独立的民族，其国际公法主体资格是随着 20 世纪民族解放和独立运动的发展而逐步得到承认的。民族自决原则是争取独立的民族具有国际公法主体资格的法律基础。争取独立的民族属于过渡性的国际公法主体。

4. 个人

个人是否具有国际公法主体资格，一直存有争议。就以往的观点而言，即使承认个人在国际公法的某些领域(如国际刑法领域)具有国际公法主体资格，其承认的态度也是很勉强的。不过，随着非政府组织的迅猛发展和人权意识的进一步增强，个人在国际公法上的地位正在日益提高，在不久的未来，正视个人国际公法的主体地位，实乃法律文明的表征。

(三)国家责任

1. 国家责任及其构成要件

国际公法上的国家责任，也称国家的国际责任，是指国家违反其国际义务而应承担的法律责任。它不同于政治责任或道义责任，也不同于国际公法不加禁止的行为所产生损害性后果的国际责任。国家责任是国家作为国际人格者的地位所附加的。

产生国家责任必须满足两个基本要素：一是行为依国际公法可归于国家；二是该行为违背该国国际义务。这里的行为包括作为和不作为。

2. 国家责任的形式

一般国家责任的形式主要包括如下几种：①继续履行，当一国中断履行国际义务时，权利国可要求其继续履行；②停止和不重复，当一国际不法行为是持续性的时候，责任国则有义务停止该行为，并在必要时提供不重复该行为的适当承诺和保证；③赔偿，提供充分赔偿是国家作为实施国际不法行为的后果必须承担的一项一般义务，其主要方式有恢复原状、补偿和抵偿。为实现充分赔偿，可以单独或合并采取这些赔偿方式。

3. 国家责任的新问题

(1)国家的刑事责任

随着国家责任从传统范围逐渐扩大，国家责任是否包括国家的刑事责任便成了一个颇有争论的问题，就目前的发展阶段而言，学界普遍认为国家责任不应包含刑事责任。

(2)国际公法不加禁止的行为所产生损害性后果的国际责任

现代科技条件下,国家从事核能利用、石油或是危险物质运输以及外层空间和平探索等活动虽然具有很大的危险性,但不为国际公法所禁止,因为这种行为大都是重要的经济利用行为,对人类社会的发展意义重大。此种性质的行为被称为国际公法不加禁止行为。国际公法不加禁止的行为若产生损害性后果,也会引起国际责任,这种责任不同于国家责任,并不以行为的不法性为基础。

(四)国际公法与和平解决国际争端

国际争端主要是以国家为当事方的争端,是指涉及国家重大利益的争端。解决国际争端有三种方法,即和平的方法、强制的方法以及武力或战争的方法。和平解决国际争端,是指在冲突方自愿的基础上平等互利地解决争端,它是现代国际公法所积极提倡的方法。强制的方法,是指争端一方对另一方采取措施,以求得某种平衡,对被强制方而言是非自愿的且非应得的。传统国际公法中强制解决争端的方法有反报、报复、制裁、平时封锁。通过武力或战争解决国际争端为现代国际公法所禁止的。

和平解决争端的方法分为政治的方法和法律的方法。政治的方法主要有:①外交方法,包括谈判、调查、调停(斡旋或调解)、和解等;②联合国机构参与解决国际争端;③通过区域性组织或区域性办法解决国际争端。法律的方法主要有:①国际仲裁;②国际法院裁判。

二、国际公法上的个人

(一)国籍

国籍是自然人与一个国家稳定的法律联系,表明该自然人与该国家在法律上的从属关系。国籍问题原则上属于一个国家的国内管辖事项,但它同样也是国际公法上的一个问题。对个人而言,拥有某个国家的国籍,就意味着其具备该国的国民资格,因而受该国的管辖,可以享有该国国民的权利和义务,并且即使身在外国也可受本国的保护。对国家来讲,国籍不但是国家用来确定其永久人口以形成国家的依据,也是国家用来确立属人管辖权的依据。并且,自然人具备哪国国籍,也意味着国籍国对该自然人具有接纳和保护的责任。

国籍的取得主要有两种途径:一种是因出生而取得一国国籍;另一种是因入籍而取得一国国籍。前者称为原始国籍,后者称为继有国籍。

国籍的丧失是指一个人丧失某一特定国家的国民身份。丧失国籍可分为自愿和非自愿两种情形。其中,自愿丧失国籍包括申请退籍和自愿选择某一国籍两种情形;非自愿丧失国籍则主要是基于取得外国国籍、婚姻、收养或认领等原因而丧失本国国籍,当然,也包括因被剥夺而丧失其国籍。

国籍的抵触是指一个人在同一时间内具有两个或两个以上的国籍,或者不具有任何国籍的法律状态。前者即双重或多重国籍状态,称为国籍的积极抵触;后者即无国籍状态,称为国籍的消极抵触。

(二)外国人的法律地位

1. 外国人的入境、居留及出境管理

外国人的入境、居留及出境的管理,一般是各国国内规定外国人的出入境和居留的条件及应履行的手续。例如,入境要有本国签发的有效护照和入境国签发的入境签证,并接受入境国的边防、海关、卫生等方面的检查。国家有权拒绝危害本国安全、社会公共秩序或人民健康的外国人入境。外国人入境后应到目的地去居住或从事活动,要服从所在国的管辖,办理户籍登记并按规定交验证件等。外国人的出境一般是自由的,所在国不得阻拦,但在特定情形下,对某些外国人可以限制其离境,例如,对正在服刑的人、卷入民事或刑事案件未了结的人以及债务未还者,可以拒发离境证明。当然,国家也有权依法将外国人驱逐出境。

2. 外国人的待遇及其原则

所谓外国人的待遇也就是他们在所在国的权利和义务,如人身自由权、财产权及法律诉讼权等。外国人不享有选举与被选举等政治权利。外国人享有权利的同时也应履行相应的义务。但不得要求外国人履行兵役义务。

根据国际实践,确定外国人待遇的原则主要包括:①国民待遇原则,即外国人享有与本国人基本相同的待遇;②最惠国待遇原则,即一国根据条约规定给予另一国国民不低于它现在或将来给予第三国国民的待遇;③互惠待遇原则,即根据条约规定国家间相互给予对方国民的优惠待遇。

3. 外交保护

外交保护是指国家通过外交机关对在外国的本国国民的合法权益进行的保护。国家行使外交保护权必须受如下限制:①本国国民的合法权益遭到了所在国的非法侵害;②受害人自受害之日起到抗议或求偿结束应连续具有保护国国籍;③受害者应用尽所在国的救济办法。

三、外交和领事关系法

(一)外交关系法

外交关系法是指适用于外交关系领域的国际公法原则、规则和制度的总称,其主要国际条约包括:1961 年《维也纳外交关系公约》、1969 年《特别使团公约》、1973 年《关于防止和惩处侵害应受国际保护人员包括外交代表的罪行的公约》、1975 年《维也纳关于国家在其对国际组织关系上的代表权公约》等。

1. 使馆制度

国家之间建立外交关系和互设使馆,必须经过双方的协议,这是一项公认的原则。

一国同哪些国家、按照什么条件建立外交关系和互设使馆,属于一国主权范围内自由决定的事项。

使馆的人员有馆长和其他职员,馆长是全权外交代表并领导使馆的工作。它有三个等级:大使、公使和代办。国家现在基本上都设大使级馆长。与每个馆长等级相应的使馆名称为大使馆、公使馆和代办处。使馆中馆长以外的职员有外交人员,包括参赞、秘书、武官和随员,行政技术人员和服务人员。

使馆人员的派遣和接受只涉及馆长和武官。馆长的派遣通常有两个程序,一是派遣国将其拟派的馆长人选通知接受国以征得其同意;二是得到接受国同意后就可以派遣,使馆馆长到达接受国要递交国书。对于陆、海、空军武官的派遣,接受国有权要求派遣国先行提名,以决定是否同意接受。其他使馆职员,原则上由派遣国自由选派,无须事先征求接受国的同意。

使馆的主要职责包括下列五项:①在接受国中代表派遣国;②于国际公法许可之限度内,在接受国中保护派遣国及其国民之利益;③与接受国办理交涉;④以一切合法手段调查接受国之状况及发展情形,并向派遣国政府报告;⑤促进派遣国与接受国之友好关系及发展两国间之经济、文化与科学关系。

2. 外交特权与豁免

外交特权与豁免是指外交代表机关及其人员根据国际公法或有关协议在接受国所享有的特别权利和优惠待遇的总称。由于使馆是国家的外交代表机关,馆长及其他外交官代表国家行使外交职权,为了保证他们能正常执行职务,使馆及外交人员被赋予了一定的外交特权与豁免。

使馆的外交特权与豁免的内容有:①使馆馆舍及其财产不可侵犯;②使馆的档案文件不可侵犯;③使馆有通信自由;④使馆馆舍、使馆办公所收的费用免纳接受国的直接税,使馆的办公用品免纳关税;⑤使馆人员有行动自由和旅行自由。

外交代表的外交特权与豁免的内容主要有:①人身不可侵犯,接受国应对外交代表的人格给予尊重并采取适当保护措施,不得对其进行逮捕或拘禁;②外交代表的住所、财产和文书信件不可侵犯;③管辖豁免,包括刑事、民事和行政的管辖豁免,其中刑事管辖享有完全豁免,民事和行政管辖豁免有例外;④免税和免除海关检查。

3. 使馆和外交代表的义务

使馆和外交代表在接受国享有特权与豁免,同时也要承担一定的义务,主要包括以下内容:①尊重接受国的法律规章;②不干涉接受国的内政;③不得将使馆馆舍用于与使馆职务不相符合的用途;④与接受国洽谈业务,一律应与该国的外交部或经商定的部门进行,不得与其他部门联系公务;⑤外交代表不应为私人利益从事商业或专业活动。

(二)领事关系法

领事关系法是调整国家间领事关系的原则、规则和制度的总称。编纂领事关系法的主要条约是1963年《维也纳领事关系公约》。领事关系法涉及的主要内容是一般领事制度及领事特权与豁免。

1. 领事制度

领事是根据国家间的协议,一国派往另一国特定地区或城市执行领事职务的官员,他们是职业领事。此外还有从所在地聘任的名誉领事。领事办公的处所称领事馆,有总领事馆、领事馆、副领馆和领事代理处。

领事职务工作主要有四类:①在领辖区内保护派遣国及其侨民在当地的合法权益;②促进派遣国与当地贸易和文化关系的发展;③对派遣国入港或入境的船舶及其人员给予必要的协助或帮助;④办理公证、认证、签证、护照及户籍登记等法律手续。

2. 领事特权与豁免

领事特权与豁免的主要内容包括:①领事馆馆舍中专供领事馆办公的部分不可侵犯,即接受国官员进入领事馆要征得馆长同意,遇火灾或其他灾害需要保护时,可推定馆长同意而进入;②领事馆馆舍、设备及财产和交通工具不得征用,有必要征用时,应做迅速、充分、有效赔偿;③档案和文件不可侵犯;④通信自由;⑤领事馆人员有行动和旅行自由;⑥免税特权。

领事官员的领事特权与豁免主要内容包括:①人身不可侵犯,即接受国不得对其逮捕或羁押、监禁等,但严重犯罪或已判决执行的例外;②管辖豁免,即领事的职务行为一般不受接受国的司法和行政管辖;③免税和免除海关检查;④其他,如免除外侨登记、居留证、工作证、个人义务等。

四、国际组织法

(一)国际组织法概述

国际组织亦称国际团体或国际机构,是具有国际性行为特征的组织,是三个或三个以上国家(或其他国际公法主体)为实现共同的政治经济目的,依据其缔结的条约或其他正式法律文件建立的有一定规章制度的常设性机构。

国际组织法就是用以调整和规范国际组织内部及其对外关系的原则、规则和制度的总称,其内容涉及国际组织的法律地位、参与者、组织结构与职权、议事规则与表决制度、组织决议的效力和实施等。

一般而言,国际组织常被分为如下四类:①全球综合性组织。如联合国,成员具有普遍性,兼有政治、安全、经济和社会发展、科技文化合作,以及人权保护等多种职能。这类组织往往是允许所有国家加入的。②全球专门性组织。如联合国的专门机构、国际劳工组织、世界卫生组织、世界贸易组织等,这类组织同样是允许所有国家加入的。③区域综合性组织。该类组织是具有政治、安全和社会经济功能的地区性组织。如美洲国家组织、欧洲共同体和东南亚国家联盟等,这类组织原则上仅接受世界上某一地区或大陆的成员加入。④区域专门性组织。可将其分为经济贸易、军事同盟、科技文化等类别,这类组织同样也只是接受世界上某一地区或大陆的成员加入。

国际组织是国际公法的主体,具有实现其目的和达成其宗旨所必要的权利能力和行为能力。具体体现在以下方面:①缔约权。国际习惯法早已赋予国际组织以缔约的能力。一般来说,国际组织旨在其职权范围内或由于组织存在的必要而与国家或其他国际组织签署条约,这些条约一般称为协定。例如,特权和豁免协定等。②对外交往权(使节权)。国际组织具有接受和派遣外交使团的能力。③承认与被承认的权利。国际组织一般是通过接纳成员国或观察员,订立协定或邀请参加组织的会议等方式,来承认一个国家、政府、领土主权、民族解放运动或其他国际组织。同时,国际组织又是国际公法上承认的客体。不论是成员国还是非成员国,当它们接受组织章程,加入该组织,或是向组织派遣观察员时,都是以对该组织的承认为前提的。④国际索赔和国际责任。具有索赔权利和承担国际责任,是国际公法主体法律人格的重要特征。⑤召集国际会议的能力。随着国际组织的发展,由国际组织取代国家召开国际会议的做法,已成为启动多边国际会议的一种重要方式。⑥国际组织对外关系方面的其他权利。例如,国际组织作为国际法律人格者,在组织解散时会产生继承权问题,国际组织有使用自己的旗帜、印章和徽志的权利等。

(二)国际组织的一般制度

1. 基本文件

国际组织的基本文件有不同的名称,如宪章、规约、盟约、公约、条约或协定等,其规定的都是该组织的宗旨、原则、法律地位、组织结构、职权范围、议事程序与规则、成员国权利义务等。

2. 参与者

国际组织的参与者是指参与国际组织活动,并在其中享受权利、承担义务的国际公法主体及某些非主权的地区实体。国家是国际组织的主要参与者。除此之外,有些国际组织还允许国家的政府部门、非主权实体、国际组织作为它的成员。

3. 组织机构及职能

国际组织一般都设有三级机构:最高权力机关、执行机关和行政机关。有的国际组织还设有司法机关。①最高权力机关。由全体会员国组成,一般称为大会、代表大会或全体会议,在某些国际经济组织中则称为管理董事会。最高权力机关的职能是讨论、审议其职权范围内的任何问题与相关事项以及组织内其他机构的职权,并就重大问题做出决议等。②执行机关。由一定数目的成员国组成,除非经选举的外,其名额依地域公平分配原则确定,经由最高权力机关选举产生,通常称为理事会、执行局、执行委员会或董事会等。执行机关的职能是负责具体执行组织所承担的专门性任务。③行政机关。由行政首长和若干工作人员组成,通常称为秘书处。行政首长一般称为秘书长或总干事,有些国际经济组织称为执行总裁或主席。秘书长是国际组织的最高行政首脑和对外代表。秘书处的职能是负责处理国际组织的行政管理事务。

4. 议事规则

国际组织主要机构的会议通常有常会和特别会议两种形式。此外,还可依一定程序召开紧急特别会议。表决是国际组织决策程序的核心。各国际组织的表决制度不尽相同,大致可分为四种情形:①一致同意;②多数表决;③加权表决;④协商一致。

5. 决议

国际组织的决议是指组织的各机构依程序规则以书面形式通过的决定。决议有不同的名称,如决定、命令、规则、声明、宣言或公约等。这些决议的法律效力取决于通过该决议的机构的职权和该决议本身所包含的实质性内容。

引例分析

本案涉及国家作为涉外民商事关系的主体享有国家主权豁免问题。国家主权豁免是国际公法的一项重要原则,其根据是《联合国宪章》所确认的国家主权平等原则。国家与国家之间是完全独立和平等的,任何一个国家不能对另一个国家行使管辖的权力,一个国家的法院没有经过其他国家的同意,不能受理以该国家作为诉讼对象的案件。本案中,中华人民共和国不应该作为被告,原因在于中国土产畜产进出口公司(即经营本案烟花出口贸易方)是独立法人,可以在美国起诉和应诉。并且中国作为一个主权国家享有豁免权,美国不得对中国行使司法管辖权,更不得对中国做出缺席判决。另外,美方也不能执行我国财产,因为这涉及执行豁免问题。在国际公法上,司法管辖豁免、执行豁免彼此相对独立,即使我国出庭(国际公法上视为放弃管辖豁免权),在我国未明确表态放弃执行豁免的情形下,我国仍然享有财产免于执行的权利。

第二节　国际私法

引例

2003 年 5 月 31 日格林尼治时间 10 点 30 分(北京时间 18 点 30 分),在距丹麦博恩霍尔姆岛以北 4 海里的海域,一条波兰所属塞浦路斯籍的集装箱船与中国远洋运输集团公司所属的"富山海轮"相撞,外轮撞到"富山海轮"左舷一、二舱之间,导致生活舱突然大量进水,"富山海轮"沉没,船上 27 名船员获救。

"富山海轮"船员离船前,封闭了船舶上所有的油路,避免了原油外溢造成严重的海域污染。"富山海轮"载有 6.6 万吨化肥,货主是中国农业生产资料集团公司,货物保险金额为 870 万美元。"富山海轮"船体保险金额为 2050 万美元。中国人民保险公司是"富山海轮"船体、货物的独家保险人。中国人民保险公司承保后,进行了再保险。

"富山海轮"运载的货物出险后,中国人民保险公司迅速与国际再保险经纪人和再保险人取得联系,启动应急理赔程序,聘请律师等有关中介机构进行前期调查取证工作,分析事故原因,勘验定损,协助船东开展救助。

"富山海轮"出险后,中国人民保险公司于2003年6月6日决定预付赔款7000万元人民币。"富山海轮"船体与货物保险金额为2920万美元,中国人民保险公司预计赔付金额在2亿元人民币左右,创我国国内海损赔付之最。

问:本案涉及哪些民事关系?根据我国的法律,这些民事关系是否属于涉外民事关系?

一、国际私法概述

(一)国际私法的调整对象

一般认为,国际私法的调整对象是国际民商事法律关系,也称为跨国民事商事法律关系或含有涉外因素的民商事法律关系。其特征主要有:第一,以涉外民事交往为前提;第二,民事法律关系主体、客体与法律事实中的一个或者一个以上具有涉外因素;第三,调整广义上的民事法律关系。

国际私法的一个核心任务就是解决国际民商事法律关系的法律冲突。而对于此,不外乎两种调整方法,其包括:第一,间接调整方法,又称之为冲突法调整方法,是在有关的国内法和国际条约中规定某类国际民商事法律关系应受何种法律支配或调整,而不是直接规定涉外民商事法律关系当事人权利与义务关系的方法,即通过冲突规范来调整国际民商事法律关系,它是国际私法重要的、特有的调整方法,构成国际私法的中心和重要组成部分。第二,直接调整方法,又称之为实体法调整方法,就是用直接规定当事人的权利义务的实体规范,如国际条约、国际惯例或国内法,来直接确定涉外民商事法律关系当事人之间的权利义务的一种方法。

(二)国际私法的定义与范围

国际私法,是指以涉外民商事法律关系为调整对象,以直接调整和间接调整为手段,以解决法律冲突为其核心任务,以冲突规范为其最基本规范,同时还包括外国人民事法律地位规范、避免或消除法律冲突的统一实体规范以及国际民事诉讼和国际商事仲裁程序规范的一个独立的法律部门。其规范包括:①外国人民事法律地位规范,即为关于外国自然人、法人或者外国国家和国际组织在内国享有什么样的民事权利,承担什么样的民事义务的规范;②冲突规范,即为确定某种涉外民商事法律关系当事人权利义务应适用何国法律的规范,又称为"法律适用规范"或者"法律选择规范",这是国际私法所专有的规范,也是国际私法规范中最核心、最古老、最重要和最基本的规范;③国际统一实体法规范,即为国际条约和国际惯例中具体规定涉外民商事法律关系当事人权利义务的规范；④国际民事诉讼程序与国际商事仲裁规范，即为一国法院或者商事仲裁机构在审理涉外民商事案件时必须遵循的专门的程序性规范。

(三)国际私法的渊源与主体

国际私法的渊源，是指国际私法借以产生的一些形式，即形式渊源。一般认为，国际私法的渊源主要包括国内立法、国际条约、国际惯例与司法判例。

国际公法的主体是指在国际民商事法律关系中享有民事权利和承担民事义务的法律人格者，也可称为国际民商事法律关系或涉外民商事法律关系的主体。国际私法的主体主要包括自然人、法人、国家和国际组织。其中，自然人和法人是传统的国际私法主体，而国家和国际组织是特殊的国际私法主体，除了能以当事人身份参加国际民事活动之外，还享有民商事豁免权，在很多问题上具有特殊的法律地位。

(五)国际私法的基本原则

国际私法的基本原则是指贯穿于国际私法各项制度中的共同的指导思想或理论原则，也是在国际民事活动中，解决国际民事争议之时必须遵循的根本性原则。其主要包括：①尊重国家主权原则。该项原则要求我们在处理涉外经济、民事关系时，必须贯彻独立自主的方针，各国在解决涉外民事关系时都依据这一原则。②平等互利原则。根据该项原则，首先要求各国民商法处于平等的地位，彼此承认对方国家的民商法在本国的域外效力，在可以而且需要适用外国民商法时应该予以适用；其次要求中外当事人在涉外民事关系中处于平等的地位，其合法权益受同等的法律保护。③国际协调与合作原则。该原则主要是指各国在处理涉外民商事法律关系时，要采取互惠原则，并坚持内外国人之间的平等，兼顾国际上的普遍实践与习惯做法。在全球化的时代，该项原则变得越来越重要。

二、冲突规范和准据法

(一)冲突规范

1.冲突规范的概念与结构

冲突规范，又称之为法律适用规范或法律选择规范，是指由国内法或国际条约规定的，指明某一涉外民商事法律关系应适用何种法律的规范。例如，“不动产继承依不动产所在地法”就是一条冲突规范，它指明涉及不动产继承的法律关系应受不动产所在地的法律支配。作为一种特殊的法律规范，同一般的法律规范相比，冲突规范具有以下特征：第一，冲突规范是法律适用规范；第二，冲突规范是间接规范；第三，冲突规范是结构独特的法律规范。

冲突规范的结构较为简单，由范围和系属组成。如在冲突规范“自然人的民事权利能力，适用经常居所地法律”中，“自然人的民事权利能力”是范围，而“经常居所地法律”是系属。范围，又称为联结对象、指定原因、问题的分类，是指冲突规范所要调整的法律关系或所要解决的法律问题。系属，是指冲突规范中“范围”所应适用的法律，其所指定的法律就是国际民商事关系的准据法。

2. 冲突规范的类型

根据冲突规范中系属部分的不同规范，冲突规范可以分为四种基本类型：

单边冲突规范，即用来直接规定适用某一特定国家或地区的法律的规范，比如冲突规范“中华人民共和国公民定居国外的，他的民事行为能力可以适用定居国法律”。

双边冲突规范，即系属不直接规定适用内国法还是外国法，而只规定一个可推定的联结点，再根据这一联结点，结合实际情况确定适用某一特定国家或地区的法律的冲突规范，比如冲突规范“侵权行为适用侵权行为地法”。

重叠适用的冲突规范，即指在其系属中规定有两个或两个以上的联结点，它们所指定的准据法同时适用于某一特定的涉外民商事法律关系的冲突规范，比如冲突规范“离婚之请求，非依夫妇之本国法及法院地法均有离婚之原因者，不得为之。”

选择适用的冲突规范，即系属中有两个或两个以上的联结点，但只选择其中之一所指引的准据法来调整有关的涉外民事法律关系的冲突规范。其又可分为：无条件选择的冲突规范，指对系属中指出的几种法律进行选择时没有主次之分，法院、仲裁机构或有关当事人可以任选其中一个法律而适用；有条件选择的冲突规范，指系属中指明的几种法律处于不同地位，有主次轻重之分，适用上有先后顺序，只允许当事人或法官或仲裁员做有条件的选择，只有顺序在前的法律无法适用时，才能适用顺序在后的法律的法律适用规范。

3. 联结点

在冲突规范的系属中，有一个很重要的部分，被称为联结点或联结因素，也有人称之为联结根据，它是冲突规范借以确定“范围”应当适用哪个国家的法律所依据的事实因素。比如，冲突规范“自然人的民事权利能力，适用经常居所地法律”中，“经常居所地”就是联结点。在形式上，联结点把“范围”所指的法律关系与一定地域的法律联系起来；在实质上，联结点反映了该法律关系与一定地域的法律之间存在着内在的实质的联系或隶属关系。联结点主要包括国籍、住所、行为地、物之所在地、法院地以及当事人合意选择的法律等。

4. 系属公式

从历史的角度来看，双边冲突规范是一度被广泛应用的一种冲突规范，且其系属部分的规定极具特点，我们对双边冲突规范的系属部分进行归纳和总结，将其上升为公式的高度，称为系属公式。因此，所谓系属公式，又称冲突原则或系属原则，它是双边冲突规范的系属经抽象归类后形成的比较固定的系属类型。常见的系属公式有属人法、物之所在地法、行为地法、当事人合意选择的法律、法院地法、旗国法、最密切联系法，等等。

(二)准据法

准据法,是国际私法中的一个特有概念,它是指经冲突规范指引用来确定涉外民事关系当事人的权利义务关系的具体实体法规则。冲突规范是一种间接规范,不能直接调整国际民商事法律关系,只有结合它所指引的准据法才能发挥这种作用。准据法主要具有以下特点:第一,准据法必须是能够确定当事人的权利义务关系的实体法。第二,准据法必须是经冲突规范所指定的实体法。第三,准据法是由冲突规范结构中的系属部分的联结点所指引的法律。

三、冲突规范的运用

为了能更好地运用冲突规范,应当充分发挥识别、反致、公共秩序保留、法律规避和外国法的查明五个制度的作用。

(一)识别

识别,又称分类或定性,是指法院受理某一民商事案件后,在适用冲突规范时依照一定的法律观点和法律概念对有关案件的事实或问题进行分析,将其归入一定的法律范畴,并对有关冲突规范的范围、所使用的名词进行解释,从而确定应该援用哪一种冲突规范的法律认识过程。识别的对象是涉外民商事法律关系或法律问题、联结点。

(二)反致

在国际私法中,反致问题是在适用冲突规范选择准据法的过程中发生的一个问题,它是冲突规范本身发生冲突的一种形式。反致有广义与狭义之分,一般讲的反致是广义的反致,是一个总括性的概念,它包括狭义的反致、转致、间接反致和外国法院说等。然而,反致问题的产生必须具备三个条件:法院地国法律认为其冲突规范所指引的外国法,既包括实体法,也包括冲突法;法院地国和有关外国的冲突规范对同一个法律问题所采取的联结点不同,或在冲突规范相同的情况之下而各自对联结点有不同的解释;有关国家的冲突规范之间存在致送关系。

(三)公共秩序保留

公共秩序保留是指一国法院依据本国冲突规范的指定应以某个外国实体法作为某个涉外民事案件的准据法,但是其适用的结果与法院国的重大利益、基本政策、基本道德观念或法律基本原则相违背,而拒绝适用该外国法,转而适用法院地法或另一外国法的制度。

(四)法律规避

法律规避,又称欺诈设立联结点,是指涉外民事法律关系的当事人为利用某一冲突规范,故意制造某种联结点的客观事实,以避免本应适用的法律,从而使对自己有利的法律得以适用的一种逃法或脱法行为。一般来说,在实践中,大多数国家都认为法律规避是非法的，不承认其效力。我国《涉外民事关系法律适用法》及其司法解释的相关条文规定，当事人故意制造涉外民事关系的联结点，规避我国的强制性或禁止性的法律的行为无效，不发生适用外国法的效力。

（五）外国法的查明

外国法的查明，也称为外国法内容的确定、外国法的证明，指一国法院在审理涉外民商事案件时，如果根据内国的冲突规范应适用外国实体法调整当事人的权利义务时，如何查明该外国法的存在及其具体内容的过程。由于各国对外国法究竟是属于法律还是属于事实有不同的主张，导致对外国法的查明方法主要有三种，即当事人举证证明；法官依职权查明，当事人无须举证；法官依职权查明，当事人也有协助的义务。而在外国法内容无法查明时，可以通过直接适用内国法、类推适用内国法、驳回当事人的诉讼请求或抗辩等方法予以解决。我国《涉外民事关系法律适用法》第 10 条对此进行了规定，涉外民事关系适用的外国法律，由人民法院、仲裁机构或者行政机关查明。当事人选择适用外国法律的，应当提供该国法律。不能查明外国法律或者该国法律没有规定的，适用中华人民共和国法律。

四、国际民商事关系法律适用

国际民商事关系是广义上的民事法律关系，不仅涉及涉外债权、物权、知识产权、婚姻家庭、继承关系，还涉及涉外公司法、票据法、海商法、保险法和破产法等商事关系。因此，国际民商事关系法律适用也就包括了上述各种法律关系的法律适用，除此之外，还包括权利能力和行为能力、民事法律行为、民事代理、时效的法律适用。在此，主要对民事权利能力和行为能力、涉外物权的法律适用进行简单的介绍。

（一）权利能力和行为能力的法律适用

对于自然人的民事权利能力，各国立法虽然都规定始于出生，终于死亡，但由于各国对于出生和死亡的理解和认定标准不同，自然人权利能力的法律冲突时有发生。根据各国的立法和实践，自然人民事权利能力的法律适用问题一般有三种模式：适用有关民事法律关系准据法所属国的法律；适用法院地法；适用当事人的属人法。我国《涉外民事关系法律适用法》第 11 条规定，自然人的民事权利能力适用经常居住地法律。

根据各国立法，自然人取得行为能力需具备两个条件：一是自然人必须达到法定年龄；二是自然人必须心智健全，主观上能控制自己的行为。然而，各国立法对成年年龄与禁治产制度的规定并不相同，从而导致了自然人行为能力的法律冲突。对此，关于自然人行为能力的准据法，国际上的通行做法是原则上依当事人的属人法（本国法或住所地法），但有两个例外或限制：一是依本国法无民事行为能力而依行为地法有民事行为能力者，视为有民事行为能力；二是不动产法律关系中当事人的行为能力，依不动产所在地法。我国《涉外民事关系法律适用法》第 12 条对该问题进行了规定，并在参考国际通行做法的基础上进行了一定创新。按照我国立法的规定,自然人的民事行为能力适用经常居所地法,按照经常居所地法为无民事行为能力而按照行为地法有民事行为能力的,则适用行为地法,涉及婚姻家庭、继承的除外。

由于各国立法对法人的规定有所不同,法人的民事权利能力和民事行为能力在法人的主体资格、成立要件、权利能力范围等方面产生法律冲突。但是,又因为法人的民事权利能力和民事行为能力在时间上与范围上具有一致性,因而其法律冲突与解决也具有一致性。国际上对解决法人权利能力与行为能力的法律冲突的通行做法是依照法人属人法的规定。然而,同行为地法自然人行为能力法律适用问题的限制一样,法人的民事权利能力和民事行为能力同样受到行为地法律的限制。我国《涉外民事关系法律适用法》第 14 条对该问题进行了规定,法人及其分支机构的民事权利能力、民事行为能力、组织机构、股东权利义务等事项,适用登记地法律,法人的主营业地与登记地不一致的,可以适用主营业地法律,而法人的经常居所地即为其主营业地。

(二)涉外物权的法律适用

涉外物权法律适用中最普遍使用的法律是物之所在地法,即物权关系客体所在地法律。但由于大陆法系与英美法系对于物权客体范围的不同理解,导致物之所在地至今尚无统一标准。原则上,对物之所在地的认定应当以法院地为依据。就具体的规则来说,不动产的自然所在地即为不动产物之所在地;一般有体动产的自然所在地为其一般有体动产物之所在地,但冲突规范会在时间上有所限制,或是以物权行为发生时的物之所在地为其所在地,或是以物权行为完成时的物之所在地为其所在地;运输过程中的有体动产以从事运输的船舶或飞机注册地或实际所在地为其所在地;船舶、飞机等交通工具以注册登记地作为其所在地;无体动产一般以该项财产能被追索或执行的地方为其所在地,例如,商誉以与商誉有关的营业地为其所在地。

物之所在地法原则的适用范围十分广泛,它几乎可以适用于与物权有关的任何问题。物之所在地法的适用范围主要包括:动产和不动产的识别;物权的主体;物权的种类和内容;物权客体的范围;物权的取得、转移、变更和消灭的方式及条件;物权的保护方法。尽管该原则得到了非常广泛的运用,但是随着国际经济关系的进一步发展,物之所在地与物权法律关系的联系已经不再像早些时候那么重要,其他联结因素和某些物的特殊性以及特殊状态,使某些物权关系适用物之所在地法成为不合理或不可能。因而,在各国的立法和实践中对于物权的法律适用也存在一些例外,其主要表现在当事人意思自治、外国法人终止或解散时有关物权关系、无主土地上的物的物权关系、外国国家财产、涉外继承关系中的动产物权等方面。

我国《涉外民事关系法律适用法》中第 5 章对物权的法律适用进行了规定,分别涉及不动产物权、动产物权、运输中的动产物权、有价证券以及质权等五个方面。具体为:不动产物权,适用不动产所在地法律;当事人可以协议选择动产物权适用的法律,当事人没有选择的,适用法律事实发生时动产所在地法律;当事人可以协议选择运输中动产物权发生变更适用的法律，当事人没有选择的，适用运输目的地法律；有价证券，适用有价证券权利实现地法律或者其他与该有价证券有最密切联系的法律；权利质权，适用质权设立地法律。但是，上述规定不包括票据、船舶和民用航空器的物权法律适用规则，如船舶所有权的取得、转让和消灭适用船旗国法律，船舶在光船租赁以前或者光船租赁期间设立船舶抵押权的，适用原船舶登记国的法律，船舶优先权适用受理案件的法院所在地法律。

引例分析

本案中，"富山海轮"海难事件引发的一系列民事关系主要有："富山海轮"与波兰所属塞浦路斯籍集装箱船相撞引发的侵权损害赔偿关系；"富山海轮"与中国农业生产资料集团公司之间的国际货物运输合同标的灭失赔偿关系；"富山海轮"与中国人民保险公司之间的保险标的物遇险灭失赔偿关系；中国农业生产资料集团公司与中国人民保险公司之间的国际货物买卖保险标的物遇险灭失赔偿关系；中国人民保险公司与外国再保险公司之间的国际货物买卖再保险关系；中国人民保险公司与再保险公司海损理赔后，与肇事责任方的代位求偿关系；"富山海轮"原油泄漏造成环境污染引起的侵权关系。根据最高人民法院司法解释的规定，本案民事关系均为涉外民事关系。

第三节　国际经济法

引例

A 国一公司向 B 国一公司出口泰国香米，并签订了 FOB 合同。A 国公司在装船前向检验机构申请检验，检验结果是货物符合合同的质量要求。A 国公司在装船后及时向 B 国公司发出装船通知，但在海上航行中由于海浪过大，大米被海水浸泡，质量降低。货物到达目的港后，B 国公司要求 A 国公司赔偿差价损失。

问：A 国公司是否应该对上述损失负责？如果本合同以 CIF 术语或 CFR 术语成交，大米被海水浸泡的风险损失又分别由谁承担？

一、国际经济法概述

（一）国际经济法的概念与客体

国际经济法是调整不同国家或地区的个人、国家（或地区）、国际组织相互间在参与国际经济活动中所形成的国际经济关系的法律规范的总称。

国际经济法的客体即所规制的社会关系是国际经济关系。这里的国际经济关系泛指所有具有跨国性的经济关系，即具有跨国因素的国际经济法各主体间的贸易关系、投资关系、金融关系、税收关系和知识产权关系等，该种关系不仅包括当事人间以等价有偿为基础的横向经济关系，也包括国家对个人的国际经济交易活动进行管理和管制的纵向关系。

（二）国际经济法的主体

国际经济法的主体是指国际经济交往的所有参与者，包括国家、国际组织和个人。在不同国际经济关系中，这些主体的角色和作用不同。

参与国际经济交往的个人包括自然人、法人和其他实体，是国际经济活动中的主要和直接参与者。个人是跨国经济交易活动的主要参与者，也是国家经济管制行为的相对方。此外，一些规制国际商事交易的私法性质的国际条约虽然由国家或国际组织缔结，但个人也会间接根据这些条约享有权利或承担义务。

国家在国际经济活动中具有双重身份，它们既是规则的制定者和执行者，也是经济交往的参与者。

对国际经济活动有较大影响的国际组织，既包括政府间的组织，也包括一些非政府间的组织。前者如世界贸易组织、国际货币基金组织、世界银行集团、国际统一私法协会、联合国贸易和发展会议以及联合国国际贸易法委员会等；后者如国际商会、国际海事委员会和国际咨询工程师联合会等。

（三）国际经济法的范围和体系

由于学者们对国际经济法调整对象的认识不同，对其范围也相应地有不同的观点。一般来说，调整国际经济关系的法律包括下列几个方面：其一，调整私人国际经济交往的民商法规范或经济法规范，包括合同法、保险法、海商法和《联合国国际货物销售合同公约》等；其二，国家政府管理对外经济交往的法律规范，包括海关法、进出口管制法、反补贴法等；其三，调整国家间经济关系的国际法规范，包括有关的多边条约、双边条约、国际惯例等，如 1980 年《联合国国际货物销售合同公约》、2000 年《国际贸易术语解释通则》等。

国际经济法由多个分支组成，根据相应分支所规制的领域可以分为国际贸易法、国际投资法、国际知识产权法、国际税收法和国际经济争端解决法等。除国际税收法和国际经济争端解决法外，每一分支又可分为经济交易规则和经济管理规则两部分。

（四）国际经济法的渊源

国际经济法是一个既包括国际公法规范，又包含国内法规范的综合的法律部门，其法的渊源也具有双重性，即国际渊源和国内渊源。主要包括下述几项：国际经济条约、国际商业惯例、政府间国际经济组织通过法定程序制定的规制组织内部事务和成员国间权利义务关系的决议和规范性文件、国内立法。此外，国内判例在普通法国家是重要的国际经济法的国内法渊源，但判例在我国不属于法律的渊源。

(五)国际经济法的基本原则

国际经济法的基本原则是指被国际社会公认的、对国际经济法的各个领域都具有普遍指导意义，并构成国际经济法基础的法律原则。国际经济法的基本原则主要包括：①国家经济主权原则。国家经济主权原则是国家主权原则在国际经济法领域内的具体体现，表现在国家对其全部财富和资源的拥有权、使用权和处置权，以及对经济活动的支配权等。在内容上，该原则包括国家对其境内一切自然资源享有永久主权；国家对外国投资者及其活动的管理和监督权；以及国家有权决定对境内的外国资产实施国有化或征收的措施等。②平等互利原则。平等互利原则是国际经济交往中应遵守的基本原则。在国际经济交往中，各国不论大小强弱，其在法律地位上一律平等。平等是实质上的平等，而不仅仅是形式上的平等。互利是指不能只谋取本方的利益，而置其他各方的利益于不顾。平等互利是不可分割的整体。最惠国待遇是平等互利原则的一个典型范例。③国际合作以谋求发展原则。依联合国宪章的规定，国际合作以谋求发展是所有国家的一致目标和共同义务。该原则首先强调的是承认和尊重发展中国家的发展权，发达国家的繁荣与发展中国家的发展是联系在一起的。在此基础上，为了实现共同发展，就应加强各国间在经济、社会等各方面的合作，当然包括发达国家与发展中国家间的合作，也包括发展中国家之间的合作。

二、国际经济交易法

国际经济交易法的相关制度，主要包括国际货物买卖、国际货物运输服务、国际货物运输保险等领域的法律制度。

(一)国际货物买卖法律制度

1. 国际货物买卖的特征

与国内货物买卖相比，国际货物买卖具有下列特征：①国际货物买卖的对象是货物。②国际货物买卖具有国际性特点。国际货物买卖与国内货物买卖相比最主要的特点就是其国际性，即具有涉外因素，但其涉外因素与国际私法中的涉外因素有所不同，国际私法中的涉外是指民事关系的主体或客体或民事关系的产生、变更或消灭三方面中有一个或一个以上的涉外因素，而国际货物买卖中的国际性强调的是主体的营业地位于不同的国家。③国际货物买卖的复杂性。国际货物买卖中的货物因为要跨越国境，因此比国内货物买卖要复杂得多，涉及许多国内货物买卖未涉及的问题，既有横向的关系，又有纵向的关系。国际货物买卖不仅涉及国内立法，更多的会涉及国际立法和国际惯例。

2. 国际货物买卖的法律

国际货物买卖法是调整跨越国界的货物贸易关系以及与货物贸易有关的各种关

系的法律规范的总和。国际货物买卖法是传统的国际交易法的中心内容。

调整国际货物买卖的法律主要包括：①国际货物贸易的国际条约，如罗马国际私法协会 1964 制定的《国际货物销售合同成立统一公约》、联合国国际贸易法委员会 1980 年制定的《联合国国际货物销售合同公约》；②国际贸易惯例，如《国际贸易术语解释通则》《1932 年华沙—牛津规则》《国际商事合同通则》；③各国国内的对外贸易法，如《美国统一商法典》《英国货物买卖法》。

3. 国际贸易术语

国际贸易术语是在长期的国际贸易实践中产生的、用一个简短的概念或外文缩写来表示货物的价格构成和买卖双方所承担的责任、费用、风险及不同的交货地点的专门用语。例如 FOB(大连)包含以下几方面的内容：①交货地点是大连港某指定的船上；②卖方承担在装运港交货以前的风险和费用，包括此前的运费、出口报关费用。买方承担在装运港交货以后的风险和费用，包括运费、保险费、进口报关费用等；③货物的价格包括货物成本。国际贸易术语是被广为接受的规范国际贸易的行为准则，它不但明确了买卖合同的交货地点及价格构成，而且解决了买卖双方在交易中的责任划分，这简化了交易程序，节约了交易时间和费用，减少了交易中的纠纷，对促进国际贸易的顺利发展起了很大作用。

目前，国际货物买卖中最常用的、影响力最大的是《国际贸易术语解释通则》，它是国际商会为统一对各种贸易术语的解释而制定的，最新版本是 Incoterms 2010，其中常用的水运贸易术语是 FOB、CFR、CIF。FOB 指船上交货(指定装运港)，CIF 指成本加运保费(指定目的港)，CFR 指成本加运费(指定目的港)，三者的比较见表 11-1。

表 11-1

贸易术语	交货地点	风险划分	责任和费用负担								运输方式
			出口报关	出口关税	办理运输	运费	办理保险	保费	进口报关	进口关税	
FOB	装运港船上	装运港船上	卖方	卖方	买方	买方	买方	买方	买方	买方	水上
CFR	装运港船上	装运港船上	卖方	卖方	卖方	卖方	买方	买方	买方	买方	水上
CIF	装运港船上	装运港船上	卖方	卖方	卖方	卖方	卖方	卖方	买方	买方	水上

(二)国际货物运输服务法律制度

国际货物运输服务是承运人在不同的国家或地区之间提供的货物运输服务。根据服务提供的方式和所使用的运输工具不同，可分为国际海上货物运输、国际航空货物运输、国际公路货物运输和国际货物多式联运等运输方式。这些不同运输方式所适用的运输规则，尤其是承运人和托运人的权利义务以及相关的保险制度等都存在重大区别。

国际海上货物运输是使用船舶通过海上航道在国家和国家、国家和地区的港口之间运输货物的一种运输方式，包括班轮运输和租船运输。其中，班轮运输，又称提单运输，受《海牙规则》《海牙一维斯比规则》《汉堡规则》与《鹿特丹规则》的调整。

国际铁路货物运输，是指使用铁路在两个或两个以上的国家之间运输货物的一种运输方式。与其他国际货物运输方式相比，铁路货物运输比海上运输速度快、风险小，比航空货物运输受气候影响小、运输成本低，比较适合内陆接壤国之间的货物运输。目前调整国际铁路货物运输的国际条约主要有两个，分别为《国际货约》和《国际货协》。

国际航空货物运输主要包括班机运输和包机运输。国际航空货物运输具有运送速度快、受地面条件影响小、安全性能高以及保险、包装和储存费用少等特点。目前调整国际航空货物运输的国际条约有《华沙公约》《海牙议定书》《蒙特利尔公约》。

国际货物多式联运是指按照多式联运合同，以至少两种不同的运输方式，由多式联运经营人将货物从一国接受地运至另一国目的地的运输方式，适用的国际公约为《联合国国际货物多式联运公约》《多式联运单证规则》等。

（三）国际货物运输保险法律制度

国际货物运输中存在不少风险，风险发生将会导致货物受损，但由于诸多免责事由的存在，承运人并不总会承担赔偿责任。即使那些承运人需要承担责任的损失，也因为承运人责任限额制度而无法得到赔偿。因此，国际货物运输保险为国际货物买卖所必不可少。国际货物运输保险根据运输方式的不同可以分为海上运输保险和其他方式的货物运输保险。但是海上货物运输方式更悠久，业务量也最大。

国际海上货物运输保险，是指在海上这一特定领域内，为海上运输和海上贸易提供风险保障的一种保险。作为一种财产保险，国际海上货物运输保险和保险标的主要包括船舶和海上货物在内的海上的财产及其利益、运费和责任，保险人对约定的风险所造成的损失和费用进行赔偿。国际海上货物运输保险中的风险包括海上风险和外来风险。国际海上货物运输海上风险造成的损失可分为全部损失和部分损失，其中全部损失又包括实际全损和推定全损，部分损失又包括共同海损和单独海损。目前，国际上常用的适用国际海上货物运输保险的保险条款是《协会货物条款》与中国人保《海洋运输货物保险条款》。

三、国际经济管理法

无论是发达国家还是发展中国家，都会从本国利益出发，通过立法或政策采取一定措施对与本国有关的国际经济交易进行监督和管理，因此国际经济管理法是国际经济法不可或缺的重要组成部分。国际经济管理法的相关法律制度包括国际贸易管理法律制度、国际投资管理法律制度、国际知识产权管理法律制度、国际投资管理法律制度等内容。

(一)国际贸易管理法律制度

1. 国际贸易管理的一般措施

国际贸易管理,是指国家或国际组织为了特定的经济和政治目的,通过国内立法或缔结国际条约,限制外国或非成员国产品进口或本国产品出口的法律制度。按照国际贸易管理对象的不同,国际贸易管理可以分为对进口贸易的管制和对出口贸易的管制。对进口贸易的法律管制,包括进口关税和非关税壁垒措施,其中非关税壁垒包括进口配额制、进口许可证制、外汇管制制度、进口产品检验制度、政府采购制度、进口押金制和最低限价制度等措施。对出口贸易的法律管制,则可分为出口激励措施和出口管制措施,前者如出口退税等,后者如出口关税或配额等。

2. 国际货物贸易管理法律制度

国际货物贸易管理法主要是对跨境货物贸易进行管理的规则,包括多边、区域、双边和国内多个层次。其中,多边规则主要是世界贸易组织(WTO)的《货物贸易多边协定》,它主要包括《关税与贸易总协定》《农业协定》《技术性贸易壁垒协定》《反倾销协定》《补贴与反补贴措施协定》《保障措施协定》等。

国际货物贸易的救济措施主要包括反补贴、反倾销、保障措施。

3. 国际服务贸易管理法律制度

国际服务贸易管理法主要是对跨境服务贸易进行管理的规则,包括多边、区域、双边和国内多个层次。多边规则主要是 WTO 的《服务贸易总协定》,该条约将国际贸易定义为四种类型:跨境供应、境外消费、商业存在和自然人存在;区域规则主要是北美自由贸易协定中的有关规定;很多国家和地区还通过双边条约对相互间的服务贸易进行管理和协调,同时各国也通过国内立法和政策的方式对服务贸易进行管理。

国际服务贸易涉及的范围比较广泛,由于历史原因,有些虽然根据《服务贸易总协定》被划分为国际服务贸易的部分,但常常被置于其他分支法中,如运输、保险、支付通常就被放在国际货物贸易法中,从而大大削减了国际服务贸易法的内容。

国际服务贸易管理法律制度关注的焦点问题是如何通过对国际服务贸易的规范管理,促使国际服务贸易朝着自由化的方向发展。鉴于国际服务贸易活动自身的特点,目前对国际服务贸易的调整和约束主要是通过 WTO 的法律文件《服务贸易总协定》来实现的。

(二)国际知识产权管理法律制度

1. 国际知识产权法的概念与渊源

国际知识产权法是以国际公约为基本形式,以知识产权国际保护制度为核心内容,兼有与国际贸易有关的知识产权法律制度、知识产权国际争端解决制度,在协调国内知识产权法律制度基础上形成的国际法律制度。其渊源主要包括:国际条约,是国际知识产权法的主要渊源,它主要包括基础性条约、实体性条约、程序性条约以及有关国际争端解决的条约，其中，多边条约主要包括但不限于《保护工业产权巴黎公约》《保护文学艺术作品伯尔尼公约》《世界版权公约》《世界知识产权组织版权公约（WIPO版权公约）》、WTO《与贸易有关的知识产权协定（TRIPs）》等；国内法，是国际知识产权重要的法律渊源。

2. 国际知识产权法的基本原则

国际知识产权法经过一个多世纪的发展，形成了复杂的法律体系。但在此体系中，仍然存在贯穿国际知识产权立法和执行的基本原则，其主要包括：国民待遇原则、保护公共利益原则、最低保护标准原则、权利独立原则。

3. 国际知识产权条约体系

自19世纪以来，知识产权的国际保护经历了双边协定时期、多边合作时期，最终发展到与国际贸易紧密相关的TRIPs时代，知识产权的国际保护标准在这一过程中日趋统一，同时形成了比较成熟稳定的框架体系。

在知识产权国际保护普遍性公约方面，有《保护工业产权巴黎公约》与TRIPs；在著作权国际保护公约方面，有《保护文学艺术作品伯尔尼公约》《世界版权公约》《保护表演者、录音制品录制者和广播组织罗马公约》《保护录音制品制作者防止未经许可复制其录音制品公约》《WIPO版权公约》和《世界知识产权组织表演和录音制品条约》；在专利权国际保护条约和协定方面，有《专利合作条约》《专利法条约》《工业品外观设计国际保存海牙协定》等；在商标权国际保护条约与协定方面，有《商标国际注册马德里协定》及其议定书、《商标法条约》和《商标法新加坡条约》。

（三）国际投资管理法律制度

国际投资是投资者为了获得一定的经济效益，采取直接或间接方式将资本投放到其他国家或地区的一种经济活动。国际投资法，则是调整国际私人直接投资关系的法律规范的总称，是国际经济法的一个重要分支。从调整对象来看，国际投资法调整的是国际私人直接投资关系，它有如下主要特征：第一，国际投资法调整国际"私人"投资关系；第二，国际投资法调整国际私人"直接"投资关系；第三，国际投资法调整的国际私人直接投资关系既包括国内关系，也包括国际关系。

国际私人直接投资的形式主要有：合营企业、独资企业、外国企业分支机构、国际合作开发自然资源、BOT投资方式。

国际投资法通常表现为资本输入国之外国投资的法律制度、资本输出国之对外投资的法律制度，以及各国签订的相互鼓励和保护投资的国际条约。这些法律渊源相互渗透，相辅相成，共同构成国际投资法的法律体系。

资本输出国之对外投资法主要涉及海外投资保险制度，又称海外投资保证制度，是资本输出国政府对本国海外私人投资者在国外可能遭遇到的政治风险提供保证或保险，投资者向本国保险机构申请保险后，若承保的政治风险发生，致投资者遭受损失，则由国内保险机构补偿其损失的制度。与一般民间商业保险相比，海外投资保险制度具有以下特征:第一,海外投资保险的保险人是政府机构或公营公司不是以营利为目的,而是以保护投资为目的;第二,海外投资保险的对象仅限于符合特定条件的海外私人直接投资;第三,海外投资保险的范围只限于政治风险,如征用险、外汇险、战争险等,不包括一般商业风险;第四,海外投资保险的任务不单是像民间保险那样在于进行事后补偿,更重要的是防患于未然。

保护投资的国际条约主要有:一是双边投资条约,是资本输出国与资本输入国之间签订的保护条约。鼓励及促进两国间私人直接投资活动的双边协定与条约,主要有友好通商航海条约、投资保证协定及促进与保护投资协定三种类型。二是《多边投资担保机构公约》,依据该公约,建立了多边投资担保机构,其宗旨是对会员国之间的投资的非商业性政治风险予以担保,改善发展中国家的投资环境,以鼓励成员国之间,尤其是向发展中国家会员国融通生产性资金。

引例分析

此案中卖方A国公司不应对货物在运输过程中遭受的风险损失负责,该风险应该由买方B国公司承担。根据Inconterms2010的规定,在FOB术语中,卖方只承担在装运港交货之前的风险,在装运港交货之后的风险由买方承担,除非卖方在交货时货物不符合合同要求。如以CIF或CFR术语成交,大米被海水浸泡的风险损失同样由买方B国公司承担。根据Inconterms2010的规定,在CIF或CFR术语中,卖方也只承担在装运港交货之前的风险,在装运港交货之后的风险也由买方承担,除非卖方在交货时货物不符合合同要求。

本章思考题

1. 国际公法的主体有哪些?
2. 领事关系和外交关系有哪些联系和区别?
3. 国家行使外交保护的条件是什么?
4. 国际私法的渊源有哪些?
5. 冲突规范的类型有哪些?
6. 国际经济法的基本原则包括哪些?
7. 国际货物买卖有哪些特点?

第十二章

诉讼法

要点提示

- 诉讼法是关于各种诉讼活动所应遵循的原则、制度和程序的法律规范的总称。根据要处理的案件的不同性质，诉讼可分为刑事诉讼、民事诉讼和行政诉讼。
- 刑事诉讼是指国家专门机关在当事人及其他诉讼参与人的参加下，依照法定程序，追诉犯罪，解决被追诉人刑事责任的活动。
- 民事诉讼是指人民法院在当事人及其他诉讼参与人的参加下，依照法定程序，解决平等主体的自然人、法人、其他组织之间因财产和人身发生纠纷的活动。

第一节　诉讼法概述

引例

杨某(女)与李某(男)于2006年1月结婚，并于2008年3月生下一子李甲。不幸的是李某于2008年9月2日去世。李某去世前留下遗嘱，将自己拥有所有权的一挂金表留给儿子李甲。在分割李某的遗产时，李某的父亲李乙认为金表是自己送给儿子李某的，既然儿子李某已经去世，李乙认为自己有权将金表收回。而李某之妻杨某认为李乙既然已经将金表赠送给李某，李某就有权对金表进行处分，因而李某的遗嘱应当有效，金表应归李甲所有。李乙自认有理，强行将金表取回。

问：

1. 倘若杨某欲向法院起诉取回金表，按照我国法律规定，应向法院提起何种诉讼？

2. 倘若李乙为了取回金表，雇人将杨某打成重伤，按照刑事诉讼法关于立案管辖的规定，应由哪一个机关立案？

3. 倘若案件最终诉至法院，应由谁承担证明责任？

诉讼是指国家司法机关在案件当事人和其他诉讼参与人的参加下，依照法定程序，处理案件，解决纠纷的活动。诉讼法是关于各种诉讼活动所应遵循的原则、制度和程序的法律规范的总称。

根据要处理案件的不同性质，诉讼可分为刑事诉讼、民事诉讼和行政诉讼。刑事诉讼是国家司法机关认定和追究犯罪分子刑事责任的活动，民事诉讼是解决平等公民、法人和其他组织之间发生的纠纷，而行政机关和公民、法人及其他组织之间的纠纷则用行政诉讼来解决。每一类诉讼活动都有相应的法律来规范，我国诉讼法相应地分为刑事诉讼法、民事诉讼法、行政诉讼法三类。

一、诉讼法的基本原则

我国诉讼法的基本原则，是指贯穿于整个诉讼程序之中，指导司法机关和诉讼参与人进行诉讼活动的基本原则。我国的诉讼法分为刑事诉讼法、民事诉讼法和行政诉讼法，就性质而言，它们都是社会主义性质的，最终目的也是相同的，诉讼活动都离不开司法机关的参加，也离不开诉讼参与人的参加。但诉讼活动所解决的案件性质又各不相同，因此诉讼法的基本原则又分为一般原则和特殊原则。

(一)诉讼法的一般原则

我国诉讼法的一般原则是指刑事诉讼法、民事诉讼法和行政诉讼法共同具有的基本原则。

1. 以事实为根据，以法律为准绳的原则

这个原则是我国诉讼法各项原则的中心内容。它是指国家司法机关在处理案件时，必须忠于客观事实，以查证属实的证据作为各种决定、裁定或判决的基础；同时，以法律为评判标准，辨明是非曲直，做出正确处理。

2. 公民在适用法律上一律平等的原则

这一原则要求司法机关在处理案件时，不受民族、种族、职业、身份和地位等因素的影响，对任何公民的合法权益都依法给予保护，对一切公民的违法犯罪行为都应依法追究，不允许有超越法律的特权人物和特权行为存在。

3. 司法机关依法独立行使职权的原则

这一原则的含义是，国家司法权由司法机关统一行使，其他行政机关、社会团体和个人都无权行使这一权力；司法机关依法行使职权，不受行政机关、社会团体和个人的干涉；司法机关独立行使职权必须依照法律的规定进行。

4. 审判公开原则

审判公开原则是指人民法院审理和判决案件，除法律有特别规定的以外，都应当对群众和社会公开。允许群众旁听，允许新闻记者进行采访、报道和评论。也就是说法院开庭审判案件，除休庭评议这个程序是秘密进行的以外，其他审判程序均公开进行，不仅向当事人和其他诉讼参与人公开，而且要向其他公民公开，向社会公开。当然，并非法院审理的所有案件都一律公开进行，法律特别规定的一些案件，可以不公开审理。所谓法律规定的特别情况，主要是指涉及国家秘密和个人隐私的案件、未成年人犯罪案件、当事人申请不公开审理的离婚案件等，对于上述案件的审理，与案件无关的人不得参加旁听。但无论案件是否公开审理，宣告判决一律公开进行。

5. 使用本民族语言文字进行诉讼的原则

我国是一个多民族的国家，56 个民族生活在祖国的大家庭里，他们都有使用和发展自己民族语言文字的自由，在诉讼中使用本民族的语言、文字是我们民族政策的法律体现。这项原则包含的意思是，各民族公民都有用本民族语言文字进行诉讼的权利，而且在少数民族聚居或者多民族共同居住的地区，人民法院应当用当地民族通用的语言、文字进行审理和发布法律文书。对不通晓当地民族通用语言、文字的诉讼参加人法院还应当提供翻译。

6. 回避原则

回避是一项比较古老的诉讼原则，也是当今世界各国所普遍适用的原则。在诉讼中实行这一原则，对于有效地保障司法人员秉公执法，客观公正地进行诉讼及维护司法机关的威信具有重要意义。回避的理由因案件性质的不同而有所不同，依据三个诉讼法的规定，在法定范围内的人员，如果具备以下情形之一的，应当回避：一是本案的当事人或者当事人的近亲属；二是本人或者他的近亲属和本案有利害关系的；三是担任过本案的证人、鉴定人、辩护人、诉讼代理人的；四是与本案当事人有其他关系，可能影响公正处理案件的。回避的方式有两种：一是自行回避，即司法人员发现自己符合法定情形应予回避而主动提出不参加诉讼活动；二是申请回避，即当事人或法定代理人提出回避的请求。

7. 合议制原则

合议制是法院审理具体案件的法庭组织形式。合议制原则是指由审判人员数人或审判员和人民陪审员共数人组成合议庭对具体案件进行审判，以发挥集体的智慧，防止办案人员个人专断、主观片面和徇私舞弊。诉讼法规定，除基层人民法院审理简单的民事案件，轻微的刑事案件以及法律另有规定的案件以外，均应适用合议制。在一审程序中，原则上实行合议制；二审和再审程序中，一律实行合议制。

8. 两审终审原则

两审终审原则是指一个案件最多经过两级法院的审判即告终结的制度。我国法院的组织设置分四级，即最高人民法院、高级人民法院、中级人民法院、基层人民法院。除基层人民法院外，中级以上的各级法院，都可依法审理第一审案件，也可以依法审理第二审案件。一般来讲，当事人不服一审法院的判决、裁定，在法定期限内，可以向上一级法院提起上诉，二审裁定一经宣布立即发生法律效力。当事人不得就二审法院做出的判决或裁定再向二审法院的上一级人民法院提出上诉，检察院也不得提出抗诉。如果发现该案有错误，应通过审判监督程序解决。两审终审原则的例外情况是，适用特别程序审理的民事案件和由最高人民法院审理的案件，实行一审终审制。

(二)诉讼法的特殊原则

诉讼法特殊原则是指只适用于某种诉讼的基本原则。我国三部诉讼法分别规定了一些只适用于该种诉讼的特殊原则。特殊原则的具体内容将在以后各节中阐述。

二、诉讼证据及证明

证据是证明案件事实的唯一根据或手段，而案件事实又是裁判的根据，因此为了保障裁判公正，三大诉讼法对证据和证明进行了严格的规范。

(一)证据种类

诉讼证据是用来证明案件真实情况的客观材料。法律根据证据不同的表现形式，规定了不同的证据种类。三大诉讼法的证据种类大体相同，但也略有差异。

刑事诉讼中的证据包括：①物证；②书证；③证人证言；④被害人陈述；⑤犯罪嫌疑人、被告人供述和辩解；⑥鉴定意见；⑦勘验、检查、辨认、侦查实验等笔录；⑧视听资料、电子数据。

民事诉讼中的证据包括：①当事人的陈述；②书证；③物证；④视听资料；⑤电子数据；⑥证人证言；⑦鉴定意见；⑧勘验笔录。

行政诉讼中的证据包括：①书证；②物证；③视听资料；④电子数据；⑤证人证言；⑥当事人的陈述；⑦鉴定意见；⑧勘验笔录。

(二)诉讼证明

诉讼证明是指运用证据确认有争议的案件事实的活动。证明涉及一系列复杂的理论和实务问题。下面对三大诉讼法中的证明标准和证明责任做简要介绍。

1. 证明标准

证明标准又称证明要求、证明任务，是指承担证明责任的人提供证据对案件事实加以证明所要达到的程度。

我国刑事诉讼的证明标准是：犯罪事实清楚，证据确实、充分。由于刑事诉讼涉及被告人的生命、自由和财产的剥夺，所以证明标准定得比较高，以防止无辜者被冤枉。英美法系国家将刑事诉讼的证明标准定为“排除合理怀疑”，大陆法系则为“内心确信”，二者都要求具有高度的盖然性。

我国民事诉讼确立了盖然性占优势的证明标准。双方当事人对同一事实分别举出相反的证据，但都没有足够的依据否定对方证据的，人民法院应当结合案件情况，判断一方提供证据的证明力是否明显大于另一方提供证据的证明力，并对证明力较大的证据予以确认。

我国行政诉讼证明标准介于刑事诉讼和民事诉讼之间。一般认为，适用于听证程序做出的行政行为案件和人民法院做出变更判决和履行判决的案件应达到排他性的证明标准；行政机关适用一般程序做出的行政行为案件应达到令人信服的标准。

2. 证明责任

证明责任是指当事人或检察机关收集或者提供证据证明主张的案件事实成立或者有利于自己主张的责任，否则，将承担其主张不能成立的危险。证明责任包括行为意义上的责任和结果意义上的责任。行为意义上的责任是指提供证据证明的责任，结果意义上的责任是指承担证明责任的一方在案件事实真伪不明时所要承担的败诉风险的责任。

一般而言，在刑事诉讼中，证明犯罪的有无及轻重的责任由检察机关承担，犯罪嫌疑人、被告人不承担证明自己无罪的责任（极个别罪名存在例外，如巨额财产来源不明罪）；民事诉讼则根据当事人的主张，分别由当事人承担相应的证明责任；在行政诉讼中，作为被告的行政机关承担证明责任，原告不承担证明行政行为违法的责任。

三、诉讼管辖

诉讼中的管辖是一项重要的制度，相应的内容比较繁杂，现仅就立案管辖、级别管辖、地域管辖做简要介绍。

（一）立案管辖

立案管辖是刑事诉讼特有的一种管辖制度，是指公安机关、人民检察院、人民法院三机关之间受理刑事案件上的权限划分。它解决的是刑事案件应当由谁立案、由谁开始诉讼的问题。

根据刑事诉讼法的规定，贪污贿赂犯罪、国家工作人员的渎职犯罪和国家机关工作人员利用职权实施的非法拘禁案犯罪由人民检察院直接受理；符合自诉范围的侮辱、诽谤、暴力干涉婚姻自由、虐待等案件由人民法院直接受理。公安机关受理的案件是除人民检察院和人民法院直接受理的刑事案件以外的其他一切刑事案件，但法律有特别规定的除外。如对间谍特务案件的侦查由我国国家安全机关行使；军队保卫部门对军队内部发生的刑事案件行使侦查权。

（二）级别管辖

级别管辖是指人民法院系统内划分上下级人民法院之间受理第一审刑事、民事和行政案件的分工和权限。民事诉讼法根据案件的性质、繁简程度和案件影响的大小，对级别管辖做了如下规定:①最高人民法院管辖在全国有重大影响的和它认为应由自己审理的民事案件;②高级人民法院管辖在其辖区内有重大影响的第一审民事案件;③中级人民法院管辖重大涉外第一审民事案件和在本辖区内有重大影响的民事案件,以及最高人民法院确定由中级人民法院管辖的案件;④基层人民法院管辖除上级人民法院管辖的第一审民事案件以外的所有第一审民事案件。刑事诉讼和行政诉讼也有自己的级别管辖规定。

(三)地域管辖

地域管辖是指确定同级人民法院之间受理第一审刑事案件、民事案件和行政案件的权限和分工。刑事诉讼法确定地域管辖的原则有两个:一是以犯罪地人民法院管辖为主,被告人居住地人民法院管辖为辅;二是以最初受理的人民法院审判为主,主要犯罪地人民法院审判为辅的原则。民事诉讼和行政诉讼的地域管辖比较复杂,包括一般地域管辖和特殊地域管辖等。如民事诉讼的一般地域管辖实行原告就被告的原则,即以被告住所地的人民法院管辖,被告住所地与经常居住地不一致的,由经常居住地的人民法院管辖。行政诉讼地域管辖的一般标准是由最初做出行政行为的行政机关所在地人民法院管辖。

引例分析

倘若杨某欲向法院起诉取回金表,这是发生在平等主体之间的民事纠纷,按照我国法律规定,杨某作为李甲的监护人可以以法定代理人的身份代李甲向法院提起以李乙为被告的民事诉讼。倘若李乙为了取回金表,雇人将杨某打成重伤,按照刑事诉讼法关于立案管辖的规定,此案应先由公安机关立案侦查。倘若案件最终诉至法院,应由检察机关就被告人李乙是否构成故意伤害罪承担证明责任。

第二节 刑事诉讼法

引例

1999 年至 2006 年,甲某利用其担任××市人民政府市长、××市委书记、××省人民政府省长、某部部长等职务上的便利,为他人牟取利益。2000 年至 2012 年,甲某单独或者通过其妻乙某、其子丙某,收受××国际发展有限公司总经理丁某、××集团有限公司董事长戊某给予的财物,共计折合人民币 2000 万左右。2013 年 7 月 25 日,甲某涉嫌受贿、贪污、滥用职权犯罪一案,经依法指定管辖,由××省××市人民检察院向××市中级人民法院提起公诉。

问：

1. 本案中负责立案侦查的是哪个机关？审判前对其依法进行逮捕，由谁决定谁执行？

2. 开庭审理以后，甲某、丁某、戊某属于何种诉讼参与人？

3. 倘若××市中级人民法院判处甲某死刑立即执行，甲某表示不上诉，按照我国法律规定，此判决要生效，还需履行什么手续？

刑事诉讼是指国家司法机关在当事人及其他诉讼参与人的参加下，依照法定程序处理刑事案件所进行的全部活动。刑事诉讼法是指规定刑事诉讼活动应当遵循的原则、制度和程序以及规定司法机关与诉讼参与人进行刑事诉讼的权利和义务的法律规范的总称。刑事诉讼法有狭义和广义之分，狭义的刑事诉讼法仅指刑事诉讼法典，我国现行的刑事诉讼法典于 1979 年 7 月 1 日制定，并经 1996 年 3 月 17 日、2012 年 3 月 14 日两次修正，于 2013 年 1 月 1 日起实施。广义的刑事诉讼法指一切有关刑事诉讼的法律规范，包括《刑法》《法官法》《律师法》《检察官法》等有关刑事诉讼的法律规定。

一、刑事诉讼法的任务和特殊原则

（一）刑事诉讼法的任务

我国刑事诉讼法的任务主要表现在以下三个方面：

（1）保证准确、及时地查明犯罪事实，正确应用法律，惩罚犯罪分子，保障无罪的人不受刑事追究，这是刑事诉讼法的具体任务或直接要求。惩罚犯罪、保障无辜是刑事诉讼法任务对立统一的两个方面。一方面，只要真正做到准确惩罚犯罪，就不会伤害无辜；另一方面，在刑事诉讼中谨慎执法，注意保护无罪的人，就必然能更准确地惩罚犯罪分子。

（2）教育公民自觉遵守法律，积极同犯罪行为做斗争。公安司法机关通过惩罚犯罪的活动，教育公民提高守法的自觉性，使他们了解法律保护什么、禁止什么、惩罚什么，从而调动公民与犯罪行为做斗争的积极性。同时，警戒社会上的不安定分子、使他们震慑于刑罚的威力，不敢以身试法。

（3）维护社会主义法制，尊重和保障人权，保护公民的人身权利、财产权利、民主权利和其他权利，保障社会主义建设事业的顺利进行。这是刑事诉讼法的根本任务。2012 年修正后，我国刑事诉讼法任务引入了尊重和保障人权。

刑事诉讼法的各项任务是紧密联系，不可分割的，只有全面完成各项任务，才能实现刑事诉讼法的目的和根本任务。

（二）刑事诉讼法的特殊原则

刑事诉讼法的特殊原则是指刑事诉讼法规定的仅适用于刑事诉讼活动的基本原则。

(1)公、检、法分工负责、互相配合、互相制约的原则。刑事诉讼是公检法三机关通力完成的惩罚犯罪的活动,调整三机关之间关系的一项原则就是分工负责、互相配合、互相制约。所谓分工负责,是指公安机关、人民检察院和人民法院在刑事诉讼中应按照法律的规定各司其职,各负其责。具体职权的分工以《刑事诉讼法》第3条的规定为依据,即公安机关负责对刑事案件的侦查、拘留、执行逮捕和预审,人民检察院负责检察、批准逮捕,检察机关直接受理案件的侦查和提起公诉,人民法院负责审判。分工负责要求公安、司法机关在法定范围内行使职权,不得互相代替,也不得互相推诿。所谓互相配合,是指公安机关、人民检察院和人民法院应在分工负责的基础上互相支持和合作,互相协调,使刑事诉讼程序顺利衔接,共同完成揭露犯罪、证实犯罪、惩罚犯罪的任务,保障无罪的人不受刑事追究。所谓互相制约,是指公安机关、人民检察院和人民法院在刑事诉讼中互相监督,互相约束,防止发生错误和及时纠正错误,正确执行法律。

(2)被告人有权获得辩护的原则。辩护是指在刑事诉讼中,犯罪嫌疑人、被告人及其辩护人根据事实和法律反驳起诉书中指控的罪状,为证明被告人无罪或者罪轻而提出对被告人有利的证明材料和辩解意见,要求减轻或免除被告人刑罚的诉讼行为。我国宪法和刑事诉讼法均赋予被告人在刑事诉讼中享有辩护权。

(3)未经人民法院依法判决,对任何人不得确定有罪的原则。该原则的主要含义和要求是:①只有人民法院有确定某人有罪或犯有何种罪的权力。不论被告人事实上是否有罪,即使事实上表明他有罪,不经人民法院依法判决,在法律上就不应确定其为罪犯。②人民法院的一切判决都必须是依法做出的。不管是有罪判决,还是无罪判决,都必须严格遵守刑法和刑事诉讼法等有关法律的规定。非依法定标准或者非经法定程序,即使是人民法院,也不得确定任何人有罪。

(4)检察机关对刑事诉讼依法监督的原则。人民检察院是国家的法律监督机关,有权对刑事诉讼、民事诉讼、行政诉讼行使法律监督。在刑事诉讼中,人民检察院的法律监督是全过程的,包括立案监督、侦查监督、审判监督和执行监督;同时也是全方位的,既包括对专门机关的监督,也包括对诉讼参与人的监督。

二、刑事诉讼参与人

刑事诉讼参与人是指在刑事诉讼中享有一定诉讼权利、负有一定诉讼义务的除国家专门机关工作人员以外的人。没有诉讼参与人的参与,刑事诉讼活动就会变成一种单纯的国家职权活动,而不再具有诉讼的性质,也不可能完成刑事诉讼的任务。我国刑事诉讼参与人包括当事人、法定代理人、诉讼代理人、辩护人、证人、鉴定人和翻译人员。

(一)当事人

当事人是指与案件结果有着直接的利害关系,对诉讼进程有巨大影响的诉讼参与人。包括被害人、自诉人、犯罪嫌疑人、被告人、附带民事诉讼的原告人和被告人。

(1)被害人。被害人是指遭受犯罪行为侵害的人。他之所以参加到诉讼中来，是因为正当权益遭受犯罪行为的直接侵害，要求追究犯罪嫌疑人、被告人刑事责任的人。

(2)自诉人。自诉人是指在自诉案件中以个人名义直接向人民法院提起刑事诉讼的人。一般情况下自诉人就是自诉案件中的被害人、被害人的近亲属或其法定代理人。自诉人是自诉案件的一方当事人，具有独立的诉讼地位，在自诉案件中行使控诉职能，其诉讼行为对诉讼进程有决定性作用。

(3)犯罪嫌疑人。犯罪嫌疑人是在刑事诉讼中被指控犯罪，尚未被起诉到人民法院的当事人。

(4)被告人。被告人是指被人民检察院向人民法院提起公诉或被自诉人直接向人民法院起诉要求追究其刑事责任的当事人。

(5)附带民事诉讼的原告人和被告人。附带民事诉讼的原告人是指因被告人的犯罪行为而直接遭受物质损失，在刑事诉讼中提起民事诉讼的要求得到赔偿的当事人。附带民事诉讼的被告人是指因其犯罪行为造成物质损失而被起诉索赔的当事人。

(二)其他诉讼参与人

(1)法定代理人。法定代理人是依据法律规定对无民事行为能力人或者限制民事行为能力人负有保护责任的人。根据刑事诉讼法的规定，法定代理人包括被代理人的父母、养父母、监护人和负有保护责任的机关、团体的代表。

(2)诉讼代理人。诉讼代理人是指公诉案件的被害人及其法定代理人或者近亲属、自诉案件的自诉人及其法定代理人委托代为参加诉讼的人和附带民事诉讼的当事人及其法定代理人委托代为参加诉讼的人。

(3)辩护人。辩护人是指受犯罪嫌疑人、被告人委托或法院指定，帮助犯罪嫌疑人、被告人行使辩护权，依法维护犯罪嫌疑人、被告人合法权益的诉讼参与人。

(4)证人。证人是指除当事人以外，向司法机关提供自己所了解的案件情况的诉讼参与人。生理上、精神上有缺陷或者年幼，不能辨别是非、不能正确表达的人，不能作证人。证人必须如实作证，否则要承担法律责任。

(5)鉴定人。鉴定人是指接受司法机关的指派或聘请，运用自己的专门知识和技能对案件事实的某些专门性问题提出书面鉴定意见的诉讼参与人。

(6)翻译人员。翻译人员是指接受司法机关的指派或聘请，在诉讼中进行语言、文字(包括聋哑手势和盲文)翻译工作的诉讼参与人。

三、强制措施

刑事诉讼的强制措施，是指公安机关、人民检察院和人民法院为了保证刑事诉讼的顺利进行，依法对刑事案件的犯罪嫌疑人、被告人的人身自由进行限制或者剥夺的各种强制性方法。我国刑事诉讼中的强制措施按照强制性程度由小到大依次为拘传、取保候审、监视居住、拘留、逮捕，这五种强制措施，互相衔接，形成了一个有机联系的整体，能够适应刑事诉讼的各种不同情况。

(一)拘传

拘传是指公安机关、人民检察院和人民法院对未被羁押的犯罪嫌疑人、被告人依法强制其到指定的地点接受讯问的一种强制方法。拘传是强制性最小的一种强制措施，其强制力仅限于从通知犯罪嫌疑人、被告人接受拘传之时起，到讯问完毕这段时间。拘传的时间最长不得超过 12 小时，不得以连续拘传的方式变相拘禁被拘传对象。对犯罪嫌疑人、被告人讯问完毕，强制性随即解除，拘传也就自动消灭。拘传充分体现了强制措施只有预防性、强制性而无处罚性的特点。

(二)取保候审

取保候审是指在刑事诉讼过程中，公安机关、人民检察院和人民法院责令犯罪嫌疑人、被告人提供保证人或缴纳保证金，保证犯罪嫌疑人、被告人不逃避或妨碍侦查、起诉和审判，并随传随到的一种强制方法。取保候审在一般情况下适用于可能被判处管制、拘役或者独立适用附加刑的犯罪嫌疑人、被告人，或者虽然可能被判处有期徒刑以上刑罚，但采取取保候审、不致发生社会危害性的犯罪嫌疑人、被告人，或患有严重疾病、生活不能自理，怀孕或者正在哺乳自己婴儿的妇女，采取取保候审不致发生社会危险性的，或羁押期限届满，案件尚未办结，需要采取取保候审的。取保候审应根据具体案件情况选择保证方式，保证金和保证人方式不能同时使用。被取保候审人未经执行机关即公安机关批准，不得离开所居住的市、县；在传讯时及时到案；不得以任何形式干扰证人作证；不得毁灭、伪造证据或者串供。人民法院、人民检察院和公安机关对犯罪嫌疑人、被告人取保候审最长不得超过十二个月。

(三)监视居住

监视居住是指人民法院、人民检察院和公安机关在刑事诉讼过程中对犯罪嫌疑人、被告人采用的，命令其不得擅自离开住所或者居所并对其活动予以监视和控制的一种强制方法。监视居住适用的对象和条件为，符合逮捕条件，有下列情形之一的犯罪嫌疑人、被告人：①患有严重疾病、生活不能自理的；②怀孕或者正在哺乳自己婴儿的妇女；③系生活不能自理的人的唯一扶养人；④因为案件的特殊情况或者办理案件的需要，采取监视居住措施更为适宜的；⑤羁押期限届满，案件尚未办结，需要采取监视居住措施的。对符合取保候审条件，但犯罪嫌疑人、被告人不能提出保证人，也不缴纳保证金的，可以监视居住。被监视居住人未经执行机关批准不得离开住处，无固定住处的，未经批准不得离开指定的居所；未经执行机关批准不得会见他人；不得以任何形式干扰证人作证；在传讯时及时到案；不得毁灭、伪造证据或者串供。人民法院、人民检察院和公安机关对犯罪嫌疑人、被告人监视居住最长不得超过六个月。

(四)拘留

拘留是指公安机关、人民检察院在侦查过程中,遇到法定的紧急情况时,对于现行犯或者重大嫌疑分子所采取的临时剥夺其人身自由的一种强制方法。公安机关适用拘留的法定紧急情形包括:①正在预备犯罪、实行犯罪或者在犯罪后即时被发觉的;②被害人或者在场亲眼看见的人指认他犯罪的;③在身边或者住处发现有犯罪证据的;④犯罪后企图自杀、逃跑或者在逃的;⑤有毁灭、伪造证据或者串供可能的;⑥不讲真实姓名、住址,身份不明的;⑦有流窜作案、多次作案、结伙作案重大嫌疑的。检察机关在自侦案件中也可以适用拘留,但只能对于犯罪后企图自杀、逃跑或者在逃的以及有毁灭、伪造证据或者串供可能的犯罪嫌疑人才有权决定拘留,人民法院无权决定拘留。不管是公安机关决定的拘留,还是人民检察院决定的拘留,都一律由公安机关执行。

(五)逮捕

逮捕是指公安机关、人民检察院和人民法院,为了防止犯罪嫌疑人或者被告人实施妨碍刑事诉讼的行为,逃避侦查、起诉、审判或者发生社会危害性,而依法暂时剥夺其人身自由的一种强制措施。适用逮捕分为三种情形,第一种适用必须同时具备以下三个条件:①有证据证明有犯罪事实;②可能判处徒刑以上刑罚;③采取取保候审、监视居住等方法,尚不足以防止发生社会危害性,而有逮捕必要的。其中可能具有社会危害性情形包括:①可能实施新的犯罪的;②有危害国家安全、公共安全或者社会秩序的现实危险的;③可能毁灭、伪造证据,干扰证人作证或者串供的;④可能对被害人、举报人、控告人实施打击报复的;⑤企图自杀或者逃跑的。第二种适用条件为对有证据证明有犯罪事实,可能判处十年有期徒刑以上刑罚的,或者有证据证明有犯罪事实,可能判处徒刑以上刑罚,曾经故意犯罪或者身份不明的,应当予以逮捕。第三种适用条件为被取保候审、监视居住的犯罪嫌疑人、被告人违反取保候审、监视居住规定,情节严重的,可以予以逮捕。

逮捕是刑事诉讼强制措施中最严厉的一种,它不仅剥夺了犯罪嫌疑人、被告人的人身自由,而且逮捕后除发现不应当追究刑事责任和符合变更强制措施条件的以外,对被逮捕人的羁押期间一般要到人民法院判决生效为止。逮捕犯罪嫌疑人、被告人的批准权或者决定权属于人民检察院和人民法院。公安机关需要逮捕犯罪嫌疑人的,需要经过人民检察院批准。人民检察院、人民法院需要逮捕犯罪嫌疑人的,依法有权自行决定逮捕。逮捕的执行权属于公安机关,人民检察院和人民法院决定逮捕的都必须交付公安机关执行。

四、刑事附带民事诉讼

刑事附带民事诉讼是指司法机关在刑事诉讼过程中,在解决被告人刑事责任的同时，附带解决因被告人的犯罪行为所造成的物质损失的赔偿问题而进行的诉讼活动。被害人死亡或丧失行为能力的，其法定代理人、近亲属，由于被告人的犯罪行为而遭受物质损失的，在刑事诉讼过程中，有权提起附带民事诉讼。如果是国家、集体财产遭受损失的，人民检察院在提起公诉的时候，可以提起附带民事诉讼。

提起附带民事诉讼必须符合以下条件：①提起附带民事诉讼的原告人、法定代理人符合法定条件；②有明确的被告人；③有请求赔偿的具体要求和事实根据；④被害人的物质损失是由被告人的犯罪行为造成的；⑤属于人民法院受理附带民事诉讼的范围。

附带民事诉讼应当与刑事案件一并审判，只有为了防止刑事审判的过分迟延，才可以在刑事案件审判后，由同一审判组织继续审理附带民事诉讼。

五、刑事诉讼程序

刑事诉讼从开始到结束，是一个向前运动、逐步发展的过程。我们把在刑事诉讼过程中，按照一定顺序进行的相互连接的一系列行为，划分为若干相对独立的单元，称为刑事诉讼阶段。我国的刑事诉讼阶段可以划分为立案、侦查、起诉、第一审程序、第二审程序和执行程序六个阶段，此外还有死刑复核和审判监督两个特殊阶段。

（一）立案

刑事诉讼中的立案，是指公安机关、人民检察院发现犯罪事实或者犯罪嫌疑人，或者公安机关、人民检察院、人民法院对于报案、控告、举报和自首的材料，以及自诉人起诉的材料，按照各自的管辖范围进行审查后，决定作为刑事案件进行侦查或者审判的一种诉讼活动。

立案作为刑事诉讼开始的标志，是每一个刑事案件都必须经过的法定阶段，同时，这一诉讼阶段具有相对独立性和特定的诉讼任务，简而言之就是决定是否开始刑事诉讼程序。立案作为刑事诉讼的开始，必须有说明犯罪事实和犯罪嫌疑人存在的材料，这些材料是公安司法机关决定是否立案的根据。根据法律规定和司法实践，立案的材料来源主要有：①公安机关或者人民检察院自行发现的犯罪事实或者获得的犯罪线索；②单位和个人的报案或者举报；③被害人的报案或者控告；④犯罪嫌疑人的自首。

立案必须同时具备两个条件：一是有犯罪事实，称为事实条件；二是需要追究刑事责任，称为法律条件。公安机关、人民检察院、人民法院经过对立案材料的审查，认为符合立案条件的，应当做出立案的决定；如果认为不符合立案条件的，应当做出不立案的决定。人民检察院认为公安机关对应当立案侦查的案件而不立案侦查的，或者被害人认为公安机关对应当立案侦查的案件而不立案侦查，向人民检察院提出的，人民检察院应当要求公安机关说明不立案的理由。人民检察院认为公安机关不立案的理由不能成立的，应当通知公安机关立案，公安机关接到通知后应当立案。

(二)侦查

侦查是指刑事诉讼中侦查机关为了查明犯罪事实、抓获犯罪嫌疑人,依法进行的专门调查工作和采用有关强制性措施的活动。所谓"专门调查工作",是指为完成侦查任务依法进行的讯问、询问、勘验、检查、搜查、扣押物证或书证、鉴定、辨认、技术侦察、通缉等。所谓"有关强制性措施"包括两类,一是许多专门调查工作,如讯问、搜查、扣押、通缉等本身所含有的强制性;二是专门针对犯罪嫌疑人适用的拘传、取保候审、监视居住、拘留和逮捕等强制措施。

侦查权只能由依法具有侦查权的机关即法定侦查机关行使,我国的法定侦查机关主要包括公安机关、人民检察院、国家安全机关、监狱、军队保卫部门。公安机关案件侦查终结后,认为犯罪事实清楚,证据确实充分的应移送人民检察院审查起诉;在侦查过程中发现不应当对犯罪嫌疑人追究刑事责任的,应当撤销案件。人民检察院侦查终结的案件,应当根据情况分别做出提起公诉、不起诉或者撤销案件的决定。

(三)起诉

刑事诉讼中的起诉,是指法定的机关或者个人,依照法律规定向有管辖权的法院提出控告,要求该法院对被指控的被告人进行审判并予以刑事制裁的一种诉讼活动或程序。刑事起诉,按照行使起诉主体的不同,分为公诉和自诉。我国刑事诉讼,实行以公诉为主,自诉为辅的方式。

1. 公诉

公诉是指人民检察院对犯罪嫌疑人的犯罪行为向人民法院提出控告,要求法院通过审判确定犯罪事实、惩罚犯罪嫌疑人的诉讼活动。人民检察院在提起公诉阶段,为了确定经侦查终结的刑事案件是否应当提起公诉,首先要对侦查机关确认的犯罪事实和证据、犯罪性质和罪名进行审查核实,并做出相应的处理决定。人民检察院对移送起诉案件通过审阅案卷材料、讯问犯罪嫌疑人、听取被害人意见等方式审查后,一般应当在一个月内(重大复杂案件,可以延长半个月)做出提起公诉或者不起诉决定。人民检察院若认为犯罪嫌疑人的犯罪事实已经查清,证据确实、充分,依法应当追究刑事责任的,应当做出起诉决定,按照审判管辖的规定,向人民法院提起公诉。人民检察院也可以根据情况做出不起诉的决定。

2. 自诉

自诉是指被害人或者其法定代理人、近亲属直接向有管辖权的人民法院提起请求依法追究被告人刑事责任的诉讼活动。在我国,下列案件可以提起刑事自诉:①告诉才处理的案件,包括侮辱、诽谤案(严重危害社会秩序和国家利益的除外);暴力干涉婚姻自由案(引起被害人死亡的除外);虐待案(引起被害人死亡、重伤的除外);侵占案。②被害人有证据证明的轻微刑事案件,所谓轻微刑事案件一般指犯罪事实、情节较为轻微,可能判处 3 年以下有期徒刑以及拘役、管制等较轻刑罚的案件。③被害人有证据证明被告人侵犯自己人身、财产权利的行为应当依法追究刑事责任，而公安机关或者人民检察院不予追究被告人刑事责任的案件。

(四)第一审程序

第一审程序是指刑事诉讼法规定的人民法院对人民检察院提起公诉、自诉人提起自诉的案件进行初次审判时的程序。第一审刑事案件分为公诉案件和自诉案件。与此相应，第一审程序分为公诉案件的第一审程序和自诉案件的第一审程序。与普通程序相对应，还有基层人民法院审理某些简单轻微刑事案件时适用的简易程序。

(1)公诉案件的第一审程序。公诉案件的第一审程序是指人民法院对人民检察院提起公诉的案件进行第一次审判时所必须遵循的程序。其内容主要包括庭前审查、庭前准备、法庭审判等诉讼环节。人民法院对提起公诉的案件进行审查后，对于起诉书中有明确指控犯罪事实的应当决定开庭审判。人民法院决定开庭审判后，应当进行确定合议庭的组成人员，将人民检察院的起诉书副本送达被告人，将开庭的时间、地点在开庭三日以前通知人民检察院等活动。正式的法庭审理大致可以分为开庭、法庭调查、法庭辩论、被告人最后陈述、评议和宣判等六个阶段。

(2)自诉案件的第一审程序。人民法院对自诉人提起诉讼的案件，必须根据立案的条件进行审查，主要查明有无明确的被告人，有无足够的证据证明被告人犯罪，案件是否属于受诉人民法院管辖，能否交付法庭审判等。审查后根据不同情况分别处理，对于符合立案条件的案件，应当开庭审判；对于缺乏罪证的，如自诉人提供不出补充证据，应当说服自诉人撤回自诉，或者裁定驳回。自诉人经两次依法传唤，无正当理由拒不到庭的，或者未经法庭许可中途退庭的，按撤诉处理。

(3)简易程序。简易程序是基层人民法院审理简单轻微刑事案件时所适用的相对简单的审判程序。按照《刑事诉讼法》及相应的司法解释，符合下列条件可以适用简易程序：①案件事实清楚、证据充分的；②被告人承认自己所犯罪行，对指控的犯罪事实没有异议的；③被告人对适用简易程序没有异议的；④人民检察院在提起公诉的时候，可以建议人民法院适用简易程序的。

(五)第二审程序

第二审程序又称上诉审程序，是第二审人民法院根据上诉人的上诉或者人民检察院的抗诉，就第一审人民法院尚未发生法律效力的判决或裁定认定的事实和适用法律进行审理时，所应当遵循的步骤和方式、方法。第二审人民法院对于下列案件，应当组成合议庭，开庭审理：①被告人、自诉人及其法定代理人对第一审认定的事实、证据提出异议，可能影响定罪量刑的上诉案件；②被告人被判处死刑的上诉案件；③人民检察院抗诉的案件；④其他应当开庭审理的案件。第二审人民法院应当就第一审判决认定的事实和适用的法律进行全面审查，不受上诉或者抗诉范围的限制。第二审人民法院对不服第一审判决的上诉、抗诉案件进行审理后，可以分别做出如下处理：①原判决认定事实正确，证据确实、充分，适用法律正确，量刑适当的，应当裁定驳回上诉或抗诉，维持原判；②原判决认定事实没有错误，但适用法律有错误或者量刑不当的，第二审人民法院应当撤销原判，重新判决，并在判决中阐明改判的根据和理由；③原判事实不清楚或者证据不足的，可由第二审人民法院查清事实后改判，也可以裁定撤销原判，发回原审法院重新审判；④发现第一审人民法院违反法定的诉讼程序，可能影响公正审判的，应当裁定撤销原判，发回原审人民法院重新审判。我国实行上诉不加刑原则，第二审人民法院审判被告人或者他的法定代理人、辩护人、近亲属上诉的案件，不得加重被告人的刑罚。

(六)执行程序

刑事诉讼中的执行程序，是指人民法院、人民检察院、公安机关、社区矫正机构及其他刑罚执行机关将已经发生法律效力的判决、裁定所确定的内容付诸实现以及处理执行过程中的变更执行等问题而依法进行的活动。执行是刑事诉讼的最后一个程序，也是使刑罚权得以实现的关键程序。

根据刑事诉讼法的规定，人民法院负责无罪、免除刑罚、罚金和没收财产及死刑立即执行判决的执行；监狱负责有期徒刑、无期徒刑、死刑缓期 2 年执行的判决的执行；公安机关负责剥夺政治权利、拘役判决的执行；社区矫正机构负责管制、宣告缓刑、假释或者暂予监外的执行。

被判处管制、拘役、有期徒刑、无期徒刑的犯罪分子，在执行期间确有悔改或者立功表现的，适当减轻其原判刑罚。对于被判处无期徒刑的罪犯的减刑，执行机关应当提出经省、自治区、直辖市监狱管理机关审核同意的监狱减刑建议书，由服刑地高级人民法院依法裁定；对于被判处有期徒刑(包括减为有期徒刑)、拘役、管制的罪犯的减刑，执行机关应当提出减刑建议书；被宣告缓刑的罪犯，在缓刑考验期限内确有重大立功表现，需要予以减刑，并相应缩短缓刑考验期限的，应当由负责考察的公安派出所会同罪犯的所在单位或者基层组织提出书面意见，由中级人民法院依法裁定；对于公安机关看守所监管的罪犯的减刑，由罪犯所在的看守所提出意见，并由中级人民法院依法裁定。

假释，是对被判处有期徒刑、无期徒刑的犯罪分子，在执行一定刑期之后，因其遵守监规，接受教育和改造，确有悔改表现，不致再危害社会，而附条件地将其予以提前释放的制度。对被判处无期徒刑的假释，由罪犯服刑地的高级人民法院根据省、自治区、直辖市监狱管理机关审核同意的监狱假释建议书裁定；对于被判处有期徒刑罪犯的假释，由罪犯服刑地的中级人民法院根据当地执行机关提出的假释建议书裁定。

(七)死刑复核程序

死刑复核程序是指人民法院对判处死刑的案件进行复审核准所遵循的特别核准

审判程序。死刑复核程序的主要任务是，由享有复核权的人民法院对下级人民法院报请复核的死刑判决、裁定，在认定事实和适用法律上是否正确进行全面审查，依法做出是否核准死刑的决定。死刑复核程序是一道十分重要的审判程序。这一程序的设置对于保证办案质量，正确适用死刑，坚持少杀，防止错杀，切实保障公民的人身权利、财产权利和其他合法权益，保障社会的长治久安均有重要意义。

(1)死刑立即执行案件的报请复核。中级人民法院判处死刑的第一审案件，被告人不上诉的，应当由高级人民法院复核后，报请最高人民法院核准。高级人民法院不同意判处死刑的，可以提审或者发回重新审判。高级人民法院判处死刑的第一审案件被告人不上诉的和判处死刑的第二审案件，都应当报请最高人民法院核准。中级人民法院判处死刑的第一审案件，被告人上诉或者人民检察院提出抗诉，高级人民法院终审裁定维持死刑判决的，报请最高人民法院核准。

(2)死刑缓期执行案件的报请复核。死刑缓期执行案件的核准权在高级人民法院。死刑缓期执行案件的复核内容、方式等与死刑立即执行案件相同。高级人民法院按照不同情形分别处理：①认为原判事实不清，证据不足的，裁定发回重新审判；②认为原判量刑过重的，依法改判；③同意维持原判的，裁定予以核准。

(八)审判监督

审判监督程序是指人民法院、人民检察院对已经发生法律效力的判决和裁定，发现在认定事实或适用法律上确有错误，依法提起并对案件进行重新审判的一项特别审判程序。依照审判监督程序重新审理的是已生效甚至已执行的判决、裁定，必须特别慎重。我国法律对提起审判监督程序的主体做了极其严格的限制。根据《刑事诉讼法》的规定，有权提起审判监督程序的主体，只能是下列机关、人员和组织：①各级人民法院院长和审判委员会；②最高人民法院和上级人民法院；③最高人民检察院和上级人民检察院。提起审判监督程序只能基于以下理由：原判在认定事实上的错误；原判在适用法律上的错误。

人民法院按照审判监督程序重新审判的案件，应当另行组成合议庭进行。如果原来是第一审案件，应当按照第一审程序进行，所做的判决、裁定可以上诉、抗诉；如果原来是第二审案件，或者是上级人民法院提审的案件，应当依照第二审程序进行审判，所做的判决、裁定，是终审的判决、裁定。上级人民法院指令下级人民法院再审的，应当指令原审人民法院以外的下级人民法院审理；由原审人民法院审理更为适宜的，也可以指令原审人民法院审理。人民法院按照审判监督程序重新审判案件，应当自做出提审、再审决定之日起 3 个月以内审结，需要延长期限的，不得超过 6 个月。

引例分析

(1)由检察机关自行侦查。由检察机关决定逮捕，由公安机关执行逮捕。我国公安机关、检察机关、人民法院分工负责、互相配合、互相监督。一般由公安机关负责普通刑事案件的立案侦查。但是,检察机关对三类特殊案件享有管辖权,包括贪污贿赂犯罪,国家工作人员的渎职犯罪,国家机关工作人员利用职权实施的非法拘禁、刑讯逼供、报复陷害、非法搜查等侵犯公民人身权利的犯罪以及侵犯公民民主权利的犯罪。所以本案由检察院自行侦查。由于逮捕是在未经审判的前提下,对犯罪嫌疑人进行严重的人身限制,所以我国将逮捕的执行权和决定权分离。公安机关仅对逮捕具有执行权。

(2)按照我国刑事诉讼法的规定,案件起诉到法院后,本案中的甲某属于被告人,丁某、戊某属于证人。

(3)倘若××市中级人民法院判处甲某死刑立即执行,甲某表示不上诉,按照我国法律规定,应当由××市中级人民法院报××省高级人民法院复核,高级人民法院不同意判处死刑的,可以提审或者发回重新审判;高级人民法院复核后同意判处死刑的,还要报请最高人民法院核准。

第三节　民事诉讼法

引例

王先生从张先生那里购得一处位于D市静安区的三居室二手商品房,发现李大叔一家在其中居住,王先生向D市静安区人民法院提出诉讼,要求李大叔一家腾房,李大叔提出答辩意见,声称其与张先生签订了长达五年的房屋租赁合同,至今仍有三年才到期。张太太请求加入诉讼,提出该房产其实是属于她的婚前个人财产,张先生在未经其同意的情况下私自处分。

问:

1.按照我国民事诉讼法的规定,张太太应以何种身份参加诉讼?

2.倘若法院判决原告王先生胜诉,但李大叔一家在规定期限内拒不履行判决,王先生可寻求什么样的法律救济?

民事诉讼是指人民法院在当事人及其他诉讼参与人的参加下,审理和解决民事案件的活动。民事诉讼法是指国家制定的规范人民法院和民事诉讼参与人进行民事诉讼活动必须遵守的法律规范的总称。民事诉讼法主要调整平等主体的公民和法人及他们相互之间因财产权益和人身权利发生的诉讼。诸如合同纠纷、侵权纠纷、婚姻家庭纠纷、知识产权纠纷、人身权纠纷等。我国的民事诉讼法主要是指1991年4月9日颁布并于2007年10月28日、2012年8月31日两次修改的《中华人民共和国民事诉讼法》以及其他法律、法规中有关民事诉讼的规范。

一、民事诉讼法的任务和特殊原则

(一)民事诉讼法的任务

(1)保护当事人行使诉讼的权利。当事人的诉讼权利,是宪法赋予公民的基本权利在民事诉讼活动中的具体体现,是民事诉讼法赋予当事人用来维护民事权益的诉讼手段。人民法院在诉讼活动中,一视同仁地为当事人提供行使诉讼权利的均等机会和条件,以此达到保护当事人民事权益的目的。

(2)保证人民法院正确、合法、及时审理案件。正确,是指人民法院要查明案件的性质,实事求是地做出符合实际的谁是谁非的判断;合法,指人民法院对案件做出裁判时,必须依法定程序进行;及时,指在民事诉讼法规定的时限内尽快地审理完案件。

(3)保证人民法院确认民事权利义务关系,制裁民事违法行为,保护当事人的合法权益。民事案件的中心问题,是解决当事人在权利和义务上发生的争执,因此,要依照实体法重新确认当事人之间的权利义务关系,使当事人之间的权利义务关系重新明确,并依法保障其实现。

(4)教育公民自觉遵守法律。在民事诉讼过程中,人民法院加强对当事人和其他诉讼参与人的教育,增强法制观念,起到预防纠纷、减少诉讼的作用。

(二)民事诉讼法的特殊原则

(1)当事人诉讼权利平等原则。我国《民事诉讼法》第 8 条规定:当事人诉讼权利平等。这个规定包含两层意思:①当事人在诉讼中有均等的机会和手段维护自己的请求和主张;②人民法院有义务保障和便利当事人行使诉讼权利。

(2)自愿合法调解原则。调解是我国解决民事争议的传统方式之一。由于民事案件都是人民内部的民事争议,当事人之间没有根本的利害冲突,以调解方式结案不仅有利于纠纷的解决,而且也有利于促进当事人之间的团结。所以我国在民事审判中非常重视调解,并在民事诉讼法中确定了这一原则。但调解不是民事诉讼的必经程序。

(3)辩论原则。辩论原则是指当事人在诉讼过程中,在人民法院的主持下,有权对案件争议的事实和适用法律,各自陈述自己的主张和根据,互相进行反驳和论证,以维护自己的合法权益。其意义在于,通过辩论,查清案件事实,分清是非,使法庭对案件做出公正的判决。

(4)处分原则。处分原则是指当事人对其权利的支配,既包括对权利的行使,也包括对权利的放弃。我国《民事诉讼法》第 13 条规定:当事人有权在法律规定的范围内处分自己的民事实体权利和民事诉讼权利。

(5)支持起诉原则。支持起诉原则是指国家机关、社会团体、企事业单位,对损害国家、集体或公民个人民事权益的行为，可以支持受损害的单位或个人向人民法院起诉。支持起诉原则的确立，有利于维护当事人的合法权益，扶植正气，打击歪风邪气，加强公民的社会主义法制观念，培养良好的社会风尚。

二、民事诉讼参加人

根据民事诉讼法的规定，民事诉讼中的诉讼参加人主要包括当事人、共同诉讼人、第三人、诉讼代表人和诉讼代理人。

(一)当事人

民事诉讼中的当事人是指因民事权利义务发生争议，以自己的名义进行诉讼，并受法院裁判拘束的人。公民、法人和其他组织可以作为民事诉讼的当事人。未成年人、精神病人作为民事诉讼当事人时，因其不具有诉讼行为能力，必须由他们的法定代理人代为参加诉讼。当事人在第一审程序中，一般称为原告和被告；在第二审程序中，称为上诉人和被上诉人。

当事人在民事诉讼中享有的权利包括：原告可以放弃或者变更诉讼请求；被告可以承认或者反驳诉讼请求，有权提出反诉；双方当事人有权请求司法保护，有权委托诉讼代理人，有权提出回避申请，有权收集、提供证据，有权进行辩论，有权请求调解和双方自行和解，有权提起上诉和申请执行，有权查阅和复制与本案有关的材料和法律文书等。

当事人在民事诉讼中应当承担的义务包括：在民事诉讼中必须依法行使诉讼权利；遵守法庭秩序和诉讼程序；履行发生法律效力的判决书、裁定书和调解书等。

(二)共同诉讼人

共同诉讼人是指在共同诉讼中诉讼标的是共同的，或者是同一种类的，人民法院认为可以合并审理并经当事人同意，作为同一方当事人一同在人民法院进行诉讼的人。根据共同诉讼成立的条件不同，共同诉讼人分为必要的共同诉讼人和普通的共同诉讼人。如普通的个人合伙对外发生纠纷，诉讼标的是共同的，全体合伙人就是必要的共同诉讼人，法院必须合并在一起审理。如一造纸厂排放污水分别造成了甲、乙两村水库的污染，甲、乙两村分别向法院提起诉讼，若法院征得甲、乙两村同意后合并审理，甲、乙两村就成为普通的共同诉讼人。

(三)第三人

第三人是指对原告、被告之间争议的诉讼标的具有独立的请求权，或者虽然没有独立的请求权，但案件的处理结果与其有法律上的利害关系，经本人申请或者人民法院通知参加到已经开始的诉讼中来的人。第三人是为了维护自己的权益参加到已经进行的诉讼中的人。在诉讼理论上，将正在进行的他人之间的诉讼称为本诉讼，第三人参加的诉讼为参加之诉讼。根据对诉讼标的是否有独立的请求权，第三人分为有独立请求权的第三人和无独立请求权的第三人。

有独立请求权的第三人是指对当事人的诉讼标的认为有独立的请求权，以提起诉讼的方式参加到已经开始的诉讼中来的人。比如甲认为乙现在居住的房屋为自己所有，于是将乙列为被告提起了民事诉讼。丙得知这一诉讼后，认为房屋应为自己所有，于是向法院申请参加到甲、乙已进行的诉讼中，此时的丙就是典型的有独立请求权的第三人。

无独立请求权的第三人是指原被告之间的诉讼标的没有独立请求权，但由于案件处理结果与他有法律上的利害关系，因而参加到诉讼中来，以保护自己民事权益的人。比如甲将一幢房屋卖给了乙，后来因房屋质量发生纠纷，乙起诉到法院。甲的房屋是三个月前从丙处买来的，丙认为案件审理结果与其有利害关系，申请到已进行的诉讼中来，此时的丙就为无独立请求权的第三人。

前两种第三人，因不能归责于本人的事由未参加诉讼，但有证据证明发生法律效力的判决、裁定、调解书的部分或者全部内容错误，损害其民事权益的，可以自知道或者应当知道其民事权益受到损害之日起六个月内，向做出该判决、裁定、调解书的人民法院提起诉讼。人民法院经审理，诉讼请求成立的，应当改变或者撤销原判决、裁定、调解书；诉讼请求不成立的，驳回诉讼请求。

（四）诉讼代表人

诉讼代表人是指由人数众多的一方当事人推选出来，为维护本方当事人利益而进行诉讼的人。诉讼代表人必须是本案的当事人，具有诉讼行为能力，且不得损害被代表人利益。代表人的诉讼行为对其所代表的当事人发挥效力，但代表人变更、放弃诉讼请求或者承认对方当事人的诉讼请求，进行和解，必须经被代表当事人的同意。

诉讼代表人制度分为人数确定的代表人诉讼和人数不确定的代表人诉讼两种。比如甲商店将假种子卖给了周边的农户，购买其种子的部分农户将甲商店告上了法庭。法院在受理后，发出公告，凡是所有购买假种子的农户可向法院登记。因为在起诉时当事人一方人数众多且不确定，已经起诉的农户推选代表人参加诉讼就是人数不确定的代表人诉讼。如果该案中的甲商店只将假种子卖给了五户农户，该五户农户起诉甲商店，并推选出代表人参加诉讼就是人数确定的代表人诉讼。诉讼代表人制度的建立，一方面能够有效地处理群体性纠纷；另一方面有利于简化诉讼程序。

（五）诉讼代理人

诉讼代理人是指为了保护被代理人的权益，以被代理人的名义，在被代理人委托授权的范围内进行诉讼活动的人。被代理的一方当事人称为被代理人。诉讼代理人所进行的诉讼行为视为被代理人的诉讼行为，其诉讼后果由被代理人承担。

根据法律规定而取得代理权，代理无诉讼行为能力的当事人进行诉讼的人称为法定诉讼代理人。我国民事诉讼法规定，无诉讼行为能力人的监护人作为其法定代理人代为诉讼。受当事人、法定代理人的委托并以他们的名义在授权范围内进行民事诉讼活动的人为委托诉讼代理人。

三、民事诉讼保障制度

民事诉讼保障制度是指为保障诉讼顺利进行以及诉讼任务得以圆满完成的有关制度。这里主要介绍财产保全、先予执行制度以及对妨害民事诉讼的强制措施。

(一)财产保全

财产保全是指人民法院在利害关系人起诉前或者当事人起诉后,为保障将来的生效判决能够得到执行或者避免财产遭受损失,对当事人的财产或者争议的标的物,采取限制当事人处分的强制措施。根据我国民事诉讼法的规定,财产保全分为诉讼中财产保全和诉前财产保全。

诉前财产保全是指在紧急情况下,法院不立即采取财产保全措施,利害关系人的合法权利会受到难以弥补的损害,因此法律赋予利害关系人在起诉前有权申请人民法院采取财产保全措施。诉前财产保全属于应急性的保全措施,目的是保护利害关系人不致遭受无法弥补的损失。例如,双方当事人签订购销合同,需方按约定给付供方150万元的预付款,事后发现供方有欺诈行为,根本没有能力履行合同,而且所付货款有被转移的可能,如不及时采取强制保全措施加以控制,必将产生难以弥补的损失。由于从债权人起诉到法院受理需要一段时间,法律就有必要赋予利害关系人在情况紧急时,请求法院及时保全可能被转移的财产的权利。

诉讼中财产保全是指人民法院在受理案件之后、做出判决之前,对当事人的财产或者争执标的物采取限制当事人处分的强制措施。民事案件从人民法院受理到做出生效判决需要经过几个月甚至更长的时间。在这一过程中,如果债务人隐匿、转移或者挥霍争议中的财产或者以后用于执行的财产而得不到制止,不仅会激化当事人双方的矛盾,而且可能会使生效的判决不能得到执行。此时,法院经过当事人申请或依职权,可裁定对债务人的财产进行查封、扣押、冻结等,以保证判决生效后的执行。

(二)先予执行

先予执行,是指人民法院在受理案件后、终审判决做出前,根据一方当事人的申请,裁定对方当事人向申请一方当事人给付一定数额的金钱或其他财物,或者实施或停止某种行为,并立即付诸执行的一种程序。

民事诉讼法规定的先予执行适用的案件范围是:第一,追索赡养费、扶养费、抚育费、抚恤金、医疗费用的案件;第二,追索劳动报酬的案件;第三,因情况紧急需要先予执行的案件。根据最高人民法院有关司法解释的规定,情况紧急主要是指下列情况:需要立即停止侵害,排除妨碍的;需要立即制止某项行为的;需要立即返还用于购置生产原料、生产工具款的;追索恢复生产、经营急需的保险理赔费的。

(三)民事诉讼中的强制措施

民事诉讼中的强制措施是指人民法院为保障审判活动的正常进行,对有妨害民事诉讼行为的人所采取的强制性手段。根据我国民事诉讼法的规定,强制措施的种类包括拘传、训诫、责令退出法庭、罚款、拘留五种。针对不同的妨害民事诉讼的行为,适用不同的强制措施。强制措施的作用是保证诉讼的正常进行。当事人、其他诉讼参与人或者案外人无论是在审判过程中,还是在执行过程中,只要实施了妨害民事诉讼的行为,人民法院均可依法适用,其他任何单位、个人都无权行使。

四、民事诉讼程序

(一)一审程序

一审程序是人民法院审理第一审案件时所适用的程序。主要包括普通程序和简易程序两种。

1. 普通程序

普通程序,是我国民事诉讼法规定的人民法院审理第一审民事案件通常所适用的程序。普通程序通常为第一审程序的主干,也是整个审判程序的基本,具有内容系统、完整和适用广泛的特征。依照民事诉讼法的规定,第一审普通程序包含以下几个阶段:

(1)起诉和受理

起诉是公民、法人或者其他组织,认为自己的民事权益受到侵害或者与他人发生民事权益争议,以自己的名义请求法院通过审判程序给予司法保护的行为。向法院起诉是原告的一项重要的诉讼权利,也是民事诉讼程序开始的前提。根据民事诉讼法规定,起诉应符合以下四个条件,缺一不可:①原告必须是与本案有直接利害关系的公民、法人和其他组织,有资格作为原告向人民法院提起诉讼的人,必须是本案实体权利的享有者;②有明确的被告,原告起诉必须明确指出侵犯自己权益或与自己发生争执的对方当事人;③要有具体的诉讼请求和事实;④案件应属于人民法院受理民事案件的范围且归这个法院管辖。

起诉一般应采用书面方式,按法律规定递交起诉状。书写起诉状确有困难的,可以口头起诉。原告口头起诉,按起诉状应具备的内容,向受诉人民法院做口头陈述,由书记员记录。人民法院收到原告的起诉状或口头起诉后,应进行审查是否符合起诉的条件。

受理是指人民法院接受原告起诉,经审查,认为符合起诉条件的立案受理的诉讼行为。根据《民事诉讼法》的规定,人民法院收到原告的起诉状或者口头起诉,经审查,认为符合起诉条件的,应当在 7 日内立案,并通知当事人。人民法院受理原告的起诉后,产生以下法律后果:①人民法院对该案件行使审判权;②确定了当事人的诉讼地位;③诉讼时效中断;④各民事诉讼法律关系主体将依法进行诉讼活动。

(2)审理前的准备

审理前准备是指人民法院在案件受理后至开庭审理前,为保证审判工作的顺利进行和案件正确及时审理而由审判人员进行的各项准备活动。审理前准备主要包括以下几项内容:组织合议庭、确定审判人员;向被告发送起诉状副本;向原告发出答辩状副本;认真审核诉讼材料,调取和收集必要的证据,确定案件的焦点和审理的重点。

(3)开庭审理

开庭审理也称法庭审理,是指人民法院在当事人及其他诉讼参与人参加下,依照法定形式和程序,在法庭上对案件进行实体审理的诉讼活动。开庭审理的主要任务是,通过法庭调查和法庭辩论,查明案件事实,分清是非责任,确认当事人之间的民事权利义务关系,制裁民事违法行为,保护当事人的合法权益。开庭审理必须严格按照法定程序进行,其基本程序包括开庭准备、法庭调查、法庭辩论、案件评议和宣判判决。

(二)简易程序

简易程序是基层人民法院和它的派出法庭审判简单民事案件和简单经济纠纷所适用的诉讼程序,是对第一审程序中普通程序的简化。根据民事诉讼法的规定,简易程序只能适用于案件事实清楚、权利义务关系明确、争议不大的简单民事案件。

简易程序的诉讼方式、受理以及开庭审理程序更为简便。适用简易程序审理的民事案件采用独任制,从开庭前的准备、开庭审理到依法裁判或调解,都是只有审判员一人担任,不必进行合议。适用简易程序的案件应在受理后3个月结案,比普通程序的6个月内审结的时间短。基层人民法院和它的派出法庭审理简单的民事案件,标的额为各省、自治区、直辖市上年度就业人员年平均工资百分之三十以下的,实行一审终审。

适用简易程序审理案件,体现了诉讼经济的原则,它既减轻了当事人的讼累,又提高了人民法院的办案效率。

(三)二审程序

我国实行两审终审制,民事诉讼当事人不服地方各级人民法院未生效的第一审判决、裁定,可以在法定期限内提起上诉,请求上一级人民法院进行审判。第二审程序是上级人民法院对当事人的上诉案件进行审理所适用的程序,也称上诉审程序。人民法院适用第二审程序对上诉案件进行审理后所做的判决、裁定,是终审判决、裁定,当事人不得上诉。因此,第二审程序又称终审程序。

第二审程序发生后,上一级人民法院要根据上诉人的请求范围审查第一审人民法院的判决,裁定在认定事实、适用法律、执行审判程序上是否正确、合法,继续行使国家赋予的审判权,最终解决当事人之间的争议,以保护当事人的合法权益。第二审程序包括上诉的提起和受理、上诉案件的审理以及上诉案件的裁判,具体内容与第一审程序相似。

(四)审判监督程序

审判监督程序又称再审程序,是指对于已经发生法律效力的判决、裁定、调解书,发现确有错误,依法对案件进行再审的程序。再审程序不是每一个民事案件必经的程序,而是在第一审程序和第二审程序之外的,不增加审级的前提下纠正人民法院已经发生法律效力的错误裁判的一种救济程序。再审程序的启动有以下三种方式:

(1)法院决定再审。各级人民法院院长对本院已经发生法律效力的判决、裁定、调解书,发现确有错误,认为需要再审的,应当提交审判委员会讨论决定;最高人民法院对地方各级人民法院已经发生法律效力的判决、裁定,上级人民法院对下级人民法院已经发生法律效力的判决、裁定、调解书,发现确有错误的,有权提审或者指令下级人民法院再审。

(2)检察院抗诉提起再审。地方各级人民检察院对同级人民法院已经发生法律效力的判决、裁定、调解书,发现有再审法定情形的,应当提请上级人民检察院向同级人民法院提出抗诉。最高人民检察院对各级人民法院已经发生法律效力的判决、裁定,上级人民检察院对下级人民法院已经发生法律效力的判决、裁定、调解书,发现有再审法定情形之一的,应当提出抗诉。接受抗诉的人民法院应当自收到抗诉之日起 30 日内做出再审的裁定。

(3)当事人申请再审。当事人对已经发生法律效力的判决、裁定、调解书,认为有错误的,可以向上一级人民法院申请再审。当事人一方人数众多或者当事人双方为公民的案件,也可以向原审人民法院申请再审。当事人申请再审的,不停止判决、裁定的执行。人民法院一般应当自收到再审申请书之日起三个月内审查,符合法律所规定情形的,裁定再审。

人民法院审理再审案件,应当另行组成合议庭。发生法律效力的判决、裁定、调解书,是由第一审法院做出的,按照第一审程序审理,所做的判决、裁定,当事人可以上诉;发生法律效力的判决、裁定、调解书是由第二审法院做出的,按照第二审程序审理,所做的判决、裁定,是发生法律效力的判决、裁定;上级人民法院按照审判监督程序提审的,按照第二审程序审理,所做的判决、裁定、调解书是发生法律效力的判决、裁定、调解书。

(五)执行程序

执行程序是指人民法院对已经生效的法律文书确定的给付内容,依法强制义务人履行的活动。执行程序具有以下特点:①执行权由人民法院统一行使。无论生效的法律文书是由何种机构做出的,凡应通过民事执行程序加以实现的,只能由人民法院执行;②执行程序的目的在于实现生效法律文书所规定的内容;③执行手段具有强制性,强制义务人履行法律文书中所确定的义务体现了法律的权威性,是司法活动中必不可少的手段。

(1)执行的条件。执行程序的发生,必须具备如下条件:①必须具有作为执行根据的法律文书,包括人民法院做出的民事判决书、裁定书、调解书、支付令,仲裁机构做出的裁决书、调解书,公证机关制作的依法赋予强制执行效力的债权文书,行政机关制作的依法由人民法院执行的决定书;②作为执行根据的法律文书,必须已经发生法律效力,并具有给付内容;③负有义务的一方当事人故意拖延、逃避或拒绝履行义务。

(2)执行管辖。发生法律效力的民事判决、裁定,以及刑事判决、裁定中的财产部分,由第一审人民法院或者与第一审人民法院同级的被执行财产所在地人民法院执行。法律规定由人民法院执行的其他法律文书,由被执行人住所地或者被执行财产所在地人民法院执行。

(3)执行措施。执行措施是指人民法院依照法定的程序和方式对被执行人实行的强制履行义务的方法和手段。包括以下几种:查询、冻结、划拨被执行人的储蓄存款;扣留、提取被执行人的收入;查封、扣押、冻结、拍卖、变卖被执行人的财产;对被执行人的财产进行搜查;强制被执行人交付执行文书中所指定的财物或者票证;强制被执行人迁出房屋或者退出土地;强制被执行人完成法律文书中指定的行为;对迟延履行义务的被执行人,强制其支付迟延履行金或加倍支付迟延履行利息等。

引例分析

根据民事诉讼法及其相关司法解释的规定,张太太应当以有独立请求权的第三人的身份参加诉讼,倘若法院判决原告王先生胜诉,但李大叔一家在规定期限内拒不履行判决,王先生可在判决生效后向法院申请强制执行。

本章思考题

1. 我国刑事诉讼、民事诉讼和行政诉讼在证明标准上有何差异?
2. 我国诉讼法的共有原则有哪些?
3. 在民事诉讼中,起诉应具备哪几个条件?

参考文献

[1] 张文显.法理学.4版.北京:高等教育出版社,北京大学出版社,2011

[2] 吴汉东.法学通论.北京:北京大学出版社,2005

[3] 张云秀.法学概论.3版.北京:北京大学出版社,2006

[4] 钟明霞.新编法学概论.北京:中山大学出版社,2003

[5] 李龙,汪习根.法理学.北京:人民法院出版社,中国社会科学出版社,2003

[6] 刘星.法理学导论.北京:法律出版社,2005

[7] 朱力宇.法理学案例教程.北京:知识产权出版社,2006

[8] 周叶中.宪法.3版.北京:高等教育出版社,2011

[9] 张千帆.宪法学.3版.北京:法律出版社,2014

[10] 胡锦光,韩大元.中国宪法.2版.北京:法律出版社,2007

[11] 陈文华.宪法学.武汉:华中科技大学出版社,2015

[12] 张千帆.宪法学导论——原理与应用.3版.北京:法律出版社,2014

[13] 张千帆.宪法学讲义.北京:北京大学出版社,2011

[14] 胡锦光.宪法学原理与案例教程.2版.北京:中国人民大学出版社,2009

[15] 姜明安.行政法与行政诉讼法.6版.北京:北京大学出版社,高等教育出版社,2015.

[16] 章剑生.现代行政法基本理论.北京:法律出版社,2008

[17] 王锡锌.行政程序法理论与制度研究.北京:中国民主法制出版社,2007

[18] 梁慧星.民法总论.4版.北京:法律出版社,2011

[19] 王利明.民法.5版.北京:中国人民大学出版社,2010

[20] 江平.民法学.2版.北京:中国政法大学出版社,2011

[21] 魏振瀛.民法.5版.北京:北京大学出版社,2013

[22] 王泽鉴.民法概要.2版.北京:北京大学出版社,2011

[23] 高铭暄.刑法学原理.北京:中国人民大学出版社,1993

[24] 赵秉志.宽严相济刑事政策与和谐社会构建.北京:中国法制出版社,2009

[25] 赵秉志,卢建平.国际刑法评论.4卷.北京:中国人民公安大学出版社,2009

[26] 张明楷.行为无价值论与结果无价值论.北京:北京大学出版社,2012

[27] 张明楷.刑法的私塾.北京:北京大学出版社,2014
[28] 张明楷.责任刑与与预防刑.北京:北京大学出版社,2015
[29] 杨紫煊.经济法.5版.北京:北京大学出版社,高等教育出版社,2014
[30] 张守文.经济法总论.北京:中国人民大学出版社,2009
[31] 王全兴.经济法基础理论专题研究.北京:中国检察出版社,2002
[32] 张守文,于雷.市场经济与新经济法.北京:北京大学出版社,1993
[33] 麻昌华.消费者保护法.北京:中国政法大学出版社,2006
[34] 孔祥俊.反垄断法原理.北京:中国法制出版社,2001
[35] (日)北野弘久.税法学原论.4版.陈刚,等,译.北京:中国检察出版社,2001
[36] 叶林.证券法教程.北京:法律出版社,2010
[37] 覃有土.商法学.北京:高等教育出版社,2008
[38] 赵旭东.商法学.2版.北京:高等教育出版社,2007
[39] 彭冰.中国证券法学.2版.北京:高等教育出版社,2007
[40] 李建伟.公司法学.北京:中国人民大学出版社,2008
[41] 范健,王建文.公司法.3版.北京:法律出版社,2010
[42] 郑成思.知识产权论.3版.北京:法律出版社,2007
[43] 吴汉东.知识产权法.5版.北京:法律出版社,2014
[44] 刘春田.知识产权法.5版.北京:中国人民大学出版社,2014
[45] 来小鹏.知识产权法学.3版.北京:中国政法大学出版社,2015
[46] 蔡守秋.环境资源法教程.2版.北京:高等教育出版社,2010
[47] 金瑞林.环境与资源保护法学.3版.北京:高等教育出版社,2013
[48] 曹明德.环境与资源保护法.2版.北京:中国人民大学出版社,2013
[49] 汪劲.环境法学.3版.北京:北京大学出版社,2014
[50] 吕忠梅.环境法导论.3版.北京:北京大学出版社,2015
[51] 秦勇.劳动与社会保障法.武汉:华中科技大学出版社,2015
[52] 黎建飞.劳动法与社会保障法:原理、材料与案例.北京:北京大学出版社,2015
[53] 林嘉.劳动法和社会保障法.3版.北京:中国人民大学出版社,2014
[54] 郑尚元.劳动合同法的制度与理念.北京:中国政法大学出版社,2008
[55] 郑莹.社会保险法制的理论重构与制度创新研究.北京:法律出版社,2013
[56] 刘宝坤.劳动合同法实施效果研究——法律的表达与实践.北京:工人出版社,2014

后　记

较第一版而言，本书进行了三个层面的补充修订。其一，增加了“环境与资源保护法”和“劳动与社会保障法”两部分内容，分别列为本书的第九章和第十章。其二，增加了“国际私法”和“国际经济法”两部分内容，在第十一章分别列为两节。其三，本书第一版发行至今已逾六年，这期间我国相关立法和司法解释大量出台。鉴于此，立足现行立法，吸收、借鉴学界最新理论研究成果和司法实践资料，本书对其他各章内容进行了补充修订。第一章，将党的十八大以来的相关会议精神贯彻其中，突出了法治的内涵，完善了“法治”部分的内容。第二章，按照宪法基本原理、国家的基本制度、公民的基本权利和义务、国家机构的框架进行更为合理的设置。第三章，调整了第一节“行政权”部分的有关表述；根据 2015 年生效的修订版行政诉讼法对第三节进行修改。第四章，对物权法、侵权责任法、婚姻家庭法的相关内容进行了补充完善。第五章，修改了刑法的概念、犯罪主观方面、共同犯罪人的种类、有期徒刑、特殊累犯、数罪并罚等相关内容。第六章，对“经济法的产生”的相关内容进行补充完善，使表述更为清晰；对“消费者保护法”相关内容进行了大量修订。第七章，对商法的基本原则、商事主体、商事登记、公司的设立与成立、公司章程、股东与股东权、有限责任公司、股份有限公司等内容做了相应修改。第八章，结合著作权法、商标法、专利法的最新立法，补充完善了相关内容，更新了各节的“引例”。第十二章，在“诉讼法概述”部分，补充完善了行政诉讼的适用范围、刑事诉讼和民事诉讼的证据种类的相关内容；在“刑事诉讼”部分，调整了强制措施当中取保候审和监视居住的适用范围，增添了侦查行为中技术侦查等新种类；在 “民事诉讼”部分，增加了第三人撤销之诉和针对调解书的再审救济；在“行政诉讼”部分，调整了一审和二审的审理方式、判决种类以及针对行政机关的执行措施。

本书由费艳颖担任主编，郭玉坤、杨异、张万彬担任副主编。具体分工如下：罗海山，第一章；陈光，第二章；陈国栋，第三章；费艳颖，第四章；杨异，第五章；邵慧峰，第六章；郭玉坤，第七章；王越，第八章；张万彬，第九章；赵大千，第十章；刘琳琳，第十一章；包建华，第十二章。

本书由主编和副主编统稿，由主编定稿。

本书的出版发行得到了大连理工大学出版社的大力支持。撰写过程中编者参考了国内外多位专家学者的相关成果；在文字校对方面，大连理工大学马克思主义中国化专业博士研究生赵亮同学做了大量工作，在此一并表示诚挚的谢意。

编　者

2017 年 3 月